Texte und Bilder von

Elisabeth Alexander ○ Gerda Anger-Schmidt ○ Martin Auer ○ Dorothee Bachem ○ Verena Ballhaus ○ Julius Becke ○ Waldrun Behncke ○ Bernhard Bentgens ○ Reinhard Bernhof ○ Ruth Bleakley ○ Lisa-Marie Blum ○ Elisabeth Borchers ○ Harald Braem ○ Sophie Brandes ○ Dieter Brembs ○ Antje Burger ○ Georg Bydlinski ○ Ulf Carow ○ Susanne Clormann ○ Udo Clormann ○ Nora Clormann-Lietz ○ Fritz Deppert ○ Ruth Dirx ○ Lottemi Doormann ○ Matthias Duderstadt ○ Irmgard Eberhard ○ Theodor Eberle ○ Pia Eisenbarth ○ Heike Ellermann ○ Christoph Eschweiler ○ Ina Etschmann ○ Iring Fetscher ○ Ludwig N. Fienhold ○ Wolfgang Fischbach ○ Karlhans Frank ○ Christine Frick-Gerke ○ Roswitha Fröhlich ○ Franz Fühmann ○ Willi Glasauer ○ Helmut Glatz ○ Silke Glehn ○ Dorothea Göbel ○ Mario Grasso ○ Günther Grauel ○ Harald Grill ○ Erwin Grosche ○ Manfred Große ○ Wilfrid Grote ○ Josef Guggenmos ○ Ingrid Gullatz ○ Karin Gündisch ○ Christine Haidegger ○ Eberhard Haidegger ○ Hanna Hanisch ○ Heinrich Hannover ○ Wolf Harranth ○ Peter Härtling ○ Nikolaus Heidelbach ○ Manfred Peter Hein ○ Egbert Herfurth ○ Hilde Heyduck-Huth ○ Norbert Höchtlen ○ Franz Hohler ○ Rainer Hohmann ○ Karin Höpner ○ Britta van Hoorn ○ Marie-Luise Huster ○ Mathias Hütter ○ Marion Jahnke ○ Heinz Janisch ○ Gerhard Jaschke ○ Gerald Jatzek ○ Hanna Johansen ○ Heinz Kahlau ○ Günter Karl ○ Charlotte Kerner ○ Detlef Kersten ○ Simone Klages ○ Ilse Kleberger ○ Eckart Klessmann ○ Peter Knorr ○ Alfred Könner ○ Susanne Koppe ○ Ingrid Kötter ○ Ursula Krechel ○ Sara Krüger ○ Max Kruse ○ Sigrid Kruse ○ Rosemarie Künzler-Behncke ○ Gabriel Lefebvre ○ Hans Georg Lenzen ○ Karin Lodahl ○ Gisela Loeser-Helmer ○ Gert Loschütz ○ Wiebke Lüneburg ○ Georg Lustig ○ Maria Lypp ○ Paul Maar ○ Manfred Mai ○ Hans Manz ○ Milan Marsalek ○ Ulrike Maschat ○ Franco Matticchio ○ Erwin Moser ○ Doris Mühringer ○ Ferdinand Müller ○ Günter Müller ○ Frauke Nahrgang ○ Christine Nöstlinger ○ Christine Nöstlinger jun. ○ Winfried Opgenoorth ○ Gudrun Pausewang ○ Monika Pelz ○ Renate Peter ○ Ortfried Pörsel ○ Lutz Rathenow ○ Uwe Regner ○ Jutta Richter ○ Marlies Rieper-Bastian ○ Andreas Röckener ○ Gina Ruck-Pauquèt ○ Wolfgang Rudelius ○ Horst Samson ○ Brigitte Schär ○ Melchior Schedler ○ Axel Scheffler ○ Eleonore Schmid ○ Rolf Schneider ○ Dietmar Scholz ○ Bernd Schreiber ○ Helmut Schreier ○ Joachim Schroeder ○ Jürg Schubiger ○ Hans Schütz ○ Regina Schwarz ○ Alfons Schweiggert ○ Nasrin Siege ○ Kurt Sigel ○ Jürgen Spohn ○ Klaus Steffens ○ Evelyne Stein-Fischer ○ Frieder Stöckle ○ Nicolás Suescún ○ Hannelies Taschau ○ Ingeborg Teuffenbach ○ Cordula Tollmien ○ Irmtraud Tzscheuschner ○ Karin Voigt ○ Irmela Wendt ○ Utta Wickert ○ Rudolf Otto Wiemer ○ Sabine Wilharm ○ Frantz Wittkamp ○ Josef Wittmann ○ Huberta Zeevaert ○ Waltraud Zehner ○ Christina Zurbrügg und andere mehr.

DIE ERDE IST MEIN HAUS

Jahrbuch der Kinderliteratur
Herausgegeben von Hans-Joachim Gelberg

*»Weißt du, daß die Erde klein ist,
kaum wie ein Apfel groß.«
Pablo Neruda*

BELTZ
& Gelberg

Die Jahrbücher der Kinderliteratur erscheinen seit 1971 in unregelmäßiger Folge; der hier vorliegende Band ist der achte dieser Folge. Über 600 Autoren, Autorinnen sowie Künstler und Künstlerinnen wurden um Beiträge angeschrieben zum Thema: »Die Erde ist mein Haus, der Himmel ist mein Dach«.
Der so entstandenen Auswahl aus Original-Beiträgen wurden weitere Texte hinzugefügt, die bereits gedruckt vorliegen; es sind dies Texte von Elisabeth Borchers, Franz Fühmann und Heinz Kahlau sowie Zitat-Texte von Bertolt Brecht, Matthias Claudius und Günter Eich.

8. Jahrbuch der Kinderliteratur
1. Auflage, 1.–20. Tausend, 1988
© 1988 Beltz Verlag, Weinheim und Basel
Programm Beltz & Gelberg, Weinheim
Alle Rechte vorbehalten
Weitere Rechtsauskunft im Anhang
Umschlag von Wolfgang Rudelius
Vorsatzcollage von Hans-Joachim Gelberg
Rahmen der Titelseiten von Ruth Bleakley
Vignetten der Titelei von Dorothea Göbel (Titelseite) und Detlef Kersten
Gesamtherstellung Druckhaus Beltz, 6944 Hemsbach
Printed in Germany
ISBN 3 407 80020 7

Geschichten lesen, im Jahrbuch lesen...

Alle Geschichten haben einen gemeinsamen Ursprung: Es sind Menschengeschichten, solange Menschen leben. Davor und danach sind keine Geschichten. »Als ich ein Kind war, konnte ich fliegen«, so fangen viele Geschichten an. Die Erwachsenen haben das Fliegen der Kindheit verlernt, doch ihre Erinnerungen leben in den Geschichten weiter. Kinder und Erwachsene haben eine gemeinsame Geschichte; sie ist für alle gut. Sie handelt vom Einrichten und Wohnen in der Welt. Darin haben Dinge, die wir lieben, und Tisch und Stuhl und Bett einen festen Platz. Es ist die Geschichte unseres Lebens, unserer Probleme, unseres Glücks, unserer Hoffnungen und auch unseres fortwährenden Streits. Wir denken nach über Vergangenes, Lebensläufe werden erzählt, Briefe in die Zukunft geschrieben; Verlassensein schmerzt, Liebhaben tröstet, Bilder stärken unser Selbstbewußtsein.

Warum der Himmel Himmel und die Erde Erde und der Mensch Mensch ist – gibt es dafür einen Grund? Es sind die alten Fragen, die nicht aufhören. Die Welt ist groß, heißt es. Die Welt ist klein, kaum wie ein Apfel groß. Niemand weiß es genau. Jeder fragt, wie er fragen kann. Die Geschichten dieser Welt kommen und gehen. Viele kennen wir, andere müssen wir erst noch finden. Geschichten leben vom Weitergeben, und wir erzählen mit.

›Kenianische Landesmusikanten‹ Sophie Brandes

Rätsel

Es hat einen Deckel, doch ist es kein Topf,
es hat einen Rücken, doch fehlt ihm der Kopf,
es hat viele Blätter, doch ist es kein Baum.
Du kannst drin versinken wie in einen Traum.
Helmut Glatz

Rätsellösung im Anhang

Jutta Richter

Der Riese

Stell dir vor, sagt Lena, es könnte sein, wir werden alle nur geträumt.
Wie meinst du das? frage ich.
Nun, sagt Lena, das ist einfach so: Da liegt jemand im Gras, der ist sehr groß. So groß wie ein Riese. Und es ist ein heißer Sommertag. Der Riese ist den ganzen Morgen spazierengegangen, dann ist er müde geworden, hat sich ins Gras gelegt und schläft. Jetzt kommt ein Traum in seinen Kopf. Er träumt, daß du an deiner Schreibmaschine sitzt, und ich erzähle dir diese Geschichte.

Als Lena das sagt, zuckt ein Blitz genau vor meinem Fenster, und dann donnert es laut.

Siehste, sagt Lena.

Was meinst du? frage ich.

Na, der Riese, sagt Lena. Also: Er träumt von uns, was wir jetzt gerade tun. Er hat auch geträumt, daß es blitzt und donnert. Deshalb ist es geschehen. Es gibt uns eigentlich nicht, sagt Lena. Sobald der Riese wach wird, sind wir verschwunden. Alles, überhaupt alles ist weg. Es muß nur eine Fliege kommen und ihn an der Nase kitzeln. Er niest, hatschi, und die Traumbilder purzeln übereinander. Lauter kleine Stücke purzeln durch seinen Kopf. Zuletzt sind es nur Farben. Ein Rot, ein Gelb, ein bißchen Blau. Nicht ich und nicht du. Alles verschwindet, wenn der Riese die Augen aufmacht.

Das wäre sehr unangenehm, sage ich. Ich muß noch so viele Dinge erledigen. Ich wollte noch ein paar Geschichten schreiben, ein paar Sonnenuntergänge sehen, faul im Liegestuhl liegen und Schlitten fahren im Winter. Es wäre schrecklich, wenn der Riese jetzt wach wird. Und das alles wegen einer Fliege...

Na ja, sagt Lena, schließlich würdest du es nicht merken. Ich meine, du würdest ein Rot sein, und danach spürst du nichts mehr. Nicht mal ein Gedanke bleibt.

Und du? frage ich.

Lena kichert. Ich werde ein Blaugelb. Wie ein kleiner Blitz. Zisch und weg. Aber mach dir keine Sorgen, in Träumen gibt es keine Zeit. Eine Sekunde kann wie hundert Jahre sein.

So, sage ich, aber...

Kein aber, sagt Lena und geht.

Irmgard Eberhard

›Umweltschutzbanknote‹ Nora Clormann-Lietz

Waldrun Behncke
Die Hexe

Seite 9–11

Jan hatte einen Freund, und das war Willi Weseloh. Gleich wenn er aus der Schule kam, ging er zu Willi Weseloh hin. Willi Weseloh war der Hausmeister von dem Haus, in dem Jan wohnte. Immer hatten sie etwas zu tun. »Na, Jan«, sagte Willi Weseloh zum Beispiel, »dann wollen wir mal die Deckenlampe reparieren. Gib mir mal den Schraubenschlüssel Nummer fünf.« Jan gab ihm den Schraubenschlüssel, und dann schraubte Willi Weseloh die Lampe auf und sagte: »Ein Kurzschluß. Aha! Gib mir mal die Zange. So, jetzt stell die Sicherung aus.« Und so gab es immer etwas zu arbeiten. Oder Willi Weseloh sagte: »Dein Rad, Jan. Sieht ja schlimm aus. Hol mal einen Lappen. Und ein bißchen Seifenlauge.« Und dann putzten und wienerten sie an dem Rad herum, bis es ganz blank war.

Eines Tages sagte Willi Weseloh zu Jan: »Merkwürdig, merkwürdig. Komisches Geräusch. Geh mal ins Treppenhaus, Jan, guck nach, was es ist.« Sie waren nämlich gerade im Schuppen. Jan ging ins Treppenhaus. Und da – auf der Treppe – sprang eine kleine Hexe herum.

»Ich bin die böse Hexe«, sagte sie, »und du bist der blöde Jan, und gleich verhex ich dich.«

»In was denn?« sagte Jan.

»Das kommt darauf an«, sagte die kleine böse Hexe, »ich glaub, ich verhex dich in einen Pfannekuchen. Haha! Ich fresse dich, ich fresse dich!« Ihre Augen glitzerten gefährlich.

Jetzt wurde es Jan doch etwas unbehaglich. »I... in einen Pfannekuchen...«, stotterte er.

»Mit Zucker und Zimt!« rief die Hexe. »Mit Paprika!«

Und nun hüpfte und sprang sie mit dem Besen auf der Treppe herum. »Mit Pfeffer! Mit Pfeffer!«

Schon ging eine Tür auf. »Höi, was ist denn das hier für ein Lärm!« Willi Weseloh war es. »Na«, sagte er, »neuerdings trampeln die Hexen im Treppenhaus rum. Das wird ja immer schöner.« Er sah Jan an. »Habt ihr euch gestritten?«

»Ich streite mich nicht mit einer Hexe«, sagte er.

»Und du?« sagte Willi Weseloh zur kleinen Hexe. »Warst du böse?«

»Ja, war ich, böse! Klar war ich böse!« rief die kleine Hexe begeistert. »Ich bin ja überhaupt so böse!«

»Aha«, sagte er zur kleinen Hexe und packte sie am Kragen. »Dann geh dich mal waschen. Dahinten ist das Waschbecken.«

Er schob sie in die Küche hinein, gab ihr Waschlappen, Seife und Handtuch und paßte genau auf, daß sie sich auch ordentlich wusch. Mit einer Kleiderbürste wurde sie mal tüchtig abgestaubt, und schließlich saß eine ganz nette gestriegelte Hexe in Willi Weselohs Lehnsessel. Sie biß behaglich in ein Marmeladenbrot und blinzelte Jan an. Und da merkte Jan es aber: Es war gar keine richtige Hexe. Es war ein kleines Mädchen. Sie hieß Emma Manuela Priebe und wohnte bei ihm nebenan, gleich um die Ecke. Er hatte aber noch nie mit ihr gespielt, weil sie viel kleiner war als er. Sie ging noch nicht in die Schule.

Emma Manuela Priebe sah ihn von der Seite an und nahm einen großen Bissen vom Marmeladenbrot.

»Na, na, nicht so hastig«, sagte Willi Weseloh.

»Nicht so hastig«, äffte ihn Emma nach. Und dann holte sie ein Kaninchen aus ihrer Rocktasche. »Nicht so hastig«, sagte sie zum Kaninchen, »nicht so hastig, mein Kind.«

Das Kaninchen sah sie ängstlich an, aber sie stopfte es seelenruhig wieder zurück in ihre Rocktasche.

»Nanu«, sagte Willi Weseloh, »was ist denn das?«

»Herr Höppner!« sagte Emma stolz. »Ich hab ihn natürlich verzaubert.«

Jan kriegte einen Schreck. Herr Höppner war nämlich kein anderer als Jans Vater.

»Zeig das Kaninchen noch mal her«, sagte Willi Weseloh.

Sie zog das Kaninchen wieder aus ihrer Tasche und setzte es auf den Tisch, und da saß es und schnupperte ängstlich an einem Marmeladenglas.

Ob das wohl mein Vater ist? dachte Jan. Das Kaninchen sah aber gar nicht wie sein Vater aus. Er war groß und hatte eine Brille.

»Äh... äh...«, sagte Jan, »warum hast du ihn denn verzaubert, angeblich?«

»Weil er frech war«, sagte Emma zufrieden. »Er hat gesagt, ich kann nicht zaubern, und da hab ich es natürlich gemacht.«

Und dann griff sie nach dem Kaninchen und guckte es ganz verliebt an, und gleichzeitig kniff sie ihm in den Schwanz. Das Kaninchen war jetzt ganz durcheinander. Aufgeregt sah es Jan an.

»Laß sofort das Kaninchen los!« sagte Jan. Aber da sagte Willi Weseloh: »So. Und jetzt bringst du es wieder in den Stall zurück. Wo du es herhast.«

Es war nämlich Willi Weselohs eigenes Kaninchen, er hatte im Hof einen kleinen Kaninchenstall.

»Mach ich, mach ich ja«, sagte Emma. Sie steckte das Kaninchen in ihre Rocktasche, und auf einmal... stürzte sie sich mit einem schrecklichen und unheimlichen Gebrüll auf Willi Weselohs Klavier und spielte den Flohwalzer. Lachend lief sie dann hinaus.

»So«, sagte Willi Weseloh, »und jetzt werden wir mal das Bord anbringen.« Aber Jan konnte sich gar nicht mehr darauf konzentrieren. Er mußte immer an Emma denken. Was sie wohl jetzt Freches machte? Ob sie wohl wirklich zaubern konnte? Ein bißchen vielleicht?

»Na, Jan, nun gib mir mal endlich die Schraubenzange«, sagte Willi Weseloh. Jan hatte die ganze Zeit einen Hammer in die Luft gehalten und es nicht gemerkt.

Rosemarie Künzler-Behncke
Erde

Ich weiß, daß die Erde um die Sonne kreist,
daß die Erde manchmal bebt
und daß Naturvölker Erde essen.
Ich wohne zu ebener Erde,
kann mit beiden Beinen fest auf der Erde stehen
und schlafe am liebsten auf der blanken Erde.
Wenn ich was Dummes gemacht habe,
möchte ich vor Scham in die Erde sinken.
Ich armer Erdenkloß!
Aber wenn ich glücklich bin,
habe ich den Himmel auf Erden.

Ein Hausrotschwanz
liebt eine Made
die mag das nicht –
wie schade

Detlef Kersten

Hanna Johansen
Zehn Hasengedichte

Es waren einmal zwei Hasen
die gingen so gerne zu Fuß
auf Fels, auf Beton und auf Rasen
weil man irgendwo längsgehen muß

Es waren einmal zwei Hasen
die zimmerten sich ein Haus
keine Ahnung von Tuten und Blasen
aber das machte ihnen nichts aus

Es waren einmal zwei Hasen
die hingen am Telephon
der eine erfand neue Phrasen
und der andere kannte sie schon

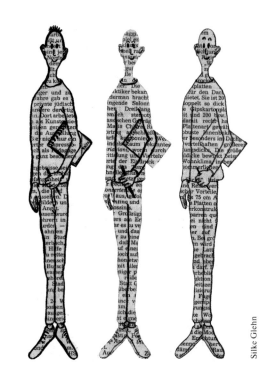

Es waren einmal zwei Hasen
die hatten eine Wut
auf Onkel, Vettern und Basen
das tat den Hasen gut

Es waren einmal zwei Hasen
die spielten so gerne krank
aber wenn sie vom Fieber genasen
seufzten sie: Gott sei Dank

Es waren einmal zwei Hasen
die wurden nie richtig satt
weil sie zuviel in Kochbüchern lasen
immer das erste Blatt

Es waren einmal zwei Hasen
die hatten einen Streit
sie zertrümmerten Teller und Vasen
um jede Kleinigkeit

Es waren einmal zwei Hasen
die liefen barfuß im Schnee
sie haßten Palmen, Oasen
froren lieber am Zeh

Es waren einmal zwei Hasen
der eine lag gern auf dem Bauch
das brachte den andern zum Rasen
und dann raste der eine auch

Es waren einmal zwei Hasen
die hatten einander so lieb
sie knabberten sich an den Nasen
bis keiner mehr übrigblieb

Silke Glehn

Christine Nöstlinger
Sepp und Seppi

Seite 13–18

Es waren einmal ein Seppi und ein Sepp.
Der Seppi war der Sohn, und der Sepp war der Papa.
Der Sepp hatte den Seppi sehr lieb, und
der Seppi hatte den Sepp noch viel lieber.
Der Seppi und der Sepp wohnten mit der Rosi in einem kleinen hellblauen Haus.
Die Rosi war die Mama.
Oben im Haus wohnten sie. Unten im Haus war das Geschäft vom Sepp. Der Sepp verkaufte Äpfel und Zündhölzer, Seife und Essiggurken, Fliegenklatschen und Heringe, Knöpfe und Vogelfutter, Salat und Radieschen und alles, was die Leute sonst noch brauchen.

Der Seppi war immer beim Sepp.
Am Morgen weckte er ihn auf und ging mit ihm ins Badezimmer.
Gähnte der Sepp, gähnte der Seppi,
wusch sich der Sepp die Ohren, wusch sich der Seppi die Ohren.
Rasierte sich der Sepp, tat der Seppi, als ob er sich auch rasieren müßte. Mit der Seifenschale fuhr er über seine Wangen und brummte dabei. Das klang wie das Geräusch, das der Rasierapparat vom Sepp machte.
Am Vormittag verkauften der Sepp und der Seppi Zündhölzer und Äpfel, Essiggurken und Seife, Heringe und Fliegenklatschen, Vogelfutter und Knöpfe, Radieschen und Salat und alles, was die Leute sonst noch brauchen.
Schmeckte dem Sepp das Mittagessen, schmeckte es dem Seppi auch.
Meckerte der Sepp über das Essen, meckerte der Seppi auch.
Hielt der Sepp nach dem Essen einen Mittagsschlaf, legte sich der Sepp zu ihm. Las der Sepp aber nach dem Essen lieber Zeitung, schaute der Seppi Bilderbücher an.
Und am Abend, wenn der Sepp das Geschäft zugesperrt hatte, spielte er mit dem Seppi Zugentgleisung oder Autorennen.
Oder sie spielten mit dem Bauernhof. Oder sie bauten ein Haus.
Und eine Kirche.
Und ein ganzes Dorf.
Wenn die Rosi dem Sepp einen roten Pullover mit weißen Sternen strickte, mußte sie dem Seppi auch einen roten Pullover mit weißen Sternen stricken.
Und als der Sepp im Winter vor dem Haus auf dem Eis ausrutschte und sich den linken Knöchel brach und ein Gipsbein bekam, wickelte der Seppi sein linkes Bein in viel weißes Klopapier und humpelte stöhnend herum.
Manchmal konnte der Sepp den Seppi aber nicht brauchen.

Wenn er mit dem Lieferwagen auf den Markt fuhr, um Obst und Gemüse zu holen, nahm er den Seppi nie mit.

Dann spielte der Seppi daheim: Marktfahren.

Aus zwei Sesseln machte er den Lieferwagen. Der Schwimmreifen war das Lenkrad, zwei Taschenlampen waren die Scheinwerfer.

Und wenn er eine Panne hatte, schob er den Lieferwagen zur Rosi. Die Rosi war der Mechaniker. Die putzte die verdreckten Zündkerzen oder flickte das Loch im Auspuff.

Wenn der Sepp ins Wirtshaus ging, durfte der Seppi auch nicht mit.

Dann spielte er daheim: Wirtshaus.

Mit dem Teddy und dem Kasperl saß er am Tisch.

»Wirt, noch ein Bier!« rief er.

Die Rosi war der Wirt und brachte ihm Limonade.

Der Teddy war der Huber. Zu dem sagte der Seppi: »Huber, red keinen Blödsinn!« (Weil der Sepp, wenn er aus dem Wirtshaus kam, oft sagte: »Der Huber hat wieder lauter Blödsinn geredet.«)

Und zum Friseur ging der Sepp auch allein.

Dann spielte der Seppi daheim: Friseur.

Er setzte sich auf den Klavierhocker, legte sich ein weißes Handtuch um die Schultern und sagte zum Klavier: »Vorne lang, hinten kurz! Und Schnurrbart stutzen. Aber dalli-dalli, mein lieber Sohn daheim wartet auf mich!«

Einmal, an einem Sonntag, als der Seppi den Sepp aufwecken wollte, war das Bett vom Sepp leer. Im Badezimmer war der Sepp nicht, auf dem Klo war er nicht. Nirgendwo war er!

»Wo ist er?« fragte der Seppi die Rosi.

»Mit dem Huber zum Angeln«, sagte die Rosi.

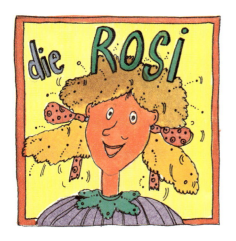

Bilder von Christine Nöstlinger jun.

»Was ist Angeln?« fragte der Seppi.
»Fisch fangen«, sagte die Rosi.
»Wo?« fragte der Seppi.
»Beim großen Teich vor der Fabrik«, sagte die Rosi.
»Warum hat er mich nicht mitgenommen?« fragte der Seppi.
»Weil dir Fischfangen keinen Spaß machen würde«, sagte die Rosi.

Das glaubte der Seppi nicht. Alles, was dem Sepp Spaß machte, machte garantiert auch ihm Spaß.

Der Seppi wusch sich nicht, er aß kein Frühstück.

Er zog sich an, und als die Rosi auf dem Klo war, schnappte er seine Rollschuhe und schlich aus dem Haus. Auf Zehenspitzen und ganz heimlich.

Vor der Haustür schnallte der Seppi die Rollschuhe an. Weil man mit Rollschuhen schneller voran kommt als ohne. Und weil der Seppi den Sepp schnell finden wollte.

Der Seppi war schon einmal mit dem Sepp und der Rosi beim großen Teich vor der Fabrik gewesen. Er konnte sich gut daran erinnern. Einen langen Schornstein hatte die Fabrik. Und Enten waren auf dem Teich geschwommen.

Der Seppi rollte die Straße hinunter,
am Kino vorbei, an der Schule vorbei,
an der Bushaltestelle vorbei,
am Park, am Schwimmbad
und am Bahnhof vorbei.
Bald muß der lange Schornstein der Fabrik zu sehen sein, dachte er.
Er rollte an Gartenzäunen vorbei
und an einer Wiese
und durch einen kleinen Wald. –

Aber den langen Schornstein der Fabrik sah er noch immer nicht.

Bloß sehr müde und sehr hungrig war er. Und schrecklich ratlos.

Er setzte sich unter einen Baum am Wegrand. Ziemlich lange saß der Seppi unter dem Baum, da kam ein Bub den Weg herauf.

»He, du«, rief der Seppi. »Wo ist der Teich mit der Fabrik dahinter?«

»Welche Fabrik, welcher Teich?« fragte der Bub.

»Die Fabrik mit dem Schornstein und der Teich mit den Enten«, sagte der Seppi.

»Gibt es hier nicht«, sagte der Bub.

»Sicher nicht?« fragte der Seppi.

»Wir haben nur einen Teich ohne Enten. Neben der Kirche«, sagte der Bub.

»Den kann ich nicht brauchen«, sagte der Seppi. »Ich suche meinen Papa, der angelt im Teich vor der Fabrik.«

»In unserem Teich angelt auch jemand«, sagte der Bub.

Da dachte der Seppi: Aha! Die Mama hört ja nie richtig hin, wenn der Sepp etwas erzählt. Der Mann beim Teich neben der Kirche ist sicher der Papa!

»Soll ich dich zu unserem Teich führen?« fragte der Bub.

Der Seppi nickte.

Er schnallte die Rollschuhe ab, hängte sie über die Schulter und ging neben dem Buben her.

»Ich bin der Rudi«, sagte der Bub. »Weil ich gerne Kipferln esse, nennen sie mich auch Kipferl-Rudi.«

Er holte aus der linken Hosentasche ein Kipferl und biß hinein.

»Laß mich auch einmal abbeißen!« bat der Seppi.

»Nein, das Kipferl brauch ich selber, sonst fall ich vom Fleisch«, sagte der Rudi. Er holte aus der rechten Hosentasche noch ein Kipferl und gab es dem Seppi.

Mit drei großen Bissen hatte der Seppi das Kipferl verschlungen.

»Ich habe heute noch nichts gegessen gehabt«, sagte er zum Kipferl-Rudi.

Da holte der Rudi noch ein Kipferl aus der Hemdtasche.

»Nimm«, sagte er. »Das ist meine Reserve-Notration!«

Der Seppi aß das Kipferl und sagte mit vollen Backen: »Wenn wir bei meinem Papa sind, bekommst du dafür eine Tafel Schokolade!«

Der Sepp hatte immer ein paar Tafeln Schokolade im Handschuhfach vom Auto.

Als sie zum Teich neben der Kirche kamen, war der Seppi bitter enttäuscht. Der Mann, der dort angelte, war alt und klein und dick. Schon von weitem sah der Seppi, daß das nicht der Sepp war. Traurig fragte er: »Gibt es nicht doch noch einen anderen Teich?«

»Ich erkundige mich«, sagte der Kipferl-Rudi.

Er steckte zwei Finger in den Mund und pfiff darauf. Einen schrillen Pfiff stieß er aus.

»Damit der Hupen-Franzi kommt«, erklärte er dem Seppi. »Der kommt viel herum, der kennt sich aus.«

Es dauerte gar nicht lange, dann hörte der Seppi leises Hupen. Und dann wurde das Hupen lauter und immer lauter, und ein knallrotes Auto kam angefahren.

»Was gibt's?« rief der Franzi.

Der Kipferl-Rudi holte drei winzige Schoko-Kipferln aus der hinteren Hosentasche, gab dem Seppi eines, gab dem Franzi eines, steckte selber eines in den Mund und sagte: »Er sucht den großen Teich vor der Fabrik!«

»Der ist am anderen Ende der Stadt!« sagte der Hupen-Franzi. Er deutete in die Richtung, aus der der Seppi gekommen war.

»Ich bin aber schon so müde.« Dem Seppi stiegen Tränen in die Augen.

Der Franzi kletterte aus dem Tretauto. »Setz dich rein«, sagte er zum Seppi.

Da wischte sich der Seppi die Tränen aus den Augen und setzte sich ins Auto.

Der Kipferl-Rudi schnallte sich den rechten Rollschuh vom Seppi an, der Hupen-Franzi schnallte sich den linken Rollschuh vom Seppi an.

Der Kipferl-Rudi stellte den linken Fuß auf die hintere Stoßstange vom Tretauto, der Hupen-Franzi stellte den rechten Fuß auf die hintere Stoßstange vom Tretauto.

»Halt dich fest«, rief der Kipferl-Rudi.

»Es wird nämlich rasant«, rief der Hupen-Franzi.

Mit einer Hand hielt sich der Seppi fest, mit der anderen drückte er auf die Hupe.

Der Kipferl-Rudi und der Hupen-Franzi flitzten mit dem Seppi los,
durch den kleinen Wald und an der Wiese,
an den Gartenzäunen vorbei,
am Bahnhof, am Schwimmbad, am Park, an der Bushaltestelle, der Schule, dem Kino vorbei und die Straße hinauf.

»Halt, stopp, stehenbleiben«, brüllte der Seppi nach hinten.

»Wir sind noch nicht beim Teich vor der Fabrik«, brüllten der Kipferl-Rudi und der Hupen-Franzi nach vorne.

Doch weil der Seppi wie verrückt mit den Armen herumfuchtelte, hielten sie an. Vor dem kleinen hellblauen Haus hielten sie.

Vor der Haustür standen der Sepp und die Rosi.

Als sie sahen, wer da im Tretauto hockte, kamen sie angelaufen.

»Ich hab schon Bauchweh aus lauter Angst um dich«, rief die Rosi.

Der Sepp hob den Seppi aus dem Tretauto.

»Ich habe nach dir gesucht«, sagte der Seppi.

»Nächsten Sonntag nehme ich dich zum Angeln mit«, sagte der Sepp. »Großes Ehrenwort!«

»Nächsten Sonntag ist mein Geburtstagsfest«, sagte der Hupen-Franzi zum Seppi. »Alle meine Freunde kommen. Kommst du auch?«

»Es gibt viele, viele Kipferln«, sagte der Rudi.

Der Seppi rutschte aus den Armen vom Sepp. »Fische fangen würde mir ohnehin keinen Spaß machen«, sagte er zum Sepp.

Da schaute der Sepp ein bißchen traurig.

Doch der Seppi tröstete ihn.

»Kannst ja wieder den Huber mitnehmen«, sagte er. »Dann bist du nicht alleine!«

Am nächsten Sonntag ging der Seppi zum Geburtstagsfest. Und lernte auch noch den Toni kennen und die Lotte und den Peter.

Von diesem Sonntag an hatte der Seppi viele Freunde.

Und er brauchte viel Zeit für sie. Er mußte den Sepp oft alleine lassen.

Aber der Sepp hatte den Seppi trotzdem sehr lieb.

Und der Seppi hatte den Sepp trotzdem noch viel lieber.

Und weckte ihn jeden Tag auf und gähnte, wenn der Sepp gähnte,

und meckerte über das Essen, wenn der Sepp meckerte,

und wusch sich nur dann die Ohren, wenn sich der Sepp die Ohren wusch. Und manchmal hatte der Seppi auch noch Zeit, um mit dem Sepp mit der Eisenbahn zu spielen.

Oder mit dem Bauernhof.

Oder mit der Autorennbahn.

Oder mit den Bausteinen.

Dann freute sich der Sepp die Ohren rot und rief: »Heute geht's mir gut!«

Heike Ellermann

Regenbogen

Drei Regenbogen leuchten hier
auf Mäxchens Zeichenblockpapier.

Der Himmel ist halb gelb, halb blau,
ein bißchen schwarz, ein bißchen grau.

Blaue Blätter, rote Stiele,
Blüten – ja, wer weiß wie viele?

Der Pinsel wirbelt übers Blatt,
bis Mäxchen alles fertig hat.

Da kommt jemand von hinten ran,
guckt sich das Bild kopfschüttelnd an.

»Zwei Regenbogen müssen weg!
Und blaue Blätter? Ach, du Schreck!

Die Blumen stehn ja auf dem Kopf!«
Er taucht den Pinsel in den Topf

und malt den ganzen Himmel blau.
Sehr gleichmäßig und sehr genau.

Oben drüber, rund gebogen,
setzt er einen Regenbogen.

Drei Blumen, rot und stolz geraten,
die stehn jetzt grad wie die Soldaten.

Der »Jemand« malt sie auf den Rand
und legt den Pinsel aus der Hand.

Er sagt: »Mein Kind, so muß es sein.
Das siehst du ja wohl selber ein!«

Max läuft nach Haus im Dauerlauf,
denn es zieht ein Gewitter auf.

Ihm fliegen Blätter ins Gesicht.
Sie schimmern blau bei diesem Licht.

Der Himmel ist halb gelb, halb blau,
ein bißchen schwarz, ein bißchen grau.

Und dort, im Sonnenschein, im feuchten,
sieht Max zwei Regenbogen leuchten.

Martin Auer

Das Kind, das nicht an Gespenster glaubte

Seite 23–25

Es war einmal ein Kind, das glaubte nicht an Gespenster. Wenn es wo ein Gespenst sah, dachte es sich: Ach, Gespenster gibt es nicht, das bilde ich mir bloß ein! Wenn das Kind bei Nacht durch einen finsteren Wald ging und all die wehenden Schleier sah und die glühenden Augen, die aufgerissenen feurigen Mäuler und die grausigen Krallenpranken, dann ging es von einem zum andern und sagte: »Dich gibt es nicht, du bist nur ein dorniger Ast. Dich gibt es auch nicht, du bist nur ein fauler Baumstumpf. Dich gibt es auch nicht, du bist ein Tannenzweig, der sich im Wind bewegt. Dich gibt es auch nicht, du bist nur ein paar Glühwürmchen!« Und dann löste das Kind im Kopf eine Rechenaufgabe und sagte: »Und überhaupt, wer weiß, daß zweiundzwanzig mal neunzehn vierhundertachtzehn ist, der glaubt nicht an Gespenster!«

Da waren die Gespenster natürlich sehr beleidigt.

Eines Abends, als das Kind schon im Bett war, erschien ihm ein Gespenst in seinem Kinderzimmer.

»Juuhu«, schrie das Gespenst, »ich bin da. Komm, spielen wir was, spielen wir Fürchten!«

»Gespenster gibt es nicht«, sagte das Kind. »Gespenster sind nur Einbildung!«

»Soo?« sagte das Gespenst.

Am nächsten Tag kam das Gespenst wieder. »Na, was ist«, sagte das Gespenst, »fürchtest du dich vor mir?«

»Es gibt keine Gespenster«, sagte das Kind.

»Bist du ganz sicher?« sagte das Gespenst und zwickte das Kind in die Nase.

»Gespenster gibt es nicht«, sagte das Kind. »Da hat mich nur irgendwas gejuckt. Und überhaupt, wer weiß, daß vierzehn mal neunundzwanzig vierhundertsechs ist, der fürchtet sich nicht vor Gespenstern!«

»Na schön«, sagte das Gespenst, »wir werden ja sehen.«

Von da an wurde das Gespenst richtig gemein.

Beim Abendessen setzte es sich immer neben das Kind und aß ihm einfach alles vom Teller weg. Das konnte es ganz leicht, weil die andern alle zum Fernsehen guckten, so merkte niemand etwas. Und das Kind dachte sich nur: Gespenster gibt es nicht. Und überhaupt: sechzehn mal dreiundzwanzig ist dreihundertachtundsechzig.«

Nur hin und wieder sagte die Mutter: »Ich weiß nicht, du kommst mir so mager vor?«

Aber das Kind sagte nichts.

Dann fing das Gespenst an, dem Kind die Kleider kaputtzumachen. Mal machte es ihm einen Fleck auf die Jacke, mal zerriß es ihm die Jeans, und einmal schnippelte es ihm mit der Schere sogar ein großes Dreieck aus dem T-Shirt.

»Ja, bist du denn von allen guten Geistern verlassen?« schrie die Mutter. »Du kannst doch nicht anfangen, deine Kleider zu zerschneiden? Das kostet doch Geld! Oder willst du jetzt unter die Punker gehen?«

Aber das Kind sagte nichts. Als es in sein Zimmer ging, saß da das Gespenst und grinste: »Naa? Gibt es mich, oder gibt es mich nicht?«

»Gespenster gibt es nicht, und elf mal neunzehn ist zweihundertneun!«

Da wurde das Gespenst zornig und fing an, die Bücher vom Regal auf den Boden zu schubsen. Dann riß es die Laden vom Spielzeugschrank auf und schmiß Sachen heraus, und schließlich kippte es den ganzen Nachttisch um, so daß die Nachttischlampe zerbrach.

Die Mutter kam hereingestürmt und schrie: »Was ist denn hier los, bist du verrückt geworden? Wie sieht es denn hier aus! Räum das sofort auf, und dann geh ist Bett. Und wenn du nicht aufhörst so rumzutrotzen, gibt's drei Wochen Fernsehverbot!«

Das Kind räumte auf und verkroch sich in sein Bett. Aber es sagte nichts.

Als die Mutter aus dem Zimmer war, kam das Gespenst hinterm Schrank hervor: »Na, was ist? Glaubst du an mich oder nicht?«

»Gespenster gibt es nicht«, sagte das Kind, »und zwölf mal dreizehn ist hundertdreiundvierzig.«

»Was?« sagte das Gespenst.

»Oder hundertsechundvierzig«, sagte das Kind verwirrt.

»Wie?« kicherte das Gespenst.

»Gespenster gibt es nicht«, schrie das Kind, »und sieben mal neun ist zweiundsiebzig!«

»Soo?« machte das Gespenst.

»Sieben mal fünf ist sechsundvierzig«, schrie das Kind, »nein, achtundvierzig!«

»Jaa???« sagte das Gespenst.

»Aber fünf mal fünf ist dreißig.«

Das Gespenst schüttelte spöttisch den Kopf.

»Zwanzig!«

»Mm – mm«, machte das Gespenst.

»Achtzehn?«

»Tttt!«

Da schrie das Kind auf, sprang aus dem Bett, lief ins Wohnzimmer und warf sich weinend der Mutter in die Arme.

»Ja, was ist denn, mein Kleines, was hast du denn?« fragte die Mutter.

»In meinem Zimmer«, schluchzte das Kind, »in meinem Zimmer, da ist ein Gespenst, ein scheußliches, gemeines, hinterlistiges Gespenst. Und ich fürchte mich so!«

Und die Mutter nahm ihr Kind in die Arme und wiegte es auf ihrem Schoß, und das Kind schluchzte und schluchzte.

Da sagte die Mutter: »Wenn in deinem Zimmer ein Gespenst ist, dann müssen wir gehen und nachsehen!«

Und Hand in Hand gingen sie ins Kinderzimmer, die Mutter zuerst, und das Kind hinter ihrem Rücken. Und die Mutter schaute in alle Schränke, hinter den Heizkörper, unters Bett und sogar in die Klappe vom Kassettenrecorder, denn Gespenster können sich auch ganz klein machen.

Aber da war kein Gespenst.

»Bleibst du bei mir, bis ich schlafe?« sagte das Kind.

»Aber freilich«, sagte die Mutter und setzte sich zu ihrem Kind aufs Bett.

Und dann schlief das Kind ein.

Frantz Wittkamp
Gute Nacht
Einem Kind vorzulesen

Wer zu Bett geht, der braucht Zeit,
denn der Weg dahin ist weit.
Wenn du Lust hast, wach zu bleiben,
will ich dir den Weg beschreiben.
Geh nur immer geradeaus,
bis zu einem blauen Haus.
Wenn du das gefunden hast,
siehst du einen Glaspalast.
Etwa fünfzig Meter weiter
steht ein Bronzepferd mit Reiter.
Bis zum Postamt mit der Uhr
sind es hundert Schritte nur.
Dann, vor einer grünen Hecke,
geht der Weg rechts um die Ecke.
Jetzt erkennst du in der Ferne
eine ältere Laterne.
Noch ein Stückchen und sogleich
links vorbei am Ententeich.
Und von hier erreichst du bald
einen kleinen, dunklen Wald.
In der Nähe, linker Hand,
liegt ein großer Haufen Sand.
Wo die alten Eichen stehen,
kannst du in den Abgrund sehen.
Über eine grüne Leiter
geht es dort hinab und weiter.
Siehst du links die Kirche liegen,
wird es Zeit, rechts abzubiegen.
Mühsam steigst du hier empor,
Stufen führen bis zum Tor.
Folge nicht dem blauen Schild,
weil es nur für Autos gilt.
An dem bunten Meilenstein
geht ein Fußweg rechts hinein.
Dort, vor einem hohen Zaun,
steht ein Häuschen, das ist braun.
Etwas weiter, gar nicht lange,
bis zu einer Fahnenstange.
Durch den Park gelangst du schnell
rechts vorbei am Parkhotel.
Vor der Brücke und dem Graben
brauchst du keine Angst zu haben.
Siehst du jetzt direkt am Bach
einen Turm mit rotem Dach?
Hundert Meter oder mehr
sind es bis zur Feuerwehr.
An der Tür zur Polizei
führt ein schmaler Weg vorbei,
bis zu einer großen Wand.
Hier ist ein Getränkestand
und daneben, Gott sei Dank,
zur Erholung eine Bank.
Zwanzig Schritte noch vielleicht,
und du hast den Fluß erreicht.
Immer liegt ein Boot bereit,
denn der Fluß ist ziemlich breit.
Drüben ist ein schöner Garten,
an der Pforte mußt du warten.
Plötzlich, wie durch Zauberei,
gibt das Tor den Eingang frei.
Durch das grüne Paradies
führt ein Weg aus feinem Kies
zu dem Zauberblumenbeet,
wo ein schönes Häuschen steht.
Das gehört dir ganz allein,
mach die Tür auf, geh hinein,
drinnen ist das Bett gemacht,
und nun schlaf schön, gute Nacht!

Nebenstehend: Bildgeschichte von
Gisela Loeser-Helmer

| Irmela Wendt |
| **Aussteiger** |

Nesseln wachsen in dem Garten, von dem hier die Rede ist. Brennesseln.

Brennesseln sind Unkraut! sagen die Leute. Brennesseln gehören in keinen Garten.

Brennesseln sind schön! sagt die Frau, die Brennesseln in ihrem Garten wachsen läßt. Die Blätter sind schön, die Blüten, der schlanke biegsame Stiel, alles ist schön.

Häßliche schwarze Raupen kriechen auf deinen Brennesseln umher, sagen die Leute. Hol die Giftspritze!

Ich spritze kein Gift! sagt die Frau.

Wenn der Wind deine Brennesselsamen in unsere Gärten weht, benachrichtigen wir die Polizei, sagen die Leute. Wir wollen keine Brennesseln und keine häßlichen schwarzen Raupen.

Schwarz sind sie zwar, überlegt die Frau, aber ich sehe weiße Pünktchen auf der schwarzen Haut. Woran erinnern mich diese Pünktchen?

Brennesselblätter schmecken süß. Die schwarzen Raupen essen und essen und essen. Die Haut wird ihnen eng. Sie lassen ihre Haut platzen. Darunter ist eine neue Haut, weiter als die vorherige. Mehrmals häuten sich die Raupen. Und jedesmal sind auf der neuen schwarzen Haut auch weiße Pünktchen.

Bis die weißen Pünktchen sich in goldene verwandeln. Bis Grau aus dem Schwarz wird. Bis die Raupen aufhören zu kriechen. Bis alles sich verwandelt hat. Seltsam geformte Körper hängen regungslos in den Zweigen. Aschgrau mit goldenen Pünktchen.

Puppen! sagt die Frau und lächelt.

Tag für Tag hängen sie so.

Leblos nach außen.

Ohne Sicht nach innen.

Dann kommt der Augenblick, in dem sie sich öffnen.

Einer steigt aus. Hat es eng gehabt, das sieht man. Langsam entfaltet er sich. Breitet Flügel aus, voll leuchtender Farben. Rot. Blau. Braun. Golden. Legt die Flügelspitzen aneinander, streckt die Fühler. Verharrt Sekunden regungslos. Und fliegt dann auf mit weit offenen Flügeln.

Ein Schmetterling.

Ein Pfauenauge.

Und was sagen die Leute?

Das stimmt ja gar nicht, was sie in der Zeitung schreiben, daß die Pfauenaugen aussterben. Da fliegen ja welche.

Renate Peter
Fragen über Fragen

Hungert die Hungerblume?
Hat der Hornstrauch Hörner?
Besteht die Holzwespe aus Holz?
Ist die Feige feige?
Fault der Faulbaum?
Wandert der Wanderfalke?
Ist der Fahrstuhl ein fahrender Stuhl?
Trägt die Schleiereule einen Schleier?
Besteht der Eisvogel aus Eis?
Liegt der Eiffelturm an der Eifel?
Hat das Eichhörnchen Hörnchen?
Trägt die Pantoffelblume Pantoffeln?
Trägt der Ordensbandschmetterling ein Ordensband?
Enthält der Ölbaum Öl?
Gibt es eine Ochsenzunge als Kraut?
Gibt es einen Löwenzahn als Kraut?
Ist der Hirschkäfer ein Hirsch?
Gibt es Goldlack als Kraut?
Hat der Bartgeier einen Bart?
Hat das Fingerkraut Finger?
Gibt es einen Erdstern als Pilz?   *(ja)*
Ist Eisleben auch eine Stadt?   *(ja)*
Leben im Drachenbaum Drachen?
Hat die Dotterblume etwas mit dem Eidotter zu tun?
Wer ist der Regenpfeifer?   *(ein Sumpfvogel)*
Wer ist der Pfefferfresser?   *(Vogel im Tropischen Amerika)*
Wer ist der Neuntöter?   *(ein Singvogel)*
Was ist die Nachtkerze?   *(ein Kraut)*
Was ist das Venusherz?   *(eine Muschel)*
Ist das Meerschweinchen ein Schweinchen?
Was ist die Königskerze?   *(ein Kraut)*
Wer ist die Königin der Nacht?   *(ein Kaktus, der nur in einer Nacht seine Blüten öffnet)*

Britta van Hoorn

Nebenstehend:
Collage-Foto von Wolfgang Rudelius
(Figur von Roland Roure)

Max Kruse

Vom Mann und der Gans

1. Ein Mann sah eine Gans am Wegrand. Da dachte er, daß die Gans sehr einsam und verlassen sei. Die anderen Gänse hinter der Hecke sah er nicht. Er nahm die Gans unter den Arm, setzte sie in sein Auto und brachte sie zu sich nach Hause. »Wir werden uns gut vertragen«, sagte er zu der Gans.

Die Gans guckte nur.

2. Die Frau des Mannes schlug die Hände über dem Kopf zusammen. »Nein, nein«, rief sie.

»Doch, doch«, antwortete der Mann. »Das ist jetzt meine Gans. Sie wird bei mir leben.«

Da nahm die Frau ihren Mantel und verließ die Wohnung.

Die Gans guckte nur.

3. Der Mann setzte die Gans auf einen Sessel. Er holte sich ein Bier aus dem Eisschrank und hockte sich vor den Fernseher. »Was willst du lieber sehen«, fragte er die Gans. »Einen Krimi oder ein Märchen?«

Die Gans guckte nur.

4. Der Mann ging in die Badestube. Er zog sich aus und stieg in die Badewanne. Er seifte sich ein. Er ließ die Tür auf, damit er die Gans sehen konnte. »Du mußt dir auch die Zähne putzen«, sagte der Mann zur Gans.

Die Gans guckte nur.

5. Der Mann zog sich das Nachthemd an. Er legte sich in sein Bett. Er nahm ein Buch, um darin zu lesen.

»Lesen macht klug«, sagte er zur Gans.

Die Gans guckte nur.

6. Als er ausgeschlafen hatte, stand der Mann auf. Er stellte der Gans einen Teller mit Brot und Marmelade hin. Er goß ihr auch eine Tasse Kaffee ein.

»Ein gutes Frühstück ist das Wichtigste am Tag«, sagte der Mann zur Gans.

Die Gans guckte nur.

7.   Der Mann nahm einen Ledergürtel und machte daraus eine Leine. Er legte sie der Gans um den Hals. Dann ging er mit der Gans die Treppe hinab. Auf der Treppe traf er die Nachbarin.

»Sag schön guten Tag!« sagte er zur Gans.

Die Gans guckte nur.

8.   Der Mann ging mit der Gans zum Zeitungskiosk. Er kaufte sich die neueste Zeitung. Er las die Überschrift: Fußballspielen wird verboten! –

»Was sagst du dazu?« fragte er die Gans.

Die Gans guckte nur.

9.   Der Mann ging mit der Gans in den Supermarkt. Er setzte die Gans in den Einkaufswagen. Als er an die Kasse kam, sagte die Kassiererin: »Die Gans kostet 20 Mark.«

»Die Gans habe ich selber mitgebracht«, sagte der Mann. »Nicht wahr, Gans?«

Die Gans guckte nur.

10.   Der Mann ging mit der Gans über die Straße. Die Gans watschelte hinter dem Mann her. Die Ampel war grün. Viele Autofahrer warteten.

»Du darfst niemals bei Rot über die Straße gehen«, sagte der Mann zur Gans.

Die Gans guckte nur.

11.   Der Mann fuhr mit der Gans wieder zu der Wiese. Da sah die Gans die anderen Gänse. Sie riß den Gürtel entzwei und lief mit lautem Geschrei hinüber.

»Komm zurück«, rief der Mann, »komm zurück!«

Die Gans guckte nur.

12.   Als der Mann nach Hause kam, war seine Frau wieder da.

»Schön«, sagte der Mann. »Mit der Gans konnte ich mich nicht so richtig unterhalten. Mit dir ist das doch was anderes!«

Die Frau guckte nur.

Julius Becke

Der rote Ballon

Seite 36–39

So große Ballons hatte Georg noch nie gesehen. Der Mann auf der Dippe-Mess* hatte eine ganze Traube davon. Die roten, grünen, blauen, gelben Ballons zogen an den Fäden, so als könnten sie gleich den Mann mit seinem Tisch in den Himmel heben. Und weil die Mutter gute Laune hatte, bekam Georg einen von den Ballons, einen roten.

Den Faden hat er sich um das Handgelenk gebunden und gespürt, wie der Ballon ziehen konnte.

Zu Hause, in seinem Zimmer, hat er den Ballon losgemacht, und der ist sofort an die Zimmerdecke gestiegen. Da hing er nun, und Georg hätte eine Leiter gebraucht, um ihn herunterzuholen. Aber es kam anders.

Als er am nächsten Mittag von der Schule gekommen ist, da hat in seinem Zimmer das Fenster offengestanden, und der Ballon war weg.

Der Georg hat sehr geweint, und die Mutter hat mit den Schultern gezuckt und gesagt: »Es muß ja mal gelüftet werden.«

Da ist der Georg voller Wut auf die Straße hinaus und hat gedacht, daß er den Ballon finden muß.

Weil er in den Himmel hinaufgeguckt hat, ist er mit dem Bauch einer Frau zusammengestoßen, die furchtbar geschimpft hat. Da ist er noch schneller gelaufen, mit dem Kopf in die Luft, bis es wieder einen Schlag getan hat und lauter Sterne vor seinen Augen getanzt haben. Alle Straßenlaternen sind aus Eisen, und mit so einer ist er zusammengestoßen. Das war schlimmer als der dicke Bauch von der Frau, und er hat gespürt, daß ihm auf der Stirn eine Beule wächst, und er hat auch gewußt, daß sie erst blau wird und dann gelb, aber gestört hat ihn das nicht, trotz der Kopfschmerzen, weil er seinen Ballon wiederfinden wollte, sonst nichts.

Er ist die ganze Straße hinauf und wieder hinunter, und er hat schon geglaubt, daß sein Ballon nach Afrika fliegt und daß ein Negerkind ihn findet, im Urwald. Aber wenn schon alles zu Ende ist, dann kommt doch noch manchmal das Glück.

Der Georg hat etwas rot schimmern sehen, oben auf einem Dach, dort, wo sich nur die Schornsteinfeger hinwagen. Der Faden muß dort hängengeblieben sein, und der Ballon hat sich im Wind hin und her bewegt und hat nicht weiterfliegen können.

Georg hat gewußt, daß er auf das Dach hinauf muß, aber er hat nicht gewußt wie.

---

* Dippe = Töpfe (Frankfurter Mundart); Töpfermarkt

Zuerst hat er an die Feuerwehr gedacht, aber dann ist ihm eingefallen, daß die Feuerwehr nur kommt, wenn das Haus brennt oder eine Katze im Baum sitzt. Wegen seinem Ballon kommen die nicht.

Da ist er einfach zu der Tür von dem Haus gegangen. An der Tür waren ungefähr 40 Schilder mit 40 Namen und 40 Klingelknöpfen. Da hat er sich einen von den obersten Klingelknöpfen herausgesucht und draufgedrückt und gewartet. Nach einer Weile war ein Kratzen zu hören und eine dünne Stimme, die hat gesagt: »Ja?«

Georg hat gemerkt, daß die Stimme aus so einem Kästchen kommt mit einem Gitter drüber. »Ich will meinen Ballon von deinem Dach holen«, hat er in das Gitter hineingerufen.

Es dauerte wieder eine Weile, und dann hat es aus dem Gitter gesagt: »Ich darf nicht aufmachen.«

Georg hat an den Wolf aus dem Märchen gedacht mit dem Mehl auf der Stimme und hat ganz lieb gesagt: »Bitte, bitte, mach auf. Wenn ich meinen Ballon wiederkriege, darfst du auch mitspielen.«

Da war wieder lange nichts zu hören, bis es dann plötzlich gesummt hat und die Tür aufgegangen ist.

Georg ist viele Stockwerke hinaufgegangen, bis es nicht mehr weiter ging. Da waren nur noch zwei Türen, und in der einen hat ein Glasauge gesteckt. Georg hat gewußt, daß das Auge ihn ansieht, aber er hat nicht in das Auge hineinsehen können.

Er hat »Mach auf!« gerufen, und drinnen hat die Stimme, die er von dem Gitterkasten her kennt, gerufen: »Ich darf niemanden hereinlassen!«

Georg hat so eine kleine Trompete aus Kunststoff bei sich gehabt. Wie er auf der ganz stark geblasen hat, so daß es geklungen hat, als wenn man auf Grashalmen bläst, nur viel lauter, da hat es drinnen gelacht, und die Tür ist aufgegangen.

Das Mädchen in der Tür ist so groß gewesen wie Georg. Sie hat schwarze Haare und schwarze Augen gehabt, und Georg hat gewußt, daß es ein türkisches Mädchen ist.

Er hat ihr erzählt, was ihm passiert ist, und daß nun sein Ballon auf ihrem Dach sitzt.

Das Mädchen hat Aylin geheißen, und sie hat dem Georg gesagt, daß sie weiß, wie die Schornsteinfeger auf ihr Dach kommen.

Sie hat die andere Tür aufgemacht. Dahinter war es dunkel, und eine schmale Treppe führte nach oben. Die beiden sind hinauf, und es roch nach Staub und alten Sachen. Nur durch eine Luke im Dach kam etwas Licht.

Georg hat die Luke aufgemacht, und sie konnten sehen, wie der Ballon ganz in der Nähe über dem Dach schwebte. Der Faden hatte sich an einem Eisengitter verfangen. Aber Georg hat sich nicht getraut, auf das Dach hinauszugehen. Da hat Aylin einen alten Spazierstock gefunden, und mit dem haben sie sich den Ballon geangelt und zur Luke hereingezogen.

Aylin und Georg haben sich auf ein altes Sofa gesetzt, und Georg hat sich den Ballon vor die Brust gehalten, hat ihn umarmt, weil er so froh war, und hat nichts sagen können.

Nach einer Weile hat Aylin erzählt, daß sie einen Film gesehen hat von einem Jungen, der mit einem roten Ballon befreundet war und der den Ballon hat überall mit hinnehmen wollen, auch in den Omnibus, und der dann verfolgt worden ist von anderen Jungen. Die anderen haben mit Steinen geworfen, bis sie den Ballon getroffen haben. Der Ballon hat dann auf der Straße gelegen wie ein totes Tier, und der Junge hat dagesessen und geweint. Am Ende sind viele bunte Ballons in einer langen Reihe über der Stadt davongezogen.

Georg hat Aylin gefragt, wo die Ballons denn hingezogen sind.

»Vielleicht nach Afrika«, hat Aylin gesagt.

In der Zwischenzeit hatten sich ihre Augen an die Dunkelheit gewöhnt, und sie haben sehen können, daß viele Sachen auf dem Dachboden herumstanden: Da war ein Schaukelpferd, das nicht mehr schaukeln konnte, weil ihm ein Bein fehlte, und da war ein Kinderwagen. Georg hat sich gleich hineingesetzt, und Aylin sollte schieben. Aber der Kinderwagen ist gleich zusammengebrochen, und Georg war eingeklemmt zwischen den großen Rädern, und Aylin hat ihm nicht helfen können, weil sie so lachen mußte.

Dann aber haben sie Angst gehabt, daß jemand kommt bei dem Krach, und sind wieder still geworden. Da konnten sie ein Kratzen hören und eine Stimme, die »guruh, guruh, guruh« gesungen hat.

Georg und Aylin haben den Atem angehalten, und sie haben ihre Herzen gespürt, wie sie geschlagen haben. Plötzlich war die Stimme weg, und ein Flattern war zu hören über dem Dach.

»Tauben«, hat Aylin gesagt, und Georg hat erzählt, daß sein Vater eine Taube auf dem Auto hat.

Von nun an haben sie oft auf dem Dachboden gespielt. Dort oben haben sie den roten Ballon eingesperrt, damit er ihnen nicht wegfliegen kann. Aylins Eltern haben beide arbeiten müssen und sind erst abends nach Hause gekommen. Nur der rote Ballon hat zugeguckt, wie sie einen alten Schrank aufgekriegt haben. Der war vollgestopft mit Kleidern und Hüten. Sie haben Fasching gespielt, und Aylin hat ein weißes Kleid angezogen mit einem goldenen Gürtel und einer Krone aus Kunststoff. Georg hat eine Lederjacke gefunden, einen großen Trapperhut und einen Gürtel mit einem Revolver. Er hat auf die Aylin gezielt und das Schießen nachgemacht, so wie er es aus dem Fernsehen kennt, und Aylin hat gemeint, daß sie vielleicht noch etwas anderes ausprobieren könnten zum Anziehen.

Sie hat einen Anzug anziehen wollen mit breiten, schwarzen Hosen. Der hat sie erinnert an eine Frau im Zirkus. Die hat mit einer Peitsche dagestanden und hat die Tiger durch einen brennenden Reifen hindurchspringen lassen.

Aber der Georg hat seinen Revolver nicht weglegen wollen. Aylin ist böse geworden, und Georg hat ihr den Lauf von seinem Revolver in den Bauch gepreßt, so daß es weh getan hat.

Am nächsten Tag ist Georg wieder unten an die Tür gekommen. Er hat den obersten von den 40 Klingelknöpfen gedrückt, es hat »ja« gesagt aus dem Gitterkasten, und Georg hat »ich bin's« gesagt, und die Tür ist aufgegangen. Oben im Treppenhaus hat Aylin gestanden, mit dem roten Ballon. »Heute kommt mein Cousin«, hat sie gesagt und: »Nimm deinen Ballon mit. Ich brauch ihn nicht.«

Als Georg unten auf der Straße gestanden hat, da wußte er, daß er nie wieder zu Aylin geht. Er ist die Straße hinaufgegangen, so lange, bis er zu den Wiesen gekommen ist, wo die Bäume stehen mit den Äpfeln und Pflaumen. Der rote Ballon hat mitkommen müssen, weil er den an sein Handgelenk gebunden hat mit dem Faden.

Wie er unter den Bäumen gesessen hat, da hat er mit viel Geduld den Knoten an seinem Handgelenk aufgemacht und hat den Ballon fliegen lassen. Der ist schnell aufgestiegen in den Himmel, und ein Wind ist gekommen und hat ihn fortgetrieben. Vielleicht nach Afrika, vielleicht zu den Negermädchen, hat Georg gedacht.

Manchmal sehen sie sich noch, die Aylin den Georg und der Georg die Aylin. Aber sie spielen nicht mehr miteinander.

Rudolf Otto Wiemer
Drei Wörter

Gehen, Fliehen, Nirgendsbleiben
sind drei Wörter, leicht zu schreiben.
Aber wen es trifft,
trägt schwer an solcher Schrift.

Rosemarie Künzler-Behncke
Was mein Vater sagt

Mein Vater sagt: Die Erde entstand vor Millionen von Jahren aus Gasen und Staub. Ich kann mich nur wundern. Wie kann die Erde dann so groß und schön sein?

Aber mein Vater sagt: Die Erde ist nur ein winziges Teilchen in einem unermeßlichen Universum.

Und wo zum Himmel kommt das Universum her?

Mein Vater sagt: Die Erde ist der einzige Planet, auf dem Leben möglich ist, weil wir eine Schicht aus Luft, Wasser und Boden haben. Es fing alles ganz wunderbar an: Zuerst entwickelten sich kleine Pflanzen und kleine Tiere, dann immer größere und zuletzt die Menschen.

Meine Mutter sagt: Vielleicht sind wir Menschen der erste Fehler der Natur.

Aber das kann ich nicht glauben.

Mein großer Bruder sagt: Alles hat mit einem großen Knall angefangen und könnte leicht mit einem großen Knall aufhören.

Der spinnt ja!

Britta van Hoorn

Jürgen Spohn
Windei

Einer, der nicht wußte, was ein Windei ist, hat einen gefragt, der auch nicht wußte, was ein Windei ist: Was ist ein Windei.
Da haben sie überlegt und zu streiten angefangen. Der eine hat gesagt, ein Windei ist ein Ei, das der Wind gelegt hat. Der andere hat gesagt, ein Windei ist ein Ei aus Wind.
Schließlich kam einer dazu, der wußte, was ein Windei ist.
Er hat sich dann auf die Schenkel geschlagen vor Lachen.
Und eine Windhose. Was ist das?

Sara Krüger
Banane, Zitrone…

Banane, Zitrone,
in der Ecke steht ein Mann.
Banane, Zitrone,
er lockt die Weiber an.
Banane, Zitrone,
er nimmt sie mit nach Haus.
Banane, Zitrone,
er zieht sie nackend aus.
Banane, Zitrone,
er nimmt sie mit ins Bett.
Banane, Zitrone,
da wird sie dick und fett!

Anne lernt den Spruch von Franz. Der erzählt ihr auch, warum die Weiber dick und fett werden: Sie bekommen ein Kind.

Franz erklärt ihr, daß dazu der Mann seinen Pimmel in die Frau stecken muß.

Anne sagt zu ihrer Mutter: »Ich möchte gern einen Bruder haben!«

Die Mutter sagt lachend: »Ja, da mußt du halt Zuckerstückchen aufs Fensterbrett legen! Vielleicht bringt der Storch dir dann ein Brüderchen!«

Anne holt ein Stück Würfelzucker, legt ihn auf den Sims.

Am nächsten Tag ist der Zucker weg.

Anne wartet.

Franz sagt zu Anne: »Du bist so blöd, daß es kracht!«

Theodor Eberle

Rätsel

Mit **L** ist es das Kleid von Tieren,
mit **S** ist es entsetzlich hart,
mit **D** kann man darauf spazieren,
mit **G** vorn wird es gern gespart.
Helmut Glatz   Lösung Seite 326

Zoologie

Der Laubfrosch ist ein Laubtier,
der Tiger ist ein Raubtier,
das Nilpferd ist ein Schnaubtier,
das Einhorn ist ein Glaubtier.
Wolf Harranth

Frauke Nahrgang
Es war einmal eine Ziege

Es war einmal eine Ziege.
Es war auch einmal ein Bauer.
Wenn die Ziege hungrig war,
brachte der Bauer sie auf die Weide.
Wenn die Ziege durstig war,
gab der Bauer ihr Wasser.
Wenn die Ziege traurig war,
kraulte der Bauer ihr weißes Fell.
Aber am Sonntag
bürstete die Ziege ihren Bart
und brachte dem Bauern
das Frühstück ans Bett.

Georg Bydlinski

Das duschende Gespenst

Die Eltern waren bei irgendwelchen Schmidts zum Abendessen eingeladen. Nikki lag in seinem Bett – die Nachttischlampe brannte – und las in einem Gespensterbuch. Da klopfte es an der Tür. Es war Christa. »Nikki«, sagte sie, »wir können nicht einschlafen. Bei uns knackst und knarrt alles, und dauernd fahren Autos vorbei.«

»Erzähl uns eine Geschichte!« sagte Angelika, die nachgekommen war. »Bitte!«

»Na gut«, sagte Nikki. »Ihr seid mir schöne Angsthasen!«

Nikki zog seinen Schlafrock an und folgte den Schwestern ins Mädchenzimmer. Auf dem Weg dorthin fiel ihm ein, was er den beiden erzählen würde. Nikki grinste, als er sich einen Sessel an die Betten heranholte...

»Es war einmal eine Wohnung«, begann er, »die sah fast genauso aus wie unsere. Nur eines war anders –« (Nikki machte eine Pause, bevor er mit leiserer Stimme weitersprach) »– es spukte.«

»Huuu!« sagten Christa und Angelika.

»Zwischen Badezimmer und Klo war in der Wohnung ein winziger Duschraum – so klein, daß gerade ein Mensch hineinging. Könnt ihr euch das vorstellen?«

Christas und Angelikas Köpfe nickten im Dunkeln.

»Der Wohnungsbesitzer«, fuhr Nikki fort, »duschte für sein Leben gern. Eines Tages stand er wieder unter der Brause und sang Seemannslieder. Da kamen seine Feinde daher, ganz leise –« (Nikkis Stimme wurde erneut zu einem Flüstern) »– und mauerten den armen Teufel ein!«

»Nein!« sagte Angelika.

»Ja!« sagte Nikki.

Christa sagte nichts, ihr Mund stand weit offen.

»So grausam ist die Welt«, sagte Nikki. »Als der Mann mit dem Duschen fertig war, konnte er nicht mehr hinaus. Überall Wände! Seine Feinde strichen die zugemauerte Tür mit Farbe an, damit niemand bemerkte, daß dahinter ein Raum war... Nicht einmal das Wasser haben sie ihm abgedreht, und jetzt duscht er sogar noch als Gespenst!«

»Ist er ganz allein?« fragte Christa, die sich an ihre Polster klammerte.

»Nein«, sagte Nikki. »Ab und zu kommt ihn ein Skelett durch den Luftschacht besuchen und bringt ein neues Stück Seife. Und jetzt schlaft gut!«

Nikki verschwand aus dem Zimmer.

»Nikki! Nikki! Bleib da!« riefen ihm die Mädchen nach.

Nikki steckte seinen Kopf nochmals zur Tür herein und flüsterte: »Eines hab ich euch zu sagen vergessen: Wundert euch nicht, wenn ihr auf dem Klo sitzt und durch das Entlüftungsgitter kommt plötzlich eine Knochenhand mit einem Badeschwamm. Dann hat sich das Skelett bloß im Zimmer geirrt! Gute Nacht!«

Triumphierend schloß Nikki die Tür hinter sich. Er malte sich den Gesichtsausdruck seiner Schwestern aus. Seit der toten Spinne im Kompott war ihm kein solcher Schlag mehr gelungen!

Nikki las weiter in seinem Buch, und aus irgendeinem Grund konnte auch er in dieser Nacht nicht besonders gut schlafen. Um zwölf weckte ihn die Turmuhr: viermal ding für die volle Stunde und dann dong dong dong dong dong dong dong dong dong dong dong dong. Gespenstisch!

Nikki erhob sich und wankte aufs Klo. Als er sich dort niedergelassen hatte, hörte er hinter der Wand ein Geräusch...

Wasser! Ein Rauschen! So rauscht das Wasser nur, wenn jemand duscht!!

Nikki sprang auf und stürzte mit einem Schrei ins Vorzimmer. Er rannte den Schirmständer um und schlug mit dem Knie an den Schuhschrank. Dabei wurde er erst so richtig wach. Aber das Rauschen war immer noch da.

Die Badezimmertür ging lautlos auf.

Das Dusch-Gespenst! dachte Nikki. Es hat sich befreit!

Doch im Türrahmen stand ein erstaunter Vater, triefnaß und mit Shampoo-schaumigen Haaren.

»Du?« sagte Nikki ungläubig.

»Na klar«, sagte der Vater. »Bei den Schmidts haben alle wie die Schlote geraucht, und ich hab ganz nach Zigaretten gestunken. *So* wollte ich nicht ins Bett!«

Nikki nickte.

»Wen hättest du denn sonst erwartet, um diese Zeit?« fragte der Vater. »Etwa ein Gespenst?«

»Ach wo!« sagte Nikki schnell. »Gespenster gibt es nicht!«

Huberta Zeevaert
Der Nußknacker

Sie will zwar nicht,
jedoch, sie muß!
Ich knacke sie
dann doch zum Schluß,
die harte Nuß!

Eine Dicke Lüge   Mario Grasso

Ludwig Fienhold
Morgen

Was, so fragte sich Hans, wird sein, wenn ich mir heute nicht die Zähne putze, meine alten Hosen anziehe und den Pullover, den Mutter nicht mag. Was, wenn ich statt zur Schule ins Schwimmbad gehe und einfach vergesse, daß ich pünktlich zu Hause sein muß. Was wird geschehen, wenn ich die ganze Nacht irgendwo draußen verbringe, fernab vom Elternhaus. Was kann eigentlich passieren, wenn ich mich in irgendeinen Zug setze, ohne mein Ziel zu kennen. Was, fragte sich Hans bohrend, was geschieht dann?

Da riß die Mutter die Tür auf und weckte ihn mit einem lauten »Hallo, aufstehen.« Hans schüttelte den Kopf, Mutter schüttelte Hans an den Schultern. Wütend ging er ins Bad, runzelte die Stirn und verließ an diesem Tag das Haus, ohne sich die Zähne geputzt zu haben.

Wolf Harranth
Geburtstagsgedicht
(Dem Kind aufzusagen)

Vom vielen Bücken wird man krumm,
vom vielen Nicken wird man dumm,
vom vielen Wegschaun wird man blind.
Werd anders, Kind.

Geh aufrecht und frag dich, ob alles
   stimmt.
Auch wenn man das Fragen dir
   übelnimmt:
Scher dich nicht um die Übelnehmer.
Sei unbequemer.

Das wird nicht ganz ohne Narben abgehn.
Aber möchtest du erst die unsern sehn?
Du sollst uns nicht bös sein und uns nicht
   verlachen.
Du sollst es einfach besser machen.

Werbung muß sein ...
Von Theodor Eberle

Lisa-Marie Blum
Der seltsame Zweig

Die kleine Meise wundert sich. Sie hat scharfe Augen. Saß da nicht eben eine Raupe am Birnbaum? Kroch langsam den Zweig hinauf? Natürlich, die kleine Meise hat es genau gesehen.

Aber auch die kleine Spannerraupe hat die Meise gesehen. Die kleine dicke Raupe will einmal ein Schmetterling werden. Sie hat noch viel vor. Sie muß noch sehr wachsen. Die Meise darf sie nicht verschlucken.

Gefahr! Die kleine Raupe spürt es sofort.

Sie klammert sich mit den Hinterbeinen fest an den Ast. Dann richtet sie den Leib starr auf und streckt ihn aus. So sieht sie wie ein kleiner brauner Zweig aus.

Die Raupe ist ein Zweig geworden, ein braunes Ästchen. Die kleine Meise guckt. Sie wartet. Nichts rührt sich. Die kleine Raupe bleibt starr und steif.

Die Meise schilpt, schließlich fliegt sie davon. Zweige! Nein, das ist kein gutes Futter. Zweige sind viel zu hart.

Die kleine Raupe rollt sich wieder zusammen und kriecht weiter den Ast hinauf. Sie will ein Schmetterling werden. Und sie kann gut Theaterspielen. Eine schlaue kleine Raupe.

Werbung muß sein ...
Von Theodor Eberle

Nora Clormann-Lietz
Regenwurm

Es fürchtet sich der Regenwurm
vor jedem Regen oder Sturm.
Vom Erdreich
kommt er hochgekrochen,
wenn leis
die Tropfen darauf pochen.
Drum klopft die Amsel
mit den Beinen –
und hofft auf Regenwurm-
erscheinen.

„Auf, auf!" sprach da der Fuchs
Von Winfried Opgenoorth

„Auf, auf!" sprach da der Fuchs zum Hasen,
„hörst du nicht den Jäger blasen?"

„Auf, auf!" sprach da der Fuchs zum Hirsch,
„der Jäger macht auf dich jetzt Pirsch."

„Auf, auf!" sprach da der Fuchs zum Eber,
„der Jäger geht dir an die Leber."

„Auf, auf!" sprach da der Fuchs zum Specht,
„der Jäger kommt, jetzt geht's dir schlecht."

„Auf, auf!" sprach da der Fuchs zur Gans,
„der Jäger schießt dir in den Schwanz."

„Hör auf!" sprach da der Elch zum Fuchs,
„sonst knall ich dir eins hinterrucks."

Manfred Große

Tante Almas Geburtstag

Tante Alma ist meine Urgroßtante. Diesmal war ihr Geburtstag nicht ganz so langweilig. Alle Gäste mußten ständig niesen. Einer nach dem anderen. Häschi, häschi, häschi. Und wenn der letzte fertig war, fing der erste wieder an. Häschi. Aber leider mußte ich auch immer wieder niesen.

Die Tante hatte viele schöne Geschenke bekommen: Strohblumen, eine Kristallschale, eine silberne Suppenkelle, eine Wanduhr mit Spielwerk, eine Kuckucksuhr, eine gehäkelte Tischdecke, ein gesticktes Bild für die Wand, ein Fotoalbum mit Familienfotos ihrer Neffen und Nichten, eine Gießkanne mit Goldrand für ihr Blumenfenster und einen Papagei aus Wolle.

Ich hatte ihr einen kleinen Mops aus Porzellan geschenkt, klein wie eine Streichholzschachtel, mit großen, blauen Glasaugen.

Ich hatte ihn auf dem Dachboden in einer alten Truhe gefunden. Trotz der schönen Geschenke wurde der Geburtstag ein Schnief-, Schnupf- und Niesgeburtstag.

An den folgenden Tagen ging es allen Gästen wieder gut. Nur die arme Tante mußte weiter niesen. Sie war ganz krank und lag im Bett.

Ich hatte für sie eingekauft und saß noch ein Weilchen niesend mit ihr zusammen.

»Ach, Jungchen«, sagte sie, »ich hatte doch gestern Pech. Dein hübscher kleiner Mops ist mir runtergefallen und hat ein Auge verloren.«

»Macht doch nichts«, sagte ich, suchte das Glasauge unter der großen Anrichte und steckte den Mops in die Hosentasche. »Ich nehme ihn mit und klebe das Auge wieder an.«

Von da an war die Tante gesund.

Aber als ich dem Mops das Auge anklebte, fing ich an zu niesen. War da ein Zusammenhang?

Ich steckte den Mops in die Hosentasche – das Niesen hörte auf.

Aha, dachte ich, das ist merkwürdig, ich werde ihn morgen in der Schule testen.

Als die Stunde begann, stellte ich den Mops auf meinen Schultisch. Er schaute mich mit seinen Glasaugen an, und ich mußte niesen.

Ich drehte ihn ein wenig nach rechts, mein rechter Nachbar mußte niesen. Ich drehte ihn noch ein Stück weiter. Alle, die rechts von mir saßen, fingen an zu niesen. »Hat da wieder einer Niespulver gestreut?« fragte die Lehrerin.

Ich drehte den Mops in ihre Richtung. »Häschi«, sagte sie, »ich habe euch – häschi – doch schon hundertmal – häschi – gesagt, ihr sollt den dummen – häschi – Witz mit dem Niespulver lassen – häschi, häschi, häschi!«

Auf dem Heimweg ließ ich mir viel Zeit.

Ich sah einen Polizisten, der einen Falschparker aufschrieb. Ich zog den Mops aus der Tasche, der Polizist sagte: »Häschi.«

Am Gemüsestand stritten sich zwei Frauen, wer als nächste dran wäre. »Häschi, häschi«, sagten beide plötzlich.

Der Eisverkäufer nieste in sein Eis, ein alter Herr in seine Zigarre, eine junge Frau in ihren Kinderwagen.

Ich ging zum Zeitungskiosk, die Leute niesten, die Zeitungen flatterten.

Sogar im Fernsehen wirkte es. Der Sprecher sagte: »Sie hören die Nachrichten, häschi. Die Gewerkschaft – häschi – hat soeben den – häschi, häschi – ausge… häschi, häschi, häschi.«

Unterbrechung war auf dem Bildschirm zu lesen.

Am Abend gab's eine Bläsermusik. Sie fingen an. Als erster nieste einer in seine Flöte. Er entschuldigte sich, und sie fingen noch einmal an. Dann nieste einer in seine Klarinette.

Es fing noch einmal von vorn an. Jetzt ließ ich den Mops schnell auf dem Bildschirm hin und her blicken. Die Musiker bliesen und niesten abwechselnd in ihre Instrumente.

Das Konzert wurde abgebrochen.

Als ich wieder bei der Tante war, schwindelte ich: »Tante, der Mops ist mir runtergefallen und völlig zersplittert.«

Ich konnte doch die Tante nicht dauernd niesen lassen.

Ortfried Pörsel
Leicht zu verwechseln

Einer von uns ist nicht viel wert,
passen auch nicht umgekehrt,
beide gleich und beide nicht,
tun dasselbe dicht an dicht;
ist der eine ein Stück voraus,
hält's der andre nicht lang aus.

*Lösung
Seite 326*

```
VERGANGENVERGANGENVERGANGENVERGANGENVERGANGENVERGANGENVER
ERGANG      E           R               N               V           G
RGANGE      R           G               G               E           A
GANGEN      G     ENVERGANGEN     GANGENVERGANGE    RGANG     ERGAN
ANGENV      A     NVERGANGENV     ANGENVERGANGE     RGANGE    RGANG
NGENVE      N     VERGANGENVE     NGENVERGANGE      RGANGEN   GANGE
GENVER      G     ERGANGENVER     GENVERGANGE       RGANGENV  ANGEN
ENVERG      E          GENVERG    ENVERGANGE        RGANGENVE NGENV
NVERGA      N          ENVERGA    NVERGANGE         RGANGENVER GENVE
VERGAN      V     ANGENVERGAN     VERGANGE          RGANGENVERG ENVER
ERGANG      E     NGENVERGANG     ERGANGE           RGANGENVERGA NVERG
R  GE       R     GENVERGANGE     RGANGE            RGANGENVERGAN VERGA
G  EN       G     ENVERGANGEN     GANGE             RGANGENVERGANG ERGAN
A           A          NGENV      ANGEN                    GANGE  RGANG
N           N          GENVE      NGENV                    ANGEN  GANGE
GENVERGANGENVERGANGENVERGANGENVERGANGENVERGANGENVERGANGEN
```

»Das Jetzt war gestern zur gleichen Zeit ganz anders. Was wird morgen zur gleichen Zeit aus dem Jetzt geworden sein?«

Karin Höpner

Sara Krüger

Der Aufsatz

Bis morgen muß der Aufsatz fertig sein. Anne hat sich in ihr Zimmer zurückgezogen. Sie will nicht gestört werden.

Sie schlägt das Aufsatzheft auf. Es sind nur noch wenige weiße Seiten übrig. Anne geht zur Mutter und sagt, daß sie ein neues Schreibheft braucht.

Anne geht in den kleinen Schreibwarenladen und kauft sich ein Heft mit grünem Umschlag.

Zu Hause setzt sie sich wieder an den Tisch und malt mit Schönschrift das Thema auf die erste Seite: *Es schneit.* Da fällt ihr auf, daß der Bleistift stumpf ist. Sie spitzt alle Blei- und Farbstifte.

Anne wirft den Abfall in den Papierkorb. Der muß dringend geleert werden.

Jetzt bekommt Anne Hunger. Sie geht in die Küche und schmiert sich ein Butterbrot, bestreut es mit Zukker. Nachdem sie auch ein Glas Milch getrunken hat, geht sie in ihr Zimmer zurück. Außer der Überschrift steht nichts da.

Anne hört, daß ihre kleine Schwester vom Kindergarten nach Hause kommt. Oh, sie hätte jetzt so Lust, mit ihr zu spielen!

Anne gibt sich einen Ruck. Sie schreibt:

Es schneit.

Letztes Jahr schneite es erst nach Weihnachten. Es machte uns Spaß, tapfer durch den Schnee zu stapfen. Wir mußten in der Schule einen Aufsatz schreiben, der mir gar nicht gefiel. Er hieß: Es schneit!

Alphabetisches Mißverständnis

Text: Gerda Anger-Schmidt • Schrift u. Bild: Winfried Opgenoorth

Heute vormittag kam der meisenbär

gutgelaunt mit einem, iber daher.

Die beiden trafen sich mit dem, how-Chow

und einem achs in der Donauau.

Der ber witterte ein Komplott

und lief zum uchs im Dauertrott.

Dabei stolperte er über das ürteltier

und den größten asen im Revier.

Im Fuchsbau fand er den gel vor,

der schoß grad dem aguar ein Tor.

Das rokodil war der Schiedsrichter.

Das amm bediente die Flutlichter.

Als der aulwurf dem Eber Gehör verschaffte,

sagte der nur: „Verschwörung!" Und jeder raffte

-auch das ashorn-den ganzen Mut zusammen.

Das kapi kam mit zwei Ammen.

Als Anführer fand sich ein Pinguin.

(Er war unterwegs mit der Qualle nach Wien.)

Den Weg wiesen auf Befragen

ein paar Rehe (mit leerem Magen).

Den Treffpunkt der vier

kannten Faultier

und Tapir.

Die Truppe kam nah, immer näher.

Da dachte der Uhu, ein Späher:

„Die schauen so grimmig aus und so wild,

die führen sicherlich etwas im Schild."

Als Vermittler fand sich der Vielfraß ein

und klärte sie auf: „Das Warzenschwein

lädt heute zum großen Feste

für sozusagen Gäste.

Setzt euch auf die Y—Bank zu uns her,

bis der Zobel kommt vom Kaspischen Meer."

Julius Becke

Kleine Tiere

Seite 52–53

Auf dem Dach unserer Schule sitzen viele Tauben. Nachts schlafen sie vielleicht auf den Fenstersimsen oder in den Bäumen vom Park, der hinter unserer Schule liegt. Aber auf den Schulhof getrauen sie sich nicht, wenn Pause ist. Da sind zu viele Kinder, und da ist zuviel Geschrei. Deswegen war eine große Aufregung, als eine Taube in einer Ecke des Hofes gesessen hat. Sie war dunkelgrau, und wenn sie wegwollte aus Angst vor den Kindern, da hat man sehen können, daß sie hinkte. Sie hat nur ein paar Schritte machen können, und in ihren Flügeln hat es gezuckt, aber zum Auffliegen hat die Kraft nicht gereicht. So ist sie sitzengeblieben neben dem Müllcontainer, und die Kinder haben einen großen Halbkreis gebildet um die Taube herum.

Auch ein Lehrer hat in dem Halbkreis gestanden. Wie er die Taube gesehen hat, da wußte er gleich, daß man sie in Ruhe lassen muß. Deswegen hat er seine Aufmerksamkeit ganz auf die Kinder gerichtet. Einige sind in die Knie gegangen, haben die Hände vorgestreckt, auf denen Brotkrumen lagen von ihrem Frühstücksbrot. Andere sind ganz vorsichtig näher herangegangen, so als wollten sie die Taube streicheln.

Und dann hat der Lehrer den Andreas gesehen. Der Andreas hat ganz aufrecht dagestanden und hat mit seiner rechten Hand eine Faust gemacht. Und der Lehrer hat geahnt, daß in der Faust ein Stein drin ist.

Wie der Halbkreis um die Taube herum enger geworden ist und noch andere Kinder dazugekommen sind, hat es plötzlich einen Schlag getan. Ein Stein ist gegen das Blech von dem Container geschlagen, und die Taube hat geflattert mit ihren armen Flügeln und war dann verschwunden unter dem Container.

Da hat es geschellt. Der Andreas war in der Klasse von dem Lehrer, der alles gesehen hat. Der Lehrer hat zu dem Andreas nichts gesagt, sondern sie sind alle zusammen in die Klasse gegangen, und eigentlich sollte jetzt Rechnen sein. Aber dem Lehrer ist eine Geschichte eingefallen, und er hat sie erzählt:

»Es waren einmal zwei Brüder. Die hießen Tim und Tom. Tim war der Kleine, Tom war der Große. Tom ging in die Schule, Tim noch nicht. Tim wurde von der Mutter verwöhnt, Tom vom Vater. Tim hat gern mit den Autos von Tom gespielt. Tom hat dem Tim dann alles Spielzeug weggenommen, nicht nur die Autos. Dafür hat Tim dem Tom die Schulhefte verschmiert mit Filzschreiber. Dafür hat der Tom den Tim so geboxt, daß der unter seine Bettdecke gekrochen ist, wie ein kranker Vogel mit armen Flügeln. Wirklich geliebt hat Tom nur sein Meerschweinchen. Es hat die besten Salatblätter bekommen und Stücke von Boskop-Äpfeln. Auch die Mutter hat oft nach dem Meerschweinchen gefragt. Das hat Max geheißen. Sie hat gesagt, daß man für Max sorgen muß, wenn man ihn schon einmal hat.

Tim hat gedacht, daß sich alle um Max kümmern. Nur um ihn kümmert sich keiner.

Eines Tages ist Tim allein gewesen in der Wohnung, und er hat sich gewünscht, daß er sich in ein tiefes Meer stürzt, wo ihn niemand mehr sieht. Denn der Tom hatte ihn bei der Mutter verpetzt. Er hat ihr erzählt, daß Tim aus dem Lesebuch von Tom Seiten herausgerissen hat und daß das Buch jetzt bezahlt werden muß. Die Mutter hat ganz kalt gesagt, daß der Tim mit seinem Taschengeld zahlt.

Als Tim erzählen wollte, was der Tom alles mit ihm gemacht hat, da hat ihm die Mutter sogar eine Ohrfeige gegeben. Seitdem hat Tim nichts mehr gesagt. Er ist stumm geworden wie die Fische im Meer, in das er sich hat hineinstürzen wollen. Und wie er allein war in der Wohnung, da hat er nur das Schnurpsen vom Meerschweinchen Max gehört.

Max hat in seinem feinen Käfig gesessen und hat den zarten Kohlrabi abgenagt, den der Tom ihm hineingelegt hatte. Da ist dem Tim beinahe schlecht geworden vor Wut. Er hat das Fenster aufgemacht. Dann hat er den Käfig genommen und ist mit dem Käfig zum Fenster gegangen. Den Käfig hat er jetzt in beiden Händen gehalten, und seine Arme hat er auf den Fenstersims gestützt. Jetzt hätte er nur noch loslassen müssen, dann wäre das Meerschweinchen, der Max vom Tom, sechs Stockwerke nach unten gestürzt.

Tim hat den Käfig vor seiner Nase gehabt, er hat gerochen, wie Max riecht, und hat gesehen, wie Max aufhört mit Nagen am Kohlrabi und hat das Auge von Max gesehen: ein kleines, kugelrundes Auge, so klein wie eine Perle. Und Tim hat gedacht, daß er in dem Auge von Max Angst erkennt.

Tim hat den Käfig von Max vom Fenstersims wieder heruntergehoben und hat ihn zurück in das Zimmer gestellt. Und Tim hat diese Geschichte niemandem erzählt. Seiner Mutter nicht, seinen Freunden nicht.«

Das ist der letzte Satz gewesen von der Geschichte, die der Lehrer erzählt hat. Die Kinder in der Klasse sind sehr still gewesen, weil einige von denen, die Geschwister haben, sich in der Geschichte ein bißchen wiedererkennen konnten. Und die haben das auch gesagt.

Andreas hat auch einen älteren Bruder. Aber er hat gesagt, daß er Meerschweinchen nicht leiden kann und daß er am liebsten Schäferhunde hat.

Erwin Moser
Der Gott der Ameisen

Ein Volk von schwarzen Ameisen lebte einmal in einem sonnigen Tal. Es lebte dort schon seit vielen Jahren. Es war eine Gegend, in der Ameisen alles fanden, was sie zum Leben brauchten. Die Erde, in die sie ihr weitverzweigtes Höhlensystem gegraben hatten, war trocken, und auf den saftigen Kräuterstauden gab es Jahr für Jahr Läuse in Hülle und Fülle. Die Arbeiter der schwarzen Ameisen kamen kaum mit dem Melken nach. Mit einem Wort, es ging ihnen gut. Dieses Ameisenvolk hatte auch eine eigene, seltsame Religion. Es glaubte an einen mächtigen, zornigen Gott namens Mu. Nach der Überlieferung hatte Gott Mu nur ein einziges Gebot aufgegeben: Verlaßt niemals euer Tal, geht niemals über die Hochebene, sonst wird es euch schlecht ergehen. Bleibt für immer hier, denn hier steht ihr unter meinem Schutz!

So lehrten es die Priester der schwarzen Ameisen, und das Gebot wurde befolgt.

In einem sehr heißen Jahr kam eine besonders große Ameisenkönigin an die Macht. Sie legte in kurzer Zeit Tausende von Eiern, und das Ameisenvolk hatte sich bald verdoppelt. Die neue Königin war grausam und machthungrig. Unter ihrer Herrschaft mußten die Ameisen arbeiten wie nie zuvor. Es gab keine Ruhetage mehr. Die Königin wollte von allem mehr haben: mehr Höhlen, mehr Futter, mehr Larven, mehr Arbeit. Und sie duldete keinen Widerspruch. Die Ameisen beugten sich dem Willen ihrer Königin. Das Wort der Königin war Befehl, so war es immer gewesen.

Als der Sommer am heißesten war, hatte sich das Volk der schwarzen Ameisen fast verdreifacht. Das Tal wurde zu eng. Es konnten keine neuen Höhlen mehr gegraben werden, und die Pflanzen reichten nicht mehr aus, um alle zu ernähren. Da befahl die Königin, neues Land jenseits der verbotenen Hochebene zu suchen.

Erwin Moser

Als die Ameisenpriester das hörten, gerieten sie in helle Aufregung. »Gott Mu hat verboten, die Hochebene zu betreten!« riefen sie. »Das ist Gotteslästerung!«

Daraufhin ließ die Königin alle Priester in die tiefsten Höhlen einsperren. »Es gibt keinen Gott Mu!« verkündete sie. »Es hat ihn nie gegeben. Er war eine Erfindung der Priester. Ab heute zählen nur noch meine Gebote, und ich befehle, daß sofort über die Hochebene marschiert wird! Wir sind unbesiegbar, und ich werde euch in ein neues, riesiges, wunderbares Land führen!«

»Gott Mu ist tot!« riefen die Ameisen. »Es lebe unsere mächtige Königin!«

Ein großes Heer wurde aufgestellt, eine große Sänfte wurde gebaut, und noch am selben Tag begannen die schwarzen Ameisen den Marsch über die Hochebene. Sechzehn Ameisen trugen die Sänfte mit der Königin an der Spitze des Heeres.

Die Hochebene war ein kahles, staubiges Wüstengebiet. Schier endlos dehnte sie sich. Viele Stunden dauerte der Marsch.

Endlich, als die Sonne schon zu sinken begann, sahen die Ameisen Pflanzengrün am Horizont. Mit neuen Kräften marschierten sie darauf zu. Dort also lag das neue Land!

Als sie nur noch wenige Zentimeter von dem Graswald entfernt waren, kam Gott Mu mit furchtbarer Gewalt über sie und bestrafte das ungehorsame Ameisenvolk. Er war groß wie ein Berg. Der Boden bebte unter seinen vier Füßen, und das Heer der schwarzen Ameisen nahm voller Entsetzen Reißaus.

Die Kuh kam von der Weide. Sie stieg über den seichten Graben auf die staubige Landstraße und trottete zum Bauernhof. Als sie den Stall sah, rief sie freudig: »Muh!« Die Sonne ging eben unter.

»Genug!« sagte der Baum und nahm mit steifen Gliedern Reißaus.

Ernst Volland

Jürg Schubiger
Die Einladung

An einem Sommertag war ich im Garten. Insekten summten. Ich nannte sie »Lichttiere«. Ich stützte eine Malve mit einem Stecken, zupfte ein wenig Unkraut, tat dies und das und zwischendurch nichts. Da sprach eine Biene mich an. »Heute hat unsere Königin Hochzeit«, sagte sie. »Wir suchen einen Brautführer, mein Volk und ich. Nun ist die Wahl auf dich gefallen.«

Ich rieb mir die trockenen Erdkrusten von den Fingern. »Was soll ich anziehen?« fragte ich.

»Flügel«, sagte die Biene.

Karlhans Frank
Busselreime

Liebe ist das Tollste,
ist das Wundervollste
vom Anfang bis zum Schluß.
Gib mir einen Kuß.
Und noch einen. Und noch einen.
Und noch einen feinen...

Doris Mühringer
Ach!

Ein Haus haben,
ein Häuschen, ein kleines,
irgendwo, weißt du, so eines,
dem man noch selber die Pfosten gesetzt hat
für die Wand, für die Tür,
für unsere Bettstatt:
so eines,
weißt du,
wo man auch leicht
(wenn du dich auf die Zehen stellst)
das Dach noch erreicht.

So ein Dach!
So ein Häuschen!
Ach!

Josef Guggenmos
Suche!

Suche! Du entdeckst es bald
in der Stadt, im Tannenwald,
in den Alpen und im Tal.
Es liegt im Bach, liegt im Kanal.

Such in der Asche, in der Flamme,
in Pfanne, Kanne, Badewanne!
Im Kasten steckt es, in der Flasche,
im Faß und in der Manteltasche.

Die Schlange hat's und auch der Adler,
der Taxifahrer und der Radler.
Betrachte Nagel, Zange, Hammer,
besieh den Saal dir und die Kammer.

Ganz wie am Tag, in Glanz und Pracht
entdeckst du's in der schwarzen Nacht.
Schau ihn dir an, den Maskenball,
doch denk auch ans uralte All.

Lösung Seite 326

Hans Manz
Der Stuhl
(Festtag)

Ein Stuhl.
Gewöhnlich.
Und schief steht er auch.
Er steht schief
auf der Zehenspitze
einer Frau,
die den Handstand macht.
Die Frau stützt sich ab
auf Schultern
von zwei Männern.
Die Männer stehen
auf dem Rücken
eines schwarzen Pferdes.
Das Pferd trabt rundum
und überspringt
kleine Hürden.
Fiele der Stuhl,
wäre die Nummer verdorben.

Horst Samson
Banatschwäbische Kuckucksuhr

Die Uhr verstaubt
an der Zimmerwand,
die schönste Uhr
im ganzen Land.
Der Kuckuck ist
daraus verschwunden,
keiner hat ihn
mehr gefunden!
Wenn du ihn siehst,
dann sag ihm nur,
daß sie kaputt ist,
die schöne Uhr!

Evelyne Stein-Fischer

Gerda Anger-Schmidt
Drei gefährliche Piraten

Drei gefährliche Piraten
traten auf als Akrobaten
– seidnes Wams und Pluderhosen,
tätowiert mit blauen Rosen –,

zeigten ihre Flammenkünste,
schluckten ganze Feuersbrünste,
gurgelten mit Spiritus,
warfen eine Muskatnuß

einem Stein gleich in die Luft,
nieder schwebte Blütenduft
und ein goldengelber Falter
mit Frack, Zylinder und Sockenhalter.

Sie zogen aus ihren Taschen
etwas später drei bauchige Flaschen.
Die erste hielt Wasser vom Ozean,
die zweite einen wilden Orkan,

die dritte einen schwimmenden Schrank
mit einer alten Ofenbank
und einer schlafenden Katze
mit einem Fisch in der Tatze.

Es kroch aus der Flasche der Orkan
und stürzte sich wild auf den Ozean.
Er peitschte ihn, wie es die Regel.
Da krümmt ein Pirat sich zum Segel,

der zweite plustert sich auf zum Schiff,
der dritte wird zum Korallenriff.
Dann winken und lachen sie zu uns her
und segeln hinaus aufs hohe Meer.

Zur Erinnerung an die Piraten
und ihre Wundertaten
bleibt uns der Schrank,
die Ofenbank
und jene schlafende Katze
mit ihrem Fisch in der Tatze.

Ahoi!

Irmtraud Tzscheuschner
Junge – dein Haus brennt ab!

Dies ist das Bild
vom Haus des Jungen.
Rote Feuerzungen
lecken am Dach.
Junge – dein Haus
brennt ab!
Was kümmert's mich?
Das Feuer ist gemalt
und bleibt
hübsch im Bilde.

Verena Ballhaus

Gina Ruck-Pauquèt

Ein Fisch sein

Hanna steht am Fenster. Es regnet. Der Regen rinnt die Scheibe hinab, unaufhörlich, endlos. Schön ist das. Hanna gefällt es. Draußen ist es neblig und grau. Verschwommen sind die Konturen der Bäume, und die Lichter in der Ferne leuchten gelblich und matt.

»Hanna«, sagt Dietz, »spiel doch mit mir.«

»Nein«, sagt Hanna. »Ich mag jetzt nicht. Laß mich.« Dietz ist ihr kleiner Bruder. Er fällt ihr auf die Nerven. Immer will er was. Hanna starrt hinaus. Nebelwelt, Wasserwelt. Ringsum ist es still.

Als wären alle Geräusche ertrunken, denkt Hanna. Das Wasser hat die Welt zugeflutet, das Land, die Stadt, die Straße, das Haus, dieses Zimmer. Ich bin ein Fisch in einem Aquarium.

»Hanna«, ruft Dietz, »bei dem roten Auto ist ein Rad ab! Kannst du das wieder dranmachen?«

»Nein«, sagt Hanna. »Jetzt laß mich endlich in Ruhe!« Sie braucht ein paar Minuten, bis sie wieder ein Fisch geworden ist. Weich, flink, geschmeidig. Taucht hinab, immer tiefer hinab auf den Grund, wo es leuchtende Muscheln gibt, glitzernden Sand und Korallen.

Stille – nur ein Klang ist da. Es mag das Geläut einer fernen Glocke sein. Vielleicht ist es aber auch einfach das Lied des Wassers, das nur die Fische hören können.

»Hanna«, dringt da die Stimme aus der anderen Welt ein, die Stimme von Dietz, quengelig, fordernd. »Hanna, das gelbe Auto ist auch kaputt.«

»Dietz«, sagt Hanna, »wenn du mich jetzt nicht in Ruhe läßt, werde ich nie wieder mit dir spielen. Im ganzen Leben nie wieder. Hast du verstanden?«

Ein Fisch. Ich bin ein Fisch, denkt sie. Ich will wieder ein Fisch sein. Drückt ihre Nase gegen das Fenster, die Fischnase gegen das Glas des Aquariums, läßt sich sinken, tief, tief. Spürt die Beweglichkeit ihrer Flossen, und das Wasser, das sie trägt, so weich und doch so fest. Stille zwischen den Muscheln, Stille über dem Sand, Stille zwischen den Korallen, endlos. Nur der Hall der fernen Glocke, der sich nicht verändert. Hanna ist ein Fisch, der sich in der Stille wiegt, wiegt und wiegt, Stunden und Tage, wiegt und wiegt.

Nichts verändert sich je. Selbst die kleine Säule der Luftblasen, die vor dem Fischmaul aufsteigt, bleibt immer gleich. Hanna ist ein Fisch. Ein einsamer Fisch in einem Aquarium. Hebt sich ein wenig, läßt sich hinabsinken, weiter nichts.

Ein einsamer Fisch. Ein einsamer, trauriger Fisch. Nichts als die Welt im Dämmerlicht, in der Lautlosigkeit, nichts als Wasser ringsum.

Nein, denkt Hanna, Fische können nicht weinen. Oder doch? »Dietz«, ruft sie. Es klingt ganz erstickt, so unter Wasser ausgesprochen. »Dietz?«

»Ja?« sagt Dietz mit einer sehr kleinen Stimme.

Hanna taucht auf, schnell. Die Aquariumwand wird wieder ein Fenster, an dem das Wasser hinabrinnt. Auf dem Boden des Zimmers hockt Dietz, der kleine Dietz, und heult. Auf einmal ist es toll, daß es ihn gibt.

»Dietz«, sagt Hanna, »hör auf. Bitte, hör auf und laß uns was spielen.«

Gerald Jatzek
Die Kinder mit dem Plus-Effekt

Auf einer Haushaltsmesse wurden kürzlich
die idealen Kinder vorgestellt:
Sie sind mit Garantie sehr leicht zu pflegen,
knitterfrei und waschmaschinenfest.

Sie tragen stets nur blütenweiße Kleider,
wie man sie aus den Werbefilmen kennt.
Sie reißen in die Strümpfe keine Löcher,
das kommt von ihrem Stillhaltetalent.

Sie schreien nicht, sie flüstern stets verhalten,
statt widerborstig sind sie kuschelweich.
Ihr Lieblingswort ist selbstverständlich »danke«,
wenn man sie ruft, dann folgen sie stets gleich.

Sie spielen nicht, sie üben auf der Geige,
sie trocknen das Geschirr mit Freude ab.
Wenn man sie streichelt, schnurren sie bloß leise,
und hat man keine Zeit – dreht man sie ab:

Denn sie sind ziemlich einfach zu ernähren,
am Rücken ist ein Stecker angebracht.
Den schließt man mittels Kabel an den Stromkreis,
das lädt die Batterien auf über Nacht.

Foto Dorothea Göbel

Heinz Kahlau
Das Vorbild

Ich habe ein Kind kennengelernt,
von der Größe eines Weisen.
Bei ihm ist reden zugleich auch handeln.
Wenn es Hunger hat,
spricht es nicht vom Wetter.
Es sagt: Ich will essen.
Wenn es sich langweilt, sagt es:
Ich will etwas anderes machen,
und geht.
Manchmal sagt dieses Kind:
Dich mag ich nicht, oder:
Der Onkel hat einen dicken Bauch, oder:
Hier stinkt es aber, oder:
Ich möchte das Auto haben.
Das alles ist dann wahr.

Dieses Kind,
von der Größe eines Weisen, sagt auch:
Lügen macht Spaß, und,
wenn es mit sich nicht zufrieden ist,
ärgert es sich über sich selber
und schämt sich auch.
Dieses Kind,
deshalb ist es so schwer,
von ihm zu lernen,
hat uns eines voraus:
seinen Ausnahmezustand.

›Das Spiel der Liebe‹ — Egbert Herfurth

Gerald Jatzek
Schlaugummi

Kaugummi als Blaugummi
steck ich in den Mund,
Kaugummi als Schaugummi
blas ich kugelrund.
Kaugummi als Flaugummi
ist schon ausgeschleckt,
Kaugummi als Graugummi
spuck ich in den Dreck.
Kaugummi als Waugummi,
kommt der große Hund,
Kaugummi als Staugummi,
klebt er auf dem Grund.
Kaugummi als Saugummi,
bellt der Hund: »Du Schwein!«
Kaugummi als Haugummi:
»Dich beiß ich ins Bein!«
Kaugummi als Augummi,
lauf ich weg vor Schreck,
Kaugummi als Schlaugummi,
kommt er nicht vom Fleck.

Heinz Janisch
Liebesgedicht

Ich bin die Palme.
Sei du die Wolke.
Aber: Komm zurück!

Hans Manz
Der Stuhl
(Alltag)

Ein Stuhl,
allein.
Was braucht er?
Einen Tisch!

Auf dem Tisch
liegen Brot, Käse,
Birnen,
steht ein gefülltes Glas.

Tisch und Stuhl,
was brauchen sie?
Ein Zimmer,
in der Ecke ein Bett,
an der Wand einen Schrank,
dem Schrank gegenüber ein
   Fenster,
im Fenster einen Baum.

Tisch, Stuhl, Zimmer...
Was brauchen sie?
Einen Menschen.

Der Mensch sitzt
auf dem Stuhl
am Tisch,
schaut aus dem Fenster
und ist traurig.
Was braucht er?

Wasser

Wir in Europa sind es gewöhnt, jederzeit frisches Wasser zur Verfügung zu haben, sofort und ohne Mühe.
In vielen afrikanischen Städten und Dörfern gibt es mittlerweile auch Wasserleitungen. Die Bewohner teilen sich einige wenige Wasserhähne, die ihnen gutes, sauberes Wasser liefern. Eine enorme Arbeitserleichterung für die Frauen und Kinder, die in Afrika für die Beschaffung des Wassers zuständig sind. Sie mußten früher große Entfernungen zurücklegen, um das Wasser aus dem nächsten Fluß oder See zu holen. Die Kinder lernen früh, das Wasser auf dem Kopf herbeizuschaffen. Der tägliche Gang zur Wasserstelle, das Anstehen und das Balancieren des vollen Eimers auf dem Kopf gehören für sie zum Alltag.
Marlies Rieper-Bastian

Martin Auer

Die kurze Geschichte vom Bleistift und vom Mond

Ein Bleistift verliebte sich eines Tages in den Mond.

»Komm zu mir, mein Guter, mein Schöner!« lockte der Mond.

»Ich komm ja schon«, rief der Bleistift.

Der Bleistift begann sich eine Leiter zu zeichnen. Auf dieser Leiter kletterte er immer höher und höher, und wenn er ans Ende der Leiter kam, zeichnete er die Leiter weiter. Der Bleistift zeichnete und zeichnete und kletterte und kletterte. Und hin und wieder holte er einen Spitzer aus seinem Rucksack und spitzte sich.

Der Bleistift kletterte und kletterte und zeichnete und zeichnete und spitzte sich und spitzte sich – und dabei wurde er immer kleiner.

»Ich komme bald, ich komme bald!« rief er dem Mond zu.

»Ach, mein Schöner, mein Guter!« rief der Mond. »Du wirst ja immer weniger! Nie wirst du bis zu mir gelangen!«

Und der schöne runde Mond wurde traurig und begann vor lauter Trauer abzumagern. Aber der Bleistift rief: »Warte nur, ich schaffe es schon, du mußt an mich glauben!«

Doch er wurde immer kürzer, und der Mond wurde immer trauriger und trauriger und immer magerer und magerer und war schon ganz krumm.

Der Bleistift war nur noch ein kleiner Stummel, und der Mond war noch immer weit weg, denn der Bleistift hatte noch nicht ein Zehntel seiner Reise hinter sich gebracht.

Hartnäckig zeichnete der Bleistift weiter und glaubte fest daran, daß er einmal den Mond erreichen würde. Bald war er so klein und so kurz, daß er gar nicht mehr in den Spitzer paßte.

»Ach, mein Schöner, mein Guter«, weinte der Mond, »jetzt ist es mit dir zu Ende!«

»Nein, warte doch!« rief der Bleistift. Und mit letzter Kraft zeichnete er sich ein Raumschiff, setzte sein letztes Minenrestchen hinein und flog zum Mond. Doch der Mond war vor Trauer so abgemagert, daß er ganz verschwunden war. So hatte der Bleistift nichts, worauf er landen konnte, und schoß durch den Weltraum in die Ewigkeit hinaus.

> »Erzähl doch bitte weiter,
> und was passierte dann?«
> »Dann fiel er von der Leiter
> und kam nie unten an.«
> *Frantz Wittkamp*

Franz Fühmann

Anna, genannt die Humpelhexe

Ein Märchen auf Bestellung

Seite 65 – 74

Sieben Hasensprünge hinter dem Ende der Welt, in einem Wald, wo die Kiefern weiße Blätter und die Birken schwarze Nadeln tragen, liegt heute noch eine Hexenschule.

In diese Hexenschule ging auch Anna Humpelbein. Eigentlich hieß sie ja nur Anna, aber weil ihr rechtes Bein länger als das linke und ihr linkes Bein kürzer als das rechte war, nannten sie ihre Mitschüler und Lehrer eben »Anna Humpelbein«.

Dieser Name verdroß das Hexenmädchen, und noch mehr verdroß sie, daß die gleichbeinigen Hexenkinder sie wegen ihres Humpelns verspotteten. Am meisten aber ärgerte sie sich, daß auch ihre Mutter, die berühmte Hexe Rapunzel, ihr riet, zum Hexendoktor zu gehen und sich das ein wenig längere Bein ein wenig kürzer hobeln zu lassen.

»Es tut gar nicht weh«, sagte die Hexe Rapunzel. »Ich gebe dir einen Zauber mit, da wirst du schlafen und etwas Liebliches träumen, vom Schwarzen Wildschwein oder so. Und wenn du aufwachst, hast du zwei gleiche Beine, wie die anderen Hexenkinder auch.«

Aber Anna wollte nicht.

»Es ist *mein* Bein«, sagte sie, »davon geb ich nichts her, das ist alles Anna. Ich habe nun mal zwei verschiedene Beine, da muß ich eben was daraus machen. Diese Gleichbeiner mögen ruhig spotten. Am besten lacht, wer zuletzt lacht!«

Am Tag, wenn die Hexenkinder schlafen – denn Hexen leben ja in der Nacht, und ihre Kinder gehen nur nachts zur Schule –, am Tag also, wenn der Wald noch zum Gruseln hell ist und Sonnenkringel den Nagelgrund sprenkeln und die Drossel so unheimlich schreit, stahl Anna sich heimlich aus ihrem Moosbett und übte das Laufen auf einem Bein, zuerst auf dem rechten, dann auf dem linken. Sie war zäh und übte fleißig, und bald lief sie auf dem langen Bein schneller als der Wind und auf dem kurzen langsamer als die Schnecke. Wenn sie jedoch beide Beine gebrauchte, in der Art, wie dies die Gleichbeiner tun, humpelte sie ärger denn je.

Immer lacht nur! dachte sie dann.

Ihre Kunst verriet sie keinem. Nicht einmal ihre Mutter Rapunzel wußte davon.

Zum ersten Neumond nach Walpurgis war Sportfest, mit Bocksreiten und Besenstielfliegen, Kugelstoßen mit eingerollten Igeln und Scheibenwerfen mit zusammengeringelten Ottern, Schwimmen im Sumpf, Ringkampf im Moor, Feuerspringen durch echtes Höllenfeuer, und was eben alles zu einem Sportfest in einer Hexenschule gehört. Als Stadion diente eine Wolfsschlucht, die Strecken im Luftreich steckten Irrlichter ab, und die Eulen mit ihren glühenden Augen überwachten die Langlaufbahn rund um den Wald. Auf dem Programm stand zum Abschluß nämlich eine Neuheit: ein Siebenmeilenstiefelwettlauf, zweiundzwanzigmal um den Wald herum.

Dazu trat die gesamte Schülerschaft an, die Stiefel noch unterm Arm oder über der Schulter. Jedes Paar war so prächtig wie das andre mit Zauberzeichen bestickt und durchwirkt und jedes von einem anderen Leder: vom Molch, vom Salamander, von der Kröte, vom Luchs, von der Laus, von der Maus, vom Dachs, vom Drachen, von der Fledermaus, vom Maulwurf, vom Fuchs.

Die Hexeneltern waren begeistert.

»*Mein* Kind hat die prächtigsten Stiefel!« riefen alle.

Auch Anna, die sich an den Kämpfen bislang nicht beteiligt hatte, humpelte zum Startplatz. Das überraschte sogar ihre Mutter Rapunzel. Anna hatte ihr nichts gesagt, und so hatte Mutter Rapunzel keine Stiefel gefertigt.

Vor Scham verkroch sie sich in ihr rotes Haar.

Auch der Hexenturnlehrer war überrascht und fürchtete ein böses Ende.

»Was willst du denn hier, Humpelbein?« fragte er grob. »Du hast ja noch nicht einmal Siebenmeilenstiefel.«

»Die meinen sind unsichtbar«, sagte Anna.

»Das kann jeder behaupten.«

»Du wirst schon sehen.«

Da der Start jedoch allen freistand, konnte nicht einmal der Hexenturnlehrer Anna an der Teilnahme hindern. Die Stiefel staken nun an den Beinen, aus einem krummen Ofenrohr knallte der Startschuß, und die Hexenkinder begannen zu stiefeln. Sechs Schritte, und sie waren aus der Wolfsschlucht heraus.

Über ihnen die Eulen.

Anna blieb stehn.

»Warum stiefelst du nicht?« fragte der Hexenturnlehrer, der seine Befürchtungen eintreffen sah.

»Ich muß zuerst noch mal aufs Klo.«

Anna ließ sich Zeit, und als sie zurückkam, war die elfte Runde zurückgelegt, und das Feld erschien zum zwölften Mal. Es bot einen seltsamen Anblick.

Die Hexenkinder, die am langsamsten stiefelten, hatten nämlich den schnelleren Stieflern einen Hexenschuß in den Rücken gehext, damit sie nicht mehr so flott vorwärtskämen, und die Betroffenen hatten sich gerächt und mit Hexenschüssen zurückgeschossen. So hatte das ganze Feld Hexen-schuß, und da das keinem nützte und jedem schadete, ärgerten alle sich schwarz und schief. Und so zogen sie auch durchs Stadion: rabenschwarz, schief, und mit Hexenschuß humpelnd.

Die Eltern aber waren stolz, daß ihre Kinder schon so trefflich hexten.

»Was seh ich«, rief Anna, »die humpeln ja. Das kann ich doch auch!«

Und sie humpelte mit. Da sie keine Siebenmeilenstiefel anhatte, hum-pelte sie natürlich viel langsamer. Das Feld war schon in der einundzwan-zigsten Runde, da war sie noch immer im Stadion.

Und nun blieb sie sogar noch stehen.

»Am besten verziehst du dich wieder aufs Klo!« rief der Hexenturn-lehrer.

»Gleich«, sagte Anna. »Ich muß nur noch schnell siegen!«

Sie legte ihr linkes Bein über die rechte Schulter und lief. Der Hexenturn-lehrer wollte lachen, doch er hatte den Mund erst halb aufgemacht, da war Anna schon wieder an ihm vorbei.

Die Augen der Eulen, die den Lauf überwachten, wurden im Staunen noch größer, als sie es schon sind, und vor Begeisterung glühten sie wie Ko-meten. Sie konnten kaum so schnell zählen, wie Anna rannte. Ihre Schnä-bel schnurrten sich heiß. »Zweidreivierfünfsechssiebenachtneunzehnelf-zwölf-dreivierfünfsechssiebenachtneunzehnzwanzigeinundzweiundzwan-zig! Gewonnen!« riefen sie, da hatte der Hexenturnlehrer von seiner Lache gerade das erste »haha« fertiggebracht.

»Das war sicher gemogelt!« rief er erbost.

Aber die Eulen widersprachen. Ihre Schnäbel rauchten; ihre Zungen dampften.

»Anna ist Sieger!« erklärten sie.

Nun mußte der Hexenturnlehrer aufs Klo: Die Wut war ihm auf den Ma-gen geschlagen.

Indessen liefen die Stiefler ein, und als sie Anna als Siegerin dastehen sahen, ärgerten sie sich noch einmal schief, diesmal jedoch nach der ande-ren Seite, und so wurden sie wieder grade. Und da sie alle vor Neid erblaß-ten, verlor sich auch ihr Rabenschwarz.

Die angehexten Hexenschüsse kurierte schließlich der Hexendoktor mit einer Salbe aus Kreuzotternfett.

Die Eulen setzten Anna den Siegeskranz auf, und selbst der mürrische Uhu gratulierte.

»Schnellaufen ist ja gar keine Kunst«, sagte Anna bescheiden. »Aber langsam um die Wette laufen – das fetzt!«

Das wollten die Hexeneltern gleich ausprobieren. Sie stellten sich am Startplatz auf. Auch Mutter Rapunzel kroch aus ihrem Haar. Nun war sie unheimlich stolz auf ihr Kind.

»Auf ›los!‹ geht's los«, erklärte Anna. »Aber ehrlich laufen, nicht einfach stehenbleiben!«

Sie legte ihr rechtes Bein über die linke Schulter.

»Los!« sagte sie, und der Wettlauf begann.

Wer schon einmal einen Langsamwettlauf gemacht hat, weiß, wie aufregend das ist. Die Schnecken stürmen an einem vorbei, die Sonne rast den Himmel hinauf und hinunter, und wer ganz toll langsam laufen kann, sieht die Jahreszeiten an sich vorbeiziehn, als ob sie Tagesstunden wären. Eiszapfen wachsen die Bäume herab, bald darauf schießt das Gras aus dem Boden, das Laub wechselt unaufhörlich die Farbe, und wenn es schließlich zur Erde sinkt, beginnt schon wieder das Eis zu wachsen.

Selbstverständlich wachsen auch Haare und Nägel, und man darf nicht vergessen, sie laufend zu schneiden.

Bei diesem Wettlauf hat man viel Zeit, nachzudenken, und so dachte auch unsre Anna nach.

Ich kann langsam- und ich kann schnellaufen, dachte sie. Aber aller guten Hexendinge sind drei. Also müßte ich noch etwas Drittes können.

Aber was?

Aber was??

Aber was???

Sie lief den Sommer hindurch, den Herbst und den Winter, und im Frühling fiel ihr das Dritte ein.

Sie müßte lernen, auf den Händen zu laufen.

Während all dieses Nachdenkens war Anna aus Leibeskräften gerannt und gerannt und war doch nicht weiter vorangekommen, als ein Haar ihrer Mutter Rapunzel breit ist, und rote Haare sind die dünnsten. Die andern Teilnehmer hatten längst aufgegeben, und so war Anna Humpelbein auch im Langsamrennen Sieger.

Nun lernte sie auf den Händen gehen.

Da ist ja nun weiter nicht viel dabei, und Menschenkinder genug, so Trine und Bine, beherrschen diese Kunst fabelhaft. Sie laufen da einfach mit den Sohlen nach oben und dem Scheitel nach unten, und sehen die Welt verkehrt, und gewöhnen sich dran. Doch wenn Hexen einmal die Welt verkehrt anschaun, wird die Welt tatsächlich verkehrt.

Anna merkte es, als sie einmal auf den Händen lief und ein Fuchs einen Hasen jagte. Das heißt: Der Fuchs hatte den Hasen gejagt, als Anna auf beiden Füßen lief. Da sie aber dann auf die Handflächen wechselte und die Welt nun verkehrt herum ansah, wurde plötzlich die Welt verkehrt, und nun jagte der Hase den Fuchs.

Sie probierte es noch einmal bei einem Marder und einem Eichhörnchen aus, und wieder jagte der Nager den Räuber.

Das ist ja aufregend! dachte Anna. Und sie dachte: Heut nacht ist was los!

In der Hexenmathestunde, als die Kinder das Hexeneinmaleins lernten, meldete sie sich: »Ich muß mal raus!«

Doch kaum war sie draußen, sprang sie auf die Hände und lief vor dem Klassenraum auf und ab, und da saß der Lehrer auch schon unten in der Schulbank, und oben auf dem Podium standen die Schüler.

»Warum hast du die Hausaufgaben wieder nicht gemacht?« schalten die Schüler den Lehrer.

»Ich wußte nicht, daß wir welche aufhatten!«

»Immer dieselben dummen Ausreden! Zur Strafe schreibst du das Hexeneinmaleins hundertmal ab!«

So ging es die ganze Mathestunde, denn so lange lief Anna auf den Händen. Wenn man aber so lang auf den Händen läuft, verkehren sich auch die Gedanken, und es fallen einem Dinge ein, an die man gewißlich sonst nicht gedacht hätte. So kam denn Anna der Gedanke, einmal das Ende der Welt zu sehn.

Das Ende der Welt war ja gar nicht so weit, nur sieben Hasensprünge entfernt. Doch es brannte dort ein so grimmiges Feuer, daß niemand sich ihm nahen konnte. In der Schule, in der Hexenheimatkunde, wurde eindringlich davor gewarnt. Einmal, so erzählten die Lehrer, habe der keckste Teufel aus der Hölle durch dieses Feuer zu springen versucht und sei jämmerlich dabei umgekommen, und die Mannschaft, die ihn retten wollte, auch.

Seitdem gab es für die Hexen ein strenges Verbot, an solch eine Reise auch nur zu denken.

Anna jedoch wollte just dorthin.

Am Tag, als Mutter Rapunzel schlief, in ihr langes, rotes Haar eingewikkelt, stahl Anna sich wieder leise davon. Da sie etwas Verkehrtes tun wollte, lief sie natürlich auf den Händen. Sechs Hasensprünge weit kam sie rasch. Der erste führte aus dem Wald, der zweite über eine Wiese, der dritte über freies Feld, der vierte über ein Gletschergebirge, der fünfte über den Ozean und der sechste durch eine tote Wüste.

Dort sah sie schon das Ende der Welt.

In einem ungeheuren Feuer brannten Erde, Wasser und Luft, und das

Feuer griff immer weiter um sich. Der klirrende Sand zerschmolz wie Wachs, das lohende Salzmeer prasselte und zischte, die Ränder des Himmels zerstäubten in Flammen, und das Herz des Feuers verzehrte sich selbst, und sein Qualm erstickte die Sonne.

Zu gleicher Zeit Feuer und Finsternis.

Anna erschrak, als sie das Ende der Welt sah, und wäre sie nicht auf den Händen gelaufen, hätte sie wohl rasch wieder kehrtgemacht. So aber fiel ihr sofort ein, daß sie auf ihrem rechten Fuß ja schneller als der Wind laufen könne: Vielleicht käme sie heil durch das Feuer hindurch?

Aber wohin gelangte sie dann?

Sie wußte es nicht.

Der heiße Sand brannte ihre Hände.

Sie wechselte auf die beschuhten Füße, und als sie die Welt wieder unverkehrt sah, wußte sie, wohin sie kommen würde. Sie stand jetzt *hinter* dem Ende der Welt: Wenn sie also da hindurchging, mußte sie *vors* Ende der Welt gelangen. Wie es wohl dort aussehen mochte? Ob diese Gegend auch bewohnt war: Ob es dort auch Bäume und Tiere gab, und verständige Wesen wie Hexen und Teufel, und Hexenschulen mit Hexenkindern und Mathelehrern und Hausaufgaben und Sportfesten und Humpelbeinen und großäugigen Eulen in der Nacht? Vielleicht wohnten die ganz nahe am Ende der Welt und hatten keine Ahnung von seinen Schrecken und wußten nicht, wie es sich näher fraß, und es wäre wichtig, sie zu warnen?

Anna war als Humpelbein aufgewachsen, darum kannte sie ein Gefühl, das Hexen sonst recht wenig kennen: Sorge um jemand, der anders ist als sie. Außerdem war sie einfach neugierig.

Aber: Durch *dieses* Feuer laufen?

So stritten in Anna Neugier, Sorge und Angst, und da sie spürte, daß die Angst überhandnahm, nahm sie schnell ihr linkes Bein in die Hand und warf es über die rechte Schulter und rannte auf dem schnellen Fuß so schnell sie nur konnte durch das Feuer.

Sie rannte schneller als der Blitz.

Sie fühlte das Blut in den Adern kochen und schmeckte Schwefel in ihren Lungen und hörte im Herzen einen furchtbaren Knall, da hatte sie schon das Feuer durchbrochen und stand nun *vor* dem Ende der Welt.

Vor dem Ende der Welt lag ein dichter Wald, in den sich das Feuer gierig einfraß, und in diesem Wald hausten zwei Riesen.

Schon von weitem hörte Anna sie lärmen.

»Der Wald gehört mir!« brüllte der eine der Reisen, und gleichzeitig brüllte der andre das gleiche, und ein knirschendes Krachen erscholl. Es

70

klang, als ob Felsen auf Felsen prallten, und so ähnlich war es auch. Die Riesen rissen Berge aus und schlugen sie einander über die Schädel. Blut lief ihre Nasen hinab, die Ohren waren abgerissen, die Stirnen zerbeult, die Backen zerschlagen, und die Augen hingen aus den Höhlen.

Ach, und wie erst der Wald aussah! Es mußte einmal ein prächtiger Wald gewesen sein: uralte Buchen, erhabene Tannen, breitkronige Eichen und sanfte Linden, fröhliche Eschen und wehende Pappeln, und dazwischen Zypressen und Pinien und Palmen, und im Moos wohl alle Blumen der Welt. Anna sah rote und blaue Blüten, gelbe, violette, weiße und grüne, silberne und goldene und regenbogenfarbene, doch alle zertrampelt und zerstampft, die Bäume geknickt, die Berge zertrümmert, die Quellen zertreten und die Bäche voll Schmutz.

Und die Riesen prügelten sich noch immer.

Da erblickten sie Anna und hielten ein.

»Wer bist du?«

»Was willst du?«

»Was treibst du da?«

»Ich bin Anna Humpelbein«, sagte Anna, »und komme aus dem Hexenwald.« Und sie wollte vom Ende der Welt berichten, doch die Riesen hörten ihr nicht mehr zu.

»Du kommst gerade recht!« brüllten beide, und einer zeigte auf den andern, und jeder schrie: »Hex den da weg! Der Wald gehört mir!«

Anna begann sich zu graulen und gleichzeitig zu ärgern.

»Was nützt euch der Wald, wenn ihr ihn kaputtschlagt? Er ist doch groß genug für euch beide.«

Da warfen die Riesen die Berge weg, mit denen sie sich geprügelt hatten.

»Waffenstillstand, lieber Bruder!« riefen sie wie aus einem Munde. »Laß uns zuerst diese Hexe totschlagen, dann kämpfen wir in Ruhe zu Ende!«

»Ihr seid Brüder?« fragte Anna verblüfft.

»Na klar«, sagten die Riesen. »Sieht man uns das nicht an?«

»Ihr seht beide gleich dumm aus, das ist schon wahr.«

Da brüllten die beiden Riesen wieder, daß sie Anna nun totschlagen würden, und jeder griff nach einem Baum, um damit auf Anna einzuhauen: der eine Riese nach einer Esche, der andere nach einer Eiche.

Als Anna das sah, sprang sie schnell auf die Hände und lief um die Riesen und Bäume herum, und nun wurde natürlich alles verkehrt: Die Bäume griffen nach den Riesen und rissen sie vom Boden hoch! Die Eschenäste packten den einen und die Eichenäste den andern an den Fersen, und die Bäume schlugen mit den Riesen wie Rüpel mit Knüppeln aufeinander ein.

Anna war begeistert.

Sie lief immer schneller im Kreis herum, und die Bäume droschen immer fester, und die Riesen heulten immer lauter, und es war Anna, als riefe der Wald ihr zu, noch hundert Jahre so weiterzulaufen. Das hätte Anna schon gern getan, allein sie mußte ja bald zurück: Mutter Rapunzel würde sich ängstigen, und in der Hexenschule war morgen nacht Prüfung, ausgerechnet in Mathematik. Also nichts wie weg!

Feuer und Finsternis, Flammen und Qualm: Da stand sie wieder am Ende der Welt.

Nur schnell hinüber, dachte Anna, die Riesen laufen mir sicherlich nach! Doch vor Aufregung verwechselte sie die Beine: Sie warf ihr schnelles über die Schulter und lief nun auf dem langsamen.

Sie lief so rasend und angestrengt, daß sie gar nicht dazu kam, sich zu wundern, daß sie immer noch rannte und rannte und rannte und noch nicht durch das Feuer hindurch war. Endlich entdeckte sie ihren Irrtum, da aber war es schon zu spät. Die Riesen waren ihr nachgelaufen und packten sie so fest an den Schultern, daß sie sich nicht mehr rühren konnte.

Sie schimpfte und spuckte, aber das half nichts.

»Laß uns die böse Hexe ins Feuer werfen, o mein lieber Bruder!« riefen die Riesen wie aus einem Munde.

Und sie hoben das Hexenkind hoch.

»Ihr steht doch vorm Ende der Welt!« schrie Anna. »Seht ihr Dummköpfe denn nicht, wie nah es euch ist! Bald hat es euern Wald verbrannt! Haltet es auf, bevor es zu spät ist.«

»Oh«, sagten die Riesen und rissen den Mund auf. »Das Ende der Welt! Das ist aber nahe. Da müssen wir uns ja viel schneller prügeln, daß sich die Gerechtigkeit endlich durchsetzt!«

Und sie brüllten beide: »Der Wald gehört mir!«

»Nein, mir!«

»Nein, mir!«

»Nein, mir!«

»Nein, mir!«

Der eine Riese ließ Anna los und griff nach einem brennenden Baum, dem Bruder damit den Mund zu stopfen, aber der hielt Anna noch fest.

»Waffenstillstand, lieber Bruder! Laß uns zuerst diese Hexe verbrennen. Ihr dummes Gerede schafft nur Verwirrung. Dann bringen wir unsern Kampf zu Ende, und niemand wird uns mehr dabei stören.«

»Ja, mein lieber Bruder, das wollen wir tun!«

Der Riese packte aufs neue zu, doch Anna hatte die Zeit genutzt und ihr langsames Bein über die Schulter gelegt, und diesmal hatte sie sich nicht vergriffen.

Sie sagte: »Ich habe noch eine letzte Bitte, und letzte Bitten muß man erfüllen. Wenn ihr mich schon ins Feuer werft, dann wenigstens mit einem Riesenschwung! Doch ich glaube, ihr könnt nicht einmal das!«

Da lachten die Riesen: »Das können wir wohl!«

Sie nahmen einen Riesenanlauf und schwangen das Hexenkind ins Feuer, und Anna fiel auf den raschen Fuß und rannte, vom Schwung der Riesen getragen, schneller als der Blitz hinters Ende der Welt.

Sie fühlte das Blut in den Adern kochen und schmeckte Schwefel in ihren Lungen und hörte im Herzen einen furchtbaren Knall, und danach noch ein dumpfes Plumpsen.

Dann war sie aus dem Feuer heraus.

Das Plumpsen war diesmal neu, dachte sie. Wahrscheinlich hat der eigene Schwung diese dummen Riesen ins Feuer geworfen! Doch was kümmert es mich. Sie verdienen nichts andres.

Sie sah nach der Sonne: Oh, höchste Zeit!

Schnell die sechs Hasensprünge zurück: durch die Wüste, über das Salzmeer, übers Gletschergebirge, durchs freie Feld, über die Wiese und, husch, in den Hexenwald hinein.

Gut, daß sie sich so gesputet hatte! Die Sonne kroch schon ins Moor hinunter, die Nacht äugte stumm durch die Birkennadeln, und Mutter Rapunzel rekelte sich aus ihrem langen, roten Haar.

Anna konnte gerade noch unbemerkt in ihr Moosbett schlüpfen, da fühlte sie sich schon an der Schulter gepackt.

»Aufstehn!« rief Mutter Rapunzel und schüttelte sie. »Aufgestanden, die liebe Nacht lacht! Gleich ruft das Käuzchen. Höchste Zeit für die Schule!«

Anna tat so, als ob sie erwache. Sie reckte sich und streckte sich und blinzelte und gähnte und gähnte.

Das Gähnen war echt. Sie war ehrlich müde.

»Hast du was Tolles geträumt?« fragte Mutter Rapunzel. »Vom Schwarzen Wildschwein oder so?«

»Noch was viel Tolleres!« antwortete Anna. »Vom Ende der Welt.«

»War das lustig?« fragte Mutter Rapunzel und strich Brötchen mit der guten Tollkirschen- und Stechapfelmarmelade.

»Eigentlich nicht«, erwiderte Anna und packte die Brötchen in ihren Ranzen, der wieder einmal viel zu schwer war.

»Kannst du deine Aufgaben?« fragte Mutter Rapunzel. »Ihr habt doch heute Matheprüfung.«

»Die schaff ich schon«, sagte Anna zerstreut. »Ich laufe dann wieder auf den Händen.«

»Lernt ihr das jetzt in Mathe?« fragte Mutter Rapunzel. »In meiner Schulzeit gab's das noch nicht.«

»Die Welt schreitet eben fort, Hexenmutter!«

Und Anna humpelte in die Schule; weil es jeden Augenblick läuten mußte, lief sie das letzte Stück auf dem schnellen Bein.

Cordula Tollmien
Der Adler

Es war einmal ein Kind. Das ist eines Tages in den Wald gegangen. Der war ziemlich weit weg, und es mußte ganz schön lange laufen. Als es endlich im Wald angekommen war, da ist es dort ganz allein gewesen, aber es hat keine Angst gehabt. Es ist durch den Wald hindurchgelaufen, und mittendrin hat es eine Frau getroffen mit einem Hund, den es streicheln durfte.

Auf der anderen Seite des Waldes war eine große Wiese, und um die Wiese war ein Zaun. Und auf dem Zaun saß ein großer Vogel. Ganz unbeweglich und still. Doch dann hat der Vogel seine Flügel ausgebreitet und ist weggeflogen.

Da ist das Kind durch den Wald zurück nach Hause gelaufen, den ganzen Weg gerannt, und zu Hause hat es gerufen: Mutti, Mutti, ich habe einen richtigen Adler gesehen. Wirklich, einen richtigen Adler. So große Flügel hat er gehabt. Das Kind breitet die Arme aus. Und beinahe hätte er mich mitgenommen, und ich wäre mit ihm fortgeflogen.

Da sagt die Mutter: Wo warst du so lange? Was hast du bloß die ganze Zeit gemacht? Was wir uns für Sorgen gemacht haben, das kümmert dich wohl gar nicht. Ab mit dir, wasch dich und dann ins Bett.

Da hat das Kind die Arme zugeklappt und hat sich umgedreht und ist losgegangen in den Wald. Und dann ist es durch den ganzen Wald hindurchgegangen. Und obwohl es schon dunkel war, hatte es keine Angst. Und auf der anderen Seite des Waldes saß der Vogel auf dem Zaun und wartete. Und das Kind ist erst auf den Zaun geklettert und dann auf den Rücken des Vogels, und dann sind sie zusammen weggeflogen.

»Micky Macker«, ein Lied von Bernhard Bentgens

In jeder Klasse gibt's 'nen
Micky, der ist der Bestimmer,
er ist der Boß.
Er macht den größten Blödsinn,
und er produziert sich immer,
warum denn bloß?
Micky ist der Macker...

Wenn er auf dem Fahrrad fährt
und rempelt Mädchen an,
ja, dann denkt er, er wär ganz groß.
Er raucht Zigarren, und er
fühlt sich wie ein Mann –
warum denn bloß?
Micky ist der Macker...

Doch eigentlich ist Micky
überhaupt kein Crack,
Micky ist ein armes Schwein.
Weil er so frech ist, laufen
ihm die Freunde weg,
er bleibt allein.
Micky ist der Macker...

Martin Auer

Schlaraffia

Jeder kennt das Schlaraffenland, und jeder weiß, daß es von einem Gebirge aus Reispudding umgeben ist, durch den man sich durchessen muß, wenn man hineinwill. Aber kaum jemand weiß, daß das Puddinggebirge eigentlich zwei Länder umschließt, Schlaraffia und das angrenzende Gülsumblö, die durch einen Fluß voneinander getrennt sind. Das heißt, Gülsumblö ist eigentlich eine Provinz von Schlaraffia, beziehungsweise sagen andere, Schlaraffia sei eine Provinz von Gülsumblö. In Schlaraffia wachsen bekanntlich die Würste auf Bäumen, die gebratenen Tauben fliegen durch die Luft, und in den Bächen fließt Wein, Milch oder Limonade. Gülsumblö ist kahl und öde, und das einzige, was es dort gibt, ist ein Baum, auf dem rosa Brillen wachsen. Die setzen die Gülsumblöken auf, und dann scheint ihnen ihr Land genauso üppig und lustig zu sein wie das der Schlaraffen. Sie sind fröhlich und guter Dinge und freuen sich ihres rosigen Lebens.

Am Grenzfluß aber kommt es immer wieder zu Streit, wer besser dran sei. Das heißt, der Streit ist etwas einseitig. Die Schlaraffen brüllen herüber: »Ihr blökenden Gülsumblödel, in was für einem grauen, trübseligen Land ihr doch lebt. Nehmt doch einmal eure Brillen ab und guckt, wie dürr und abgeschabt ihr in Wirklichkeit seid! Euer Leben ist doch nur Illusion, hier in Schlaraffia ist das wahre Glück!«

Die Gülsumblöken freilich blicken mild durch ihre Brillen, denn das Gekeif der Schlaraffen scheint ihnen nur ein munter freundschaftliches Geplänkel zu sein, und sie rufen zurück: »Ihr habt recht, euer Schlaraffia ist ein hübsches, kleines Ländchen, und ihr seid riesig nette Leutchen. Warum kommt ihr nicht herüber und trinkt ein Gläschen mit uns, wir haben hier einen wahrhaft feurigen Tropfen!« Und sie prosten ihnen mit eingebildeten Gläsern zu, in die sie aus unsichtbaren Flaschen nicht vorhandenen Wein gießen.

Niemand weiß, wer wirklich besser dran ist, denn die Schlaraffen sind viel zu faul, um wirklich in die philosophischen Tiefen des Problems vorzudringen, die Gülsumblöken wissen gar nicht, daß ein Problem existiert, und die Philosophen außerhalb des Reispuddinggebirges glauben weder an die Existenz von Schlaraffia noch an die von Gülsumblö. Und so bin ich bis heute der einzige gewesen, der sich über diese Frage den Kopf zerbrochen hat.

Alfons Schweiggert

Das Erdhaus

Seite 77–78

Durch München fließt die Isar. Die hochgezogenen Uferböschungen sind mit Sträuchern und Bäumen bewachsen. In den Isarauen gehen gern die Menschen spazieren. Sie tun das seit Jahrhunderten, so auch im Frühjahr 1987.

Unterhalb der Wolfratshausener Straße kann ein aufmerksamer Beobachter eine dunkle Stelle im Abhang entdecken. Aber wer würde schon daran denken, daß es sich hierbei um die Haustüre einer Wohnung handelt? Sie besteht aus wasserundurchlässigen Plastikbahnen und aus einem dikken, alten Teppich. Schiebt man diesen Wind- und Wetterschutz zur Seite, liegt der Eingang zu einer Höhle frei. Als Zugangstreppe führt eine kurze Leiter in den tiefer liegenden, fensterlosen Innenraum.

Dort sitzen schweigend zwei Leute im Schein von ein paar Kerzen. Ein Mann und eine Frau. Er heißt Franz, ist 28 Jahre alt. Sie wird Friedel genannt und ist mit ihren 52 Jahren fast doppelt so alt wie er.

Der Raum ist nur fünf Quadratmeter groß, etwa zweieinhalb Meter lang und ebenso breit. Vom Eingang zieht es kalt herein. Außer den beiden Personen befinden sich im Inneren ein Tisch, ein Bett, ein Camping-Gaskocher, ein Heizstrahler, eine Kiste mit Küchengeschirr und zahlreiche, prall gefüllte Plastiktüten. Auf dem Boden aus Schottersteinen liegen sogar ein paar abgetragene Hausschuhe. Der rückwärtige Teil des Bunkers ist mit einem Brett verstellt. Es dient als Pinnwand für ein paar kitschige Abziehbilder, einige Postkarten und wertlose kleinformatige Werbeplakate.

Die Frau hat einen langen Weg hinter sich gebracht, bis sie in dieser unterirdischen Wohnhöhle so etwas wie eine Heimat fand. Sie wuchs in Heimen auf. Sie kam in schlechte Gesellschaft und wurde deshalb mit neunzehn Jahren auf Verlangen der Mutter durch das Gericht in ein Erziehungsheim bei Aichach untergebracht. Der Abstieg war nicht mehr aufzuhalten. Sie fand keine feste Arbeit und lebte von Sozialhilfe. Nebenbei hielt sie »Sitzungen« in der Münchner Maximilianstraße ab. Das heißt, sie bettelte dort im Sitzen die vorübergehenden Passanten an, bis sie von einer Kollegin der Polizei verpfiffen wurde. Da sie zudem wegen einer Verletzung am Finger nicht mehr ihrem Sozialdienst nachgehen konnte oder wollte, wurde ihr vom »Sozi« die Beihilfe gestrichen. Die 174 Mark, die sie alle zwei Wochen zu ihrem knappen Verdienst dazubekam, fehlten ihr sehr. Sie mußte nun täglich zum Betteln in die Maximilianstraße gehen. Zunächst schämte sie sich, aber ihre leeren Taschen und ihre innere Bedrücktheit trieben sie immer wieder zu den Sitzungen, und langsam gewöhnte sie sich daran. Von den Behörden wurde sie endgültig als Nichtseßhafte abgestempelt. Hätte sie nicht Franz getroffen, wäre sie noch heute ohne Dach über dem Kopf. Sie freundete sich mit dem jüngeren Mann an und ist seither seine feste Begleiterin.

Auch Franz ist seit einigen Jahren o. f. W., das heißt »ohne festen Wohnsitz«. Seine »Karriere« ist der von Friedel recht ähnlich. Zum Glück entdeckte er im Isarhang seine Höhle, die nach der Sprengung eines alten Luftschutzbunkers übriggeblieben war.

Mit seinen eigenen Händen vertiefte er den Hohlraum so weit, bis er und seine Freunde darin sitzen konnten.

Temperiert ist es in der Höhle schon, aber wirklich warm ist es nicht. Friedels langjähriges Rheumaleiden verschlechtert sich zunehmend. Beide haben auch kaputte Bandscheiben. Friedel muß demnächst operiert werden. Sie hat aber keine Krankenversicherung. Franz wurde schon zweimal operiert. Nach der dritten Operation droht ihm, wie die Ärzte ihm sagten, der Rollstuhl.

In der Höhle kochen sie sich täglich ein karges Mahl oder einen Kaffee. Das Wasser dazu holen sie von einer Quelle am Fuß der Höhle. Wie sie sagen, hat das Gesundheitsamt das Wasser angeblich für genießbar erklärt. Es sieht allerdings nicht danach aus. Außerdem dient ihnen die Höhle als Schlafstelle, als Ruheplatz nach ihren Bettelstreifzügen durch die Stadt und als Schutz bei kaltem, trübem Wetter. Sogar bei Kälte unter dem Gefrierpunkt hausen sie dort. Sie verlassen ihren Unterschlupf nur, um an ihren Bettelstammplätzen »Sitzung« abzuhalten oder aber um in ihrem »Restaurant« zu speisen.

Dabei handelt es sich um eine kleine Imbißbude, die eine halbe Stunde zu Fuß von ihrer Höhle entfernt liegt. Hier nehmen sie pünktlich gegen 14 Uhr ihr »Mittagsmahl« zu sich, das meist nur aus einer Tasse Kaffee und einer Wurstsemmel besteht. Etwas Heißes im Magen gibt ihnen die notwendige Wärme. Dazu »ratschen« sie ein wenig mit der Standlfrau. Diese Unterhaltung tut den beiden in der Seele gut.

Am Abend, wenn sie von ihren Pumpstreifzügen zurück zur Höhle kommen, machen sie sich schnell ein paar Spiegeleier oder Schinkennudeln. Dann schlafen sie dem nächsten ungewissen Tag entgegen.

Fragt man die beiden, wie sie sich in ihrer Lage fühlen, antworten sie: »Wir hungern nicht, und wir haben ein Dach über dem Kopf. Schlechter dran sind unsere anderen Kumpels. Sie müssen auch eiskalte Nächten auf einer ›Platte‹, nur bedeckt mit Zeitungspapier und Schaumstoffresten, im Freien zubringen. Erst letztes Jahr sind wieder zwei dabei erfroren. Die haben's hinter sich.«

Tatsächlich können sich diese Freischlafplätze mit dem Zuhause von Franz und Friedel nicht vergleichen. Einmal wollten Polizisten den Bunker bereits schließen. Doch er befindet sich auf einem Privatgrundstück. Zum Glück verstehen sich die beiden Stadtstreicher mit dem Besitzer recht gut. Er hat nichts dagegen, daß die zwei hier untergeschlüpft sind.

Denkmal (denk mal!) eines Obdachlosen (von Emese Zavory) in München. Foto: Helmut Seitz

Karin Gündisch

Kerstin

Kerstin hat eine Freundin. Die heißt Bettina. Kerstin und Bettina gehen oft zusammen spazieren. Sie beide haben sich wunderschöne alte Namen ausgedacht. Kerstin heißt Amalie, und Bettina heißt Mathilde. Sie reden sich heimlich nur mit diesen Namen an. Wenn die Kerstin die Amalie ist, dann fühlt sie sich ganz anders. Sehr vornehm und sehr erwachsen. Dann ist sie gar nicht die Kerstin. Die ist nämlich meistens laut und etwas frech. Die Amalie ist ganz das Gegenteil.

Die Kerstin ist einmal die Kerstin und einmal die Amalie. Das wechselt sich ab.

Kerstin und Bettina spielen dieses Spiel so oft, bis die Kerstin nicht mehr weiß, wer sie nun eigentlich ist. Auch die Bettina weiß nicht mehr genau, ob sie die Bettina oder die Mathilde ist. Kerstin und Bettina sind schon ganz verwirrt.

Das geht so lange auf diese Art, bis Kerstins Freundin in eine andere Schule versetzt wird. Kerstins Freundin, nämlich die Bettina. Sie selbst muß in der alten Schule bleiben. Sie, nämlich Kerstin.

Hans Georg Lenzen

Knopf-Parade

Regnet es draußen, dann holt man die losen
Knöpfe aus Kisten und Kästen und Dosen.
Ausgeschüttet und aufgereiht,
zu fünft, zu viert, zu dritt, zu zweit:
eckige, runde, schwarze und bunte,
 flache, verbogene, lederbezogene,
   größere, kleinere, schmutzige, reinere,
    halb verbrannte, leinenbespannte,
     vielfach durchbohrte, seidenumflorte,
      blecherne, beinerne, hölzerne, steinerne,
       stumpfe und glatte, ganz und gar platte –
kullern und klappern und klirren leise,
jeder auf seine besondere Weise.
Scheint dann die Sonne, verschwinden die losen
Knöpfe in Kisten und Kästen und Dosen.

Frantz Wittkamp

Cordula Tollmien
Der Bär

Eines Morgens hat der Bär in dem kleinen Zoo am Rande der Stadt die Frau, die ihn immer füttert, totgedrückt. Der Bär wird deshalb noch am gleichen Tag erschossen.

Als die Kinder kommen, um den Bären zu besuchen, wie sie es immer getan haben, ist der Käfig schon leer.

Dabei gibt es in dem Zoo sonst kaum Tiere. Ein paar Vögel, ein Affe, ein Esel – das ist alles. Der Bär in seinem Käfig, ganz hinten in der Ecke, war das Beste am ganzen Zoo.

Er war schon alt und müde, aber immerhin, ein richtiger Bär. Einer, der immer hin und her trottet. Einer, der sich plötzlich gegen die Gitterstäbe aufrichtet, tief brummt und laut schreit, sich mit den Tatzen gegen die Brust trommelt und sich schwer wieder fallen läßt. Und dann wieder hin und her trottet. Stundenlang.

Nachdem er erschossen worden ist, muß der Zoo schließen. Es kommt niemand mehr. Außerdem hat der Bär ja die Frau erdrückt, und die hatte fast die ganze Arbeit mit den Tieren allein gemacht.

Erwin Grosche
Der Abschiedsbrief der Frau Schmidt
(Von ihrem jüngsten Sohn gefunden)

2 Brötchen
100 Gramm Gouda Käse, vollfett am Stück
2 Becher Bauer Fruchtjoghurt
1 Strothmann Weizenkorn
1 Rolle Klopapier
500 Gramm Sanella
100 Gramm Kalbsleberwurst
1 Seife FA

Georg Lustig
Die Geschichte vom Jockel aus der Suppenschüssel
Seite 81–91

Der Jockel lebte mit seinen Eltern und seinem Bruder auf dem Lande. Dort hatte sein Vater einen kleinen Hof gepachtet. Sie ernährten sich hauptsächlich von ihrem Garten und ihrem Kartoffelacker. Und sie hatten noch ein paar Schweine und eine Kuh, die Rosa hieß. Es fehlte ihnen an nichts. Da war aber noch der Jockel, der seinen Eltern viel Kummer bereitete. Er war so ein richtiges Schlitzohr. Anstatt seinen Eltern zu helfen, lag er lieber unter einem Baum und heckte neue Streiche aus. Oder er

spielte mit der Katze. Mutter und Vater schimpften und schalten ihn, doch es half alles nichts, er blieb immer der gleiche Jockel.

Nun habe ich vergessen zu sagen, in welchem Land der Jockel wohnte. Er lebte in einem Land, das keiner kannte, und trotzdem ist es auf dieser Welt – das Suppenschüsselland. Das Suppenschüsselland befindet sich tief im Innern einer Suppenschüssel, so tief, daß du es mit den bloßen Augen nicht sehen kannst. Nur manchmal, wenn man ganz tief in die Suppenschüssel schaut, so tief, daß alles um einen herum schwarz wird, und schließlich noch tiefer, dann kann man das Suppenschüsselland für einen kurzen Moment sehen. Es ist nicht besonders groß, halt so groß wie die Suppenschüssel. Für die Bewohner des Landes ist es aber groß genug, denn sie sind sehr, sehr klein.

Die Suppenschüssel, in der der Jockel wohnte, gehörte einer Bauernfamilie. Natürlich hatten diese Leute nicht die blasseste Ahnung vom Suppenschüsselland. Wie sollten sie auch! Sie aßen jeden Tag ihre Suppe aus der Schüssel und dachten sich nichts dabei. Wenn es bei den Bauern Gemüsesuppe gab, dann wuchs im Suppenschüsselland das Gemüse prächtig. Wenn es Fleischsuppe gab, dann wurden die Säue schön fett. Wenn es Milchsuppe gab, dann gab die Kuh Rosa viel Milch. Und wurde die Suppenschüssel gewaschen, dann regnete es im Suppenschüsselland, und wenn die Schüssel zum Trocknen in der Sonne stand, schien bei unserem Jockel die Sonne.

Eines Tages aber passierte etwas Schreckliches. Die Bauersfrau trocknete gerade die Suppenschüssel ab. Plötzlich glitt sie ihr aus den Händen und krachte auf den Fußboden. Sie zerbrach nicht, doch sie hatte jetzt einen großen Sprung. »Oje«, sagte die Bäuerin, »da wird meine schöne Suppe rauslaufen!« Sie hatte aber gerade am Tag zuvor eine wunderschöne, neue Schüssel auf dem Markt gesehen. Diese kaputte Schüssel stell ich in den Keller und kaufe mir eine neue, dachte sie und tat's. Nun kann man sich gar nicht vorstellen, was dies für das Suppenschüsselland und dessen Bewohner bedeutete. Oder doch? Es gab ein starkes Erdbeben im Suppenschüsselland. An kleinere Erdstöße waren die Leute schon gewöhnt, aber so schrecklich war es noch nie gewesen. Und dann wurde es finster. Eine unheilvolle Dunkelheit breitete sich über das Suppenschüsselland aus.

Im ganzen Land herrschte Angst und Bestürzung. Keiner wußte, ob dieser grauenvolle Schatten, der über dem Land hing, jemals wieder wegziehen würde. Auch der Jockel war zuerst erschrocken. Aber dann fiel ihm die alte Truhe wieder ein, die er vor langer Zeit bei seinen Streifzügen auf dem Speicher entdeckt hatte. In der Truhe war fast nichts dringewesen, nur ein uraltes,

verstaubtes Buch mit lauter leeren Seiten hatte er gefunden. Der Jockel hat damals trotzdem Seite für Seite umgeblättert und eine Seite aufgeschlagen, auf der hat doch etwas gestanden:

*Wenn die großen Schatten kommen,
dann gehe nach Osten, immer nach Osten,
bis du kommst zu den Toren! Schreite hindurch
und rette, was zu retten ist.*

Zum Glück konnte der Jockel damals schon lesen. Deshalb hat er sich auch die Sätze merken können. Aber verstanden hatte er trotzdem nichts davon. Nun aber war der große Schatten gekommen. Da begriff der Jockel, daß er vielleicht das Land retten könnte, wenn er immer nach Osten gehen würde. Doch der Jokkel wollte nicht immer nach Osten gehen, um die Tore zu suchen. Da sollen sich doch andere drum kümmern, dachte er und wollte die Worte aus dem Buch vergessen. Schließlich, nach dem dritten dunklen Tag, als die Tiere vor Angst krank wurden, machte sich der Jockel schweren Herzens auf den Weg ins Ungewisse. Seinen Eltern sagte er nichts.

Sie hätten ihn sonst nicht gehenlassen. Er hinterließ aber einen Zettel, darauf hatte er etwas gekritzelt.

Viele lange Stunden ging er nach Osten. Unterwegs traf er keinen einzigen Menschen. Alle hatten sich ängstlich in ihre Häuser verkrochen. Nach langer Zeit stand er vor einer riesigen Erdspalte, die sich weit über das Land zog, so weit, wie er blicken konnte. Ihn schauderte, als er in den Spalt hinabschaute. Es war

ihm, als zöge ihn eine unwiderstehliche Kraft hinunter. Sicher habt ihr schon erraten, was das für ein Spalt war. Es war nämlich nichts anderes als der Sprung in der Suppenschüssel. Natürlich hatte der Jockel davon keine Ahnung. Nun wußte der Jockel nicht mehr weiter. Sollte der ganze Weg umsonst gewesen sein? Er stand da und merkte, wie sich eine große, dicke Wut in seinem Bauch zusammenbraute. Er hatte eine Wut auf die Dunkelheit und eine noch stärkere Wut auf den Spalt. Da nahm er einen mächtigen Anlauf, und mit einem riesigen Satz übersprang er

den dunklen Spalt und landete auf der anderen Seite. Da mußte der Jockel doch über sich selbst staunen, und mit neuem Mut machte er sich wieder auf den Weg.

Viele Bäume hatten ihre Blätter verloren. Auch das Gras war schon abgestorben. Der Jockel beeilte sich. Endlich, nach vielen Stunden (oder waren es Tage gewesen?), kam er zu den Toren. Doch welche Enttäuschung mußte der arme Jockel dort erleben! Die Tore waren eingestürzt, er konnte nicht mehr hindurchgehen. Der Jockel sank auf die Knie und weinte, weinte so lange, bis er in einen tiefen Schlaf fiel.

Als er wieder erwachte, umgab ihn immer noch die schreckliche Dunkelheit. Er mußte an seine Eltern denken, die sich sicher vor Sorgen grämten, und da rappelte er sich auf, um nach Hause zu gehen. Irgendwann kam er wieder an den gefährlichen Riß, wieder mußte er in den geheimnisvollen Abgrund hinabschauen, und da passierte es: Er konnte nicht mehr widerstehen und – stürzte in die unheimliche Tiefe hinab.

Er fiel und fiel, keiner weiß wie lange. Dem Jockel kam es vor wie ein böser Traum. Als er wieder zu sich kam, befand er sich in einem völlig fremden Keller. Wie war er hierher gekommen? Wem gehörte dieser Keller? Woher kam überhaupt das Licht?

Während ihm diese Fragen durch den Kopf gingen, schaute er sich suchend um. Sein Blick fiel zufällig auf einen Gegenstand, der da in einem Regal stand. Und in diesem Augenblick war dem Jockel so, als ob er einen alten Freund wiedergetroffen hätte. Er stand auf, um den Gegenstand näher zu betrachten: Es war eine alte Suppenschüssel, die einen großen Riß hatte.

Irgend etwas – das wußte der Jockel auf einmal – hatte er mit dieser Schüssel gemeinsam. Als er sie in die Hände nahm, wurde es ihm ganz warm im Bauch. Er wußte nicht, wie ihm zumute war, und er rannte aus dem Haus. Als er ins Freie trat, schien ihm die Sonne warm und hell ins Gesicht. Der Jockel freute sich und lachte. Schließlich hob er die Schüssel ganz hoch, so hoch er konnte, so daß die Sonne hineinschien. Dabei dachte der Jockel an seine Eltern und an das Suppenschüsselland und war sehr glücklich.

Eine Zeitungsnachricht wird kommentiert von:
Verena Ballhaus (Seite 92)
Nikolaus Heidelbach (Seite 93)
Andreas Röckener (Seite 94-96)

Australier schufen das „Super-Schaf"

Sydney. (dpa) Mit gentechnischen Methoden ist ein „Super-Schaf" in Australien entwickelt worden, das eineinhalb mal so groß werden kann wie das normale Wolltier, viel schneller wächst und dessen Wachstum durch bestimmte Futterbeigaben sogar gesteuert werden kann. Wissenschaftlern der australischen „Commonwealth Scientific and Industrial Research Organisation" (CSIRO) in Prospect (Neusüdwales) gelang der nach eigenen Angaben weltweit bislang einmalige Erfolg. Wie das Team unter Leitung von Dr. Kevin Ward mitteilte, sind bereits drei „Super-Schafe" in dem australischen Versuchszentrum geboren worden. Die Wissenschaftler schufen das Tier, indem sie Wachstumshormone in ein befruchtetes Ei injizierten. Das Ei, das im Durchmesser nicht größer als 0,15 mm ist, wurde dann in die Gebärmutter eines Mutterschafes eingepflanzt.

Verena Ballhaus

Im Hintergrund: Melbourne (nach einer wahren Zeitungsnotiz) Nikolaus Heidelbach

Wolf Harranth
Rechnen für Anfänger

Willst du zu Fuß die Welt umrunden,
brauchst du knapp zehntausend Stunden.
Fährst du mit der Eisenbahn,
kommst du schon nach vierhundert an.
Rascher noch geht es im Flug:
vierzig Stunden sind genug.
Und das Licht braucht für die Runde
nicht einmal eine Sekunde.
Doch andrerseits: die schnellste Schnecke
braucht tausend Jahre für die Strecke.

So schafft man früher oder später
selbst vierzigtausend Kilometer.

Maria Lypp
Anfangen

Wenn ich nicht mehr weiterweiß,
was fange ich dann an?
    Was Altes, was Neues?
    Was Krummes, was Dummes?
    Was Schlaues, was Graues?
    Was Hartes, was Zartes?
    Was Rohes, was Hohes?
    Was Elftes, was Zwölftes?
Wenn ich einen Anfang weiß,
ist der Kreis zu Ende.
Spring ich aus der Bahn:
Ja. Das fang ich an.

Utta Wickert
Ein Zauberhund
In Indonesien werden Märchen noch gelebt

Seite 94–96

Viele arme Leute in Indonesien glauben noch an Magie und Zauberei. Da sie es aus eigener Kraft nicht schaffen, genügend Geld zum Leben zu verdienen oder gar Arbeit zu finden, versuchen sie ihre Ziele mit Hilfe von Zauberei zu erreichen. Als Zauberer hat man ein gutes Auskommen in Ländern, wo noch Armut herrscht und viele Menschen sich und ihren Kindern keine gute Ausbildung geben können. Arbeitsplätze gibt es wenig, und deshalb bleibt oft die letzte Hoffnung der Zauberer. Er wird es machen, daß sich ihre Wünsche erfüllen. Er wird ihr Schicksal günstig beeinflussen. Je nachdem, wieviel ein Mensch zahlen kann oder will, dementsprechend setzt sich der Zauberer mit seinen magischen Kräften für ihn ein. Mal sind es kleinere, mal größere Zauberkunststückchen. Jedoch – wenn ein Mann sogar bereit ist, seine Seele zu verkaufen, verleiht ihm der Zauberer die Kraft, sich zu verwandeln. Tagsüber kann er als Mensch und nachts als Pferd, Schwein oder Hund leben. Nach einigen Jahren (der Zeitraum wird mit dem Zauberer vorher abgesprochen) muß er zum Dank als Diener im Haus des Zauberers leben, bis Allah ihn zu sich nimmt. So sagen die Leute.

Nun, warum soll sich ein Mensch nachts verwandeln? Damit er, in Gestalt eines Hundes zum Beispiel, im Dunkeln auf das Grundstück eines reichen Nachbarn schleichen kann; so klein fällt er kaum auf, und wird er entdeckt, kann ihn keiner erkennen. Vom Grundstück des reichen Nachbarn, den er wahrscheinlich nicht leiden kann, schleppt der Hund alles fort, was wertvoll ist und sich fortschleppen läßt: Geld, Ringe, Reisküchlein, Ketten oder auch Elfenbeinfigürchen.

Währenddessen muß die Frau zu Hause wachen. Sie sitzt vor einer Petroleumlampe und einer Schüssel Wasser. Beginnt das Licht in der Lampe zu flackern, ist ihr Mann in Gefahr, und sie muß blasen, damit die Flamme nicht verlöscht. Färbt sich das Wasser in der Schüssel rot, weiß sie, daß ihr Mann stirbt. So sagen die Leute.

Nun geschah es vor einigen Wochen, daß in der Innenstadt von Jakarta, in der Nähe der »Jembatan Lima«, der »Brücke fünf«, eines Morgens ein Hund entdeckt wurde, der nicht wie ein gewöhnlicher Hund aussah. Er trieb sich auf dem Grund-

**Eine Geschichte in 4 Bildern
(nach einer Zeitungsnotiz)
von Andreas Röckener:**

RIESENSCHAF GEZÜCHTET!

Rabauzen. Mit gentechnischen Mitteln ist Prof. Bunsenbrenner die Zucht eines Riesenschafs gelungen.

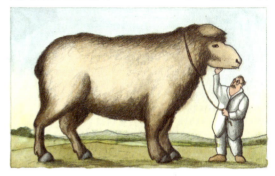

Das drei Meter hohe und vier Meter lange Tier wurde dem Landwirt Rolf Runkel zur Pflege übergeben.

stück eines Mannes herum, der sowieso schon genug Sorgen hatte, da sein Geld und Besitz auf geheimnisvolle Weise abnahmen. Nun, als er diesen Hund erblickte, meinte er Bescheid zu wissen: Dieser Hund ist kein gewöhnlicher Hund! Zwar hat er den Kopf eines Hundes, aber den Körper eines Schweines und den Schwanz einer Ratte! Daraus folgt, schloß er scharfsinnig, daß dieser Hund ein verwandelter Mensch sein muß und somit der zukünftige Diener eines Zauberers. Denn nur von ihm erhält er die Macht, sich verwandeln zu können. Also, er trägt meinen Reichtum fort und bringt mir Unglück, stellte er erleichtert darüber fest, daß er einen Grund gefunden hatte. Was tun? Er muß verschwinden, doch behandle ich ihn schlecht, wird sich sein Herr, der Zauberer, an mir rächen. Ihm kam ein Gedanke: Er rief seine Familie zusammen; sie verfrachteten den Hund gemeinsam ins Auto und fuhren ihn – wohin? – in den Zoo hinaus. Der Zoodirektor nahm ihn, wie viele andere Tiere auch, die sich in Not befanden. Er hatte ein großes Herz. Welche Geschichte angeblich dahintersteckte, ahnte er nicht. Doch es kam schnell heraus, da der Mann aus der Innenstadt, der ihn gebracht hatte, seinen Mund nicht halten wollte und die Neuigkeit überall herumerzählte.

So kamen, jeden Tag aufs neue, Besucher, die dem Hund Opfergaben brachten. Geld und Blumen warfen sie ihm ins Gehege und glaubten, daß der Zauberer, der zu diesem Hund gehörte, sich ihrer annehmen und ihnen Glück und Wohlstand bescheren würde.

Die indonesischen Tierärzte, die sich

RIESENPROBLEME MIT NEUEM RIESENSCHAF

Rabauzen. Der Landwirt Rolf Runkel kann die Probleme mit dem Riesenschaf kaum bewältigen. Täglich muß das Gehege mehrere Male gesäubert werden. Das Schaf hat alles Gras mitsamt den Wurzeln aus dem Boden gerissen. Das Gehege gleicht einer Wüste.

RIESEN-SCHÄFER FÜR RIESENSCHAF

Rabauzen. Um den Problemen mit dem Riesenschaf zu begegnen, baute Professor Robotzki

einen riesigen Roboter. Dieser ferngesteuerte Riesen-Schäfer soll fortan alle Arbeiten übernehmen. Professor Robotzki betonte die absolute Zuverlässigkeit seiner Maschine.

über diesen Unfug mit dem Hund aufregten und dem Aberglauben gern Einhalt gebieten wollten, durchleuchteten den Hund, um festzustellen und beweisen zu können, daß sein Körper aus Hundeknochen und nicht aus Menschenknochen bestand. Aber selbst das konnte den Aberglauben nicht erschüttern.

Nun lebt der Hund bereits seit zwei Monaten im Zoo, wird von seinen Wärtern »Jang« gerufen, was auf sundanesisch »Herr« heißt, und bekommt weißen Reis, Gemüse mit Fleischstückchen oder Fisch in einer Porzellanschüssel serviert, wie ein Mensch.

Über die Opfergaben sind die Wärter höchst erfreut und betrachten es als zusätzliche Einnahmequelle: Die Münzen verteilen sie unter sich, die Blumen landen auf dem Abfallhaufen, wenn sie verwelkt sind.

Vor zwei Wochen kam eine Frau, die behauptete, daß dieser Hund ihr verzauberter Mann sei, der spurlos verschwunden war. Wenn sie die Kleider ihres Mannes zum Gehege brächte und er es wirklich ist, der da in Hundegestalt lebt, könnte er sich zurückverwandeln, klärten sie die Zoowärter auf. Bis heute ist sie noch nicht wiedergekommen.

Selbst Zeitungen berichteten über den Hund und fügten hinzu: 1968 war zum letzten Mal der Öffentlichkeit ein ebensolches Ereignis bekannt geworden. Bei Tagesanbruch hatte sich ein Mensch nicht in seine eigentliche Gestalt zurückverwandeln können. Er wurde als Hund entdeckt und von einem Polizisten erschossen. Noch im Tod hatte er sich in seine menschliche Gestalt zurückverwandelt. Der Polizist soll einige Tage später, ohne sichtbares Leiden oder Krankheit, aus unerklärlichen Gründen gestorben sein. – So wird Magie und Zauberei in jenem Land – noch heute – von Zeit zu Zeit bewiesene und nachprüfbare Wirklichkeit.

RIESEN-PANIK IN RABAUZEN!

Rabauzen. Ein Kurzschluß im Gehirn des Riesenschäfers verbreitete gestern in Rabauzen Angst und Schrecken. Der Schäfer durchbrach sein Gehege und trieb das Riesenschaf mitten durch den Ort. Zum Glück aber

Ursula Krechel
Mahlzeit

Es fraß ein Kamel
ein großes fettes **K**
danach ein kleines rundes a
als man ihm dann ein m anbot
da kam sein Magen schon ins Lot
ein Kringel e
dann zum Kaffee
bevor es in die Wüste schaukelt
gib ihm schnell
ein Fläschchen l
schon ist es weggegaukelt.

Sophie Brandes
Mein Hund stirbt

Seite 97–101

Erst war da nur dieser Speichelfaden, der nicht ab-riß. Dann bemerkte ich, wie er dastand: anders als sonst, nicht mit hoch aufgerecktem Haupt und auf-gestellten Ohren, sondern seltsam langgestreckt, eine Linie von der coupierten Schwanzspitze bis hin zur gewaltigen Nase. Das sah gar nicht gut aus. Er speichelte kräftig und war sehr unruhig. »Setz dich« und »Leg dich« blieben ungehört. Befehlsverweige-rung! Später legt er sich dann doch, steht aber gleich wieder auf. Legt sich woanders, sein schwerer Leib dröhnt auf den Steinboden. Steht wieder auf, geht ein Stück weit in den Garten, auf unsicheren Beinen. Kommt mit hän-gendem Kopf wieder zurück. Der Hund atmet schwer, ungewöhnlich rasch, und weit bläht sich sein gewaltiger Brustkorb. Ich lege ihm die Hand auf den Rücken, klopfe seinen Kopf und spüre, wie er vibriert. Wie unter Strom. Ich rufe ihn beim Namen: »Rudolf, Rudolf!!« Manche lachen über uns, weil wir unserem Hund einen Menschennamen gegeben haben, aber wie Ajax, Karo oder Cäsar sah er nicht aus, eher wie Rudolf oder Rudi.

Der Hund hört nicht. Holt sich auch nicht Trost bei mir. Vielmehr lauscht er angestrengt in sich hinein. Und was er hört, macht ihm angst. Nun wird sein Atem noch unruhiger, noch stoßweiser. Seine Beine, sonst wie Säulen mit den riesigen Pfoten, diese Beine, die ihn zwölf Jahre vor, neben, hinter mir hertrugen, auf denen er durch die Bachwiese trabte wie ein Fohlen, auf denen er jedem Stück Holz und jedem Katzenvieh nachtrollte – seine Beine tragen ihn jetzt nicht mehr.

Da liegt er und speichelt auf seine großen Pfoten.

»Ist ja gut, wird ja gleich wieder«, beruhige ich ihn und streiche ihm übers struppige Rückenfell. Dabei ist er kein Streichelhund, war es nie, son-dern ein drahtiger, gewaltiger Riesenschnauzer, gewöhnt ans Hofleben und an kalte Winterlager im Schnee unter den Weißtannen. »Geht gleich vor-bei«, beruhige ich, aber er läßt sich nicht beruhigen. So einen Anfall hatte er schon einmal letzte Woche. Ein epileptoformer Anfall, sagte der Tierarzt am Telefon, nicht ungewöhnlich bei einem alten Hund wie Rudolf. Zehn Minuten, sagte der Tierarzt, dann sei der Anfall wieder vorbei. Morgen wollte ich ihm ein Arzneimittel holen, oder heute, besser heute.

Dann ist der Anfall vorüber. Aber der Hund ist nun nicht mehr derselbe. Irgend etwas Gewaltiges ist mit ihm geschehen. Ich habe meine Abscheu überwunden vor Hundeflecken und ihn auf den schönen dicken Flickentep-pich gelassen. Aber er bleibt dort nicht liegen. Er irrt umher in dem Raum, den er so gut kennt, als sähe er alles zum erstenmal. Er zittert, wohl vor Aufregung. Unter dem dicken, drahtigen Fell ist er naßgeschwitzt. Ein Hund schwitzt über die Zunge. Ein naßgeschwitzter Hund, das bedeutet Todesangst. Rudolf! Was ist mit dir geschehen, was geht wohl jetzt in dir vor? Ob der Hund einen Schlaganfall hatte und sein Gehirn funktioniert nicht mehr so recht? Eine ganze Stunde lang versucht er, seine Umgebung wiederzuerkennen. Dann schläft er endlich erschöpft ein. Heute muß er im Hause bleiben, vielleicht erholt er sich im Schlaf. Seine Lefzen zittern, die Beine hat er eng an den Leib gezogen wie ein Embryo in der Fruchtblase, ab und zu durchläuft ihn ein Zucken.

Ich gehe auch schlafen, aber es wird ein unruhiger Schlaf. Mit dem Gefühl, eben erst zu Bett gegangen zu sein, wache ich auf. Sofort bin ich unten im Wohnraum. Sieben Uhr. Den Geruch hatte ich schon oben in der Nase. Er hat einen Riesenhaufen auf den schönen Boden gelegt. Und nicht nur da. In einem zweiten liegt er selbst, erhebt sich mühsam. Er geifert schon wieder wie gestern Abend, mit angelegten Ohren. Der Gestank dringt durch alle Sinne. Noch schlaftrunken muß ich die Scheiße beseitigen, den schweren Tisch rücken, den großen Flickenteppich vorsichtig vorziehen, damit bloß nichts herunterfällt.

Der Hund steht nun draußen im grauen Morgen. Sein Futternapf von gestern ist noch unangetastet. Er steht und bewegt sich nicht, ein paar Minuten lang. Dann sehe ich ihn über den Hof trotten. Nein, wanken. Dorthin, wo der Gartenmüll gehäufelt wird.

Dort ist das Holz gestapelt, und dahinter ist noch ein schmaler Spalt zwischen Holzhaufen und Zaun. Der Boden ist feucht dort und abfallend, und Erde und Laub bedecken ihn. Da hat er sich hingelegt. In den engen Spalt ist er hineingekrochen, hat sich mit den großen Pfoten, den Maulwurfgrabepfoten, ganz weit nach vorne gegraben, bis es nicht mehr weiterging und sein Kopf den Spalt ganz ausfüllte. Sein Atem geht schwer wie am Vortag. Stoßweise füllt und entleert sich der riesige Brustkorb.

Der Hund stirbt, das ist mir nun bewußt, und dazu hat er sich einen Platz gesucht, einen stillen, dunklen Winkel. Ein Stück Erde, in das er seine Nase graben kann. Erde, die er ein Hundeleben lang so gut riechen konnte.

Ich kauere vor ihm in dieser unbequemen, moderigen Ecke und spüre, wie mir der Abschiedsschmerz selber den Atem nimmt, wie mir die Tränen die Kehle zuschnüren. Lieber Hund, gehe nicht, bleibe noch, den Herbst wenigstens. Da hebt er den Kopf, möchte ihn gerne heben, aber dazu reicht seine Kraft jetzt schon nicht mehr aus. Den stolzen Schnauzerbart haben Speichel und Erde verdreckt. Der Kopf sinkt in einem schmerzhaft anzusehenden Winkel über ein morsches Aststück nach links und wird dort vom Maschendrahtzaun festgeklemmt.

So kann er einfach nicht liegen. Mit großer Mühe hebe ich den Hundekopf an – wie schwer er ist – und lege ihn nach rechts, wo der Boden ansteigt. Nur eine Minute, da wirft er in einer jähen Bewegung das Haupt wieder zurück gegen den Zaun.

Mir fällt das Heu ein, das ich gestern zusammengerecht habe. Während ich über den Hof schreite, steigen die Bilder auf: Dort auf der Wiese hat er sich immer schnaubend auf dem Rücken gewälzt, voll Vergnügen am Auf-der-Welt-Sein, vorgestern noch. Und da, um die Hausecke, lugte sein ulkiges, eckiges Hundegesicht, schräggelegt, neugierig, was ich in diesem Teil des Gartens wohl trieb. Und wenn ich dort saß auf der Bank, kam er und legte die bärtige Schnauze auf meinen Schoß und rollte dabei die runden Augen komisch nach oben, naiv und putzig, was gar nicht zu dem großen Hundetier paßte, bis ich ihn grollend vertrieb.

Schmerz steigt in mir auf. Habe ich nicht immer kritisiert, es sei unsinnig, wieviel Gefühl Leute in ihre Tiere steckten? Jetzt greife ich mir einen Arm voll Heu. Er liegt noch so, verbogen, gekrümmt, auf der Flucht vor dem Schmerz und der Ahnung seines Endes. Ich schiebe ihm das Heupolster unter. Jetzt liegt sein Kopf höher und weicher. Die Atemnot bleibt. Auch seine eingeknickte, erdverkrustete Pfote unterpolstere ich so gut es geht, und wo der Draht schmerzhaft ins Fell drückt, stecke ich Styropor dazwischen. So geht's.

Ich muß mich waschen, fertigmachen, ein paar nötige Handgriffe tun, telefonieren. Zwei Stunden vergehen, dann bin ich wieder da. Das Heu ist naß von seinem Speichel, und er hat unter sich gekotet. Das decke ich ab, denn ich will hier bei ihm bleiben.

Ob ich ihm zu trinken geben soll? Eine herbeigeholte Plastikschüssel, randvoll, schlürft er gierig, mit mühselig angehobenem Haupt. Dann muß ich ihm helfen, die Schnauze aus der Schüssel zu hieven. Die ganze Schüssel hat er geleert – ist das nicht ein Lebenszeichen?

Nun ist er matter. Wie lange es wohl noch dauern wird, überlege ich. Fast drei Stunden sind nun schon vergangen. Ich muß etwas zu essen einkaufen, eine Stunde, mehr wird das nicht dauern. Als ich mich vom Haus entfernt habe, kommen mir Angst- und Schuldgefühle. Was, wenn er jetzt gerade, ohne mich... Ich beeile mich, habe nicht mehr als dreißig Minuten gebraucht. Der Hund liegt noch unverändert, vielleicht noch etwas gekrümmter. Wenn ich die Hand auf den Leib lege, spüre ich die Anstrengung, die ihn das Leben jetzt kostet, den Kampf um jeden Atemzug. Weit weg liegt sein Kopf, den ich gern in meine Hände nehmen würde, um ihm ein wenig die Angst wegzustreicheln. So bleibe ich in der mühseligen Hockhaltung, die Hand auf seinem zuckendem Leib. Wenn die Hand da ist, geht der Atem eine Spur ruhiger. In einer plötzlichen Anstrengung versucht der Hund hochzukommen, den Kopf zu wenden, dahin, wo meine Stimme ist. Aber er fällt wieder zurück. Ich hole neues Wasser.

Auf dem Holzstoß neben dem Hund sitzt die Katze mit eingezogenen Pfoten in einem Sonnenstrahl und blinzelt verschlafen. Sie und der Hund waren gute Gefährten. Als ich zurückkomme, schläft die Katze, einen Meter entfernt vom Hund.

Jetzt spüre ich meine Erschöpfung. Die Aufregung um den Hund und der fehlende Schlaf machen sich bemerkbar. Ich muß mir etwas zu essen machen. Später eile ich zwischen Kochtopf und Hofwinkel hin und her. Einmal macht der Hund verzweifelte Bewegungen, um sich aus dem tödlichen Winkel zu befreien.

Wenn ich mehr Kraft hätte! Aber der Hund ist mir zu schwer mit seinen fast vierzig Kilo. Ich kann nichts tun, als seinen Kopf neu betten, seinen Namen rufen, seinen Leib streicheln. Die ersten grünschillernden Fliegen setzen sich nieder auf sein Fell.

Ich esse in der Küche, was ich gekocht habe, und lausche auf jeden Ton von draußen. Die Elstern keckern im Geäst über dem Hund, weit weg bellen zwei Hunde, ein Rasenmäher zerschneidet die verbotene Mittagszeit mit Elektrozähnen. Die Sonnenflecken im Zimmer wandern. Nach dem Essen gehe ich sofort zum Hund. Er hat die Schnauze tief ins Heu gebohrt, eine Pfote sieht wie gebrochen aus. Ich atme den Geruch aus Erde, Schweiß, Schimmel, Feuchtigkeit, Urin. So riecht alles, was mit Werden und Vergehen zu tun hat. Der Hund brummt stoßweise. Wie ein Teddybär mit Stimme, dem man auf den Rücken schlägt. Der Hund bäumt sich im Schmerz, einmal, zweimal. Danach liegt er still, atmet leise und flach. Müdigkeit überwältigt mich.

Wenigstens zehn Minuten könnte ich mich hinlegen.

Auf dem Liegestuhl ziehen über mir die angekündigten atlantischen Wolkenfelder. Meine Gedanken werden vom anhaltenden tiefen Schmerzbellen des Hundes unterbrochen. Sofort bin ich bei ihm. Verzweifelt versucht er, den Kopf zu heben. Ich spüre meine Tränen laufen. Hund, wenn ich dir doch helfen könnte! Du warst so ein guter Begleiter. So lebendig warst du, so pfiffig. Wie wir zusammen durch die Wälder gezogen sind durch all die Jahre, wir beide. Nie war ich allein, denn du hast mich beschützt und bewacht. In den Wäldern habe ich über alles nachgedacht, und du hast deine dicke Nase in jedes Loch gesteckt. Du warst jemand, der sich gefreut hat, wenn ich nach Hause kam. Es tut weh, ihn leiden zu sehen. Noch einmal versuche ich, ihm Wasser zu geben. Aber er kann nicht mehr trinken. Er ist nun noch weiter in den Winkel gerutscht. Wie weggeworfen liegt er da, zerknautscht, zerdrückt vom Todeskampf. Nur noch fünf Minuten auf dem Liegestuhl, denke ich.

Ich muß wohl eingeschlafen sein. Den Hund höre ich nun nicht mehr. Gar nicht mehr. Als ich über den Hof, wohl zum fünfzigsten Male, zu ihm eile, liegt sein Leib ganz ruhig – schon gleicht er einem Teil der Erde. Atmet sein Fell noch? Hat sich da nicht doch ein Härchen gekrümmt?

Nein, er ist tot.

Sara Krüger
Angst

»Die Äpfel sind reif!« sagt Franz. »Bei Bauers, die schmecken am besten!«

»Au ja, laß uns Äpfel klauen«, sagt Anne.

Sie steigen vorsichtig über einen Stacheldraht-Zaun. Franz klettert auf einen Apfelbaum und schüttelt den Ast. Anne klaubt die Äpfel auf.

Plötzlich kommt ein Traktor den Feldweg entlanggerattert. Der Bauer!

Anne läßt die Äpfel fallen und rennt los. Der Stacheldraht reißt ihr die Hand auf, aber sie bemerkt den Schmerz kaum.

Sie läuft in das kleine Wäldchen. Als das Seitenstechen zu stark wird, wirft sie sich hinter ein Gebüsch auf den Boden.

Sie riecht die modrige Walderde. Sie hat Angst. Wenn das die Eltern erfahren!

Der Bauer hat Franz erwischt. Anne kann hören, wie er laut heult.

»Bitte, lieber Gott«, bittet Anne, »mach, daß Franz nicht petzt.« Sie schwitzt und friert gleichzeitig. Nach einer langen Weile wagt sie sich aus ihrem Versteck. Niemand ist zu sehen. Sie geht nach Hause.

Seitdem, immer wenn Anne Angst bekommt, steigt ihr der Geruch nach modriger Walderde in die Nase.

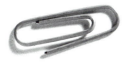

Roswitha Fröhlich
Als wir die Erde räumen mußten

Wir hatten es nicht anders erwartet. Und trotzdem: Als wir die Erde räumen mußten, endgültig, war mein Herz schwer.

Was wird aus uns werden? fragte ich Wanda, die beim Abtransport neben mir stand.

Mach dir keine Sorgen, antwortete sie. Nichts wird sein, wie es war. Aber alles wird einen Anfang haben – wie jedesmal, wenn wir von einem Planeten zum anderen wechseln. Kinder werden auf den Kornfeldern wachsen, die Sonne wird sie wärmen, der Regen wird sie tränken, und die Alten werden lächeln, wenn sie erkennen, daß es kein Ende gibt im ewigen Universum.

Du träumst, sagte ich und sah Wanda mitleidig an. Wer garantiert uns, daß es auf dem nächsten Planeten ein Fortkommen gibt?

Aber Wanda hörte nicht mehr zu, denn endlich setzten wir uns in Bewegung. Tauwetter herrschte, als wir auf dem neuen Planeten eintrafen, und überall unter dem schmelzenden Schnee waren grüne, frische Triebe zu erkennen.

Wanda hat recht behalten, dachte ich. Das Leben geht weiter! Ich packte meine Siebensachen aus, prüfte ihren Nutzen. Aber nichts von alledem schien nützlich. Ich warf es fort.

Dann betraten wir das Neue.

Aller Anfang ist schwer, sagte ich zu Wanda.

Aller Anfang ist gut, erwiderte sie und schritt mutig voran. Wenn der Schnee geschmolzen ist, sehen wir weiter.

Und wo ist unsere Bleibe? fragte ich.

Wir werden sie finden, sagte sie. Bisher hat noch jeder seine Bleibe gefunden. Sie nahm mich bei der Hand und zog mich mit sich fort.

Wohin? Ach, wenn ich es doch wüßte.

Matthias Duderstadt
Spuren

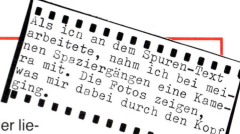

Als ich an dem Spuren-Text arbeitete, nahm ich bei meinen Spaziergängen eine Kamera mit. Die Fotos zeigen, was mir dabei durch den Kopf ging.

Wo wir Menschen auch gehen, stehen oder liegen, was wir auch tun – überall hinterlassen wir Spuren: unsichtbare und sichtbare, schnell vergängliche und dauerhafte. Spuren auf hartem Stein, Spuren im Schnee, Spuren im Sand des Strandes, Spuren in Beton oder Ton.

für Peter Bichsel

● Brotkrumen auf dem Fußboden, Brotkrumen, Butter, Joghurt, Milch – alles zusammengerieben auf der Tischplatte, verteilt über Lätzchen, Haare und Wangen: Ein kleines Kind ist mit dem Frühstück fertig.

● In Kinderzimmern: Was kleine Kinder in der Hand hatten, drückt sich in Griffhöhe an den Wänden ab. Schokolade, Apfelsine, Butterbrot, Farben, Käse, Wurst und noch viel mehr. Auch Ritzungen und herausgerissene Tapetenstücke kann man bei genauerem Hinsehen entdecken. Wie oft man kleinen Kindern auch die Hände abwischt – fast immer haftet etwas an ihnen.

● Gelblichweiß, hell und fleckenlos waren sie, honiggelb und dumpf glänzend sind sie geworden durch die vielen Hände, mit denen sie in Berührung kamen. Kein Wunder – was kann man nicht alles aus Holzklötzen bauen.

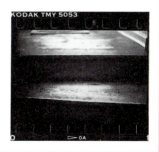

● Was oben hineinkommt, kommt unten wieder heraus. Kunststoffwindeln, langlebig wie Plastiktüten, beginnen sich außerhalb der Städte zu

türmen. Bei fünf Millionen Familien mit kleinen Kindern kommt man täglich auf fünfundzwanzig Millionen, im Jahr auf neun Milliarden einhundertfünfundzwanzig Millionen – 9 125 000 000. Möglich, daß unsere Nachkommen auf diesen Windelhaufen einmal rodeln werden.

● Sieht man sich die Außenseite von Schaufensterscheiben genau an, so wird man in der Kopfhöhe von Kindern und Erwachsenen Abdrücke von Nasen, Wangen, Mündern, Stirnen und Händen entdecken. Was wohl wäre, wenn man solche Scheiben ein Jahr lang nicht putzen würde.

● Die orangefarbenen Katzenaugen an den beiden Verschlüssen sind stumpfgekratzt vom Hinschmeißen und Über-den-Boden-Ziehen: ein alter Schulranzen. Auf der Innenseite der Klappe stehen Namen, vielfarbige, mit unterschiedlichen Stiften geschriebene, neben Kritzeleien, Herzen, Pfeilen, Strichen. Die Pappe auf der Innenseite der Klappe ist rissig und faltig geworden mit den Jahren und beginnt sich von dem gummiartigen Kunststoff, aus dem der Ranzen gemacht ist, zu lösen. An einigen Stellen wurden die Nähte erneuert. Fünfzehn Jahre ist der Ranzen alt. Seine Besitzerin ist über zwanzig und trägt ihn, nicht ohne Stolz, immer noch mit sich. Sie könnte ein Buch über ihn schreiben – so viel fällt ihr bei erneutem Hinschauen ein.

● Jede Narbe an unseren Körpern erzählt eine lange Geschichte.

- Die bläulichgraue Rinde der Buchen – Menschen, vor allem verliebte, ritzen die Buchstaben ihrer Namen hinein, Herzen und Pfeile, die mit der Zeit vernarben.
Buchen werden älter als Menschen, viel älter.

- Um Lichtschalter und Klingelknöpfe bilden sich mit den Monaten und Jahren dunkle Flecken; auch tagsüber greifen wir häufig daneben.
An Türklinken haben wir uns nie so recht gewöhnen können, man sieht es ober- und unterhalb der Beschläge. So drücken wir den Dingen, ohne daran zu denken, nach und nach unseren Stempel auf.

- Eine aufgebrochene Tür, eine geplünderte, verwüstete Wohnung; die Polizei sucht vergeblich nach Fuß- und Fingerabdrücken. Ein Kriminalbeamter untersucht die Eingangstür und pinselt in Kopfhöhe etwas Graphit auf das Türblatt: Der Abdruck einer Ohrmuschel wird sichtbar. Von allen Tatverdächtigen nimmt man Ohrabdrücke und findet auf diese Weise den Täter.

- Immer nehmen wir etwas mit uns, immer hinterlassen wir etwas. Einiges so klein, daß man es nur unter dem Mikroskop erkennen kann, feinste Partikel, anderes unübersehbar, wieder anderes wohl sichtbar, aber anscheinend unserer Aufmerksamkeit nicht wert: Kritzeleien, die beim Telephonieren entstehen, zum Beispiel.

- Das Gehen über alte Steintreppen, in der Mitte muldenartig ausgetreten von unzähligen Füßen – plötzlich eine Empfindung, die einen tief berührt:

Vor Hunderten von Jahren sind hier Menschen denselben Weg gegangen. Man teilt eine Erfahrung mit Menschen, die längst tot sind und von denen man nichts oder nur wenig weiß. *Hier war schon jemand*, sagen uns die Steintreppen.

● Holz und weicher Stein, Sandstein und Marmor etwa, nehmen die Spuren der Menschen an, geben nach, lassen sich durch die Berührungen der Menschen und die Einflüsse des Wetters in ihrer Form verändern. Beton, Kunststoffe, Glas und Aluminium nehmen wohl Abdrücke an, aber nur an der Oberfläche. Allenfalls Schrammen und Kratzer lassen sie zu, einer Veränderung ihrer Form widersetzen sie sich. Kunststoff und Glas zerbrechen eher, als sich auf ein allmähliches Schwinden einzulassen.

● In einer neuen Einkaufspassage: Die Temperatur ist reguliert, es geht kein Wind, es fällt kein Regen, das Licht ist gleichbleibend hell, ob die Sonne scheint oder nicht. Der Boden ist gefliest und nahezu spurenlos, ebenso wie der Beton an den Wänden zwischen den Aluminiumrahmen, die die Schaufensterscheiben halten – alles makellos sauber. Einige Menschen sind dieser Umgebung vollkommen angepaßt: kein Kratzer, keine Narbe an ihren blankgeputzten Schuhen, kein Fältchen, kein Fussel an ihren perfekt sitzenden Kleidern, kein Haar, das aus der Reihe tanzte. Wären nicht ein paar Falten in ihren Gesichtern, sähen sie aus wie neu. Mit faltig und fleckig gewordenen Schuhen, egal ob geputzt oder nicht, kommt man sich hier schäbig vor, zumindest nicht dazugehörig – fehl am Platz.

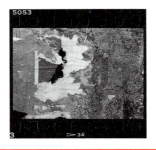

● All das, was abgeschabt, abgewetzt, abgescheuert, faltig, rissig, durchgedrückt und verstaubt ist – viele Menschen können den Anblick solcher Dinge nicht ertragen. Aber nicht nur die Dinge, auch wir sind vergänglich.

● Legt man auf einen hohen Schrank eine Glasplatte und läßt sie dort zwei Jahre lang liegen, wird man nach dem vorsichtigen Herunternehmen eine Staublandschaft bewundern können – einerlei, ob täglich oder nie Staub gesaugt wird.

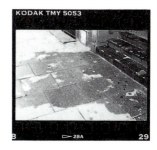

● Gegen die Spuren, die wir und die Dinge hinterlassen, gegen Staub, Fussel, Krümel, Abdrücke, Rauch und Dreck wird ein erbitterter Kampf geführt: mit Besen, Handfeger und Kehrblech, mit Schrubber, Scheuerlappen und grüner Seife, mit Putzlappen und Allzweckreiniger, mit Fensterleder und Glasreiniger, mit Klobürste und WC-Reiniger.

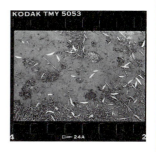

● Viele nehmen diesen Kampf täglich auf, auch wenn nichts zu sehen ist – mit bloßem Auge. Aber schließlich ist der Feind allgegenwärtig und hinterhältig – denn er setzt sich sogar am eigenen Körper fest. Nicht nur als Staub, Fussel und Krümel an Kleidung, Schuhen und Haut, sondern auch als Geruch. Also müssen nicht nur alle Dinge um uns herum, sondern auch wir selber geputzt werden, nicht nur unsere Kleider, sondern auch unsere Haut und unser Haar. Also wird geseift, gerollt, gesprayt, gewischt, gewaschen, geschrubbt, gefegt, gesaugt und desinfiziert – und alles (nicht nur der Feind, sondern auch die Werkzeuge und Mittel zu seiner Bekämpfung) landet im Ausguß, im Klo oder im Abfalleimer.

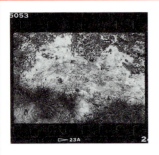

● Wenn der Herbst in die Stadt einzieht, füllen sich die Straßen und Fußwege mit Blättern. Orangefarbene Lastautos mit großen Rohren saugen sie auf.

Jemand hat gegen seinen Nachbarn einen Prozeß geführt, weil dessen Baum Blätter auf sein Grundstück fallen ließ. Er hat den Prozeß gewonnen.

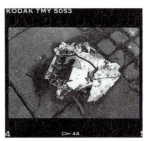

● Würde man ein oder zwei Tage lang *aufheben*, was man sonst wegwirft, wüßte man genau, was sich da täglich ansammelt.

● Was wir wegwerfen und wegspülen, landet auf Müllkippen, in Kläranlagen oder in Bächen und Flüssen, die ins Meer münden. Um die Städte bilden sich Hügel, im Meer sammeln sich die Gifte.

● Würde man einen Müllberg in der Mitte durchschneiden wie eine Torte, könnte man an den Schichten ablesen, wie die Menschen in den letzten Jahrzehnten gelebt haben.

● Stellen wir uns vor, wir Menschen hinterließen im Rhein, in der Elbe, in der Seine, in der Wolga, im Niger oder im Mississippi zwei Jahre lang *keine* Spuren – wir ließen sie also einfach nur in Ruhe: Was wohl dann?

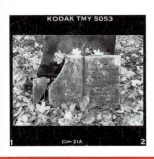

● Was werden wir hinterlassen außer Straßen, Häusern, Fabrikanlagen, Autowracks, Müllbergen und -deponien, vergifteten Seen und Meeren, Schlacht- und Friedhöfen? Was wird *sichtbar bleiben* von uns?

● Ein Spaziergang im Wald und über Felder: Wo sich ein Tier mit dem Fell an einem Baumstamm gerieben hat, ist die Rinde abgewetzt. Gewölle von Greifvögeln auf dem Waldboden, Spuren von Rehen, Kaninchen und Krähen im feuchten geeggten Boden. Wieder im Wald: Blätter, Äste, Pilze, Federn, Moose, Flechten, Farne, Kastanien, Eicheln und Bucheckern.

● Kinder drehen die Eicheln aus den Bechern, stecken den Stiel in den Mund und spielen Erwachsene, die Pfeife rauchen. Die Propeller der Ahornbäume – wo die Samenkörner liegen, kann man die Flügel öffnen; man klebt sie sich auf die Nase und sieht überheblich aus. Kastanien, Eicheln, Bucheckern und Hagebutten – Menschen entstehen und Tiere, zusammengehalten von Streichhölzern und Klebstoff.

● Aufheben: Ein Blatt nehmen, es vorsichtig zwischen Zeitungsseiten legen und mit etwas Schwerem glattpressen.

● Bäume sind dem Wetter gewachsen, auch dem Winter – meistens. Anders die Häuser: Mit vereinten Kräften nagen Wasser, Wind, Sonne und Frost an Dächern, Fenstern, Türen und Fassaden. Wasser, zu Eis erstarrt, bringt das Mauerwerk zum Platzen, und bald wird man in Ritzen kleine Blumen und Bäume wachsen sehen.

● Was oben hineinkommt, kommt unten wieder heraus. Die Fassade der Hamburger Kunsthalle oder des Bremer Doms beispielsweise dient den Tauben als großzügig und abwechslungsreich

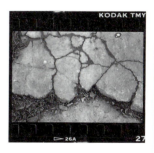

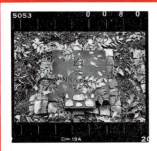

angelegtes Klo. Was hinten herausfällt, verätzt auf Dauer den Stein wie Säure. Mit zu Fratzen verätzten Gesichtern sehen einen die Figuren der Fassaden an – auf dem Kopf ein pyramidenförmiger Scheißhaufen.

● Pilze können Asphalt- und Betondecken zum Platzen, Wurzeln Felsen zum Bersten bringen.

● Sonne und Frost, Wasser und Wind, Erde und Feuer – was einmal war, ist bald nicht mehr zu sehen. Schnell vergessen wir, was fürs Auge nicht mehr *sichtbar* ist.

● Was ist *sichtbar geblieben* von den sechs Millionen toten Juden? Knochen, einige Gebäude, in denen sie ermordet wurden, Gedenktafeln. In Finnland leben fünf Millionen Menschen.

● Alles geht wieder ein in den Kreislauf der Natur: welkes Blatt, morsches Holz, totes Tier und wir. Was bleibt, sind Dokumente, Fundstücke, Erinnerungen, Geschichten – erzählte und aufgeschriebene –, was bleibt, ist der Spaten, um nach den Dingen zu graben, die in der Erde verborgen liegen.

● Ein funkelnder Schwarm weißer Blütenblätter löst sich nach einem Windstoß von einem Strauch und bedeckt den von der Sonne rissig gewordenen Boden wie im Winter der Schnee.

● Wir sind ein Teil der Erde, und sie ist ein Teil von uns.

Manfred Mai
Eine neue Freundin

Seite 111–112

Katrin und Martina winken sich zu. Dann läuft Martina zur Haustür und klingelt. Bevor sie hineingeht, winkt sie noch einmal. Katrin winkt zurück und hüpft dann im Wechselschritt weiter. Heute kommt ihr der Schulweg viel kürzer vor als sonst. Zu Hause streicht sie wie eine Katze um ihren Vater herum. Als der die Soße abschmecken will, stolpert er beinahe über Katrin. »Paß doch auf«, sagt er.
Katrin geht zur Seite.
»Ist denn was?« fragt der Vater. »Du tust so komisch.« Er schüttet dampfende Nudeln in ein Sieb.
»Ich habe eine neue Freundin«, sagt Katrin.
»Das ist aber schön.« Er schreckt die Nudeln mit kaltem Wasser ab. »Wer ist es denn?«
»Martina.«
Er schaut Katrin an. »Martina Schweitzer?«
Katrin nickt. »Und in der Schule sitzt sie jetzt neben mir.«
»Soso, neben dir«, murmelt der Vater. Er drückt Katrin drei Teller in die Hand. »Hilf mir mal. Mutti kommt gleich.«
Katrin deckt den Tisch.
»Tanja war doch immer deine Freundin«, sagt der Vater.
»Die ist doof, die will ich nicht mehr.«
»So? Aber ist Martina nicht ein bißchen schmuddelig?«
»Nein!« sagt Katrin sofort.
Dann fragt sie vorsichtig: »Was ist schmuddelig?«
»Na, unordentlich, ungepflegt, schmutzig...«
»Das ist sie nicht!« ruft Katrin dazwischen.
»Dann muß sie sich aber sehr geändert haben.«
»Hat sie auch.«
»Das würde mich allerdings wundern, denn...«
In diesem Augenblick kommt die Mutter herein. »Hallo, ihr zwei!« Sie gibt beiden einen Kuß. »Ich habe einen Bärenhunger.«
»Wir können gleich essen.«
»Na, gibt's was Neues?« fragt die Mutter. »Wie war's in der Schule?«
»Katrin hat eine neue Freundin«, antwortet der Vater.
»So, wen denn?«
Katrin gibt keine Antwort.
»Warum sagst du es der Mutti nicht?«
»Sag du's doch«, ruft Katrin und läuft hinaus.

Ein paar Tage später gehen sie spazieren. Dabei spielen sie »Engelchen flieg«, balancieren über einen Balken, hüpfen auf einem Bein um die Wette, werfen nach Kastanien und so weiter.

»Da vorne wohnt Martina!« ruft Katrin plötzlich.

»Deswegen brauchst du nicht so zu schreien«, sagt der Vater.

Katrin guckt, ob sie Martina irgendwo entdeckt.

»Sieh dir mal den verlotterten Garten an«, sagt der Vater zur Mutter. »Wenn das unserer wäre, würde ich mich schämen.«

»Und die Fenster wurden auch schon ewig nicht mehr geputzt. Überhaupt ist...«

Katrin hält sich die Ohren zu.

»Hör mal, Katrin«, sagt der Vater, als sie wieder zu Hause sind. »Wir meinen es doch nur gut.«

»Ich will aber nicht.«

»Die Schweitzers sind nicht der richtige Umgang für dich. Martinas Vater arbeitet nicht und sitzt oft in Kneipen herum...«

»Ist mir doch egal.«

»Aber uns nicht«, sagt der Vater einen Ton lauter. »Es ist nicht gut, wenn du in so einem Haus bist.«

»Gestern hat Martinas Vater ganz toll mit uns gespielt«, wehrt sich Katrin. »Und ganz lang. Soviel Zeit hast du nie.«

»Ich muß auch arbeiten...«

»Es wäre viel schöner, wenn du nicht arbeiten müßtest.«

»Katrin!«

»Darum geht es doch gar nicht«, sagt jetzt die Mutter. »Wir möchten nicht, daß du bei Schweitzers aus und ein gehst. Und dafür haben wir unsere Gründe.«

»Martina ist meine beste Freundin«, sagt Katrin trotzig.

»Es gibt doch so viele nette Mädchen in deiner Klasse und in der Nachbarschaft«, versucht es die Mutter noch einmal. »Sandra, Melanie und Rachel zum Beispiel.«

»Die will ich nicht.«

»Aber Sandra wäre...«

»Ich soll ja nur Sandras Freundin sein, weil ihr ihre Eltern gut leiden könnt.«

»Das stimmt doch gar nicht«, widerspricht die Mutter.

»Stimmt wohl«, sagt Katrin. »Aber meine Freundin ist und bleibt Martina, damit ihr es nur wißt.«

Satzteile

Franz Hohler
Der Mann auf der Insel

Es war einmal ein Mann, der lebte auf einer Insel. Eines Tages merkte er, daß die Insel zu zittern begann.
»Sollte ich vielleicht etwas tun?« dachte er. Aber dann beschloß er, abzuwarten.
Wenig später fiel ein Stück seiner Insel ins Meer.
Der Mann war beunruhigt.
»Sollte ich vielleicht etwas tun?« dachte er. Aber als die Insel zu zittern aufhörte, beschloß er, abzuwarten. Er konnte auch ohne das versunkene Stück weiterleben.
Kurz danach fiel ein zweites Stück seiner Insel ins Meer.
Der Mann erschrak.
»Sollte ich vielleicht etwas tun?« dachte er. Aber als nichts weiter passierte, beschloß er, abzuwarten. »Bis jetzt«, sagte er sich, »ist ja auch alles gutgegangen.«
Es dauerte nicht lange, da versank die ganze Insel im Meer, und mit ihr der Mann, der sie bewohnt hatte.
»Vielleicht hätte ich doch etwas tun sollen«, war sein letzter Gedanke, bevor er ertrank.

Sabine Wilharm

Bernd Schreiber

Blindekuh

Also, ich erklär euch das noch mal, sagt Rosa. Sie hat heute Geburtstag. Das Spiel geht genauso wie Blindekuh. Nehmen wir mal an, Thorsten ist die blinde Kuh, und er hat jemanden gefangen, dann muß er dem Gefangenen einen Kuß auf den Mund geben und den Namen erraten. Hat er falsch geraten, muß alles ganz stillbleiben. Thorsten weiß dann, daß er dem Gefangenen wieder einen Kuß geben muß. Das geht so lange, bis Thorsten den richtigen Namen geraten hat.

Der Gefangene muß der blinden Kuh einen Kuß geben? fragt Micha.

Quatsch, sagt Rosa, nicht der Gefangene küßt die blinde Kuh, sondern die blinde Kuh den Gefangenen.

Das geht gar nicht, sagt Christine, die blinde Kuh sieht doch nichts. Wie soll die denn den Mund treffen?

Die blinde Kuh darf den Kopf des Gefangenen in die Hand nehmen, und bis zum Mund wirst du es ja noch schaffen.

Und wenn ich die Nase treffe? fragt Jochen.

Dann ist es bis zum Mund nicht mehr weit, sagt Ute.

Ich halte lieber mein Ohr hin, grölt Harro.

Und ich mein Knie. Das war wieder Jochen.

Blödmann, sagt Rosa.

Selber.

Wollen wir das Spiel nun machen oder nicht? Jutta hat das Hin und Her langsam satt.

Alle sind dafür. Einige grinsen sich an.

Und was ist, wenn deine Mutter reinkommt? fragt Anke.

Die hat genug zu tun, und wenn schon. Will einer freiwillig die blinde Kuh sein?

Doch den Anfang will keiner machen.

Thorsten juckt es schon. Wenn er doch nur wüßte, ob er Rosa erwischt. Rosa einen Kuß zu geben, ist schon lange sein Traum. Jetzt hat er endlich die Gelegenheit dazu. Er riskiert es. Freiwillig meldet er sich als blinde Kuh.

Rosa nimmt ein Tuch, legt es der Länge nach ein paarmal zusammen und bindet es Thorsten um die Augen. Heimlich schnüffelt er nach Rosa, vielleicht kann er sie nachher an ihrem Duft erkennen. Dann dreht ihn Rosa im Kreis, bis ihm fast schwindlig wird.

Er merkt, wie die anderen um ihn herumtanzen und immer im allerletzten Augenblick seinen Händen entkommen. Warte nur, Rosa, denkt er, dich krieg ich noch! Plötzlich stößt er mit seinem Knie gegen einen harten Gegenstand. Es tut sehr weh. Die anderen kichern. Hätte er sich nur nicht als erster gemeldet! Als er glaubt, Rosa nie zu fangen, passiert es. Er hat einfach um sich gegriffen und irgendeinen Arm erwischt. Wieder kichern und flüstern alle durcheinander.

Ob das wohl Rosa ist? Vorsichtig nimmt er das Gesicht in die Hände und nähert sich ihm langsam. Dabei schnüffelt er ein wenig und glaubt tatsächlich, Rosas Duft zu erkennen. Tja, Rosa, jetzt oder nie! Bevor Thorsten versucht, sie auf den Mund zu küssen, hat er *die* Idee. Warum soll er Rosa nur *einen* Kuß geben? Wenn er mit Absicht danebentippt, darf er sie ja wieder küssen. Er findet das Spiel großartig.

Thorsten trifft schon beim ersten Versuch... Wie schön weich ihr Mund ist! Daß die anderen kichern, stört ihn nicht. Sie sind ja nur neidisch.

Thorsten tut so, als überlege er, dann sagt er: Jutta! Außer dem Gekichere ist nichts zu hören.

Der nächste Kuß soll länger werden, beschließt Thorsten, weil es so schön ist. Vorsichtshalber atmet er tief ein, damit ihm beim Küssen nicht vorzeitig die Luft ausgeht. Wieder trifft er auf Anhieb. Wie herrlich!

Kurz danach zieht Rosa den Kopf zurück. Sich so lange vor so vielen küssen zu lassen, ist wohl nicht ihr Geschmack. Er sagt: Christine! Natürlich hat er wieder danebengeraten.

Nach dem dritten Kuß sagt er: Anke! Nach dem vierten: Ute! Und nach dem fünften ruft er siegessicher und lauter als zuvor: Rosa! Er will sich schon die Binde vom Kopf reißen, aber es kommt kein »Ja« oder »Richtig« oder »Stimmt«. Er hat doch alle Mädchennamen durch. Oder hat er etwa... Er muß doch tatsächlich einen von den Jungen geküßt haben. Zu dumm, daß er jetzt nicht Schluß machen kann.

Kaum hat er den unbekannten, weichen Mund erneut berührt, zieht er schnell seinen Kopf zurück und ruft: Micha! Ihm fällt ein Stein vom Herzen. Er hat ins Schwarze getroffen. Es ist wirklich Micha.

Lutz Rathenow
Was sonst noch passierte

Der Prinz von Kanada traf den König von Albanien.
Ich bin der Prinz von Kanada, sagte der Prinz von Kanada.
Und ich der König von Albanien, erwiderte der König von Albanien.
Dich gibt es doch gar nicht, sagte der Prinz von Kanada.
Dich aber auch nicht, sprach der König von Albanien.
Und beide schüttelten verwundert ihre Köpfe.

Hannelies Taschau
Oder: Das Wunder

Simon und ich verließen ganz schnell das Haus, wendeten uns nach links, an der nächsten Ecke nach rechts, wieder nach links, gingen geradeaus, bis einer von uns rief: Halt. Wir blieben stehen, einander gegenüber, einer steckte die Hände in die Ärmel des anderen, wir schlossen die Augen und zählten stumm, jeder für sich. Wir ließen uns von nichts ablenken und nicht ansprechen, wir öffneten auch nicht die Augen.

Als wir bei neunundneunzig angekommen waren, richteten wir uns auf, zogen die Hände aus den Ärmeln des anderen und schrien so laut wir konnten: Hundert. Dann sahen wir uns um und warteten ab. Einer fragte, ob uns schlecht sei, einer, ob er uns helfen könne, einer wollte wissen, was wir gespielt hätten.

Wir erklärten das Spiel, bei dem es darauf ankommt, daß beide gleichzeitig Hundert rufen, obwohl jeder für sich gezählt hat. Das ist dann das Wunder.

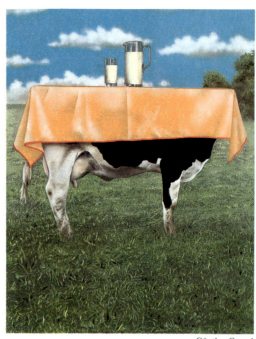

Günther Grauel

Josef Guggenmos
Der Kater Kurfürst Wenzeslaus

Ab und zu streicht um mein Haus
der Kater Kurfürst Wenzeslaus.
Mag sein, daß er ganz anders heißt,
jedoch: Er sieht so aus.

Wenn er durch meinen Garten geht,
so leicht, so beinah kaiserlich,
und mich mit einem Blick beschenkt:
Was denkt er – denkt er über mich?

Wo stammt er her? Wo treibt's ihn hin?
Geheimnisvoll streift er herum.
Bald taucht am hellen Tag er auf,
bald in der Dämmerung.

Hat Sorgen er wie unsereins?
Was ist's, was ihm gefällt?
Nichts weiß ich. – Ach, ein jeder ist
eine eigne Welt.

Martin Auer
In der wirklichen Welt

Ein Eichhörnchen und ein Nashörnchen lebten zusammen auf einem Baum. Sie sammelten Nüsse und spielten auf den Ästen, und abends krochen sie in ein Loch im Baum und wärmten einander.

Eines Tages sagte das Nashörnchen: »Laß uns gehen und die Welt anschauen. Ich werde dir Wunder zeigen!«

Und so gingen sie, die Welt anzuschauen.

Das Nashörnchen führte das Eichhörnchen an den Rand des Waldes. Sie saßen auf einem Ast des letzten Baumes und besahen sich die Welt.

»Hier ist unser Zauberwald zu Ende«, sprach das Nashörnchen. »Siehst du die winzige Welt da unten? Das ist die wirkliche Welt. In der kleinen Welt da unten bin ich kein putziges Nashörnchen, sondern ein mächtiges, wildes Tier von ungeheurer Stärke, und alle fürchten mich!«

Und das Nashorn sprang vom Baum und stürmte wild schnaubend durch die Steppe.

»Und was glaubst du, wie sie mich erst fürchten werden«, brummte das Eichhorn und stürmte wild schnaubend hinterdrein.

Wolfgang Fischbach
Sternguckerfragen

Wo endet das All
und beginnt neues Licht?
Wo ist der Anfang,
warum sieht man ihn nicht?
Wer kennt das Ziel,
wann war der Beginn?
Was ist dahinter,
gibt allem den Sinn?

Theodor Eberle

Cordula Tollmien

Zwerg und Riese

Guck mal, ein richtiger Riese, sagt das Kind und guckt hoch. Der Riese steht vor dem Zirkus und reißt die Karten ab und sieht das Kind nicht an. Das Kind bleibt stehen, sieht von unten rauf und versucht hochzulächeln. Der Riese lächelt nicht zurück. Das Kind ist enttäuscht. Aber irgendwie ist das auch in Ordnung. So groß wie der ist, kann er einfach nicht zu jedem runterlächeln.

Während der Vorstellung tritt der Riese zusammen mit einem Zwerg auf. Sie sitzen an einem Tisch.

Der Riese muß sich ganz tief runterbeugen. Seine Beine passen nicht unter den Tisch. Er hat sie fast unter dem Kinn und versucht so, über seine Knie hinweg zu essen. Messer und Gabel sehen winzig aus in seinen Händen.

Der Zwerg muß richtig klettern, um auf seinen Stuhl neben den Riesen zu kommen. Er reicht kaum bis zur Tischkante. Die Beine baumeln. Messer und Gabel sehen riesig aus in seinen Händen.

Das Publikum lacht.

Dann wird ein großer Tisch hereingetragen. An diesem Tisch kann der Riese bequem sitzen.

Der Zwerg guckt von unten neidisch zu. Er hat noch nichts gegessen.

Dann wird endlich ein kleiner Tisch hereingetragen. Mit passendem Stuhl und Besteck. Der Zwerg freut sich. Er setzt sich hin und will anfangen zu essen.

Der Riese ist inzwischen fertig.

Bevor der Zwerg noch einen Bissen essen kann, faßt der Riese mit einer Hand unter den kleinen Tisch und hebt ihn oben auf seinen Tisch. Dann faßt er unter den kleinen Stuhl und setzt ihn mitsamt dem Zwerg auch nach oben auf seinen Tisch. Dann holt er einen kleinen Besen unter seinem Tisch hervor, genau in der richtigen Größe für den Zwerg, drückt ihm den in die Hand und macht ihm klar, daß er die Krümel vom Tisch fegen soll.

Der Zwerg will nicht. Er hat noch nicht gegessen.

Der Riese droht ihm mit dem Finger, dicht vor seiner Nase.

Der Zwerg will immer noch nicht. Er steht auf, stampft mit dem Fuß auf und hängt sich an den Finger des Riesen.

Der schüttelt ihn ab, schließt seine Hand um den Hals des Zwerges und hebt ihn ein Stück hoch. Der Zwerg macht den Mund auf und zu, als ob er keine Luft mehr bekommt.

Der Riese läßt ihn fallen. Der Zwerg fällt auf den Hosenboden.

Der Riese stützt sich mit beiden Händen auf den Tisch und starrt den Zwerg an. Der Zwerg rappelt sich hoch.

Einen Moment lang steht er einfach nur da, dann zuckt er mit den Schultern zum Publikum hin, nimmt den Besen und beginnt zu kehren.

Das Publikum brüllt vor Lachen.

Das Ganze hat besonders komisch ausgesehen, weil der Riese und der Zwerg genau die gleichen Sachen anhatten.

Antje Burger
Bruder Jan

Mein Bruder Jan ist Schwester. Eigentlich ist er Zivi (= Zivildienstleistender) und arbeitet in einem Krankenhaus wie eine Krankenschwester. Er bringt den Patienten das Essen, füttert die Schwerkranken, die nicht allein essen können, macht die Betten, wäscht die Kranken, gibt auch mal eine Spritze und »schwenkt die Nachttöpfe«, wie er sich ausdrückt. Am liebsten unterhält er sich mit den Patienten. Die freuen sich natürlich, denn meistens haben die Schwestern dazu keine Zeit. Jan ist, glaube ich, sehr beliebt bei den Kranken und auch bei den Schwestern. Alle sagen Jan zu ihm, auch die Patienten. Eigentlich müßten sie ihn doch Bruder Jan nennen, denn die Schwestern heißen Schwester Brigitte, Schwester Helga oder Schwester Annemarie. Jan sagt nie »Oma« und »du« zu den alten Patientinnen, sondern spricht sie mit ihrem Namen an und sagt »Sie«. »Ich habe eine eigene liebe Oma«, sagt er, »und alte Leute muß man höflich behandeln, gerade wenn sie krank und hilfsbedürftig sind.«

Eine alte Frau möchte immer, daß er den Arm um sie legt, sie stützt und füttert. Eigentlich könnte sie noch allein essen, aber in seiner Gesellschaft macht es ihr mehr Spaß. Wenn er Zeit hat, hilft er ihr gern. Dann strahlt sie ihn an.

Eine andere Patientin, die manchmal ein bißchen wirr im Kopf ist, ruft immer laut nach ihm. »Jan, Jan!« schallt es durch die Gänge. Überall auf der Station kann man das Rufen hören, und alle ziehen Jan mit seiner Verehrerin auf.

Am Wochenende ist Jan zu Hause und erzählt von der alten Frau, die ihn immer ruft. Ich sage: »Vielleicht hat sie am Montag deinen Namen wieder vergessen.«

Aber am Montag hat die Kranke Jans Namen nicht vergessen und ruft weiter nach ihm.

Günther Grauel

121

Gudrun Pausewang

Ein Denkmal im Hafer

Seite 122–124

Ein General zog mit seinem Heer in den Krieg. Finster ritt er vor den Soldaten her, den Säbel in der Hand, die Brust voller Orden. Die Soldaten aber mußten zu Fuß marschieren und schweres Gepäck tragen: Gewehr, Patronen und Tornister.

Es war ein heißer Tag im August, und es ging bergauf, mitten über die Felder. Die Soldaten schwitzten und waren durstig. Und sie hatten Angst vor der Schlacht.

Als sie die Höhe erreicht hatten, sahen sie vor sich im Tal einen breiten Fluß. Er glitzerte in der Sonne. Da wurde ihnen auf einmal sehr leicht ums Herz. Sie marschierten immer schneller auf den Fluß zu. Sie begannen zu traben, zu laufen, zu rennen. Sie überholten ihren General und blieben auch nicht stehen, als er gebieterisch den Arm hob und einen Befehl über ihre Köpfe donnerte. Die Soldaten dachten nicht daran, nach links einzuschwenken. Sie warfen Tornister, Patronen und Gewehre weg, schnallten sich die Helme von den Köpfen, zogen die Mäntel, die Jacken, ja sogar die Stiefel aus und ließen den Krempel einfach fallen. Als sie am Ufer ankamen, waren sie allesamt nackt. Mit Hallo und Juhu wateten sie ins Wasser, daß es nur so spritzte. Dem General, der wie vom Donner gerührt auf dem Hügel, mitten in einem Haferfeld, sein Pferd angehalten hatte, machten sie lange Nasen. Dann ließen sie sich von der Strömung flußabwärts treiben, und bald war nichts mehr von ihnen zu sehen.

Dreitausend Mann.

Wenn man General ist, kann einen bei so einem unerhörten Vorfall schon der Schlag treffen. Diesem General stieß etwas noch viel Fataleres zu: Er versteinerte. Samt dem Pferd. Da saß er nun, hoch zu Roß, und rührte sich nicht mehr.

Der Bauer, dem das Feld gehörte, schimpfte, als er die Bescherung sah. »Nicht nur alles zusammengetrampelt«, rief er erbost, »sondern auch noch dieses blöde Denkmal im Hafer! Wenn sie sich schon verewigen müssen, die Herren Generale, dann aber doch bitte nicht ausgerechnet auf meinem Feld! Ein lästiges Ungeziefer, diese Militärs!«

Er sah sich das Denkmal näher an. Es war aus rosafarbenem Marmor, wie die Badewannen von Millionären. Da bot er es dem Verschönerungsverein seines Dorfes an. Die Herren kamen heraus auf das Feld und besichtigten den versteinerten General. Der Bauer mußte grimmig zusehen, wie auch sie in seinem Hafer herumtrampelten. Und zum Schluß konnten sie sich doch nicht entschließen, das Denkmal zu übernehmen. »Der Marmor ist gut«, sagte einer der Herren, »eine wahre Augenweide. Wenn nur der General nicht so dämlich glotzen würde. Außerdem läßt sich das Ding so schwer transportieren.«

Das Denkmal brachte dem Bauern wirklich nichts wie Ärger. Die Krähen ließen sich darauf nieder, Kinder turnten darauf herum, und niemand wollte es haben, nicht einmal geschenkt. Als er den Hafer mähte, geriet er mit der Sense an den linken Hinterhuf des Gauls und bekam eine so gewaltige Scharte ins Sensenblatt, daß er die Sense nicht mehr gebrauchen konnte.

Das brachte ihn dermaßen in Wut, daß er ins Dorf stürmte, einen Vorschlaghammer holte und auf das Denkmal einschlug, bis es in Stücken auf den Stoppeln lag. Dann taumelte er heim, fiel ins Bett und schlief drei Tage lang.

Kinder brachten die Kunde vom zertrümmerten Denkmal ins Dorf. Da hub ein Gerumpel und Geratter an, daß der Bauer davon hätte aufwachen müssen, wenn er von seinem Kraftakt nicht so müde gewesen wäre. Schubkarren und Eselskarren, Handwagen und Pferdewagen rollten hinaus auf das Stoppelfeld. Als es der Bauer am vierten Tag umpflügte, fand er nur noch eine Menge Fuß- und Räderspuren und ein Ohr des Generals, das in die Erde getreten worden war.

Ins Dorf zurückgekehrt, fielen ihm eine Reihe von Verschönerungen auf, die ein paar Tage vorher noch nicht dagewesen waren: Vor dem Gasthof *Zum Weißen Rössel* prangten vier Blumenschalen auf vier marmornen Pferdebeinen. Das Rosenbeet vor der Bürgermeisterei hatte eine Umrandung bekommen, aus Marmorbrocken gemauert. Auf dem Kinderspielplatz ragte ein runder Pferdehintern aus dem Sand. Die Kleinen kletterten mit Vergnügen auf ihm herum und hopsten von ihm herunter. Und der Unterleib des Generals ragte vor der Ecke eines Gemüsegartens aus dem Boden – als Schutz. Schon dreimal war der Zaun am Straßenrand eingedrückt worden: einmal von einem Brauereiwagen, danach von der Kutsche des Brauereibesitzers, dem die Pferde durchgegangen waren, und schließlich von einer Kanone, die Soldaten durch den Ort gezogen hatten. Der Stein stand tief in der Erde. Da konnte schon ein Wagen dagegenprallen, ohne daß er sich bewegte.

Aber wo war der Kopf des Generals? Der Bauer machte eine Extrarunde durchs Dorf. Endlich fand er ihn im Schaufenster des Hutmachers. Dort stand er samt der halben Brust, hatte einen Strohhut schief auf dem Kopf und glotzte unsäglich blöde auf die Straße. Ein Ohr fehlte. Aber der Strohhut hing darüber.

Als der Bauer an der niedrigen Friedhofsmauer entlangging, entdeckte er einen letzten Teil des Denkmals: den ausgestreckten Arm des Generals. Den hatte ein Spaßvogel mitten zwischen den Gräbern in die Erde gerammt, so daß er mit dem Zeigefinger senkrecht nach oben zeigte. Auf dem Wegweiser-Arm stand aufgesprüht in großen Druckbuchstaben: HIMMEL.

»Darauf ein Bier!« sagte der Bauer, zufrieden, daß sich der General samt seinem Pferd zu guter Letzt doch noch als nützlich erwiesen hatte, und verschwand im *Weißen Rössel*.

UHR
AUSSER GEHEN
UND STEHEN
LÄUFT NICHTS
BEI DER UHR.
ACH, WENN SIE
DOCH SPRINGEN
KÖNNTE!
DAS WÄR
DANN DER
UHRSPRUNG!

Nora Clormann-Lietz

Der Dichter macht mir ein Gedicht.
Gedichte kosten Geld, ich weiß.
Er macht mir eins, das reimt sich nicht,
das läßt er mir zum halben Preis.
Frantz Wittkamp

Erwin Grosche
Hauchgedicht
(Gehaucht beim Autofahren)

h h h h
hauch ich meinen Atem
an die Fensterscheiben
h h h h
um in meinen Atem
was hineinzuschreiben
h h h h

Hubert, Herbert, Hannelore
Olga und Beate
Coca-Cola, MAOAM
UHU und Colgathe
Vater: Hörst du wohl auf
        die Scheiben zu beschmieren?

h h h h
hauch ich meinen Atem
an die Seitenfenster
h h h h
mal in meinen Atem
Geister und Gespenster
h h h h

Dracula und Frankenstein
wilde Drachentiere
Hexen, Feen, Kobolde
Zwerge und Vampire
Vater: Hörst du wohl auf
        die Scheiben zu beschmieren?

„Radioaktivität":

Manfred Große

Die Jacke

Die Schule ist aus. Ich bin der letzte, der die Klasse verläßt. Draußen hängt noch eine Jacke. Aber es ist nicht meine. Ein anderer muß meine Jacke angezogen haben.

Was soll ich tun? Es regnet, und es ist kalt. Also ziehe ich die fremde Jacke an und gehe.

Die Jacke ist schwer und schlägt bei jedem Schritt gegen meine Beine. Die Jackentaschen sind prall gefüllt.

Ich greife in die linke Außentasche und habe einen kleinen Ball in der Hand. Er springt hoch und wieder zurück, ohne daß ich ihn geworfen hätte.

Ich ziehe einen zweiten aus der Tasche. Sie springen abwechselnd hoch und landen wieder in meiner Hand, ohne daß ich etwas tue. Ich nehme einen dritten, vierten und fünften. Es läuft wie im Zirkus: Einer berührt meine Hand, und die anderen sind in der Luft, immer abwechselnd. Ich kann auch die Hände wechseln und mit den anderen fünf Bällen spielen, die noch in der Tasche waren. Ich bin ein großer Künstler, denn ich spiele mit zehn Bällen, ohne daß einer runterfällt.

In der rechten Tasche entdecke ich eine Mundharmonika. Ich setze an, und sie spielt von selbst. Oder besser: Sie zwingt mich, Luft zu pusten oder zu saugen und meine Hände in die richtige Lage zu bringen. Das ist eine lustige Musik.

Ich finde noch zwei andere Mundharmonikas, schichte sie übereinander und mache ein großes Konzert wie im Zirkus.

In der Innentasche finde ich ein schweres Feuerzeug. Ich entzünde es, und die Flamme schlägt mir in den Mund.

Ich muß husten und spucke eine riesige Flamme aus.

Ich atme ein und spucke, atme und spucke wie ein richtiger Feuerspeier.

Das ist gut, denke ich. Ich werde am Wochenende noch etwas üben. Dann gehe ich am Montag nicht mehr in die Schule, sondern gleich zum Zirkus.

Roswitha Fröhlich

Nur kein Neid

Bei Klaus finde ich besser,
    daß er drei Geschwister hat.
Bei Karin finde ich besser,
    daß sie keine Geschwister hat.
Bei Michael finde ich besser,
    daß seine Mutter im Beruf ist.
Bei Elke finde ich besser,
    daß ihre Mutter immer zu Hause ist.
Bei Katja finde ich besser,
    daß der Vater mehr Geld verdient.
Bei Thomas finde ich besser,
    daß der Vater immer unterwegs ist.
Bei Hanni finde ich besser,
    daß sie schlanker ist als ich.
Bei Jochen finde ich besser,
    daß er eine lautere Stimme hat als ich.
Bei Anja finde ich besser,
    daß sie zu Hause nicht soviel helfen muß.
Bei Markus finde ich besser,
    daß er ein Zimmer für sich allein hat.
Bei Andrea finde ich besser,
    daß sie alle zusammen in Urlaub fahren.
Bei Johannes finde ich besser,
    daß er später nach Hause kommen darf.
Bei Gabi finde ich besser,
    daß sie sich alles allein kaufen darf.
Bei Simon finde ich besser,
    daß er einen Kopf größer ist als ich.

Elisabeth Alexander
Der Junge und sein Vorurteil

Vorübergehend war das Telefonhäuschen außer Betrieb. Verärgert trat der Junge gegen die Tür und freute sich über den Krach. Es goß in Strömen, und sein Anorak war völlig durchnäßt.
Er stieg wieder auf sein Fahrrad und suchte das nächste Häuschen. Da war jemand drin. Als der Junge nahe davor stand, sah er, daß es ein Ausländer war. Er ließ ihm mindestens noch zwei Minuten, dann pochte er gegen die Tür.

Der Ausländer machte aber keine Anstalten, mit dem Telefonieren aufzuhören, er öffnete nur leicht die Tür und bedeutete dem Jungen, hineinzuschlüpfen. Der Junge stellte sein Fahrrad an die gelbe Seitenwand und ging rein. Angst vor Ausländern hatte er nie. Die hätten ja Angst vor ihm haben können. Schließlich war er ein erstklassiger Turner, und er konnte auch boxen. Zudem hatte er ein Taschenmesser. Nicht groß, nicht scharf, aber es konnte gefährlich blitzen.

Was der Mann da sprach, konnte der Junge nicht verstehen. Vielleicht war es türkisch, vielleicht jugoslawisch, der Mann sprach viel zu schnell. Der Junge wunderte sich, daß einer so schnell sprechen konnte. Doch wahrscheinlich hörte sich das bloß schnell an.

Der Mann strich dem Jungen das Haar aus der Stirn, nahm ein sauberes Taschentuch aus der Innentasche seiner Jacke und reichte es ihm. Der Junge nahm tatsächlich das Tuch und trocknete sich Gesicht und Hände. Von dem Ausländer ging ein angenehmer Geruch aus. Eigentlich hatte er sich Gastarbeiter anders vorgestellt.

Thea Fischer-Reinhardt

Iring Fetscher
Zum Gedicht »Kinderkreuzzug«

Seite 128–130

1939 überfielen deutsche Armeen zu Land, zu Wasser und in der Luft das viel kleinere und schlecht gerüstete Polen. In wenigen Wochen war das Land zerstört und erobert. Unter denen, die am meisten litten, waren die Kinder, die Eltern und Geschwister verloren hatten. Eine Gruppe solcher Kinder soll sich damals zusammengefunden haben, um gemeinsam den Weg in ein Land zu suchen, in dem Frieden herrscht. Sie kannten den Weg nicht und hätten ihn auch kaum finden können, denn in Kürze war ganz Europa von Krieg überzogen.

Inmitten der schrecklichen Not der mörderischen Schlachten bildet sich in der Gruppe von Kindern etwas, was die Erwachsenen Solidarität nennen. Die gegenseitige Hilfsbereitschaft, das Zusammenstehen in der Not, das weder auf Herkunft, Hautfarbe, Religionszugehörigkeit noch politische Meinungen der Eltern achtet. Ein

Bertolt Brecht
Kinderkreuzzug

In Polen, im Jahr Neununddreißig
War eine blutige Schlacht
Die hatte viele Städte und Dörfer
Zu einer Wildnis gemacht.

Die Schwester verlor den Bruder
Die Frau den Mann im Heer;
Zwischen Feuer und Trümmerstätte
Fand das Kind die Eltern nicht mehr.

Aus Polen ist nichts mehr gekommen
Nicht Brief noch Zeitungsbericht.
Doch in den östlichen Ländern
Läuft eine seltsame Geschicht.

Schnee fiel, als man sich's erzählte
In einer östlichen Stadt
Von einem Kinderkreuzzug
Der in Polen begonnen hat.

Da trippelten Kinder hungernd
In Trüpplein hinab die Chausseen
Und nahmen mit sich andere, die
In zerschossenen Dörfern stehn.

tapferer jüdischer Junge und ein sich schämender Sohn eines Nazidiplomaten, Katholiken und Kommunisten, Deutsche und Polen finden sich in ihrer Angst vor dem Krieg zusammen. Zur Gefahr des Krieges, der sie zu entfliehen suchen, kommt die Not der winterlichen Kälte und schließlich der Hunger, an dem sie zugrunde gehen.

Nachdem der Dichter ein wenig diesen seltsamen Zug der Kinder in Polen beschrieben hat, einen Zug, der gar kein Kreuzzug im üblichen Sinne war, sondern ein Zug der Gekreuzigten, der Verletzten und Verschreckten, die niemanden besiegen, sondern nur der Kriegsgefahr entkommen wollten; nachdem der Dichter also berichtet hat, was er gerüchtweise wußte, stellt er sich »in den Wolken oben« die Millionen Kinder in aller Welt vor, die ähnliche Schicksale haben: Kinder aus Spanien, Frankreich, Japan, China. Denn überall ist Krieg, und niemand hat die Kinder gefragt, die vielleicht zu Anfang froh waren, weil manchmal die Schule ausfiel, die aber bald spürten, daß der Krieg über alle nur Not und Verderben bringt.

Im Krieg leiden nicht nur die Kinder, aber sie ganz besonders und ganz besonders unschuldig. Den Kindern des Kinderkreuzzugs stand kein Mensch mehr bei, nur ein armer, struppiger Hund, der verhungern mußte wie die fünfundfünfzig Kinder, die vergeblich auf Hilfe hofften.

Sie wollten entrinnen den Schlachten
Dem ganzen Nachtmahr
Und eines Tages kommen
In ein Land, wo Frieden war.

Da war ein kleiner Führer
Das hat sie aufgericht'.
Er hatte eine große Sorge:
Den Weg, den wußte er nicht.

Eine Elfjährige schleppte
Ein Kind von vier Jahr
Hatte alles für eine Mutter
Nur nicht ein Land, wo Frieden war.

Ein kleiner Jude marschierte im Trupp
Mit einem samtenen Kragen
Der war das weißeste Brot gewohnt
Und hat sich gut geschlagen.

Und ging ein dünner Grauer mit
Hielt sich abseits in der Landschaft.
Er trug an einer schrecklichen Schuld:
Er kam aus einer Nazigesandtschaft.

Und da war ein Hund
Gefangen zum Schlachten
Mitgenommen als Esser
Weil sie's nicht übers Herz brachten.

Da war eine Schule
Und ein kleiner Lehrer für Kalligraphie.
Und ein Schüler an einer zerschossenen Tankwand
Lernte schreiben bis zu Frie . . .

Da war auch eine Liebe.
Sie war zwölf, er war fünfzehn Jahr.
In einem zerschossenen Hofe
Kämmte sie ihm sein Haar.

Die Liebe konnte nicht bestehen
Es kam zu große Kält:
Wie sollen die Bäumchen blühen
Wenn so viel Schnee drauf fällt?

Da war auch ein Begräbnis
Eines Jungen mit samtenem Kragen
Der wurde von zwei Deutschen
Und zwei Polen zu Grab getragen.

Lies weiter Seite 130

Protestant, Katholik und Nazi war da
Ihn der Erde einzuhändigen.
Und zum Schluß sprach ein kleiner Kommunist
Von der Zukunft der Lebendigen.

So gab es Glaube und Hoffnung
Nur nicht Fleisch und Brot.
Und keiner schelt sie mir, wenn sie was stahln
Der ihnen nicht Obdach bot.

Und keiner schelt mir den armen Mann
Der sie nicht zu Tische lud:
Für ein halbes Hundert, da braucht es
Mehl, nicht Opfermut.

Sie zogen vornehmlich nach Süden.
Süden ist, wo die Sonn
Mittags um zwölf steht
Gradaus davon.

Sie fanden zwar einen Soldaten
Verwundet im Tannengries.
Sie pflegten ihn sieben Tage
Damit er den Weg ihnen wies.

Er sagte ihnen: Nach Bilgoray!
Muß stark gefiebert haben
Und starb ihnen weg am achten Tag.
Sie haben auch ihn begraben.

Und da gab es ja Wegweiser
Wenn auch vom Schnee verweht
Nur zeigten sie nicht mehr die Richtung an
Sondern waren umgedreht.

Das war nicht etwa ein schlechter Spaß
Sondern aus militärischen Gründen.
Und als sie suchten nach Bilgoray
Konnten sie es nicht finden.

Sie standen um ihren Führer.
Der sah in die Schneeluft hinein
Und deutete mit der kleinen Hand
Und sagte: Es muß dort sein.

Einmal, nachts, sahen sie ein Feuer
Da gingen sie nicht hin.
Einmal rollten drei Tanks vorbei
Da waren Menschen drin.

Einmal kamen sie an eine Stadt
Da machten sie einen Bogen.
Bis sie daran vorüber waren
Sind sie nur nachts weitergezogen.

Wo einst das südöstliche Polen war
Bei starkem Schneewehn
Hat man die fünfundfünfzig
Zuletzt gesehn.

Wenn ich die Augen schließe
Seh ich sie wandern
Von einem zerschossenen Bauerngehöft
Zu einem zerschossenen andern.

Über ihnen, in den Wolken oben
Seh ich andre Züge, neue, große!
Mühsam wandernd gegen kalte Winde
Heimatlose, Richtungslose

Suchend nach dem Land mit Frieden
Ohne Donner, ohne Feuer
Nicht wie das, aus dem sie kamen
Und der Zug wird ungeheuer.

Und er scheint mir durch den Dämmer
Bald schon gar nicht mehr derselbe:
Andere Gesichtlein seh ich
Spanische, französische, gelbe!

In Polen, in jenem Januar
Wurde ein Hund gefangen
Der hatte um seinen mageren Hals
Eine Tafel aus Pappe hangen.

Darauf stand: Bitte um Hilfe!
Wir wissen den Weg nicht mehr.
Wir sind fünfundfünfzig
Der Hund führt euch her.

Wenn ihr nicht kommen könnt
Jagt ihn weg.
Schießt nicht auf ihn
Nur er weiß den Fleck.

Die Schrift war eine Kinderhand.
Bauern haben sie gelesen.
Seitdem sind eineinhalb Jahre um.
Der Hund ist verhungert gewesen.

Julius Becke

Enzo

Seite 131–134

Es gab eine Gemüsesuppe, wie sie seine Mutter auf Sizilien gekocht hat. Enzo hatte Hunger und löffelte los. Leider ist ihm bald der Appetit vergangen, weil sein Vater einen Brief auf den Tisch gelegt hat, vom Lehrer.

Der Vater hat gewußt, was in dem Brief steht, weil er ihn dem deutschen Vorarbeiter gegeben hat zum Lesen. Der Vorarbeiter fährt das Müllauto und hat Enzos Vater alles verraten: daß Enzo keine Hausaufgaben macht, daß er seine Hefte vergißt und sein Schreibzeug, daß er oft zu spät kommt.

Enzos Vater hat erst geredet und dann gebrüllt, so wie die Leute auf Sizilien reden und brüllen, wenn sie nicht mehr weiterwissen.

Wie ihm der Atem ausgegangen ist, da hat der Enzo gesagt: »Aber Deutsch kann ich lesen und du nicht!«

Der Vater hat ausgeholt und dem Enzo ins Gesicht geschlagen. Und der Vater hat eine harte Hand gehabt vom Arbeiten.

Dem Enzo hat sich alles gedreht im Kopf, und er hat gefühlt, wie er klein wird, zusammenschrumpft und unter dem Tisch verschwindet. Unter dem Tisch hat er die schweren Stiefel vom Vater gesehen und die Schlappen von der Mutter, und gegenüber an der Wand war ein Loch, und aus dem Loch hat das Schnäuzchen von einer Maus herausgeschaut, und die Barthaare hat man auch sehen können vor der weißen Tapete.

Die zwei haben sich gleich verstanden. Der Enzo hat sich zusammen mit der Maus in das Loch gedrückt, sie haben zusammen die Köpfe herausgestreckt und beobachtet, was nun oben losgeht.

Zuerst hat der Vater einfach »Enzo« gerufen und geglaubt, daß der nun gleich kommt. Wie der Enzo nicht gekommen ist, da hat der Vater »Enzooooo« gerufen. Aber das hat auch nicht geholfen, und der Enzo hat sich an das Fell von der Maus gedrückt.

Dann ist der Vater in der ganzen Wohnung rumgelaufen und hat sogar unter den Betten nachgeguckt. Wie er am Mauseloch vorbeigekommen ist, da sind die zwei in das Dunkel von dem Loch zurückgewichen, und der Vater hat nichts gesehen.

Dann sind Tage vergangen, und der Vater hat die Polizei angerufen. Aber die Polizei hat auch nichts machen können. Dann sind Wochen vergangen, und der Vater und die Mutter haben krumm dagesessen an ihrem Tisch, und nichts hat ihnen geschmeckt, und geschimpft hat keiner mehr, kaum daß sie noch geredet haben.

Der Enzo ist mit der Maus gegangen, bis ans Ende vom Loch. Dort ist es so dunkel, daß man nur die Sterne sieht, die aus den eigenen Augen kommen. Und es ist weich gewesen, weil auch die Mäuse Nester machen in der Tiefe. So wie die Vögel Nester machen in den Bäumen.

»Träum nicht! Iß!« hat der Vater gesagt, und der Enzo ist aufgefahren und hat am Tisch gesessen bei den Eltern, und es war keine Maus da mit einem Fell und kein Mauseloch.

Die Eltern haben auch gleich wieder das Streiten angefangen. Der Vater hat gesagt, daß der Enzo so ist, weil die Mutter ihn machen läßt, was er will. Und die Mutter hat gesagt, daß der Enzo so ist, weil der Vater ihn schlägt. Sie haben wütend in der Sprache gesprochen, die auf Sizilien gesprochen wird. Der Enzo hat gar nicht alles verstehen können, weil er in Frankfurt auf die Welt gekommen ist und einen deutschen Lehrer hat.

Wie der Enzo am nächsten Morgen aufgestanden ist, da hat er gedacht, daß die Maus sicher noch schläft in ihrem weichen Nest in der Tiefe.

Er hat das Fell von dem Kaninchen mitgenommen in die Schule. Das Fell hat ihm sein Onkel aus Italien mitgebracht, letztes Jahr.

Als er in der Klasse war, hat er das Fell auf seinen Tisch gelegt, und weil er allein sitzt, hat das auch niemanden gestört. Als die Stunde losgegangen ist, war der Lehrer gleich bei ihm und hat gefragt, woher er das Fell hat.

»Aus Italien«, hat Enzo geantwortet, und der Lehrer hat das Fell hochgehalten und hat gefragt, was das für ein Fell ist.

Die Kinder haben durcheinandergerufen: »Hase«, »Marder«, »Kaninchen.«

Wie es wieder ruhig geworden ist, hat der Lehrer gefragt: »Na, Enzo, was ist es?«

»Von meiner Maus«, hat der Enzo gesagt.

Zuerst war es still. Dann hat einer gesagt: »Enzo spinnt!« Und dann ist ein Geschrei und Geheule losgegangen, daß der Lehrer schließlich mit dem großen Lineal auf den Tisch hat hauen müssen, damit wieder Ruhe wird.

Nach der Stunde hat der Enzo das Fell mit in die Pause genommen. Das war ein Fehler. Sie haben ihm gleich das Fell weggenommen, so wie sie es manchmal mit den Mützen machen, und das Fell ist auf dem Schulhof herumgeflogen, von einem zum anderen, und Enzo ist hin und her gelaufen und hat es nicht kriegen können. Schließlich hat er keine Luft mehr gehabt, hat geweint und ist zur Aufsicht gegangen, um zu sagen, daß sie ihm sein Fell weggenommen haben.

»Was für ein Fell?« hat die Lehrerin gefragt und hat mit einem anderen Kind gleich weitergeredet.

Aber dem Enzo war nun alles egal. Die anderen sind auf dem Fell herumgetrampelt, und einer hat es dann in die Mülltonne geworfen.

132

Der Enzo ist größer geworden, und am Ende vom vierten Schuljahr hat der Vater gesagt, daß er auf das Gymnasium muß. Der Lehrer hat gesagt, daß der Enzo auf dem Gymnasium kaputtgeht. Aber der Vater wollte das Gymnasium, und der Enzo ist in die Prüfung geschickt worden, eine Woche lang.

Am ersten Tag war es ganz schön. Der Lehrer vom Gymnasium hat einen großen Vogel dabeigehabt, den hat er auf den Tisch gestellt, und die Kinder sollten erzählen, was sie von dem Vogel wissen. Der Vogel hat nicht wegfliegen können, weil er ausgestopft war. Es ist ein Bussard gewesen, und Enzo hat gesagt, daß der Bussard auf Mäuse aus ist und daß der Bussard von ganz oben die kleinen Mäuse auf dem Feld sieht und daß er dann herunterstößt auf die Feldmäuse und zuschlägt mit seinem scharfen Schnabel.

Der Lehrer hat genickt und hat sich gefreut, was der Enzo alles weiß.

Am nächsten Tag haben sie ein weißes Blatt Papier bekommen, und sie haben hinschreiben sollen, was der Lehrer erzählt hat. Es ist eine Geschichte gewesen, aber eine Maus ist in der Geschichte nicht vorgekommen. Die Wörter sind dem Enzo im Kopf herumgetanzt, weil er hat hinschreiben sollen, was er nur sagen konnte. Damit was auf das Papier kommt, hat er Tiere gemalt: eine Maus, den Bussard, einen Stern und einen Drachen.

Der Lehrer von der Prüfung hat das gesehen, hat gelächelt und hat gesagt: »Nun schreib aber mal was!«

Der Enzo hat geschrieben: Maus, Mus, Mos, Mis.

Am dritten Tag hat der Enzo rechnen müssen, und vor Zahlen hat er keine Angst gehabt. Aber die Lehrer haben dem Vater gesagt, daß der Enzo nicht auf das Gymnasium kann, wegen der Sprache. Er ist in eine andere Schule gekommen, mit vielen Lehrern. Manchmal sind an einem Vormittag drei verschiedene in der Klasse gewesen. Ihn hat niemand mehr so richtig gekannt. Aber der Enzo hat seine Feinde gekannt. Die sind ihm oft hinterhergegangen, auf dem Weg nach Hause. Und sein Freund Angelo hat ihn nicht begleiten können, weil der in eine andere Richtung nach Hause geht.

Enzo hat an einer hohen Mauer aus roten Backsteinen vorbeimüssen, und einmal haben vier von den anderen dagestanden und beobachtet, wie er kommt. Sie haben quer im Weg gestanden, so daß der Enzo nicht vorbeikonnte. Über die Straße hat er auch nicht rennen können, weil da ein Auto nach dem anderen gekommen ist.

Einer von seinen Feinden hat Milan geheißen. Der war aus Jugoslawien und hat den Anführer gemacht. Der Milan hat ihm den rechten Arm gegen die Mauer gepreßt, und ein anderer hat seinen linken Arm genommen, und der dritte und vierte, die haben ihn abgeklopft, so wie das die Polizei mit den Gangstern macht im Fernsehen. Sie haben den Schlumpf gefunden, den er in der Tasche hatte, und etwas Geld, das ihm seine Mutter gegeben hat für die Eins in Rechnen.

Wie die vier weg sind, da haben sie geheult wie eine Meute Hunde.

Der Enzo hat gewußt, daß er morgen wieder in die Schule muß, daß er in der Pause auf den Hof muß, daß die Meute auf ihn lauert und daß der Angelo ihm nicht hilft, weil der zu klein ist.

Der Enzo hat schon lange nicht mehr geträumt von dem Mausenest, tief in der Erde. Aber er hat jetzt ein Mädchen gekannt. Angelika heißt sie. Ihre Eltern sind auch aus Sizilien.

Hans Manz
Der Krug
Oder wie verschiedene Vorstellungen
von einem Ding
die verschiedenen Menschen
vorstellbar machen.

Stellt euch
einen Krug vor.
Einen Krug.

Gut, fragt ein erster:
Ist er aus Porzellan,
kunstvoll bemalt,
vergoldet an Ausguß
und Henkel?

Fragt ein zweiter:
Schmeckt mir sein Inhalt?
Ist der Krug groß und hoch,
mit einem dicken, dicken Bauch?
Fragt ein dritter:
Reicht das,
was er enthält,
für manche
oder gar viele?
Fragt ein vierter:
Einen Krug?
Ja, ich erinnere mich.
Der letzte, den ich sah,
war leer.

Elisabeth Borchers
Was alles braucht's zum Paradies

Ein Warten ein Garten
eine Mauer darum
ein Tor mit viel Schloß und Riegel
ein Schwert eine Schneide aus Morgenlicht
ein Rauschen aus Blättern und Bächen
ein Flöten ein Harfen ein Zirpen
ein Schnauben (von lieblicher Art)
Arzneien aus Balsam und Düften
viel Immergrün und Nimmerschwarz
kein Plagen Klagen Hoffen
kein Ja kein Nein kein Widerspruch
ein Freudenlaut
ein allerlei Wiegen und Wogen
das Spielzeug eine Acht aus Gold
ein Heute und kein Morgen
der Zeitvertreib das Wunder
das Testament aus warmem Schnee
wer kommt wer ginge wieder
Wir werden es erfragen.

Foto (rechte Seite)
Dorothea Göbel

Frieder Stöckle

Der Grausulch in der Hecke

Seite 136 – 139

Fischingers hatten acht Kinder: Catrin, Susann, Peter, Christel, Bärbel, Vroni, Michel und Andres. Die Catrin war 14, Susann 13 und Peter 11. Die Christel war 10, Michel 9 und die Zwillinge Bärbel und Vroni 8 Jahre alt. Andres war 6 Jahre alt. Michel war also der viertjüngste oder der fünftälteste – je nachdem, wo man zu zählen anfing.

Christel und die Zwillinge strickten gerne Strümpfe und Puppenschuhe aus Schafwolle. Peter und Andres bauten hinter den alten Pappeln Erdhöhlen und Lehmburgen für die Legomännchen. Catrin und Susann übten auf ihren Flöten. Und das klang sehr schön, wenn sie zweistimmig Abendlieder spielten.

»Catrinsusannpeterchristelbärbelvronimichel-Aaaandres!« so rief Frau Fischinger die Kinder vom Garten, vom Spielplatz und von der Straße zusammen. Und meistens kamen dann auch alle. Bis auf Michel.

Michel war lieber allein. »Nein, laßt mich in Ruhe«, sagte er, wenn Peter und Andres ihn fragten, ob er ihnen bei den Lehmburgen helfen wolle.

»Mach ich nicht mit, überhaupt nicht!« sagte er zu Catrin, als sie versuchte, ihn zum Flöten zu bewegen.

Michel hatte viel zu tun. Er sammelte nämlich seltene und besondere Sachen: glatte Kieselsteine, die man schön in der Hand spürte, zarte grünliche Schalen von Vogeleiern, verlassene Vogelnester und feine weiße Knöchlein. Vom Eichelhäher hatte er schon Federn gefunden und die weißbraunen vom Mäusebussard. Ein Prunkstück war das große Hornissennest, aus dem er mit einem scharfen Messer ein Stück herausgeschnitten hatte, um den Wabenbau zu sehen. Diese Sammelsachen lagerten in einem großen Holzregal, das sich Michel aus Kistchen gebaut hatte und das neben seinem Bett stand.

Besonders gern streunte Michel im Herbst unter den Walnußbäumen herum. Er suchte die Walnüsse, die der Wind herabwarf. Die angeknabberten Nüsse nahm Michel auch mit. Da sah man die Spuren der kleinen Nager in der braunen Schale. Das war spannend. Aus den Nußschalen baute Michel kleine Schiffchen, die er mit in die Schule nahm und gegen Kaugummi tauschte.

Und einmal hatte Michel auch Nüsse in den Boden gesteckt. Das war ein Jubeltag gewesen, als die zarten und spitzen Triebe sichtbar wurden und sich langsam die ersten Blättchen entfalteten!

Und dann passierte die Sache mit dem Grausulch.

Bauarbeiter hatten eine Straße verbreitert und die ganze Tannenhecke dabei umgesägt. Nur ein Stück war stehengeblieben, dort oben beim Fliederwäldchen, hinter dem alten Bienenstand. Ein dunkles und stacheliges Stück Hecke.

Peter und Andres entdeckten ihn zuerst. Tief im Dickicht der Tannenhecke sah man das struppige Grau und ein grünlich schimmerndes Band. Wie Fell und Federn. Wie von einem Vieh. Bewegungslos mitten zwischen den stacheligen Tannenästen.

Der Nachbar, der Müller-Ginne, wurde geholt. Der ging seit zwei Jahren aufs Gymnasium. Der wußte Bescheid, den konnte man was fragen.

Er beugte sich vor und spähte vorsichtig und angestrengt nach dem graugrünen, fellartigen Wesen tief drin in der Hecke. Viel konnte auch er nicht sehen.

»Sulch«, sagte er nach einiger Überlegung. »Das ist ein Sulch, und zwar ein Grausulch, wie er in Süddeutschland da und dort noch vorkommt. Ein seltenes Tier. Aber nicht ungefährlich. Man muß einen Tierfänger holen oder den Oberförster Flüger. Ich wär jedenfalls an eurer Stelle vorsichtig!«

»Brütet der?« wollte Andres wissen.

»Du spinnst! Der Sulch ist ein Säugetier, wie es der Name ja schon sagt.« Damit ging der Müller-Ginne.

Peter machte Krach. Er miaute, bellte und gackerte. Schließlich warf er ein Steinchen in die Hecke. Aber nichts rührte sich. Jetzt wurden die anderen geholt. Christel und die Zwillinge Bärbel und Vroni. Säcke, Töpfe, Bohnenstangen und Körbe brachten sie mit zur Hecke, um den Sulch zu fangen.

Der Peter hob mit dem Spaten eine tiefe Grube im Rasen aus und deckte diese mit dürren Maisblättern und Grasbüscheln wieder ab. Honigbrot und Apfelschnitze legte er oben drauf. Die Lockspeise.

Peter wollte den Sulch in die Fallgrube locken. Über eine halbe Stunde standen die Fischinger-Kinder hinter dem Bienenhaus und warteten. – Nichts! Alles blieb stumm und regungslos in der Hecke.

Nur die Bienen summten.

Bärbel, Vroni und Christel bauten eine Netzfalle aus Schafwolle und Bohnenstangen. Die stellten sie vor der Hecke auf. Und dann schlugen sie auf der anderen Seite der Hecke Krach: »Uiiiii! Hoouuh, ui-ui-ui, houh, hojohuhu!«

Mit Kochtöpfen und Löffeln schmetterten und blecherten sie dazu. In der Hecke blieb alles beim alten: Regungslos hockte das graugrüne Tier unter dem Geäst.

Michel kam dazu. »Was ist mit der Hecke?«

»Ein Sulch sitzt drin. Ein Grausulch. Nicht ungefährlich. Der Müller-

137

Ginne hat ihn gleich erkannt.« Peter zeigte mit seinem Spaten auf den fell-grauen Gegenstand in der Hecke.

»Ein was?« Michel kam ungläubig näher.

»In Süddeutschland kommt er manchmal noch vor. Es ist ein Säugetier. Ein Grausulch. Sehr gefährlich. Er ist giftig und beißt ganz schnell. Der Müller-Ginne hat ihn sofort erkannt.«

Peter hielt Michel etwas von der Hecke zurück. »Sei vorsichtig, der Müller-Ginne sagt . . .«

»Der Müller-Ginne, der Müller-Ginne! Immer der Müller-Ginne. Weiß der denn alles? Sulche gibt's nicht. Ihr spinnt alle! So, und jetzt hol ich den Sulch heraus!« Michel machte einen Schritt auf die Hecke zu und wollte hineingreifen.

Peter stieß ihn ängstlich zurück. »Bist du verrückt, was meinst du, was da passieren könnte, bei so einem gefährlichen Tier! Hör ja auf!«

»Ihr spinnt wirklich. Aber jetzt will ich es wissen. Ich geh und hol mein Lexikon. Ich kann beweisen, daß es Sulche nicht gibt.« Michel drehte sich um, lief den Gartenweg hinunter und verschwand hinter dem Fliederwäld-chen. Nach fünf Minuten war er wieder zurück. Und jetzt stand er vor der Hecke und blätterte in seinem Lexikon.

»Su, Su, Suktorien, Sulcus, Sulfat, Sulla . . . Bitte schön, alles Quatsch! Es gibt keinen Grausulch und auch keinen Sulch. Sonst müßte er hier im Le-xikon stehen.« Michel klappte sein Lexikon zu und ging noch näher an die Hecke heran. »Jetzt hol ich den Sulch heraus!«

Er bückte sich, spähte in die Hecke und stieß dann seinen Arm tief in das stachelige Geäst hinein. Die Tannennadeln brannten ihm auf der Haut. Und da spürte er etwas Weiches, Nachgiebiges. »Jetzt!« rief er und zog ei-nen grauen Filzhut heraus. Der Hut war verdrückt und schon leicht vergam-melt. Ein grünes Band hing weg und bewegte sich leise im Wind.

»Wir haben ihn! Der Sulch ist gefangen, der Sulch ist gefangen!« Michel warf den Hut in die Luft und tanzte um die Fallgrube.

Peter und Andres schlichen mit ihren Fanggeräten davon. Die anderen tanzten schließlich auch mit. Sie setzten abwechselnd den Filzhut auf und johlten: »Der Sulch ist tot, der Sulch ist tot.«

Am Abend, als die anderen schon alle beim Essen waren, schlich Michel zu Müller-Ginne in den Garten. Unter dem Arm hatte er einen alten Käfig. Darin war der Filzhut angekettet. Ein kleines Schüsselchen mit Wasser stand dabei. Und ein paar Knöchlein lagen danach. GRAUSULCH stand auf einem Plakat.

138

GRAUSULCH – ER GEHÖRT ZUR FAMILIE DER SULCHE UND KOMMT IN SÜDDEUTSCHLAND NUR NOCH SELTEN VOR. DIESES TIER WURDE VON MICHEL FISCHINGER GEFANGEN. ES WIRD EMPFOHLEN, DAS TIER UNVERZÜGLICH IN DEN ZOO ZU BRINGEN.

Den Käfig stellte Michel vor der Haustüre beim Müller-Ginne ab. Dann versteckte er sich in einem Busch und fing so markerschütternd an zu jaulen, daß die ganze Nachbarschaft zusammenlief.

Bei Müllers und bei Fischingers gab es noch lange Gelächter und Gespräche an diesem Abend.

Martin Auer
Der Arzt von Korinth

Theodopoulos war ein begnadeter Arzt in Korinth. Kam jemand zu ihm mit einem Leiden, untersuchte er ihn gründlich, blickte ihm fest ins Auge und sagte: »Du wirst sterben. Ordne deine Geschäfte!«

War sein Patient ein Kaufmann, sagte er zu ihm: »Mach noch das Geschäft, aber erwarte nicht, den Gewinn einzustreichen.«

War er ein Dichter, sagte er zu ihm: »Schreib noch dein Drama, aber erwarte nicht, den Ruhm zu ernten.«

War die Kranke ein junges Mädchen, sagte er: »Verliebe dich. Aber erwarte nicht, noch die Hochzeit zu erleben.«

So konnte der Dichter dichten, ohne sich dem Geschmack seines Publikums anzubiedern. Das Mädchen konnte sich verlieben, ohne nach dem Vermögen des Bräutigams zu schielen. Und der Kaufmann konnte leichten Herzens sein Vermögen aufs Spiel setzen und sich vollkommen ruinieren.

Und sie nahmen ihre Zeit kostbar, achteten auf den Geschmack der Speisen, erfreuten sich an den Gesten der Kinder und dankten der Sonne für ihr Aufgehen am Morgen. Freilich sprach sich die Methode des Arztes bald herum, und die Leute hörten auf, zu ihm zu gehen. »Daß wir sterben müssen, wissen wir auch so, dazu brauchen wir keinen Theodopoulos. Wenn wir einen Arzt wollen, brauchen wir keinen Philosophen.«

Und sie gingen nicht mehr zu ihm und fuhren fort, so zu leben, als ob der Tod für sie eine Ausnahme machen würde.

Sigrid Kruse
Hinter der Tür

Seite 140–142

Mit dem Opa ist was geschehen, seit ich das letzte Mal in den Ferien hier war. Beim Essen hat die Oma den Opa gescholten, weil er gekleckert hat. Schon beim ersten Bissen ist ihm das Fleisch von der Gabel in die Soße gefallen, das hat bis ans Hemd gespritzt.

Ich mußte lachen, aber die Oma hat den Opa streng angesehen, hat ihm die Serviette umgelegt und in den Kragen gesteckt, wie früher bei mir. Die Hand vom Opa hat viel mehr gezittert beim zweiten Bissen, aber er hat alles aufgegessen, und zu mir hat er gesagt: »Du mußt auch essen, damit du groß und stark wirst.«

Das hat er immer schon gesagt, solange ich mich erinnern kann. Die Oma hatte gar keine Zeit zum Essen. Sie war mit dem Opa beschäftigt. Sie hat ihm die Pillen gezählt. Zwei rosa vor dem Essen und eine braune, dicke nach dem Essen. Als ob der Opa nicht bis drei zählen kann, und als er den Saft eingießen wollte, hat sie gesagt: »Das kannst du nicht«, und ihm die Flasche aus der Hand genommen. Ich darf meinen Saft allein eingießen, auch wenn die Oma oft »Vorsicht« sagt und genau schaut, ob ich es auch richtig mache.

Nach dem Essen hat die Oma den Opa in sein Zimmer gebracht. Der Opa ist sehr langsam gegangen, mit ganz kleinen Schritten. Und weil er die Füße nicht richtig hochgehoben hat, ist er über den Teppich im Flur gestolpert. Aber die Oma hat seinen Arm gut festgehalten und hat den Opa mit der großen, braunen Decke zum Mittagsschlaf zugedeckt.

Als sie die Tür hinter sich zugemacht hat, hat sie ganz tief geatmet und sich einen Augenblick auf einen Küchenstuhl gesetzt, hat die Hände in den Schoß gelegt, ganz klein ist sie geworden, und traurig hat sie ausgeschaut und sehr müde.

Ganz vorsichtig habe ich ihr über die Haare gestrichen. Da hat sie ausgesehen, als wenn sie gleich weinen will, und ich bin sehr erschrocken. Aber sie hat nur geseufzt, hat sich den Rock glattgestrichen und laut klappernd die Bestecke und die Teller aufs Tablett geräumt. Und hat vor sich hingemurmelt: »Wie ein Kind, wie ein Kind.« Das hat wie ein Schimpf geklungen. Früher hat die Oma gelacht, wenn der Opa mit mir Hund gespielt hat und auf allen vieren gelaufen ist.

Ich habe gefragt, warum der Opa nicht wie ein Kind sein darf. Aber die Oma hat nur gesagt: »Das verstehst du nicht. Geh spielen, ich muß die Küche aufräumen.«

Ich kann ihr da nicht helfen, meint die Oma immer. – Im Hausflur traf ich Stefan, der ist schon elf und hat ein neues Fahrrad. Er ist so stolz auf sein Geburtstagsgeschenk. Der Stefan lachte, als er mich sah. »Dein Opa hat gesagt, das ist aber ein schönes Weihnachtsgeschenk, und hat mir fröhliche Weihnachten gewünscht. Dein Opa spinnt etwas.«

»Mein Opa spinnt nicht«, sagte ich

Der Stefan erzählte noch schlimmere Sachen. Opa hat einkaufen wollen und ist mit dem Korb einfach bei Rot über die Straße gelaufen. Der Stefan hat's selbst gesehen. Der Opa hat großes Glück gehabt, weil der Autofahrer noch bremsen konnte. Der Opa hat sich gar nicht umgedreht, als ginge ihn das Hupen nichts an. Er ist einfach weitergegangen zum Bäcker und hat zwanzig Brötchen für die ganze Familie verlangt, obwohl die Oma nur vier haben wollte, und dann wollte er noch Wurst kaufen, Wurst in der Bäckerei! Der Stefan klingelte wie wild mit seiner Fahrradglocke.

»Du lügst«, ich war wütend und hätte am liebsten mit meinem Schlüssel das glänzende Schutzblech von seinem Fahrrad zerkratzt.

Der Stefan hat meine Hand festgehalten. »Frag doch meine Mutter, die hat den Opa untergehakt und über die Straße zu deiner Oma gebracht und ihr alles erzählt, und daß sie besser aufpassen muß, wenn er so verwirrt ist. Deine Oma hat sich bedankt und gesagt, daß der Opa jetzt nicht mehr allein einkaufen darf, weil er so unvernünftig ist.«

Ich hatte keine Lust mehr, mit dem Stefan über den Opa zu reden. Und spielen will ich auch nicht mehr mit ihm.

Mein Opa ist der klügste Opa der Welt. Immer hat er beim Memory gewonnen und hat mir schwierige Kartentricks gezeigt und Zauberkunststücke, damals in Holland, als es soviel geregnet hat.

Als ich in die Wohnung zurückkam, saß der Opa im Wohnzimmer im Sessel. »Da bist du ja endlich, Susanne«, sagte er und lächelte.

»Ich bin aber Anne«, sagte ich laut. »Susanne heißt meine Mutter, und die kommt erst morgen.« Ich verschränkte die Arme auf dem Rücken und lachte den Opa aus.

»Das ist schön«, sagte der Opa und lachte auch.

»Ich bring euch jetzt eure Milch«, rief die Oma aus der Küche.

Dann durfte ich das Fernsehen anmachen. Aber es war langweilig, viel langweiliger, als mit dem Opa Memory zu spielen. »Opa?«

»Pst«, sagte die Oma und legte die Stopfsocken beiseite, »der Opa braucht Ruhe.«

Ich sah den Opa an. Er sieht friedlich aus. Ich schaue ganz genau hin. Die weißen, langen Haare auf dem Kragen sind ganz glatt. Sie zittern etwas, wenn der Opa atmet. Sein Mund steht auf, als wenn er

sich wundert. Auf den Backenknochen sind so kleine rote Striche, ganz fein gezeichnet. Ich hoffe, daß der Opa tief schläft, weil die Oma jetzt telefoniert. Da spricht sie immer so laut, als wenn sie dem Telefon nicht traut. Er soll nicht hören, was die Oma über ihn sagt. Sie sagt, wie schwer es mit ihm ist, weil er immer die falschen Knöpfe am Herd dreht und die Badewanne überlaufen läßt und...

Ich habe das Fernsehen ganz laut gestellt, damit ich nicht hören mußte, was der Opa alles falsch macht.

In der Nacht bin ich aufgewacht. Ich habe die Oma laut flüstern gehört. »Sei doch still, du weckst die Kleine«, und Opas Stimme, ganz wach und ausgeschlafen: »Aber ich muß doch ins Büro.« – »Du mußt nie mehr ins Büro«, hat die Oma geflüstert, »du gehörst ins Bett.«

Ich bin hinter der Tür geblieben und habe durch den Spalt gesehen, wie der Opa in seinem blauen, großen Bademantel und seiner alten Aktentasche in der Hand ins Büro will. Wie die Oma ihm den großen Wecker mit den leuchtenden Zahlen zeigte. »Es ist viel zu früh, morgen«, sagte sie ganz sanft, aber ihre Stimme zitterte.

»Dann geh ich heute gar nicht ins Büro«, sagte der Opa entschieden. Ich hörte nur noch die Toilettentür und das Rauschen der Wasserspülung.

Ich fror, nur meine Stirn war heiß, und ich träumte viele kleine Träume auf einmal und wachte sehr früh auf und konnte mich nur noch an den Opa erinnern und wußte plötzlich nicht mehr, ob ich den Opa im Traum oder in Wirklichkeit gesehen hatte.

»Hast du gut geschlafen?« Die Oma hatte ganz kleine Augen mit dunklen Schatten darunter.

Ich sah den Opa an, der schaute aus dem Fenster und hatte ganz helle Augen. »Heute wird ein schöner Tag.«

Ich wollte nicht mit Stefan spielen. Ich

wollte beim Opa bleiben. Wir saßen in den großen, braunen Stühlen auf dem Balkon. Der Opa trug einen dicken Schal um den Hals und hielt sein Gesicht in die Sonne. Aber er schlief nicht. Seine Lider bewegten sich etwas, und er legte seine Hand auf meinen Arm. Ganz weiße Nägel haben seine Finger und so viele Falten. Seine Haut fühlt sich trocken und spröde an wie Herbstblätter.

Der Opa horchte in sich hinein. »Ich verrate dir etwas«, sagte er, »nur dir. Wenn ich die Augen schließe, bin ich unsichtbar. Dann fange ich noch mal ganz von Anfang an. Ich gehe durch viele Türen, und hinter jeder Tür steht jemand und will mich aufhalten, aber ich bin schneller und lasse alles zurück – die Stadt, die Schule, den Krieg…«

»Aber wohin, Opa?« Ich hatte den Opa unterbrochen. Der Opa schwieg und war weit weg.

»Hörst du die Vögel? Es wird Frühling.«

Sosehr ich mich anstrengte, ich hörte keine Vögel, nur Geräusche aus der Küche. Es war Mittagszeit.

Nach der Mittagsruhe war der Opa nicht mehr da. Die Mutti war gekommen, und die Oma und ich haben uns gefreut und so laut erzählt, daß wir das leise Schlagen der Haustür überhört haben. Die Oma hatte rote Flecken am Hals. Sie wollte sofort die Polizei anrufen. Die Mutti überlegte, wo er sein könnte. Und ich dachte an sein Geheimnis und daß er sich vielleicht wirklich unsichtbar gemacht hat, weil er gedacht hat, wir lachen ihn aus hinter der Tür, und er muß im Bett bleiben. Oder weil er nicht schwierig sein will.

Die Polizei sagte, der Opa ist sicher nur spazieren, aber sie wollen auf ihn achten. Die Oma soll abends noch mal anrufen. Die Mutti war mit dem Fahrrad unterwegs, um den Opa zu suchen. Und die Oma und ich, wir warteten. Ich durfte auf ihrem Schoß sitzen, obwohl ich schon zu schwer bin. Ich legte mein Gesicht an ihre Wange und bitte sie: »Erzähl mir was von früher.« Aber die Oma konnte nicht und hielt mich nur ganz fest.

Als die Mutti mit dem Fahrrad zurückkam, war der Opa wieder da. Er stellte seinen schwarzen Stock in den Schirmständer und sagte einfach: »Ich mußte doch mal zum Friseur.«

Wilfrid Grote

Nicht mit den Wölfen heulen

Es lebte einst ein kleiner Wolf
in einem großen Wald
der heulte mit den Wölfen nicht
nicht am Tag
nicht in der Nacht
und traten sie nach ihm
und schimpften
und spuckten sie ihm ins Gesicht
er heulte mit den Wölfen nicht.

Versprachen sie ihm Löwenzahn
und schmeichelten sie ihm
die Wölfe kriegten ihn nicht rum
nicht am Tag
nicht in der Nacht
und traten sie nach ihm
und schimpften
und spuckten sie ihm ins Gesicht
er heulte mit den Wölfen nicht.

Der kleine Wolf im großen Wald
sang bald sein eignes Lied
sang's ohne Furcht und furchtbar laut
jeden Tag
und jede Nacht
und traten sie nach ihm
und schimpften
und spuckten sie ihm ins Gesicht
er heulte mit den Wölfen nicht.

Wolfgang Rudelius
Auch eine Liebesgeschichte

Seite 143–144

Britta steht auf dem Hof. Sie steht alleine, und sie sieht mies aus. Seit Tagen ist es immer dasselbe: Mit dem Pausengong erhebt sie sich, durchquert die Klasse, geht auf den Hof und bleibt dort, fast regungslos, am immer gleichen Platz stehen. Wenn einer kommt, sie anquatscht oder sich einfach bloß neben sie stellt, dann reagiert sie entweder gar nicht, oder sie sagt: »Laß mich in Ruh!«
Immer wieder nur: »Laß mich in Ruh!«

Bert hat es auch schon ein paarmal probiert. Ist zu ihr hingelaufen, hat so was wie »Laß uns doch reden!« gesagt.

»Laß mich in Ruh!«

Also gut, hat er gedacht, dann lassen wir sie halt, die Gnädigste! Die andern haben alles beobachtet. Sie versuchen zwar, sich nichts anmerken zu lassen, aber Bert spürt es genau. Es ist wie zwischen den Zeilen lesen.

»Wer nicht will, der hat schon!« sagt er. Er spürt, daß sie denken, er sei an allem schuld. Sie sagen nichts. Sie tun, als wär nichts. Sie verhalten sich scheinbar so völlig normal. Aber nur scheinbar!

In Wirklichkeit verständigen sie sich untereinander: mit den Augen, mit irgendeinem bedeutungsvollen Grinsen. Manchmal, wenn sie meinen, er kriege nichts mit, dann sieht er, wie die Zeichen hin und her fliegen.

Bert steht bei den andern und fühlt sich allein. Obwohl er versucht, an etwas anderes zu denken, muß er immer wieder zu Britta rüberschaun. Wahrscheinlich haben das alle längst bemerkt, wahrscheinlich feixen sie jetzt wieder hinter seinem Rücken. Sie beobachten ihn wahrscheinlich aus den Augenwinkeln. Sie werden denken, daß er einen Stich hat.

Plötzlich läuft er einfach los. Sein Gang hat etwas Roboterhaftes. Unbeholfen und eckig sind die ersten Schritte, und er spürt hunderttausend Blicke in seinem Rücken. Sie werden ihn jetzt nicht aus den Augen lassen! Es ist ihm egal. Er geht über den Hof, direkt in Brittas Richtung.

Sie hat nur einmal kurz hochgeschaut. Als sie ihn hat kommen sehen, hat sie seinen Blick gemieden.

»Ich halte das nicht aus!« Eigentlich ist das gar nicht er, der da redet. Einer in ihm hat das gesagt. So würde er nie reden: »Ich halte das nicht aus!«

Sie sagt nichts. Steht da, starrt auf den Boden und sagt nichts. Sagt nichts, tut nichts, steht nur blöde rum! Ihm kommen schon wieder alle Zweifel der Welt. Hat er das denn eigentlich nötig? Vielleicht sollte ich sie wirklich in Ruhe lassen, mir wird das ja auch langsam zu blöd.

Und dann faßt er sie plötzlich an. Mitten in seine Überlegungen hinein berühren seine Fingerspitzen ihren Arm. Dann legt er seine Hand flach auf ihre Schulter.

Das war wieder nicht er! So wie diese Stimme einfach anfängt zu reden, so faßt jetzt plötzlich einer nach ihrer Schulter. Mein Gott ist das blöd! Sie wird gleich losbrüllen: »Laß deine Pfoten bei dir!«

Aber sie brüllt nicht. Sie reagiert überhaupt nicht. Vielleicht, denkt Bert, hat sie gar nicht bemerkt, daß ich hierbin. Es sieht fast so aus. Seine Gedanken gehen kreuz und quer. Da steht er nun, der großartige Bert Höppes, auf dem Hof der Ludwig-Landmann-Schule. Mit ausgestrecktem Arm Richtung Britta Steiger. Das wird ein Bild sein! Wahrscheinlich versammeln sie sich jetzt überall in großen Lästerhaufen: »Guck doch mal da, ist das nicht rührend!«

Es ist ihm egal. Hauptsache, sie schreit nicht gleich los. Hauptsache, sie – ach, er weiß ja selber nicht, was. Für einen kleinen Moment verstärkt er den Druck auf ihre Schulter. Diesmal war's kein Fremder in ihm, diesmal war er's selber: Er drückt sie sanft und läßt sie wieder los. Sollen die andern doch denken, was sie wollen. Hauptsache, sie – er will halt –, er rückt noch ein bißchen näher an sie ran.

In diesem Augenblick hebt Britta ihren Kopf ein ganz, ganz klein wenig. Also hat sie doch etwas gemerkt. Sie ist also doch nicht so ganz und gar abwesend. Sie hat, denkt Bert, und plötzlich lächelt sie ihn an. Es ist ein kaum wahrnehmbares Lächeln, eines von der Sorte, für die man ein Fernglas braucht. Es ist noch kaum zu sehen, aber es kommt ganz langsam immer näher!

Deine Hand in meiner Hand.
Du kleine Hand.
Deine Arme um meinen Hals.
Deine Beinchen umklammern mich.
»Ich Affe und du Mutter-Affe«,
hast du gesagt.
Nasrin Siege

Hanna Hanisch
Kindervers

Einstein sagte zu Zweistein:
Besuche mich morgen mit Dreistein.
Vierstein und Fünfstein
werden auch mit dabeisein.

Da saßen zusammen
Einstein und Zweistein,
Dreistein, Vierstein und Fünfstein.

Sie redeten lang und redeten breit.
Worüber sprachen sie?
Über die Zeit.

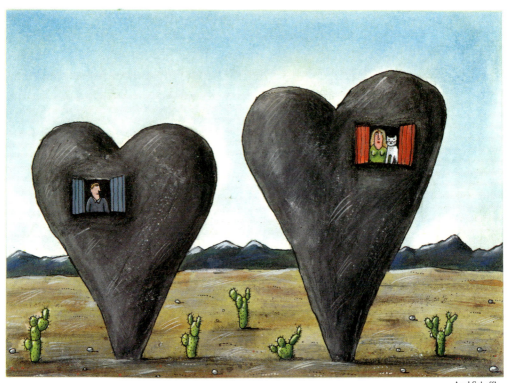

Axel Scheffler

Renate Peter
Fragen über Fragen

Die Krähe kräht? Nein, die Krähe krächzt, und der Hahn kräht.
Die Fliege fliegt. Was noch?   *(summt)*
Die Katze katzt? Nein, die Katze kratzt.
Die Maus maust.
Der Bär bärt? Nein, der Bär brummt.
Der Falter faltert? Nein, der Falter flattert.
Die Blume blumt? Nein, die Blume blüht.
Der Regen regnet.
Die Wolke wolkt. Und die Blume? Die Blume welkt.
Der Fluß fließt.
Der Strom strömt.
Stammelt der Stamm? Nein, der Stamm wurzelt.

Reinhard Bernhof

Das Kirschglas

Es war noch nicht dunkel. Das Fenster stand weit geöffnet. Man hörte das ferne Gezwitscher der Vögel in den Schlafbäumen. Der Strohsack, auf dem der Junge mit seinem Bruder lag, pikte. Sie wälzten sich hin und her. Und wenn über ihnen, auf der Bodendiele, die Ratten wechselten, zogen sie sich die graue Felddecke übern Kopf und bekamen Gänsehaut. – Dieses Flitzen der Ratten da oben! Dabei hatte der Hauswirt erst einige Tage zuvor zwei gefangen. Er hatte sie auf ein Kehrblech gelegt und in der Nachbarschaft herumgezeigt. Eine Ratte war grauweiß, die andere fast schwarz.

Langsam wurde es dunkel. Ein dämmerndes Licht sickerte durchs Fenster, dann zeigte sich ein kleiner, violetter Mond, der dem Zimmer einen eigenartigen Glanz verlieh – auch dem Kirschglas auf dem Bauernschrank. Es leuchtete sogar, als würde dahinter eine brennende Kerze stehn. Es leuchtete nicht nur, nein, dem Jungen schien, als recke es sich ganz deutlich nach ihm, als winke es ihm zu: Komm!

Sonderbar, dachte der Junge und versuchte, die Augen zu schließen.

»Schlaft ihr nicht?« fragte die Mutter.

»Nein, wir können nicht einschlafen«, sagte der Bruder.

»Schlaft endlich!«

Der Junge sah nach draußen, zum Mond, der kaum noch überschattet war von Wolken. Auf der Bodendiele wechselten wieder Ratten. Den Jungen und seinen Bruder grauste es, sie zogen sich abermals die Felddecken übern Kopf. Nach einer Weile steckten sie die Köpfe wieder hervor, horchten, schielten zum Bettlakensäckel, das neben dem Bauernschrank an einem Nagel hing.

»Ich hab noch Hunger«, sagte der Junge. Er stand auf und holte sich aus dem Bettlakensäckel einen vertrockneten Brotkanten heraus. Er berührte seine Zähne wie Stein, und der Junge wünschte sich, Eisenzähne, Sägezähne zu besitzen.

»Mach dir nicht die Zähne kaputt«, sagte die Mutter. »Morgen werde ich Brotsuppe machen.«

»Ich habe auch noch Hunger!« rief der Bruder. Aber er konnte an dem vertrockneten Brot nicht einmal schaben, ihm waren die beiden oberen Schneidezähne ausgefallen.

Stille – Der Junge hörte den Atem der Mutter, den des Bruders. Während er den kleinen, violetten Mond beobachtete, nagte er am Brot, bis ihm das Zahnfleisch weh tat.

Der Strohsack raschelte, wenn sich der Junge bewegte. Auch der Bruder veränderte ständig seine Lage und versuchte einzuschlafen.

»Warum seid ihr noch munter?« fragte die Mutter.

»Ich kann nicht einschlafen«, sagte der Bruder.

»Leg dich auf den Bauch«, riet ihm die Mutter.

»Das Stroh sticht«, rief der Junge. »Es ist zu steif.«

»Frisches Stroh sticht immer etwas«, sagte die Mutter. »Seid froh, daß der Bauer es uns gegeben hat. In einigen Tagen ist es nicht mehr so stachlig.«

Der Junge hatte seinen Brotkanten aufgegessen. Doch der Hunger war noch viel stärker geworden und bohrte eine Höhle in seinen Bauch. Er sah ein Schaufenster voll Torten. Stand vor einem zweiten, darin befand sich in einer Feinkostvitrine ein rosiges Ferkel, die Augen hatte es geschlossen, im Rüssel ein Zweiglein. Stand vor einem dritten: Ananas und Feigen, Schokoladen waren treppenartig aufgeschichtet – auf ihnen ging er einen Turm hinauf, und der war aus Marzipan...

Die Ratten wechselten nicht mehr auf der Bodendiele. Der Mond verschwand des öfteren hinter den Wolken und kam um so stärker wieder hervor. Grübelnd starrte der Junge an die Decke: Sollte er sich noch einen zweiten Knust Brot nehmen?

»Schlaft doch endlich«, sagte die Mutter halblaut.

»Kannst wohl auch nicht einschlafen?« fragte der Junge.

»Ich kann erst einschlafen, wenn ihr eingeschlafen seid«, erwiderte sie.

Der Junge blickte auf das vom Mond beschienene Kirschglas. Es leuchtete wieder, als würde dahinter eine brennende Kerze stehn. Es leuchtete nicht nur, nein, es schien dem Jungen, als recke es sich deutlich nach ihm, als winke es ihm zu: Komm!

»Sieh mal, Mutter, wie der Mond das Kirschglas leuchten läßt«, sagte der Junge.

Die Mutter stand auf, stellte einen Stuhl an den Bauernschrank und holte das Kirschglas herunter. Sie öffnete es, nahm einen großen Aluminiumlöffel, der mit einem Hakenkreuz verziert war, und fütterte den Jungen und Bruder. Es waren gelbrote Knackkirschen, die die Mutter von einer Bäuerin bekommen hatte – fürs Nähen. Nur selten kostete sie auch mal eine. Im Nu war das Glas leer.

Bald darauf waren Bruder und Mutter eingeschlafen.

Dem Jungen kam es vor, als freue sich der kleine violette Mond, als wiege er seinen runden Kopf, als lache er übers ganze Gesicht.

Uwe Regner
Hell und dunkel

Als ich ins Bad ging, rief Vater mir noch nach: »Für untenherum nimmst du das dunkle Handtuch. Und wasch dich nicht so toll, sonst wird die Haut dünn!« Gesagt, getan: Ich drehte den Wasserhahn auf und wusch mich nicht so toll. Das heißt, ich wusch mich eigentlich gar nicht. Statt dessen kämmte ich mich ausführlich, scheitelte das Haar links, scheitelte es rechts. Rätselte, wie auf Mutters Kopf die siebenundvierzig Lockenwickler Platz finden könnten. Rauchte am offenen Fenster eine von Vaters Zigaretten. Besprühte mich mit Mutters Parfüm und klatschte mir reichlich Haarwasser auf den Kopf. Bis ich plötzlich diese braune Tube sah. After shave, las ich und dachte: Ist ja hirnrissig! Warum schmieren die sich etwas so Duftendes an den Hintern? Gerade wollte ich es auch ausprobieren, da stand Vater in der Tür. Ich ließ die braune Tube fallen, griff schnell nach dem hellen Handtuch und trocknete meine dunklen Füße ab.

... wie mein Freund ...

Christine Frick-Gerke
Bücher kann man lesen

Kind: Bücher kann man lesen,
Bücher kann man angucken,
Bücher kann man mitnehmen
auf eine große, große Reise.

Buch: Oh, sehr schön!

Kind: Bücher kann man immer wieder lesen,
Bücher kann man gemütlich durchblättern,
Bücher kann man einpacken
und überall mit hinnehmen.

Buch: Keine schlechte Idee!

Kind: Bücher kann man schön finden,
Bücher kann man schrecklich schön finden,
Bücher kann man eigentlich
richtig liebhaben.

Buch: Mmmmm!

Kind: Bücher kann man streicheln,
Bücher kann man anknabbern.

Buch: Hör bloß auf!

Kind: Bücher kann man
im hohen Bogen in die Ecke schmeißen.

Buch: Ich glaub, du spinnst!

Kind: Verzeihung!

Christoph Eschweiler

Frantz Wittkamp
Du bist da, und ich bin hier

Du bist da,
und ich bin hier.
Du bist Pflanze,
ich bin Tier.
Du bist Riese,
ich bin Zwerg.
Du bist Tal,
und ich bin Berg.
Du bist leicht,
und ich bin schwer.
Du bist voll,
und ich bin leer.
Du bist heiß,
und ich bin kalt.
Du bist jung,
und ich bin alt.
Du bist sie,
und ich bin er.
Du bist Land,
und ich bin Meer.
Du bist dunkel,
ich bin hell.
Du bist langsam,
ich bin schnell.
Du bist schmal,
und ich bin breit.
Du bist Anzug,
ich bin Kleid.
Du bist einsam,
ich allein.
Komm, wir wollen
Freunde sein!

Rosemarie Künzler-Behncke

Damals und heute

In der Schöpfungsgeschichte sagt Gott zu den Menschen: »Seid fruchtbar und mehret euch und füllet die Erde und machet sie euch untertan und herrschet über die Fische im Meer und über die Vögel unter dem Himmel und über alles Getier, das auf Erden kriecht.«

Damals gab es nur Adam und Eva. Heute gibt es vier Milliarden Menschen.

Damals gab es sauberes Wasser in den Flüssen und Meeren. Heute sterben die Fische, weil die Flüsse durch Abwässer verschmutzt und vergiftet sind.

Damals war die Landschaft noch unberührt. Heute sind die Wälder kaputt, die Gebirge mit Bergbahnen und Skiliften übersät und von Erdrutschen bedroht; Autobahnen überziehen das ganze Land.

Damals war die Luft rein. Heute ist sie durch Abgase verpestet. Der Smog ist nicht nur für die Vögel unter dem Himmel eine Lebensgefahr.

Damals lebten die Tiere, wie es ihrer Art entsprach. Heute werden sie gemästet, ausgebeutet oder als Schädlinge bekämpft.

»Mehret euch und füllet die Erde und machet sie euch untertan und herrschet!« Das war vielleicht anders gemeint? Aber zum Glück haben die Menschen Verstand und können vieles ändern, wenn sie wollen.

Peter Härtling

Das wandernde Bäumlein

Seite 150–151

Vor einiger Zeit habe ich ein Bäumlein – eine dünnstämmige, doch schon kräftige kleine Buche – wandern gesehen. Nein, ich spinne nicht. Meine Fantasie geht nicht mit mir durch. Das Bäumlein ist uns durchgegangen. Und wie!

Es begann damit, daß es als Keimling durch eine Buchecker stieß und wie ein bleicher Regenwurm aus der Erde guckte. Die Sonne – endlich schien sie mal! – zog an dem Würmchen, wärmte es, und nach einiger Zeit trieb es winzige Blätter. Natürlich brauchte es die Hilfe der guten Waldgeister, der plattschwänzigen Schrate, der krummschwänzigen Trolle, der Erdmännchen und Elfen. Zum Beispiel könnte ein Reh oder ein Hase es entdecken und auffressen. Aus wär's mit dem Bäumlein.

Es kam jedoch durch und wuchs. Und begann seine Wanderschaft. Dabei half ihm der Förster. Er grub das Pflänzchen aus und erklärte es zum Setzling. Ein Setzling sitzt nach der Vorstellung von Menschen, die eben wie

Menschen denken und nicht wie Bäume, in einer Baumschule. Da kann sich die kleine Buche nur schütteln. Für sie gibt es keine Schule. Sie braucht das Wachsen und das Blätterkriegen nicht zu lernen. Sie kann es. Und sie wächst – mit Schwung!

Nach zwei Jahren gräbt der Förster sie wieder aus und bringt sie zu dem Platz, den er extra für sie ausgewählt hat. Da soll sie bleiben, mächtig werden und Schatten spenden.

Die Buche lernt alle Wetter kennen und alle Winde. Sie wird immer kräftiger und geschmeidiger. Sie richtet sich für ein langes, standfestes Buchenleben ein. Aber da hat sie mit den Menschen nicht gerechnet. Eines Tages sieht sie sich von Maschinen umstellt. Es sind Baumaschinen. Erde wird aufgerissen. Die Bagger haben sich schon bis an ihre Wurzeln gefressen. Im letzten Augenblick rettet sie der Förster. Fluchend gräbt er das Bäumlein aus, legt es vorsichtig auf den Anhänger und fährt mit ihm tiefer in den Wald hinein.

Wieder muß es Fuß fassen, Wurzeln schlagen. Doch die Wurzeln schmerzen und krümmen sich. Sie vertragen diese Erde nicht. Die kleine Buche läßt die Blätter hängen. Die Rinde beginnt sich vom Stamm zu schälen.

Es ist beinahe zu spät, als der Förster sie besucht. Er gräbt sie wieder aus und entdeckt lauter Unrat in der Erde, Abfall, den die Menschen dort verscharrt haben.

»Es muß doch mal gutgehn, Bäumlein«, sagt der Förster und trägt es an den Waldrand. Dort wächst sie weiter. Sie wird ein stattlicher Baum.

Nur beobachtet sie mit Schrecken, daß am Waldrand Häuser gebaut werden.

Sie mag es, wenn Kinder um sie herum spielen oder wenn sich jemand in ihren Schatten legt. Dazu ist sie auch da. Sie fragt sich, wie lange es dauern wird, bis die Maschinen den Wald erreicht haben.

Und was dann geschieht.

Denn zum Wandern ist sie nun zu groß.

Sie muß bleiben.

Sie muß abwarten.

Sie möchte noch lange wachsen.

Sie fragt sich, ob die Menschen ab und zu auch an ihre stummen Nachbarn, die Bäume, denken.

Frantz Wittkamp
Auf der Erde neben mir

Damals kannten wir uns noch nicht.
Regen kannten wir, Luft und Licht,
damals, vor viel Millionen Jahren,
damals, als wir noch Pflanzen waren.

Stell dir vor, wir beide wären
keine Menschen, sondern Bären,
und wir könnten uns nicht schreiben.
Laß uns lieber Menschen bleiben!

Wörter können Wunder sein,
Wörter können Schweigen brechen.
Kleine Wörter, ja und nein,
können dir die Welt versprechen.

Die Rabeneltern hatten ein Kind,
das wollten sie gerne verkaufen.
Doch als die Käufer gekommen sind,
da war es schon weggelaufen.

Etwas Großes zu vollbringen
wäre eine Kleinigkeit,
hätte ich zu solchen Dingen
einmal nur genügend Zeit.

Sie sah mich eine kurze Zeit
mit großen Augen an,
so daß ich sie in Ewigkeit
nicht mehr vergessen kann.

Eins zwei drei fünf vier sechs sieben,
zählen kann sie leider nicht.
Doch sie will mich immer lieben,
und sie hält, was sie verspricht.

1, 2, 3, 5, 4, 6, 7

Auf der Erde neben mir
sitzt das große schwarze Tier.
Manchmal leckt es meine Wange,
denn wir kennen uns schon lange.

Art und Herkunft unbekannt,
wachsam, freundlich, zugelaufen,
spricht und singt und gibt die Hand,
umstandshalber zu verkaufen.

Den Denker darfst du alles fragen,
der überlegt, bevor er spricht,
um dir zu guter Letzt zu sagen:
»Ich stelle fest, ich weiß es nicht.«

Es mußte kommen, wie es kam.
Wir konnten es nicht wissen.
Wir alle hielten ihn für zahm.
Jetzt hat er uns gebissen.

Eben hat er angefangen,
plötzlich ist er schon vorbei.
Wieder ist ein Tag vergangen,
Hokuspokus, Zauberei.

Sie sang so laut, daß sie mich störte,
und ich verwünschte sie sogar,
bis ich die Stimme nicht mehr hörte
und fühlte, daß ich traurig war.

Bilder von Axel Scheffler

SCHNEEMÄNNCHEN, SCHNEEMÄNNCHEN
~~HIER – VIELLEICHT EINE TÜTE ERDBEEREIS~~

~~Der~~ Schneemann, weißt du was ~~hat er~~ zu sagen?
Steht ~~da glitze~~weiß da an kalten,
schmilzt ~~vergeht schmuddelgrau~~ weg an warmen Tagen.
Sagt gar nichts, ~~vergeht nur und~~ zieht Falten aus
auf Bauch
und Gesicht.
Weinst du
~~Aber weint er~~ nicht
mal
auch?

Fallen ab
~~Da purzeln~~ zwei Augen,
ab
~~Da~~ fällt die ~~eine~~ Nase.
Nase
~~Die~~ frißt, Fritz ~~die knaupelt Franz Waldemar~~ Haase,
~~Die~~ Augen zu nix, ~~zu gar nichts~~ mehr taugen.
Schneemännchen, Schneemännchen,
~~Ach Schneemann, du~~ meine Güte,
's
~~es~~ wird dir ~~zu~~ heiß!
Was hilft dir noch? Hier – vielleicht die ~~eine~~ Tüte
Erdbeereis.

*Manfred Peter Hein
hat auch die erste Fassung
seines Gedichts (nebenstehend Seite 155)
mitgeschickt – zum Vergleich.*

Sara Krüger
Religion

Im Dorf, wo Anne wohnt, sind die meisten Leute katholisch. Die meisten Kinder in Annes Klasse gehen jeden Tag in die Messe.
Anne ist evangelisch. Da geht man nur am Sonntagmorgen in den Gottesdienst.
Manchmal geht Anne heimlich mit Vivi in die katholische Kirche. Anne findet es dort viel spannender. Es gibt eine Menge zu sehen, viele Heiligenfiguren stehen reich geschmückt herum.

Der Priester ist bunt angezogen, und die Buben aus der Klasse sehen in den langen Gewändern so lustig aus, wenn sie den Weihrauchkessel schwingen.

Anne muß aufpassen, daß sie immer rechtzeitig mit Vivi aufsteht und hinkniet.

Beim Beten legt sie die Hände nach dem Beispiel der anderen Leute zusammen. Das sieht so ähnlich aus, als würde man eine Kerze halten.

In der evangelischen Kirche ist es viel langweiliger. Die Hände müssen gefaltet werden. Es wird nur gesungen, und der Pfarrer hört gar nicht mehr auf zu reden.

Manfred Peter Hein
Schneemannchen, Schneemannchen

Schneemann heißt du, was weißt du zu sagen?
Stehst weiß da an kalten,
schmilzt grau weg an warmen Tagen.
Sagst gar nichts, ziehst nur Falten
auf Bauch
und Gesicht.
Weinst du nicht
mal auch?

Fallen ab zwei Augen,
ab fällt die Nase.
Nase frißt Fritz Haase,
Augen zu nix mehr taugen.
Schneemannchen, Schneemannchen, meine Güte,
's wird dir heiß!
Was hilft dir noch? Hier – vielleicht die Tüte
Erdbeereis.

Gabriel Lefebvre

Martin Auer
Frühlingswässer

Als es Winter war, legte ich mich auf den Schnee. Als es schneite, fiel Schnee auf mich, und über mir war ein kleiner Hügel. Doch mein warmer Körper ließ den Schnee unter mir ein wenig schmelzen, so daß im Schnee über mir eine Grube entstand, die meine Größe hatte.

Die Sonne schmolz bald den Schnee über mir hinweg, und auch den Schnee neben mir, doch unter mir blieb er noch eine Weile, denn so warm wie die Sonne war ich nicht. Und ich lag auf einem kleinen Turm aus Schnee.

Später war auch der geschmolzen, und Frühlingswässer rannen über mich hinweg und über die schwarze, mit hellen Steinen durchsetzte Erde.

Da das Wasser unter mir Erde wegspülte, sank ich wieder ein wenig ein. Bald fühlte ich, wie unter mir Gras zu sprießen begann. Spitzen von Gräsern drängten leis gegen meine Haut.

Langsam durchwuchs mich das Gras. Mein Umriß ist noch zu sehen, hier auf der Wiese.

Verena Ballhaus

Wilfrid Grote
Schuh und Eier

Schuh und Eier unterm Stein
auf den Bäumen Hühnerklein
Schäfchenwolken tief im See
Fische schwimmen durch den Schnee

    kopf steht, was kopfstehen kann
    morgen sind die Sterne dran

Geht die Sonne abends auf
fließt der Fluß den Berg hinauf
kocht im Suppentopf die Acht
macht der Mond den Tag zur Nacht

Läuft ein Mensch auf Händen rum
lachen sich die Schuhe krumm
schlägst du Eier in den Schuh
hast du endlich deine Ruh

Josef Guggenmos
Der Rhein

An Köln, der alten, schönen Stadt,
da fließt vorbei der Rhein.
Man könnte in ihm baden,
doch traut sich keiner hinein.
Warum denn? Schnappen Haie
im Strom nach Menschenwaden?
Ach nein – die Brühe ist gar trüb,
drum mag kein Mensch drin baden.

Auch er, der Rhein, war einmal rein.
Als Quelle frisch und klar
trat er die große Reise an.
Damals; es war einmal.

*Seltsame Figuren schützen die Küste vor dem Meer.
Man sieht, was das Meer mit ihnen angerichtet hat.
Wie lange dauert es, bis sie ganz zerfressen sind?*
Foto: Günter Holm

Erwin Grosche
Die kleinen Krebse

Die kleinen Krebse haben es schwer
sie krebsen und krebsen weit aus dem Meer
dann kommt das Meer und holt sie wieder
dann kommt das Meer und holt sie wieder her

Die kleinen Krebse haben es schwer
sie krebsen und krebsen weit aus dem Meer
dann kommt das Meer und holt sie wieder
dann kommt das Meer und holt sie wieder her

Die kleinen Krebse haben es schwer
sie krebsen und krebsen weit aus dem Meer
dann kommt das Meer und holt sie wieder
dann kommt das Meer und holt sie wieder her

Die kleinen Krebse haben es schwer
sie krebsen und krebsen weit aus dem Meer
dann kommt das Meer und holt sie wieder
dann kommt das Meer und holt sie wieder her

und so weiter

Harald Grill
Geschichte

in meinen geschichtsbüchern
steht viel
über jene
die meinen vater
auf dem gewissen haben

in meinen geschichtsbüchern
steht nichts

über meinen vater

Helmut Schreier

Die Sprache der Bäume

»Und hier die Hausaufgabe in Deutsch«, sagt Herr Lux, der Lehrer in der Klasse 4c. »Für morgen schreibt jeder eine Seite über ein Thema, das wichtig und interessant ist. Ihr dürft euch die Überschrift selber aussuchen. Vielleicht findet jeder von euch ein anderes Thema.«

Ralf weiß gleich, was sein Thema ist. Zu Hause schreibt er:

Der Wald stirbt aus.

Tag für Tag sterben Bäume. Sie sind durch Gifte bedroht. Erst fallen die Blätter ab. Und dann sogar die Äste, manchmal auch alle Äste. Die Giftstoffe werden mit dem Rauch der Fabriken in die Luft gepustet. Die Auspuffgase der Autos vergiften die Luft ebenfalls. Dann wird das Gift mit dem Regen auf die Erde gedrückt.

Am nächsten Morgen, in der Deutschstunde, muß nacheinander jeder seine Überschrift nennen. Als alle drangekommen sind, sagt Herr Lux: »Nun hat tatsächlich jeder ein anderes Thema gewählt. Drei davon sollten wir uns anhören. Welche drei schlagt ihr vor?«

Die Gruppen an den Tischen flüstern miteinander. Die Gruppensprecher melden sich und geben das ausgewählte Thema an. Zweimal gibt es eine Abstimmung, dann ist es entschieden, und die Kinder hören

1., was Katja von der Geburt ihres Brüderchens berichtet,
2., was sich Frank zu dem Thema vorstellt »Wenn es ein Kinderfernsehen gäbe«, und
3., wie Jochen »Gerechtere Zensuren in der Schule« erreichen will.

Ralf ist ein bißchen traurig, weil sein Thema nicht gewählt worden ist. Er hätte gern mit anderen über das Waldsterben gesprochen.

Auf dem Heimweg nach der Schule rennt Claudia hinter Ralf her: »Geh nicht so schnell, ich will dir etwas sagen!«

Ralf wartet und sagt: »Schade, daß du mit deinem Thema heute nicht drangekommen bist. Es hätte mich interessiert.«

Claudia antwortet: »Mir geht es mit deinem Thema genauso. Ich glaube nämlich, daß ich eine Antwort auf deine Frage habe.«

»Welche Frage?«

»Na, wo das Waldsterben hinführt.«

»Ach ja«, sagt Ralf, »jetzt sehe ich, was du meinst. Dein Thema heißt ja ›Meine Tante redet mit den Bäumen‹. Haben ihr die Bäume etwas über das Waldsterben gesagt?«

»Ja, tatsächlich«, antwortet Claudia. »Meine Tante sagt, die Bäume sind traurig, aber sie sind nicht wütend auf die Menschen. Die Bäume wissen auch, daß das Leben in anderen Formen weitergehen wird, wenn sie tot sind.«

Ralf weiß nicht, was er Claudia darauf antworten soll. Er merkt, daß das wichtig ist, was Claudias Tante berichtet, aber er zweifelt daran, daß sie es von den Bäumen selbst hat. Wie soll ein Baum denn reden können?

Am nächsten Morgen, als die große Pause beginnt und die Kinder die Treppe hinunterrennen, faßt Ralf Claudia am Ellenbogen: »Sag mir, wie soll ein Baum denn reden können? Bäume haben keinen Mund und keine Stimmbänder, und wenn sie rauschen oder knacken, dann ist es der Wind, der die Geräusche macht.«

»Kommst du mit in die Mädchenecke?« fragt Claudia. »Da kann man besser reden.«

Ralf weiß, daß ihn Dieter und Frank nachher vielleicht damit aufziehen werden, daß er mit Claudia in der Mädchenecke redet, statt auf dem Schulhof mit den Jungen herumzurennen. Aber er ist auf Claudias Antwort so gespannt, daß er mit ihr geht.

»Ich kann dir nur sagen, was mir meine Tante darüber erzählt hat. Also, es ist natürlich nicht so, daß die Bäume so reden wie du und ich. Aber es gibt etwas, das von den Bäumen kommt, und man kann es fühlen, wenn man vor den Bäumen Respekt hat.«

»Hast du selber schon einmal etwas gefühlt, das von einem Baum gekommen ist?« fragt Ralf.

»Ich weiß nicht«, antwortet Claudia. »Man braucht lange Zeit dazu, um die Bäume zu verstehen. Aber einmal habe ich im Wald die Rinde eines Baumes gestreichelt, und es war ein gutes Gefühl.«

»Aber das ist doch keine Sprache!« ruft Ralf.

»Eine Sprache nicht«, sagt Claudia, »aber ein Verstehen.«

Mario Grasso
DIE UHR GEHT

Huberta Zeevaert
Das Ausruf- und das Fragezeichen

Zum Frage- sprach das Ausrufzeichen:
Ich stelle fest, daß wir uns gleichen!
Das Fragezeichen meinte: Ach.
Senkt' seinen Kopf und dachte nach.

Fritz Deppert
Was ich sein möchte

Ein Eckensteher möchte ich sein,
der steht
und sich Wind um die Nase blasen läßt
und andern zuguckt,
wie sie an ihm vorübergehn
und lachen oder weinen.
Ein Luftgucker möchte ich sein,
der mit den Augen Wolken nachgeht
und sieht, wie Flugzeuge
im Himmel verschwinden.
Ein Nichtsnutz möchte ich auch sein,
der tanzt
und Zeit hat,
Steine im Wasser hüpfen zu lassen
und Vogelnester auf den Bäumen zu zählen;
er kann Wolkenkuckucksheime bewohnen
und sich unsichtbar machen,
fliegen kann er auch.
Und was möchte ich noch sein?
Einer, den du magst.

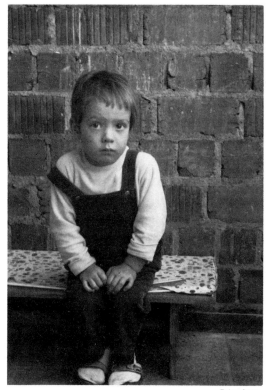

Privatfoto

Afrikanisches Abendessen
(Zum Bild Seite 160)

Kochbananen, geschält und weich gekocht, serviert auf einem Bananenblatt, dazu eine Soße aus grünen Blättern. Zum Nachtisch eine süß-saftige Papaya, frisch vom Baum.
Die meisten afrikanischen Familien bauen einige Grundnahrungsmittel für den Eigenbedarf an. Dazu gehören Kochbananen, Jamswurzeln und Maniok, die ähnlich wie Kartoffeln schmecken. Außerdem gibt es Mais, Bohnen, Hirse, Erdnüsse, Ananas, Mangos, Papaya, süße Bananen... Geerntet wird dank des tropischen Klimas das ganze Jahr.
Marlies Rieper-Bastian

Josef Guggenmos
Glück

Wir saßen,
wir standen auf,
gingen;
wir stiegen ein,
fuhren
und kamen an.

Wir legten an
mit unserm Kahn
an einer Felseninsel.
Die Insel war klein,
doch mit Buschwerk, Gestein
eine Urwelt für uns ganz allein.

161

In der Zeitung gefunden ...

Bild: Hartung

Müll-Schiff darf nirgends landen

Kein Platz mehr für Abfall in Amerikas Städten / Der Fluch der Wegwerfgesellschaft

New York. (dpa) Ein Schiff ohne Hafen, das mit seiner unerwünschten Ladung ruhelos wie der Fliegende Holländer über die Meere irrt, hat die Amerikaner auf drastische Weise mit einem Problem konfrontiert, vor dem sie bislang die Augen zu verschließen pflegten: Die USA, ein riesiges und im Vergleich zu Europa immer noch dünn besiedeltes Land, drohen in Müll zu ersticken. Der 60 Meter lange Leichter, gezogen von einem Schlepper und beladen mit 3100 Tonnen Industriemüll, irrt seit sechs Wochen auf der Suche nach einer Müllkippe die Küsten der USA und einiger Nachbarländer entlang, und niemand weiß, was aus der Ladung werden soll.

Die groteske Irrfahrt hatte begonnen, nachdem die Verwaltung der Stadt Islip auf Long Island ihre Müllkippe für Industrieabfall geschlossen hatte, weil der Bundesstaat New York keine Erlaubnis mehr zur Vergrößerung der Anlage gab. Eine Abfallbeseitigungsfirma übernahm es, den Müll auf eine andere Kippe zu transportieren. Doch die in Aussicht genommenen Orte sperrten sich. Der Leichter wurde von einem Staat in den nächsten gezogen, aber niemand wollte seine Ladung aufnehmen, die auch noch in Verdacht geriet, giftige Substanzen zu enthalten.

Der Schleppzug mit dem langsam verrottenden Müll setzte seine Odyssee fort in Richtung Mexiko und Belize, aber auch dort gab es keinen Abnehmer für den Abfall der reichen Nation im Norden. Also kehrte der Schlepper mit dem blumigen Namen „Break of Dawn" Tagesanbruch – wieder nach Florida zurück, und niemand weiß, wohin die Irrfahrt noch führen wird.

Die Odyssee der „Break of Dawn" erscheint um so grotesker, als die Müllmenge, die sie im Schlepp hat, nur ein winziger Bruchteil dessen ist, was in den USA täglich anfällt. Nach neuesten Zahlen der Umweltschutzbehörde ergossen sich 1985 rund 133 Millionen Tonnen Haushaltsmüll und 430 Millionen Tonnen Industrieabfall auf die Kippen und in die Verbrennungsanlagen der Nation. Mit einer Tagesmenge von gut drei Pfund sind die Amerikaner Weltmeister in der Müllproduktion. Die sprichwörtliche Wegwerfgesellschaft ergeht sich auch heute noch im Zeitalter knapper werdender Rohstoffe und überquellender Müllkippen in wahren Verpackungsorgien.

Diese Mentalität beginnt sich zu rächen. Mehreren Großstädten wie New York, San Francisco, Los Angeles und Boston beginnt der Platz für die wachsenden Müllmengen auszugehen, vielen kleineren Orten geht es nicht besser.

Wenn die Behörden versuchen, neue Deponien zu erschließen oder Verbrennungsanlagen zu bauen, stoßen sie oft auf massiven Widerstand der Anlieger. Aber selbst wenn sich eine neue Anlage durchsetzen läßt, dann dauert es Jahre, bis sie fertig ist, und viele Orte haben nach Auffassung des stellvertretenden Leiters der Umweltschutzbehörde, Winston Porter, nicht mehr so viel Zeit.

Beim Recycling haben die USA nur bescheidene Anfänge gemacht. Erst drei Bundesstaaten – Oregon, Rhode Island und New Jersey – haben Gesetze, die die Trennung und Wiederverwendung von Altmaterialien regeln, aber auch in diesen Staaten ist die Beteiligung der Bürger an diesen Maßnahmen gering. In New York und einigen Nachbarstaaten wird eine Gebühr auf Getränkedosen erhoben, was immerhin etlichen Obdachlosen, die die Dosen aus den Abfalleimern zu fischen pflegen, zu einem bescheidenen Einkommen verhilft.

Bislang kaum diskutiert wird eine andere, die sicher einfachste, Methode, mit dem Problem fertigzuwerden – durch Verringerung der Abfallproduktion. Dies jedoch hieße, Abschied zu nehmen von der bequemen Wegwerfmentalität und dem naiven Glauben an die Unerschöpflichkeit der Ressourcen.

Aus: Weinheimer Nachrichten, Mai 87

Nebenstehend:
Collage von Günter Karl

Charlotte Kerner

Von Seidenwurm und Schmetterling

Vor über 300 Jahren lebte in der Stadt Frankfurt am Main ein Mädchen, das Maria Sibylla Merian hieß. Sie besuchte eine Seidenraupenzucht in der Nähe ihrer Heimatstadt und nahm in einem Kästchen Seidenraupen mit nach Hause. Sorgsam fütterte sie die kleinen Tiere mit den Blättern des Maulbeerbaumes. Ihre »Seidenwürmer« fraßen und fraßen und wurden größer und dicker. Bald ward ihnen ihre Haut zu eng, und sie häuteten sich. Maria Sibylla dachte: Die legen die alte Haut ab, wie ein Mensch ein Hemd über den Kopf auszieht. Gespannt beobachtete sie weiter, daß die Seidenraupe einen Faden webte, um sich einzuspinnen. Das Tier wollte sich in Ruhe verwandeln. In dem gelblichweißen Seidenkokon steckte schließlich ein dunkles, hartes Gebilde. Das nannten die Leute wegen seiner Form und Farbe »Dattelkern«, heute heißt es Puppe. Schließlich schlüpfte aus der braunen Puppe und aus dem schützenden Gespinst der fertige Falter: der Seidenspinner.

Männlein und Weiblein paarten sich, und die Seidenspinnerin legte bald darauf Eier, die wie Hirsekörner aussahen. Aus ihnen krochen klitzekleine Würmlein, die sofort losfraßen. Hatte Maria Sibylla nicht genügend Maulbeerblätter zur Hand, fütterte sie die nimmersatten Raupen mit Salat. Zuvor trocknete sie die Blätter jedoch sorgfältig ab, denn nasse Kost machte die Tiere krank.

Maria Sibylla war dreizehn Jahre alt, als sie diesen aufregenden Vorgängen zusah. Schon damals, im Jahre 1660, versuchte sie diese wundersame Verwandlung zu zeichnen. Ihr Stiefvater hatte ihr in der häuslichen Malerwerkstatt nämlich einen richtigen Arbeitsplatz eingerichtet. Dort gab ein Geselle dem Mädchen Malunterricht und lehrte sie das Kupferstechen.

Maria Sibyllas Mutter schimpfte tüchtig, als die Tochter nach den Seidenwürmern immer mehr und mehr Getier ins Haus schleppte und begeistert beobachtete, was sich in Kisten und Kästchen so tat. Das ernste Mädchen war neugierig geworden und wollte alles genau wissen: Woher kommen die Falter? Was passiert mit den anderen »Dattelkernen«, die im Garten im Erdreich liegen oder auf Blumen und Sträuchern kleben und hängen?

Fast zwanzig Jahre lang sammelte und beobachtete Maria Sibylla Merian die Sommervögel, so nannte man damals die Schmetterlinge. Mit 32 Jahren schrieb sie über die Tag- und Nachtfalter ein Buch, das sie mit prächtigen Kupferstichen schmückte.

Für ihr Werk wählte sie den schönen Titel: »Der Raupen wunderbare Verwandlung und sonderbare Blumennahrung«. Aus dem kleinen Mädchen war die erste deutsche Insektenforscherin geworden. Und das alles verdankte sie dem »hochschätzbaren Seidenwurm«, dem sie deshalb einen Ehrenplatz auf dem Titelblatt einräumte. Durch ihn hatte sie schließlich erkannt, daß jeder Schmetterling vier Entwicklungsstufen durchläuft: vom Ei über die Raupe und Puppe bis zum Falter.

Maria Sibylla Merian, gezeichnet von Willi Glasauer

Um die Insekten und ihre Metamorphose zu erforschen, brauchte Maria Sibylla nicht nur viel Fleiß und Geduld, auch Mut gehörte dazu. Denn nicht alle ihre Zeitgenossen waren überzeugt, daß die Falter auf diese Weise entstehen. Im 17. Jahrhundert ekelten und fürchteten sich viele Menschen vor diesem Gewürm. Sie dachten, das hat der Teufel aus Schlamm gemacht, und Fliegen und Falter hielten sie für ein Werk der Hexen. Wer sich wie Frau Merian Tag für Tag mit solcher Teufels- und Hexenbrut beschäftigte, lief Gefahr, selbst als Hexe angeklagt und auf dem Scheiterhaufen verbrannt zu werden. Der mittelalterliche Aberglaube ging noch um, dem die schillernden Tiere sogar den Namen Schmetterling verdanken. Vor langer Zeit bedeutete das Wort *Schmetten* Milch und Sahne. Alten Überlieferungen zufolge nahmen Hexen die Gestalt der schönen Falter an. In dieser Tarnung leckten sie an den Milch- und Sahnevorräten und verdarben sie. Die Falter waren also Butterfliegen oder Schmantlecker, Schmantdiebe oder Schmantlinge. Daraus entstand der Name »Schmetterling«.

Die Schmetterlinge haben die dreizehnjährige Maria Sibylla in ihren Bann gezogen und nie mehr losgelassen. Noch mit 52 Jahren segelte die Merianin mit ihrer Tochter nach Südamerika. Als alte Frau wagte sie diese abenteuerliche, weite Reise, nur um die prächtigen Schmetterlinge des tropischen Regenwaldes zu sehen und zu zeichnen.

Maria Sibylla Merian wurde fast 70 Jahre alt, sie starb im Winter des Jahres 1717. Der Todestag der »Falterfrau« fiel in die passende Jahreszeit. Denn durch die kalte Winterluft flatterte kein einziger ihrer geliebten Sommervögel.

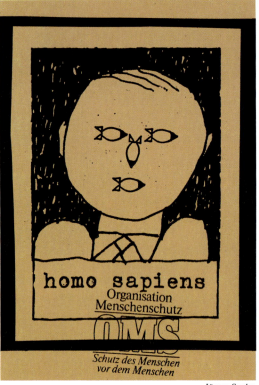

Jürgen Spohn

Josef Guggenmos
Was ist der Löwe von Beruf?

Was ist der Löwe von Beruf?
Löwe ist er. Löwe!
Der Fuchs ist Fuchs, das ist genug.
Möwe ist die Möwe.

Was ist der Mensch? Fabrikarbeiter,
Schüler, Chefarzt, Fahrer.
Was du auch seist – im Hauptberuf
sei Mensch, ein ganzer, wahrer.

*Schmetterling, gezeichnet (1758)
von Maria Sibylla Merian
(einfarbige Wiedergabe)*

Bertolt Brecht
Von den großen Männern

1
Die großen Männer sagen viele dumme Sachen
Sie halten alle Leute für dumm
Und die Leute sagen nichts und lassen sie machen
Dabei geht die Zeit herum.

2
Die großen Männer essen aber und trinken
und füllen sich den Bauch
Und die andern Leute hören von ihren Taten
Und essen und trinken auch.

3
Der große Alexander, um zu leben
Brauchte die Großstadt Babylon
Und es hat andere Leute gegeben
Die brauchten sie nicht. Du bist einer davon.

4
Der große Kopernikus ging nicht schlafen
Er hatte ein Fernrohr in der Hand
Und rechnete aus: die Erde drehe sich um die Sonne
Und glaubte nun, daß er den Himmel verstand.

5
Der große Bert Brecht verstand nicht die
    einfachsten Dinge
Und dachte nach über die schwierigsten, wie zum
    Beispiel das Gras
Und lobte den großen Napoleon
Weil er auch aß.

6
Die großen Männer tun, als ob sie weise wären
Und reden sehr laut – wie die Tauben.
Die großen Männer sollte man ehren
Aber man sollte ihnen nicht glauben.

4 × **Bertolt Brecht.** Wolfgang Rudelius, der diese Brecht-Bilder gemalt hat, schrieb dazu: »b. b. (bertolt brecht) / der qualmte nicht schlecht / und trug – meine Güte / stets Mützen / – nie Hüte!«

Iring Fetscher
Zum Gedicht »Von den großen Männern«

Seite 166–167

Warum nennt man manche Männer eigentlich groß? Nicht, weil sie länger wären als andere, manche – zum Beispiel Napoleon – waren sogar besonders klein! Nein, wohl eher, weil sie ziemlich häufig großes Unglück angerichtet haben: durch Kriege, in denen viele Menschen starben zum Beispiel, oder durch Erfindungen, die das Leben langweiliger und schwieriger machen statt angenehmer und schöner. Man nennt sie »groß«, weil große Wirkungen von ihnen ausgingen. Leider oft ziemlich unangenehme!

Alexander war ein griechischer König, der Tausende von Kilometern nach Osten zog (natürlich nicht allein, sondern mit einem gewaltigen Heer), um – unter anderem – Babylon zu erobern. Seine Landsleute, die Griechen, hatten nicht viel davon, aber er kam in die Geschichtsbücher und ist deshalb – im Unterschied zu seinen Soldaten – bis heute nicht vergessen. Kopernikus hat weniger Schaden angerichtet, sondern ganz richtig erkannt, daß auch die Erde nur ein »Stern« unter anderen ist und sich um sich selbst wie um die Sonne dreht. Er hatte zwar etwas mehr erkannt als die Leute vor ihm, aber von »den Himmel verstehen« konnte keine Rede sein. Heute wissen die Astronomen (die »Himmelskundler«), daß sie das unermeßliche Weltall nie verstehen werden, und dabei sind sie inzwischen sehr viel weitergekommen als der »große Kopernikus«.

Bert Brecht war noch ein ganz junger Mann, als er sich schon »groß« nannte, vielleicht gerade deshalb, weil er zugab, die einfachsten Dinge nicht zu verstehen, oder weil er über so »schwierige Dinge« wie das Gras nachdachte? Oder, weil er Napoleon, der einmal ganz Europa mit seinen Heeren erobert hatte, nur dafür lobte, daß er aß?

Große Männer sind vielleicht gar nicht »groß«, sondern tun nur so? Sie stellen sich auf ein hohes Podium und brüllen laut, damit alle sie hören (dazu benützen sie natürlich heute das Fernsehen). Soll man sie wirklich ehren? Ich glaube, Brecht meint das gar nicht ernst, aber, daß man ihnen *nicht glauben* soll, das hat er wirklich so gemeint. Denn durch unseren Glauben *werden* sie erst groß, und große Männer sind gefährlich!

Ingrid Kötter
Alles in Gottes Hand

Wir standen vor dem Haus, sahen zu den Sternen hinauf.

»Als ich ein kleines Kind war«, sagte meine Oma, »hat meine Großmutter zu mir gesagt: ›Gott hält die Welt und uns alle in seiner Hand.‹

Ich stellte mir Gott damals als alten Mann mit weißem Bart vor und dachte: Er kann die Welt und uns alle nicht immerzu in seiner Hand halten. Alte Männer werden leicht müde. Auch Gott wird eines Tages müde werden. Er wird uns fallen lassen, und was dann?

Ich mußte immerzu daran denken und hatte Angst. Erst als mein Vater mir vom Lauf der Gestirne erzählte, wie wunderbar sich dort alles bewegt und trotzdem Halt und Ordnung hat, wurde ich ruhig und glaubte an einen allmächtigen Gott. Der Himmel mit Sonne, Mond und Sternen bedeutet für mich Aufgehobensein und Frieden.

Du glaubst nicht, Kind, wie wütend ich wurde, als ich hörte, daß sie dort oben Waffen stationieren wollen. Waffen am Himmel. An meinem Himmel. Wenn es nach mir ginge, würde es nie soweit kommen. Nie.«

Es geht leider nicht nach meiner Oma.

Gudrun Pausewang
Zwiegespräche

Björn: Stimmt es, Oma, daß die Wälder nur noch Gerippe sein werden, wenn ich so alt bin wie du?

Oma: Wie? Was? Kannst du dir deine Fragen nicht aufheben, bis der Film vorbei ist? – Gerippe? Unsinn. Es gab schon immer Wald, und es wird immer Wald geben.

Björn: Stimmt es, daß dann die Luft kaum mehr zu atmen sein wird?

Oma: Da müßten wir ja ersticken. Kannst du dir das vorstellen, daß die ganze Menschheit japst – wie Fische auf dem Trockenen?

Björn: Nein – vorstellen kann ich mir das nicht.

Oma: Na also.

Björn: Und stimmt es, daß dann auf den Feldern so gut wie nichts mehr wächst, weil der Boden tot ist?

Oma: Was für Horrorgeschichten! Aber laß mich jetzt in Frieden. Es wird gerade spannend. Guck doch mit!

Björn: Ich hab gehört, daß dann doppelt so viele Menschen wie jetzt auf der Erde leben werden.

Oma: Quälgeist! – Das geht ja gar nicht. So viele haben auf der Erde gar nicht Platz.

Björn: Wird man sie verhungern lassen oder totschlagen?

Oma: Jetzt reicht's aber! Du siehst zu viele Horrorfilme!

Björn: Du hast es gut, Oma. Du brauchst dir das alles nicht vorzustellen. Du brauchst auch nicht darüber nachzudenken. Denn wenn's so kommen wird, bist du nicht mehr da.

Oma: Wovon redest du eigentlich, Junge? – Hallo! Wo rennst du denn hin?

Björn: Stimmt es, Mutti, daß in sechzig Jahren die Wälder fast alle tot sein werden?

Mutter: Stimmt. Wenn wir sie sterben lassen.

Björn: Und die Böden auch?

Mutter: Wenn wir die Hände in den Schoß legen.

Björn: Und daß man dann die Luft kaum mehr atmen kann?

Mutter: Wenn wir nichts dafür tun, daß sie wieder sauber wird.

Björn: Werden dann wirklich doppelt so viele Menschen wie jetzt auf der Erde leben?

Mutter: Es sieht ganz so aus.

Björn: Wenn alles so kommt, möchte ich nicht mehr leben.

Mutter: Du denkst falsch herum, Björn. Denk so: Ich will leben. Aber so, daß es eine Lust ist zu leben. Also muß ich alles tun, damit das Leben eine Lust wird.

Björn: Aber ich allein...

Mutter: Du allein bist fast nichts. Aber alle zusammen könnten es schaffen, wenn sie sich Mühe geben und nicht müde werden...

Björn: Machst du mit?

Mutter: Darauf kannst du dich verlassen!

Kurt Sigel
Doppelt

Einer kann viel mehr wissen
als sieben Gescheite
zwei wissen mehr als einer
aber doppelt so blöd als einer
sind nur zwei Blöde

Schlecht ausgeschlafener Saurigel erschreckt ein müdes Plattraton

Millionen Jahre war es gutgegangen. Sie benahmen sich wie normale Drachen und vertrugen sich mit der Erde, auf der sie lebten.

Aber irgendwann, nach Millionen Jahren, als sie schon glaubten, diese Erde sei nur für sie allein da, dann nämlich, als sie übermütig wurden und sich auch in ihrem Aussehen so veränderten, daß keiner mehr den anderen erkannte, da ging es schnell mit ihnen zu Ende. Auch das ist schon wieder Millionen Jahre her.

Hyperknoton gigans beim täglichen Training

Julius Becke

Demonstration

Es ist erzählt worden, daß in Rußland eine Schar Amseln wie Steine vom Himmel gefallen ist. Die Amseln haben keine Angst vor den weißen Wolken. Sie sind es gewohnt, mit ihnen zusammen über den Himmel zu fliegen. Aber die Wolken sind vergiftet gewesen und haben die Amseln getötet.

»Sie sind verstrahlt worden«, haben die Eltern gesagt.

Weil ein Atomkraftwerk explodiert ist, weit weg in Rußland, hat der Manuel nicht in den Park dürfen, weil der Sand verstrahlt war, das Gras und die Blätter. Die Eltern haben Wörter gesagt, die Manuel noch nie gehört hat: *Caesium, Plutonium, Strontium, Neptunium.* Diese Wörter haben fremd und großartig geklungen, und Manuel hat gedacht, daß er niemanden kennt, der so heißt.

Der Vater hat ihm erklärt, daß man das alles nicht sehen kann, nicht hören kann, nicht schmecken kann, nicht spüren kann. Aber daß es tötet. Nach langer Zeit. Weil es strahlt.

Manuel hat gefragt, was das denn eigentlich ist: strahlen? Und die Mutter hat die Geschichte von *Dädalus* und seinem Sohn *Ikarus* erzählt. Wie die beiden aus ihrer Gefangenschaft entkommen wollten, mit angeklebten Federn sich in die Lüfte gehoben haben, und wie der Sohn zu hoch hinauf wollte und in die Nähe der Sonne gekommen ist. Da hat die Sonne ihn mit ihren Strahlen verbrannt, und er ist abgestürzt ins Meer, bei der Insel Samos.

Ikarus hat nicht gewußt, daß die Strahlen der Sonne nur aus der Ferne gütig sind. Aus der Nähe würde sie die Bäche kochen im Frühjahr, und die Blumen verbrennen im Sommer.

Ikarus hat nicht gewußt, daß die Strahlen der Sonne in der Nähe wie Speere sind, die töten.

»Unsere Atomkraftwerke sind Sonnen«, hat der Vater gesagt. »Es gibt jetzt viele Sonnen auf der Erde. Und wir leben ganz nahe bei ihnen. Wenn eine dieser Sonnen in unserer Nähe explodiert, wird sie uns verstrahlen.«

Und die Mutter hat gesagt, daß sie einen Zusammenhang sieht zwischen Ikarus, der zu hoch hinauf wollte, und den Leuten, die Sonnen erfinden, sie einsperren in eine Betonkugel und denken, daß die Sonnen nun für sie arbeiten und ungefährlich sind.

Am Wochenende hat die Mutter gesagt, daß sie zur Demonstration müssen. Der Vater hat erst nicht recht wollen, weil er am Wochenende lieber zu Hause bleibt und Bilder malt. Aber wie die Eltern gesehen haben, daß man was tun muß, haben sie sich Sonntag in der Frühe aufgemacht mit dem Auto, und auch der Manuel hat mitmüssen, weil er vielleicht Dummheiten macht, wenn er allein zu Hause bleibt.

Schon von weitem haben sie die runden Kugeln von dem Atomkraftwerk gesehen, und sie haben weit laufen müssen, weil sie nicht heranfahren durften mit dem Auto. Und viele tausend Menschen sind mit ihnen gegangen.

Vor dem Atomkraftwerk haben Leute mit Mikrofonen auf einer Bühne gestanden und viel geredet, und manchmal haben die Menschen vor ihnen gepfiffen oder aufgeschrien, so daß es geklungen hat, als würde ein Unwetter kommen.

Manuel hat nicht viel sehen können, weil er nicht höher gereicht hat als bis zu den Schultern von den Erwachsenen, die um ihn herumgestanden haben. Weil es für ihn langweilig war, hatte er schon längst die Hand von seiner Mutter losgelassen.

Plötzlich ist aber wieder ein großes Geschrei aufgekommen, und Manuel hat verstanden, was gerufen wurde: »Aufhören« und »Steine weg!«

In die Beine um ihn herum ist Bewegung gekommen. Er ist gepreßt und gedrückt worden. Er war eingeklemmt zwischen Menschen, die selbst geschoben wurden, wohin sie nicht wollten, und ein Hubschrauber ist so tief heruntergekommen, daß ein scharfer Wind über ihre Köpfe hinweggewirbelt ist. Manuel hat nach seinen Eltern gerufen, aber der Motorlärm von dem Hubschrauber hat weh getan in den Ohren. Da hat er schreien können, wie er wollte.

Der Manuel hat noch eine Reihe Polizisten gesehen, mit Schildern und schwarzen Stöcken und weißen Helmen mit Fenstern drin, und ist dann hingefallen und hat nichts mehr gewußt. Wie er wieder zu sich gekommen ist, hat ein großer Mann ihn auf den Armen gehalten und hat ihn zu der Bühne getragen, wo vorher die Redner mit den Mikrofonen gestanden haben.

Wie der Manuel dann auf den Schultern von dem großen Mann gesessen hat, da hat er die Menschenmenge gesehen, die sich bewegt hat wie die Wellen eines Meeres, und er hat nicht mehr hoffen können, daß er seine Eltern wiederfindet. Aber der große Mann hat ihn festgehalten auf seinen Schultern.

Die Tränen sind dem Manuel erst gekommen, als er seine Eltern vor sich gesehen hat. Die beiden sind bleich gewesen vor Schreck.

Der große Mann hat den Manuel heruntergelassen auf den Boden und hat gesagt, daß er ein Tapferer ist. Und da haben sie alle gelacht.

Wie sie auf der Rückfahrt waren, haben die Eltern gesagt, daß die Friedlichen in der Mehrzahl waren und daß die Steinewerfer zurückgedrängt worden sind und

daß es im Fernsehen zu sehen sein wird und daß in der Zeitung geschrieben werden wird von ihrem Widerstand gegen den Wahnsinn der Atomkraft.

Auf der Autobahn waren viele tausend Autos. Wenn sie ein Auto gesehen haben, daß eine gelbe Sonne hinten auf dem Rückfenster hatte, da haben die Eltern und Manuel gewinkt, und der Vater hat gesagt: »Wieder einer von den unseren!«

Es ist schon Abend gewesen, wie sie auf das Gebirge zugefahren sind, das hinter ihrer Stadt liegt. Die Bäume haben sich schon schwarz abgehoben von dem dunkelblauen Himmel, und der Manuel hat gerade noch den Turm erkennen können, zu dem sie oft hinspazieren. Dort ist eine große Wiese, auf der sie liegen und Picknick machen können, und ein Bach, dessen Wasser der Manuel mit weißen Steinen aufstaut, damit sein Schiff schwimmen kann. Und ein Baumhaus gibt es dort auch, für die Jäger.

An diesem Sonntagabend sind sie alle drei zur gleichen Zeit schlafen gegangen, und der Manuel hat gespürt, daß sie zusammengehören und daß es schön ist zu leben.

Josef Wittmann

Hänsel und Gretel

Nichts als die Not gekannt.
Beim Stehlen erwischt.
Eingesperrt.
Ausgebrochen:
den Aufseher umgebracht.

Und aus so was,
meinst du,
soll noch mal was werden?

Sara Krüger
Ein Märchen

Annes Lieblingsmärchen heißt: Die kluge Else. Die kluge Else muß in den Keller, Bier holen. Sie sieht eine Kreuzhacke über dem Faß hängen. Sie grault sich, daß die Hacke herunterfallen und ihren zukünftigen Sohn erschlagen wird.
Anne wird auch manchmal in den Keller geschickt, nach einer Flasche Saft oder einem Glas Marmelade. Der Keller ist zwei Stockwerke tief unter der Erde, und Anne bekommt eine Gänsehaut. Es gibt keine Hacke, die herunterfallen könnte, aber ein Kreuz ist an die Wand gemalt. Ein Hakenkreuz.

Das Hakenkreuz ist Anne unheimlich. Sie weiß nicht, wer es dort hingemalt hat. Wenn sie fragt, verziehen die Eltern das Gesicht und sagen: »Davon wollen wir nichts wissen.«

Die kluge Else wird später von ihrem Mann davongejagt. Sie irrt in der Welt herum und fragt: »Bin ich's oder bin ich's nicht?«

Hans Manz

Frage und Antwort

Seite 175–176

Carmine war einer von denen, die zu jeder Stunde des Tages befürchten, etwas zu verpassen. Hielt er sich draußen auf, dachte er daran, was inzwischen im Hause geschehen könnte, ohne sein Mitwissen. Befand er sich im Haus, war's gerade umgekehrt.

Einmal stand er drinnen an einem Vorderfenster der Wohnung und blickte hinaus. Die Sonne schickte sich an, ins Meer abzustürzen. Über die Mittagszeit hing sie faul am Himmel, kroch dahin. Am Abend jedoch beeilte sie sich immer, ihr Bad zu nehmen. Vorher allerdings bündelte sie nochmals ihre Strahlen und breitete sie in der Gasse unter Carmines Fenster aus. Sie kletterten die Hauswände empor, malten sie rot aus.

Aus dem offenen Hauseingang, Carmines Fenster gegenüber, aber zwei Stockwerke tiefer, trat der alte Guido mit den weißen Haaren und den zu kurzen Hosen. Er trug den Stuhl vor sich her, stellte ihn an die Mauer neben dem Eingang. Er drehte sich um und nahm Lina, seiner Frau, den Stuhl ab. Auch Lina war alt, aber dicker und gebeugter. Sie keuchte bei jedem Schritt. Nun saßen sie nebeneinander, stumm, die Rücken zur Wand, die Füße in der Gasse. Lina hielt die Hände im Schoß, Guido die seinen auf den Schenkeln. Liebten sich ein Mann und eine Frau, die so alt und so runzlig waren, immer noch? Sooft Carmine die Alten auch beobachtete: Er hatte bis jetzt keine Antwort gefunden auf diese Frage.

Sie saßen und blickten gaßauf und gaßab. Oder Guido blickte gaßab und Lina gaßauf. Zuweilen trat ein Vorübergehender zu ihnen. Sie redeten mit ihm. Oder eine Frau plauderte mit Lina, während sich ein Mann allein mit Guido unterhielt.

Die Sonne hatte sich unterdessen ins Meer gesenkt. Die Hausmauern blieben aber noch eine Weile lang warm. Erst später, wenn Lina den Schal enger um die Schultern zog, blickte Guido sie an und erhob sich. Er trug seinen Stuhl in den offenen Eingang zurück. Lina reichte ihm den ihren. Die beiden Alten verschwanden im Haus.

Carmine beobachtete Guido oft auch aus einem Hinterfenster der Wohnung. Unterhalb der Küche war da ein kleines Stück Land. Ein verfallener, rostiger Zaun lief drum herum. Jeden Morgen, nicht allzu früh, erschien Guido hier, um die Tomaten, Bohnen und Zwiebeln, die er bis jetzt noch jedes Jahr gepflanzt hatte, zu gießen. Hinterher ging er zu einem Bretterverschlag, auf dem ein Wellblech lag, und klatschte mit den Händen eine einzige braune Henne heraus, die im Stall wohnte. Er ließ sie im Gras und in der Erde herumpicken, wobei er genau aufpaßte, daß sie ihm nicht hinter seine Pflanzen ging. Schließlich scheuchte er sie – gsch, gsch, gsch – wieder in den Stall zurück.

Im späten Winter, als die Mandelbäume blühten, starb Lina. Am Tag der Beerdigung stand Carmine am Vorderfenster auf Posten. Er sah, wie das lackschwarze Auto vor Guidos Eingang hielt. Es war mit Silberzeug verziert, das aussah wie lange Federn, aber wohl Palmblätter darstellen sollte. Im fensterlosen Hinterbau des Autos lag der Sarg, und im Sarg lag Lina. Das wußte Carmine.

Guido trat auf die Gasse, im Sonntagskleid, das auch zu kurze Hosen hatte. Carmine preßte seine Nase ans Fenster. Das Gesicht des alten Mannes war eher verstört als traurig. Und wenn ihm die Leute tröstend und bedauernd die Hand drückten, schaute er sie zerstreut an, als ob er sie nicht verstünde. Die Leute reihten sich, in respektvollem Abstand zu ihm, im Trauerzug ein. Guido ging, begleitet von seinem Sohn, hinter dem schwarzen Auto her, hielt den Kopf gesenkt. Mehr konnte Carmine nicht entdekken.

Am späten Nachmittag, Carmine war dabei, Milch aus dem Kühlschrank zu nehmen, hörte er unter dem Küchenfenster eine Stimme, die sich so fremd und so unverständlich anhörte, daß sie Carmines Neugier weckte. Dort, wo sich der Rosmarinbusch an den Rostzaun lehnte und ihn bald einmal zum Kippen bringen würde, saß Guido auf dem Mäuerchen. In seinem Schoß lag die braune Henne. Guido hielt den Kopf über sie gebeugt, strich ihr mit der Hand übers Gefieder. Kraftvoll, ohne je innezuhalten, und doch zart. Er sprach mit ihr: »Tschu tschu tschu oia oia oia ts ts ts tschu tschu tschu.« Die Henne hatte sich ganz in seinen Schoß geschmiegt und antwortete. Sie gluckte leise und zufrieden, während er sie unablässig weiter streichelte. Manchmal wurde seine Stimme ganz hoch: »Tschu tschu oia oia tsu tsu tsu tsu.«

Es dunkelte. Guido trug die Henne auf den Armen ins Ställchen zurück, schloß es ab und wischte sich die Augen aus.

Carmine stand und horchte im Hintergrund der Küche, als Guido auch am nächsten Morgen und am folgenden Nachmittag beim Rosmarinbusch saß und die braune Henne im Schoß hielt.

Carmine glaubte, jetzt alles zu wissen.

Rolf Schneider

Das Märchen vom Bärwolf und der guten Prinzessin

Seite 177–181

Es war einmal ein König, der hatte eine Krone, einen Vollbart, eine Königin, eine stolze Burg und drei Töchter. Könige haben immer drei Töchter. Die ersten beiden sind immer böse, und die letzte ist immer gut. So ist das bei den Königen.

Von den drei Töchtern aber sagte die erste: »Ach, ich möchte mal was erleben.«

»Ei«, sagte die zweite, »das möchte ich auch.«

Die dritte sagte gar nichts. Sie wußte, daß sie bald etwas erleben würde. Damit ihr die beiden bösen Schwestern nicht dazwischenkämen, hielt sie lieber den Mund. Sie war eben nicht nur gut, sondern auch ziemlich schlau.

Und schon bald kam ein großes freundliches Pferd und nahm die gute schlaue Königstochter auf seinen Rücken. Die war darüber kein bißchen erstaunt. Sie hatte es schließlich vorher gewußt. Sie hatte zwei gute Freunde, einen Bären und eine Fledermaus, die hatten ihr alles verraten.

Und jetzt waren die beiden natürlich auch zugegen, der Bär und die Fledermaus. Und sie sahen zu, wie die Königstochter auf dem großen freundlichen Pferd davonritt. Und die Fledermaus pfiff ein bißchen. Fledermäuse sind nämlich, wenn sie nur wollen, ausgezeichnete Pfeifer, aber meistens wollen sie nicht.

Das Pferd lief mit der guten Königstochter auf dem Rücken bis in einen Blumengarten. Dort stieg die Königstochter ab.

Der Blumengarten war voller Vögel, Bienen und Pflanzen. Die Pflanzen waren so groß und so zahlreich, daß man die Bienen und Vögel überhaupt nicht mehr sah.

Und die Königstochter stellte sich vor eine Rose. Die Rose war ganz riesig. Die Rose war genauso groß wie die Königstochter.

Einer von uns beiden ist hier überflüssig, dachte die Königstochter, und schwupp! hatte sie die Rose abgebrochen.

Ihr Vater, der König, war gerade in Geberlaune. Er hatte sich in seine Schatzkammer begeben und eine Schatztruhe geöffnet. Darin lagen Ketten, Ringe, Leuchter, Ringe und Ketten, alles aus Silber und Gold.

»Wer von euch will das Zeug haben?« rief fröhlich der König.

»Ich«, schrie die älteste Tochter hinter ihrem Fenster.

»Ich«, schrie die zweitälteste Tochter hinter ihrem Fenster.

Die dritte Tochter sagte gar nichts. Sie war gerade wieder heimgekommen, um die riesige Rose ins Wasser zu stellen.

Was aber tat jetzt der König? Er schenkte alle Schätze seiner dritten Tochter. Denn erstens liebte er sie, zweitens gingen ihm die Schreie der beiden anderen Töchter auf die Nerven, und drittens gefiel ihm die Rose. Der König war nämlich ein Blumenfreund.

Ha, da schrien aber die beiden älteren Königstöchter, und zwar schrien sie jetzt aus Empörung und aus Wut. Der dritten Königstochter blieb nichts anderes übrig, als die Schätze zu packen und hinauszulaufen.

Vor dem Schloß wartete auf sie das freundliche Pferd. Es hatte in der Zwischenzeit viel Klee und Gras gefressen, und dadurch war es stark geworden.

Die Königstochter setzte sich wieder in den Sattel. Sie ritt eilig von der stolzen Burg ihres Vaters davon. Hu, wie da die schrillen Stimmen ihrer Schwestern hinter ihr herschollen!

Aber das hörte sie nicht. Das Hufeklappern von dem Pferd war viel lauter. Sie floh bis zu ihrem guten Freund, dem Bären. Der war nun nicht bloß ein Bär, der war auch noch ein Zauberer. Und als die gute Königstochter sich ein bißchen ausgeruht hatte, dachte sie auf einmal an ihren Vater, den König, und dachte daran, wie es ihm jetzt wohl ergehen mochte.

Da machte der Bär einen Zauber. Und die Königstochter sah auf diese Weise, wie ihr Vater schlief. Ganz erschöpft und kummervoll lag er da, weil ihn seine beiden älteren Töchter den ganzen Tag über beschimpft hatten. Und während er also schlief, berieten die beiden bösen Prinzessinnen viele böse Pläne.

Ich muß etwas tun, dachte die gute Königstochter. »Ich muß etwas tun«, sagte sie laut zu ihrem Freund, dem Bären.

»Ei«, entgegnete der, »da weiß ich was. Du hast doch jetzt viele Schätze. Wir gehen zusammen in die nächste Stadt und kaufen dir von den Schätzen viele nützliche Dinge.«

Die Königstochter wußte, daß der Bär ein ungemein schlauer Bär war, sonst hätte er auch nicht gewußt, wie man zaubert. Und so gingen die beiden in die nächste Stadt und kauften von den Schätzen: ein Kleid, einen Mantel, einen Apfel und eine Kutsche.

Das Kleid und den Mantel zog die Königstochter an. Von dem Apfel aß sie die Hälfte. Vor die Kutsche spannte sie das große freundliche Pferd, setzte sich selber in die Kutsche, legte sich den Bären zu ihren Füßen und fuhr einfach los – so geschwind, daß die Sterne stoben.

Daheim, in der stolzen Burg, bei ihrem Vater, dem König, wurde inzwischen ein gesetzlicher Beschluß gefaßt.

Die beiden älteren Prinzessinnen sagten, sie würden nicht mehr schrille Schreie ausstoßen, sondern damit einverstanden sein, daß ihre jüngste Schwester die Schätze behielt, wenn die dafür das häßlichste Wesen, das denkbar wäre, zum Manne nähme.

Der König war damit ganz einverstanden. Er war so müde und hatte auch solche Angst vor den schrillen Stimmen, daß er einfach ja sagte.

Die beiden bösen Prinzessinnen aber dachten für sich: Ein so häßliches Wesen zum Manne nimmt unsere Schwester bestimmt nicht. Dann aber fallen die Schätze an uns zurück, und wir teilen sie.

Da traf die gute Königstochter wieder auf der stolzen Burg ein. Weil sie jetzt in einer Kutsche kam, wurde sie zuerst gar nicht erkannt.

»Wer kommt denn da?« riefen die beiden bösen Prinzessinnen, und ihre Stimmen waren schon wieder beinahe schrill.

»Ich komme«, entgegnete die gute Königstochter, »ich, eure Schwester.«

»Fein«, sagte der König, »daß du wieder da bist.«

»Halt!« sagte die älteste Prinzessin. »Wir haben vereinbart, daß du ein besonders häßliches Wesen heiraten sollst. Dann kannst du alle deine Schätze behalten. Wenn du das aber nicht tust, nehmen wir dir die Schätze ab und stecken dich in den Schuldturm.«

»Ist das wahr?« fragte die gute Prinzessin ihren Vater.

»Ach«, sagte der, »ich habe mich überreden lassen, und nun ist die Sache Gesetz.«

Da wußte die gute Prinzessin, daß ihr nichts anderes übrigblieb. Sie wollte keine Gesetzesbrecherin sein, und sie liebte ihren Vater auch sehr.

Sie ging zurück in ihre Kutsche und sagte zu dem Bären: »Höre, Bär, bist du häßlich?«

»Das finde ich eigentlich nicht«, antwortete der Bär.

»Ich brauche ein häßliches Wesen, das häßlichste der Welt«, sagte das Mädchen. »Du bist doch ein Zauberer, Bär. Zaubere mir ein Scheusal.«

Und der Bär tat, wie ihm geheißen. Er ließ sich einen zweiten Kopf wachsen, drei zusätzliche Beine. Aber der zweite Kopf hatte immer noch ein freundliches Bärengesicht, und mit sieben Beinen läßt sich schneller laufen als mit vieren, auch wenn es vielleicht etwas ulkig aussieht.

»Das ist mir alles nicht scheußlich genug«, sagte die gute Prinzessin.

Der Bär dachte nach und fand, die häßlichsten Tiere im Märchen seien immer die Wölfe gewesen. Also verwandelte er sich halb in einen Wolf. Er war jetzt ein Bärwolf und richtiggehend scheußlich.

Mit ihm an der Hand trat die gute Prinzessin vor ihren Vater und ihre beiden anderen Schwestern und sagte: »Den will ich heiraten.«

Die beiden Schwestern hatten sich eigentlich vorgenommen, daß, wenn ihre Schwester tatsächlich mit einem häßlichen Wesen aufträte, sie es auf keinen Fall häßlich genug finden wollten, und so würden sie es weitertreiben, bis das Mädchen im Schuldturm saß. Der Anblick des Bärwolfs verschlug ihnen aber die Sprache. Das war wirklich ein scheußlicher Kerl! Und da sie nichts sagten, war die Sache beschlossen.

Die Hochzeit wurde gleich angesetzt, auf den übernächsten Tag. In der stolzen Burg war ein fieberhaftes Kommen und Gehen. Die Schneider schneiderten, die Köche kochten, und die Fuhrknechte putzten alle Kutschen.

Die gute Königstochter sah sich ihren Bärwolf an, und der war nun wirklich sehr häßlich.

»Den willst du heiraten?« wisperte die älteste von ihren Schwestern in ihr Ohr. »So ein Scheusal?«

»Noch kannst du zurück«, wisperte die zweitälteste Schwester, »an deiner Stelle würde ich mir die Sache überlegen.«

Mehrere Male am Tag wurde so geflüstert, und der guten Prinzessin wurde immer schwerer ums Herz. Einen Bärwolf hatte sie nie heiraten wollen. Einen Admiral vielleicht, wenn schon keinen Prinzen, und eher noch einen Oberförster als einen Bärwolf.

Die beiden bösen Schwestern sahen, wie sich ihre Schwester veränderte, und hofften, daß sich für sie alles noch zum Besten wenden würde.

Der Bärwolf lag unterdessen auf seinem Rücken und schnarchte laut.

Die Hochzeit fand statt. Die jüngste der drei Königstöchter heiratete. Sie ging mit dem Bärwolf weinend in die Kirche und vor den Traualtar, aber als sie gerade getraut worden war, verwandelte sich der Bärwolf sofort in einen schönen jungen Prinzen. Er war ja vor allem ein Zauberer, und Zauberer können sehr viel.

So wurde die Hochzeit zu einem großen und fröhlichen Fest. Die Braut trug ein Kleid mit einer langen Schleppe, die von mehreren Brautjungfern gehalten werden mußte. Das Brautpaar strahlte, und der König war zufrieden.

Bloß die bösen Schwestern ärgerten sich außerordentlich, aber das zeigten sie nicht.

Die Fledermaus pfiff die ganze Zeit über leise vor sich hin. Sie hatte sich in den Schuldturm gesetzt, wo man sie nicht sah.

Es wurde dann eine enorm friedliche Herrschaftsperiode. In dem stolzen Schloß regierten Saus und Braus, es wurde Musik gemacht, und die gute Königstochter kriegte von ihrem ehemaligen Bärwolf viele lustige Kinder.

Sie hatte gar keine Lust, in der Gegend herumzufahren, und deswegen verfiel zum Beispiel die Kutsche, die sie einmal für ihre Schätze in der fremden Stadt gekauft hatte. In der Kutsche aber hatte immer noch ein angebissener Apfel gelegen. Der verfaulte dann, und aus seinen Kernen wuchs ein ganzer Apfelbaum. Der Apfelbaum wuchs aus der verfallenden Kutsche, was zuerst ein ziemlich komischer Anblick war, bis die Kutsche gänzlich zusammenkrachte und bloß noch Erde war. Und der Apfelbaum kriegte wieder Früchte, und die fielen zur Erde, und daraus wuchsen neue Apfelbäume, und so entstand ein ganzer Apfelwald.

Die beiden bösen Prinzessinnen ließen die Äpfel ernten und verkauften sie im Ausland. Dadurch wurden sie schließlich reich und hatten, was sie wollten. Sie waren jetzt überhaupt nicht mehr böse. Die Fledermaus kriegte ihrerseits viele Kinder, die in den Apfelzweigen hingen und leise vor sich hin pfiffen, wie ihre Mutter.

Schließlich wuchs das ganze Königreich mit Apfelwäldern zu. Im Ausland hatten sich die Leute an Äpfeln satt gegessen, und so entstand eine regelrechte Krise.

Natürlich mußte da was passieren. Aber das ist schon wieder eine andere Geschichte.

Sara Krüger

Neuigkeiten

Der Vater fährt jeden Tag zur Arbeit in die Stadt. Jeden Abend kommt er um 6 Uhr nach Hause.
Die Mutter ist mit dem Abendessen fertig. Die ganze Familie setzt sich an den Tisch, und dann stellt der Vater jeden Abend die gleiche Frage: »Was gibt's Neues?«
Anne erzählt von der Schule, die kleine Schwester erzählt vom Kindergarten, und die Mutter erzählt, wen sie beim Einkaufen getroffen hat.

Viele Neuigkeiten gibt es nicht.

Wenn Anne fragt: »Und bei dir, Papa, was gibt's bei dir Neues?« winkt er müde ab und sagt: »Ach je, immer denselben Ärger.«

Anne wundert sich: Da fährt einer jeden Tag in die Stadt und kann nichts erzählen!

Doch eines Abends spielt Anne nicht mehr mit. Auf die Frage: »Was gibt's Neues?«, zuckt sie mit den Achseln und sagt: »Was soll schon passiert sein? Jeden Tag derselbe Scheiß!«

Karin Gündisch
Lisa

Lisa spielt gern Flöte. Wenn sie Flöte spielt, vergißt sie alles andere.

Die Mutter hört gern zu. Manchmal hat sie aber keine Zeit zum Zuhören. Ich hab Arbeit, sagt sie.

Lisa kommt mit der Flöte in die Küche.

Trag mal schnell die leeren Gläser in den Keller, sagt die Mutter.

Lisa trägt die Gläser maulend in den Keller.

Als sie wieder in der Küche ist, sagt die Mutter: Räum doch mal schnell den Geschirrspüler aus!

Sehr widerwillig räumt Lisa das Geschirr in den Schrank.

Wie ein Wiesel flitzt die Mutter in der Küche hin und her. Sie hat viel Arbeit, denn es kommen Gäste zum Abendessen.

Wenn du noch schnell den Tisch decken könntest, sagt sie.

Nun reicht es Lisa aber. Sie heult. Ich wollte dir doch auf der Flöte vorspielen...

Siehst du denn nicht ein, daß ich unter Druck stehe? Siehst du das nicht ein, daß du mir helfen mußt?

Muß ich noch was tun? fragt Lisa.

Nein, sagt die Mutter, ich bin auch bald fertig.

Immer, wenn ich dir in die Nähe komme, gibst du mir einen Auftrag, schnieft Lisa. Sie nimmt die Flöte und geht ins Wohnzimmer.

Jetzt habe ich Lisa die Lust am Flötenspiel verdorben, jetzt ist Lisa mißgestimmt, denkt die Mutter. Sie selbst ist auch mißgestimmt.

Da klingt aus dem Wohnzimmer ein Lied.

Die Mutter läßt die Arbeit liegen und geht hinüber.

Lisa spielt eine Polonaise von Mozart. Die Mutter hört zu.

Als Lisa fertig ist mit dem Spiel, fragt die Mutter: Tröstet dich die Musik? Lisa nickt. Sie ist nicht mehr verärgert. Auch die Mutter ist nicht mehr verärgert. Lisa musiziert weiter, und die ganze Welt besteht nur noch aus herrlichen Klängen.

Huberta Zeevaert
Der Freitag und der Donnerstag

Der Freitag sucht den Donnerstag.
Er möchte ihn empfangen.
Der Donnerstag jedoch, er ist
schon längst vorbeigegangen.

LINIEN

ANGST

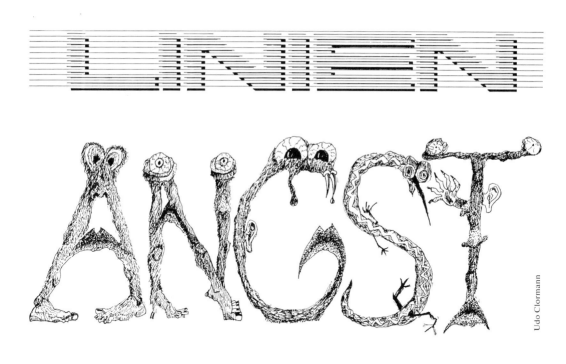

Udo Clormann

FLIMMERN

Anderssein

VERLAUF

ZEITUNGSGESCHICHTEN: Mach dir eine Zeitung selbst. Was dir auffällt in der Tageszeitung – ausschneiden und neu zusammenstellen, aufkleben . . .

①

Jessica sang und weinte
Ganz Amerika bangt um das kleine Mädchen im Brunnenschacht

Von unserem Korrespondenten Rainer Bonhorst

Washington. Reba Gail McClure ging nur mal schnell ins Haus, weil das Telefon klingelte. Sekunden später geschah draußen im Garten das Unglück, an dem ganz Amerika seit drei Tagen Anteil nimmt. So lange muß ihr 18 Monate altes Töchterchen in einem engen unterirdischen Gefängnis bereits aushalten, während Rettungsmannschaften keuchend und zu Tränen gerührt versuchen, sich mit Bohrern durch den harten Felsboden von Midland (Texas) an das kleine Mädchen heranzuarbeiten.

Die kleine Jessica war in einen Brunnenschacht gefallen und hatte sich sechseinhalb Meter unter der Erde in einem stählernen Reservoir gefangen. Dort unten hörte man sie dann mit Hilfe eines hinabgelassenen Mikrophons drei Tage lang weinen, singen, Kinderverse aufsagen, aber auch ruhig schlafen, während ihre Eltern, Reba Gail und Chip McClure, selber nur 17 und 18 Jahre alt, an der Unglücksstelle verzweifelten. „Sie ist ein tapferes Mädchen", sagte einer ihrer Verwandten, als die kleine Jessica nach einer zweiten schlimmen Nacht in ihrem unterirdischen Loch wieder „Mammi" rief und durch das Mikrophon klarmachte, daß sie langsam „hungrig" sei.

Die Rettungsarbeiter waren gestern endlich zu der Kleinen durchgestoßen. Die Leiden der 18 Monate alten Jessica aber waren damit noch nicht ganz zu Ende. Der Schacht, der sie aus ihrem unterirdischen Gefängnis befreien sollte, war noch viel zu eng, um sie herauszuholen und mußte – eine Arbeit, die zunächst noch andauerte – erst noch verbreitert werden. Bis zuletzt blieb dies ein gefährliches Unterfangen.

Die Sorge der Retter: Sie wollten die Kleine so schnell wie möglich befreien, mußten aber bei ihren Bohrarbeiten behutsam vorgehen, um eine Erdverschüttung zu vermeiden. Freiwillige bohrten einen Parallelschacht in die Tiefe, und von dort einen Querschacht schräg nach oben. Ihr Ziel: Die Kleine sollte ihnen förmlich in die Arme fallen. Doch was anfangs wie eine Arbeit von Stunden aussah, dehnte sich zu einem tagelangen Dauerdrama aus. Die freiwilligen Bergungshelfer tauchten in 30-Minuten-Schichten in die Tiefe. Doch je tiefer sie bohrten desto härter wurde der Fels. Bei Redaktionsschluß dauerten die Rettungsarbeiten noch an.

Ein betagtes Ehepaar ist in seinem Garten am Rand des Dorfes Longraye bei Caen (Normandie) erfroren. Die Gendarmerie berichtete am Donnerstag, die 68 Jahre alte Frau, die an Krücken gehen mußte, habe ihre Hunde füttern wollen. Sie sei dabei ausgerutscht und hingefallen. Ihr 70 Jahre alter Mann sei zu Hilfe geeilt, jedoch ebenfalls gestürzt. Die beiden hätten sich nicht mehr erheben können, hieß es. Eine Nachbarin habe am anderen Morgen die Erfrorenen gefunden. (AFP)

Mit dem großen Zeh Raubfisch geangelt

Moskau. (dpa) Seine Gewohnheit, beim Angeln die Füße im Wasser zu kühlen, hat einem Angler in der Sowjetrepublik Tadschikistan einen ungewöhnlichen Fang beschert: Mit dem großen Zeh zog der Mann einen Schlangenkopf-Fisch an Land. Wie die Parteizeitung „Prawda" berichtete, habe dem Raubfisch der vermeintliche Köder so gut gefallen, daß er ihn nicht mehr losgelassen habe. Schreiend lief der Angler ans Ufer – den einen Kilogramm schweren Fisch am Zeh.

Aus: Weinheimer Nachrichten, Oktober 87

Kind stürzte in einen Brunnen
Rettungsmannschaften im Wettlauf mit der Zeit

Midland. (AP) In Midland im US-Staat Texas war gestern eine dramatische Rettungsaktion mit dem Ziel im Gange, ein 18 Monate altes Mädchen zu bergen, das in sechs Metern Tiefe in einem Brunnen steckte. Wie die Polizei mitteilte, war Jessica McClure am Mittwoch gegen 15.30 Uhr MEZ beim Spielen in den nicht mehr benutzten Brunnen im Hinterhof eines Kindergartens gefallen, der von ihrer Mutter Reba Gayle McClure betrieben wird. Nach Angaben eines Notarztes am Unglücksort dürfte das Kleinkind nicht länger als 36 Stunden überleben.

Rettungsarbeiter waren gestern dabei, einen parallelen Schacht zu dem Brunnen zu bohren. Sie teilten mit, sie planten, den Schacht bis auf 8,50 Meter Tiefe zu bohren, um sich dann von schräg unten zu Jessica vorzuarbeiten. Damit solle vermieden werden, daß das Kind von Gesteinstrümmern veschüttet wird. Die Bohrarbeiten gestalteten sich schwierig, weil sich die Bergungsmannschaften durch Felsgestein durcharbeiten müssen. Zeitweise schaffen sie in einer Stunde nur wenige Zentimeter. Der Rettungsschacht hat einen Durchmesser von einem Meter.

Während der Nacht war über einen Schlauch warme Luft in den Brunnen gepumpt worden, damit Jessica nicht unterkühlt wird. Außerdem wurde Sauerstoff in die Tiefe gepumpt. Nachdem das Kind in der Nacht erschöpft geschlafen hatte, wachte es gestern morgen wieder auf und begann zu weinen. Die Retter werteten dies als gutes Zeichen. Es deute darauf hin, daß die Kleine noch in guter gesundheitlicher Verfassung sei.

Am Rande des Brunnens betete Jessicas Mutter zusammen mit Freunden und Nachbarn für die Rettung der Kleinen. Der Brunnen hat an der Stelle, an der das Kind hineinfiel, nur einen Durchmesser von 20 Zentimetern. Weiter unten erweitert er sich. An der Stelle, an der das Kind steckt, ist er nur noch 15 Zentimeter breit.

In den Brunnen wurden außer dem Warmluftschlauch und der Sauerstoffleitung auch ein Mikrophon und ein Lautsprecher hinuntergelassen, damit die Mutter mit dem Kind sprechen kann. Auch eine Videokamera wurde in den Brunnen gesenkt.

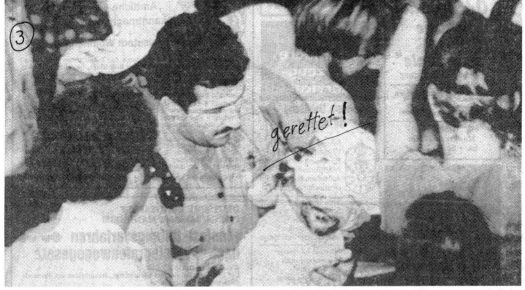

Die kleine Jessica McClure aus Midland in Texas hat nach ihrem Sturz in einen Brunnen noch nicht alles überstanden. Wird sie ihren rechten Fuß verlieren, fragten sich gestern die Eltern und mit ihnen Millionen von Amerikanern, die die dramatische Rettungsaktion zweieinhalb Tage am Fernsehschirm verfolgten. Rund 58 qualvolle Stunden bangte Amerika um das Schicksal der Kleinen (wir berichteten). Dann kam die erlösende Nachricht. Die 18 Monate alte Jessica konnte aus ihrem Gefängnis sieben Meter unter der Erde befreit werden. Ob eine Amputation nötig sein wird, konnten die Ärzte gestern noch nicht sagen. Der Fuß war zweieinhalb Tage eingeklemmt gewesen und kaum durchblutet worden. Am Samstag hatten die Ärzte Jessica operiert. Wahrscheinlich werde es Wochen dauern, ehe Klarheit herrsche.   Bild: dpa

Franz Hohler
Ein starkes Erlebnis

Ein Nachtwächter fuhr auf seiner Tour nachts um zwölf mit dem Velo über ein Fabrikareal. Auf einmal hielt er an und traute seinen Ohren nicht. Was war das für ein wunderschöner Vogelgesang?
Er blieb eine Weile lauschend stehen, und obwohl er noch nie in seinem Leben einen solchen Vogel gehört hatte, war ihm klar, daß das nur eine Nachtigall sein konnte. Er ließ den Strahl seiner Taschenlampe ringsum in die Höhe gleiten, und da sah er den Vogel, zuoberst auf dem Fabrikschlot.

Ohne genau zu wissen, warum, kletterte er die Metallsprossen des Kamins hoch, bis er oben beim Vogel war, der ihn erstaunt anblickte und seinen Gesang unterbrach.

»Hallo«, sagte der Nachtwächter, »ich wollte nur sagen, wie schön es ist, wenn du hier singst.«

»Danke«, sagte die Nachtigall.

»Bist du morgen wieder da?« fragte der Nachtwächter.

»Nein«, sagte die Nachtigall, »ich bin sonst immer in den Auenwäldern, aber heute hat es mich in die Stadt gezogen.«

»Schade«, sagte der Nachtwächter, »ich würde dich gern wieder hören.«

»Dann komm halt mit«, sagte die Nachtigall, und wenig später wunderten sich zwei Streifenpolizisten außerordentlich, als sie einen Nachtwächter daherradeln sahen, von dessen Schultern eine Nachtigall flötete, und am andern Abend wunderten sich die Einsatzleiter in der Nachtwächterzentrale noch mehr, als sich der Wächter Willy, sonst ein Muster an Pünktlichkeit, nicht zum Dienst meldete, und als bei ihm zu Hause, sooft sie ihn auch anriefen, einfach niemand das Telefon abnahm.

Mario Grasso

Kurt Sigel
Wollen

Wenn wir wollten wie wir können
und könnten wie wir wollen
täten wir wollen daß wir wirklich so wollen
wie wir können
dann könnten wir wollen können
oder wollen wollen
wie wir wirklich wollen
wirklich!

NEULICH RÄUMTE MEINE MUTTER MEIN ZIMMER AUF.

ALSO MANCHMAL SPINNT SIE EIN BISSCHEN!

Ulf Carow

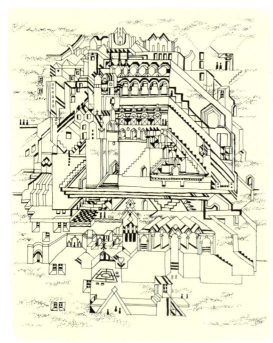

Traumhaus von Eleonore Schmid
»Der Bau von Luftschlössern kostet nichts –
aber ihre Zerstörung ist sehr teuer.«

Ingrid Gullatz
Das Poesiealbum

Seite 188–191

Seit er denken konnte, war Franz mit Nele befreundet. Sie wohnte mit ihren Eltern und Geschwistern im Haus neben Onkel Herbert. Schon im Kindergarten hatten sie zusammen gespielt, in der Schule nebeneinandergesessen und am Nachmittag in Neles Puppenküche Pfannkuchen gebacken.

Auf einmal war alles anders. Ein neues Mädchen war in die Klasse gekommen, die Anne. Seitdem waren Nele und Anne fast täglich zusammen, und oft war der Franz weggeschickt worden, oder Nele hatte nicht zu ihm kommen wollen. Franz begann, die Anne zu hassen, und hatte Lust, sie ordentlich zu verhauen. Er durfte aber in Neles Gegenwart kein böses Wort über Anne sagen, sonst wurde sie wild.

Seit gestern waren Ferien, und Franz langweilte sich. Da wollte er es wieder einmal mit Nele versuchen. Er machte sich, teils hoffnungsvoll, teils mit Wut auf Anne, auf den Weg. Vor Neles Haus blieb er stehen und lauschte. Im ersten Stock stand die Balkontür auf. Deutlich hörte man den Klang von zwei Blockflöten. »Lieber guter Nikolaus«, spielten sie, wo Weihnachten längst vorbei war. Seit ein paar Monaten lernten Nele und Anne Flötespielen und taten sich sehr wichtig damit.

Franz trat wütend gegen einen Baum. Natürlich war er mal wieder überflüssig, er konnte ja nicht Flöte spielen. Er nahm ein Steinchen und warf es durch die offene Balkontür. Die Flötentöne hörten auf. Nele kam auf den Balkon geschossen und entdeckte ihn sofort. »Nichts, Anne, es ist nur der blöde Franz«, hörte er sie sagen. Das war ja wohl das letzte! Seine Freundin Nele hielt ihn für blöde und redete so mit der fremden Anne über ihn!

Franz ging automatisch zum Nachbarhaus. Das Heulen saß ihm in der Kehle, und er hatte nur das

Bestreben, möglichst schnell bei Onkel Herbert zu sein. Den Onkel überfiel manchmal auch die große Traurigkeit, er würde ihn verstehen.

Tante Alma machte auf. »Tag, Franz, wie schön, daß du mich besuchen kommst!« Franz wollte aber nicht zu ihr, sondern zum Onkel. »Tut mir leid«, sagte Tante Alma, »der Onkel Herbert macht jetzt sein Mittagsschläfchen, und ich möchte ihn auf keinen Fall wecken. Komm doch später noch mal wieder!«

Zu Hause war nur der Dackel Seppi. Er lag mit schlechtem Gewissen auf dem Ledersessel. Franz schimpfte ihn aber nicht aus, sondern kniete sich vor ihn und sagte: »Seppi, uns beide will keiner haben«, und umarmte den Hund. Aber der Dackel tröstete ihn nicht, wie es seine Pflicht gewesen wäre, sondern knurrte. Er war beleidigt, weil die Mutter ihn nicht mitgenommen hatte, und glaubte außerdem, der Franz wollte ihn von seinem Lieblingsplatz runterschmeißen.

Franz ließ den Hund in Ruhe. Er ging in die Küche und sah auf die Uhr. Es war drei. Er hatte furchtbare Wut auf alle. Franz riß den Vorratsschrank auf. Mehl, Zucker, Marmelade, Puddingpulver, aber dahinter lag noch etwas Flaches – aha, Schokolade. Franz machte sie auf und stopfte eilig Riegel um Riegel in den Mund. Alles bekam er

nicht runter. Wohin mit dem Rest? Er warf ihn Seppi vor den Ledersessel. Seppi konnte sein Glück kaum fassen, sprang hurtig herab und schlang ebenso gierig wie der Franz die Schokolade hinunter.

Nun war es aber Zeit, wieder zu Onkel Herbert zu gehen. Gott sei Dank war er jetzt aufgestanden. Onkel und Tante hörten aufmerksam zu, wie der Franz in einem Atemzug von seinen Problemen mit Nele erzählte. Onkel Herbert stellte die Kaffeetasse weg und sagte: »Franz, ich kenne die Nele, seit sie geboren ist, denn sie wohnt ja nebenan. Vor einem halben Jahr saß ich im Garten und hörte auf einmal, daß die Nele bitterlich weinte. Ich rief sie herbei. Was meinst du, warum sie so heulte? Weil du immer mit deinen Freunden Fußball gespielt hast und sie nicht mitmachen durfte. Ihr habt immer gesagt, das wäre nichts für Mädchen. Das hat die Nele sehr verletzt.«

Franz wurde rot. Es stimmte, was der Onkel erzählte. Nele hatte oft gebettelt, mitspielen zu dürfen, und sie hatten nur gelacht und waren weggelaufen. Er schämte sich, und es tat ihm leid.

Als Franz am späten Nachmittag wieder heimkam, sagte die Mutter: »Franz, die Anne war hier und hat dir ihr Poesiealbum gebracht. Du sollst was Schönes reinmalen.«

Franz war platt. Seine Feindin, die Anne, brachte ihm doch tatsächlich ganz unschuldig ihr Album! So eine bodenlose Frechheit! Er nahm wortlos das rote Büchlein und eilte damit die Treppe hinauf in sein Zimmer. Ohne zu überlegen, schlug er es in der Mitte auf und schrieb mit schwarzem Filzstift quer über die ganze Seite **dumme Kuh,** und dann warf er das Album in Richtung Papierkorb. Der Korb fiel um, und das Geschnitzel von seinen Buntstiften, die er gestern alle gespitzt hatte, ergoß sich auf den Teppich.

Als der Franz am nächsten Morgen nach dem Frühstück in sein Zimmer kam, hatte die Mutter schon geputzt, und das rote Album lag auf dem Tisch. Er nahm es mit einem mulmigen Gefühl im Bauch und schlug die erste Seite auf. *Für Mutter*, stand in Annes Schrift mit Bleistift oben drüber. Ihre Mutter hatte ein Foto von der ganzen Familie eingeklebt. Die nächste Seite war für den Vater reserviert und noch leer. Dann kam der Bruder dran, diese Seite war auch leer. Annes Schwester hatte geschrieben:

Drei Rosen auf einem Stengel,
ich liebe dich wie ein Engel.

Dazu hatte sie drei üppige Glanzbildrosen geklebt. Nun folgten Oma und Tante und schließlich viele Freundinnen aus Annes früherer Schule. Franz las:

Liebe das Mutterherz
solange es schlägt.
Wenn es zerbrochen ist,
ist es zu spät.

Lauter Mädchen, die er nicht kannte, hatten gemalt und geschrieben. Als letzte Eintragung kam aber noch ein bekannter Name, die Nele:

Wenn du einst als Großmama
im Lehnstuhl sitzt bei Großpapa,
dann denke doch in deinem Glück
an deine Freundin Nele zurück.

Auf der nächsten Seite stand mit Bleistift *für Franz.*

Er war ganz verdattert. War er etwa wichtig für Anne? Kam er in der Rangfolge gleich nach Nele? Nach ihm folgten erst die Namen von anderen Klassenkameraden. Franz blätterte, bis er die Seite mit *dumme Kuh* fand, und riß sie kurzentschlossen heraus. Wenn er für Anne so wichtig war, dann wollte er ihr etwas Besseres reinschreiben als dumme Kuh. Er knüllte die ausgerupfte Seite zusammen und steckte sie in die Hosentasche. Dann schlug er das Album wieder auf und sah es zum zweiten Mal an. Nur Frauen und Mädchen hatten bisher reingeschrieben, er war der erste Junge!

Was aber war das? Die Seite von Nele fiel raus, und er merkte, daß es davon kam, daß er hinten eine Seite rausgerissen hatte. Es war einfach alles wie verhext, am liebsten hätte er das blöde Album wieder in die Ecke geschmissen.

190

Da kam die Mutter herein und sagte: »Franz, soll ich dir mal ein bißchen helfen?« Er war sehr erleichtert. Die Mutter klebte Neles Seite vorsichtig wieder ein und machte ihm allerhand Vorschläge für seinen Spruch. Schließlich schrieb er:

*Lebe glücklich, lebe froh,
wie der König Salomo,
der auf seinem Throne saß,
Leberwurst und Blutwurst aß.*

Er malte dazu einen König mit rotem Purpurmantel und eine gewaltige Schlachtplatte. Sein Bild gefiel ihm so gut, daß er sich gleich aufmachte, um es der Anne zurückzubringen. Er wollte hören, was sie sagen würde.

Anne freute sich schrecklich, denn das Bild vom König Salomo war wirklich das schönste in ihrem Album. Franz merkte zu seinem Erstaunen, daß die Anne ein nettes Mädchen war. In zwei Wochen hatte sie Geburtstag, und der Franz wurde herzlich dazu eingeladen. Damit begann eine schöne Zeit, denn Franz hatte eine liebe Freundin gewonnen. Von nun an waren Nele und Anne beim Fußballspielen immer dabei.

Sara Krüger
Der Gutenachtkuß

Anne schläft mit ihrer kleinen Schwester in einem Zimmer. Jeden Abend, wenn die Kinder im Bett liegen, liest die Mutter eine Geschichte vor. Dann beten sie: »Müde bin ich, geh zur Ruh.«

Und dann wartet Anne gespannt: Bekomme ich heute den Gutenachtkuß? Beugt sich die Mutter über sie und gibt ihr einen Kuß auf die Lippen, weiß Anne, daß der Tag gut war. Wenn sie hinausgeht, ohne Anne noch einmal anzugucken, weiß Anne, daß Mama immer noch böse auf sie ist. Am schlimmsten ist es, wenn die Mutter mit der kleinen Schwester schmust und Anne links liegenläßt. Das tut weh.

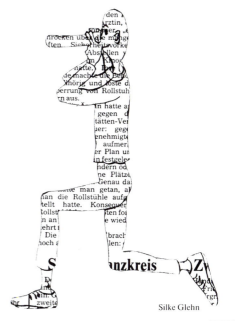

Silke Glehn

Manfred Große
Ähm

»Fredi, ähm, hast du schon deine Schularbeiten gemacht?«

Das ist mein Vater.

Und während er fragt, ist ein Blatt von unseren Zimmerpflanzen gefallen. Der Gummibaum sieht schon fast kahl aus.

»Nein«, sage ich.

»Dann geh in dein Zimmer, ähm, und mach sie!«

Wieder fällt ein Blatt von den Pflanzen.

Es ist die Zimmerlinde.

»Oh, welch ein Jammer mit unseren Pflanzen!« sagt Mutter.

»Vielleicht haben wir hier, ähm, Formaldehyd in den Wänden«, sagt Vater, und wieder fällt ein Blatt. Diesmal von der Dieffenbachia.

Ich gehe in mein Zimmer, setze mich an meinen Arbeitstisch und überlege. Ich kann dieses ständige »ähm« bei meinem Vater nicht mehr ertragen, wenn er mit mir spricht. Sonst sagt er nie »ähm«.

Dabei ist mein Infra-Schallverstärker ein Meisterstück. Ich habe ihn am Boden des Mini-Springbrunnens montiert, der zwischen den Pflanzen steht. Jedesmal, wenn mein Vater »ähm« sagt, muß ein Blatt fallen. Ich habe es so programmiert.

Aber mein Vater merkt nichts.

Ich schaue auf meine neuen Pläne. Bald wird jedesmal, wenn er »ähm« sagt, eine Glühlampe durchbrennen.

Ortfried Pörsel

Das Einmalquatsch

1 × 1 = Sauerkraut
2 × 2 = Matsch
3 × 3 = Gänsehaut
4 × 4 = Quatsch
5 × 5 = Schnupftabak
6 × 6 = kicks
7 × 7 = Schabernack
8 × 8 = nix
9 × 9 = Pappkarton
10 = 10 = Nuß
11 × 11 = Luftballon
12 × 12 = Schluß

Wer ist das nur?

Immer schön krumm
am Finger herum.

So oder so

Auf und zu
mit Windeseile
oder ganz langsam,
in lauter Teile.

Mit lieben Grüßen

Geschrieben,
gelesen,
lange unterwegs gewesen.

Klein, aber fein

Ich kleines Etwas helfe dir,
halt zusammen dein Papier,
halt es nur so lange fest,
wie du mich dran stecken läßt.

Rätsellösungen Seite 326

Eine rätselhafte Reise ins Buch von Andreas Röckener

200

Ende der Reise?

Monika Pelz

Draußen

Seite 201 – 202

Der Mann saß an seinem Schreibtisch und schrieb. Es wurde dunkel. Der Mann wollte das Licht andrehen und das Fenster schließen, damit keine Insekten hereingeflogen kamen. Als er sah, daß ein kleiner schwarzer Falter am Vorhang saß, öffnete er das Fenster noch einmal weit, um ihn hinauszuscheuchen. Plötzlich bemerkte er draußen etwas: ein Glitzern wie von Wellen im Mondlicht.

Aber da war doch gar kein See! Draußen waren Straßen mit Asphaltdecken und Häuser. Nirgends Wasser, nicht einmal ein Flüßchen oder ein Kanal!

Erstaunt beugte der Mann sich hinaus. Da sah er eine große Lache auf der Straße.

»Vielleicht ist ein Leitungsrohr geplatzt. Man müßte die Feuerwehr anrufen!«

Der Mann rief nicht die Feuerwehr an, sondern stand im Fenster und blickte auf die kleinen Wellen, die das Mondlicht spiegelten. Das Wasser wurde ein richtiger See. Es kam die Straße heraufgekrochen, auf sein Haus zu. Die Wellen wurden höher. Er hörte sie glucksen, wenn sie an die Mauern schlugen.

»Und wenn das Wasser so hoch steigt, daß es zum Fenster hereinkommt?« dachte der Mann. Er versuchte die anderen Häuser zu sehen. Aber die anderen Häuser waren verschwunden. Weit und breit war nichts mehr als das Meer.

Da wußte der Mann, daß das Wasser nicht aufzuhalten war. Auch nicht durch die Feuerwehr. Und vielleicht gab es draußen gar keine Feuerwehr mehr?

Er schloß das Fenster wieder, ein wenig zögernd. Es war schön gewesen, auf das Wasser zu blicken und das Rauschen der Wellen zu hören.

Die Vorhänge ließ er zurückgezogen. Und er schrieb auch nicht weiter. Er blickte hinaus und sah das Wasser höher und höher steigen, bis es auch den Mond vor dem Fenster verschluckt hatte. Der Mond aber leuchtete weiter. Wie eine gläserne Kugel sank er durch das Wasser, und alles um ihn wurde hell. Große, rote Fische kamen herbeigeschwommen. Sie stupsten den Mond, als wollten sie mit ihm spielen.

Der Mann am Schreibtisch lächelte und blickte hinaus wie ein Kind. Im Licht des sinkenden Mondes sah er Riffe auftauchen, Korallen und Schwämme in den herrlichsten Farben. Seeanemonen fächelten sich Wasser zu, und ein Schwarm von Fischen zog vorüber, die waren nicht größer als Nadeln.

Andere Fische kamen, pfauenbunt und flach wie Papier. Sie schwammen zum Fenster und blickten neugierig herein. Und wenn sie ihre Mäuler öffneten, so sah es aus, als sagten sie: Komm, komm!

Das wollte der Mann aber doch nicht, obwohl er vom Meer verzaubert war. Aber er hatte auch die Muräne gesehen. Sie schlängelte vorüber wie ein geflecktes Band. Sie hatte böse Augen und ein böses Lächeln. Und deshalb dachte der Mann nicht daran, der Einladung der Fische zu folgen. Denn irgendwo draußen gab es auch die Muräne.

Nun kam es ihm vor, als würde sein Haus immer tiefer im Meer versinken. Die leuchtende Mondkugel war weit oben zurückgeblieben, das Wasser vor ihm wurde dunkler und dunkler. Nur noch schwach konnte er die Felsen erkennen, an denen er vorüberglitt.

Dann wurde die Schwärze undurchdringlich. Der Mann rieb sich die Augen. Seltsame Lichter tauchten aus dem Nichts auf. Leuchtende Schnüre, phosphoreszierende Quallen.

Unsagbare Gestalten erschienen draußen und verschwanden wieder. Waren es Fische? Waren es Geister? Hauste irgendwo in dieser endlosen Tiefe ein Monster?

Der Mann schloß die Augen und legte den Kopf in die Hände. Als er wieder aufblickte, war draußen ein rosiger Schimmer. Offenbar hatte er geschlafen. Und während er schlief, war das Haus wieder aus der Tiefe emporgestiegen, war wieder in die Zone des Lichts getaucht, hatte den Mond wieder aus sich entlassen, zog sich nun von der Straße zurück.

Schnell öffnete der Mann das Fenster, um das Meer noch zu sehen, ehe es ganz verschwand. Nichts war von ihm geblieben als eine kleine Pfütze, die sich im Licht der Morgensonne entzündete wie ein Diamant.

Ganz traurig wurde dem Mann zumute, als er zusah, wie die Trockenheit der Straße sie aufsog. Der Schmetterling am Vorhang regte die Flügel und flatterte fort, der Nacht nach.

Karlhans Frank
Uschelreime

Huschel, Kindchen, sei so nett,
wusch ins Tuschelkuschelbett,
kannst dich unter Zuscheldecken
duschelgruschelstruschelstrecken,
noch ein wenig buschelmuscheln –
bis die Träume ruschelfluscheln.

Dieses abenteuerliche Maschinchen wird hier und jetzt zum ersten Mal gesehen und bestaunt. Von dir und mir.
Christoph Eschweiler

Norbert Höchtlen: Also, ich sehe da ...

... eine liegende Frau,

... ein schlafendes Tier,

... einen Schatten, der mich gleich auffrißt,

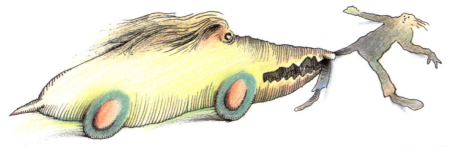
Verena Ballhaus

Ruth Dirx
Voraussagen

Im Jahre **1782** erfand James Watt die Dampfmaschine, und **1825** fuhr in England die erste Eisenbahn, gezogen von einer Dampflokomotive.

1825
schrieb die Zeitung »The Charterly Review«: »Was kann abwegiger, ja geradezu absurder sein als die Ansicht, daß Lokomotiven eines Tages die Postkutschen ersetzen würden.«

1886
baute Carl Benz das erste Automobil.

1889
schrieb die Zeitung »The Literary Digest«: »Der pferdelose Wagen ist ein Luxus, ein Geschenk für die Wohlhabenden, aber er wird niemals so verbreitet sein wie das Fahrrad.«

1906
machte de Forest Erfindungen, die das Radio ermöglichten.

1919
schrieb eine amerikanische Zeitung: »De Forest hat die Nachricht verbreitet, daß es in einigen Jahren möglich sein wird, die menschliche Stimme über den Atlantik zu leiten. Auf Grund dieser absurden und irreführenden Nachricht ist das Publikum überredet worden, Aktien für seine Gesellschaft zu kaufen.«

1926
schrieb de Forest, der Erfinder des Radios, selbst: »Theoretisch und technisch mag das Fernsehen denkbar sein, aber finanziell halte ich es für unmöglich. Eine Entwicklung, auf die wir keine Zeit und Träume verschwenden sollten.«

1948
war in der Zeitung »Science Digest« zu lesen: »Landen und sich bewegen auf dem Mond – da gibt es so viele ernsthafte Probleme für den Menschen, darüber werden noch einmal 200 Jahre vergehen, ehe so etwas durchführbar ist.«

1968
Es vergingen nur 20 Jahre, da landeten die ersten Menschen auf dem Mond.

Lutz Rathenow
Erste Geschichte vom Kartoffelkäfer aus Thüringen

Ein Kartoffelkäfer in Thüringen hatte nur einen Wunsch: Einmal im Leben wollte er auf die Fidschiinseln.

»Na gut, wenn du einmal im Leben auf die Fidschiinseln willst, bringe ich dich auf die Fidschiinseln«, sagte ein freundlicher Herr, setzte den Kartoffelkäfer auf seine Hand und brachte ihn fünf Straßen weiter.

»Siehst du«, erklärte der Herr, »die Menschen, wie sie von einer Straßenseite auf die andere eilen. Diese Gebäude, die um so vieles größer sind als ein einfacher Kartoffelkäfer. Und überhaupt alles, wie es nur auf den Fidschiinseln sein kann.«

»Ja«, sagte der Kartoffelkäfer, »sogar die Luft ist anders.«

Der Herr nickte und trug den Kartoffelkäfer zurück.

»Jetzt habe ich nur noch den einen Wunsch«, sagte der Kartoffelkäfer, »allen erzählen, wie es auf den Fidschiinseln war. Die Häuser sahen doch rot aus und hatten Dächer aus Kartoffelscheiben – oder irre ich mich?«

»Nein, nein«, antwortete der Herr und setzte den Kartoffelkäfer am Feldrand ab, »die Häuser sind wolkenhoch, aber nicht so stabil wie bei uns.«

»Ja, das ist es«, sagte der Kartoffelkäfer, »es ist nicht alles Kartoffel, was braun ist. Zu Hause ist es doch am schönsten.«

»Natürlich«, erklärte der Herr freundlich und verabschiedete sich.

Gabriel Lefebvre

„Has' ma' 'ne Mark?!"
Nikolaus Heidelbach

Antje Burger
Feuer, Wasser, Luft und Erde

Er legt die Hand für mich ins Feuer, gießt Öl hinein und holt die Kastanien für mich heraus.

Er ist mit allen Wassern gewaschen, hat Wasser auf seine Mühlen geleitet, und nun steht es ihm bis zum Hals.

Ich habe ihm die Luft abgedreht, nun geht er in die Luft und baut Luftschlösser, wie wir den Himmel auf Erden haben könnten.

Vom Werfen
Ich werfe mit der Wurst nach der Speckseite und alles in einen Topf.

Ich werfe mein ganzes Gewicht in die Waagschale und dir etwas vor.

Ich werfe dir einen Knüppel zwischen die Beine und den ganzen Kram vor die Füße.

Ich werfe die Flinte ins Korn zum alten Eisen.

Ich werfe einen Stein auf dich und mich dir an den Hals.

Heiß und Kalt
Deine Geschichte ist ein heißes Eisen und kalter Kaffee: Du bist als Kind zu heiß gebadet worden und kriegst jetzt kalte Füße.

Man macht dir die Hölle heiß und zeigt dir die kalte Schulter. Der Boden wird dir zu heiß unter den Füßen, und dann wirst du kaltgestellt.

Warum das Wasser im Meer salzig ist.

Vor vielen Jahre lebte ein Knabe Namens Heinrich, dem waren Vater und Mutter gestorben. Es waren arme Leute gewesen und so blieb dem Heinrich jetzt nichts übrig als sich sein Brot zu verdienen.

Ein letztes Stücklein Brotes in der Tasche, wanderte Heinrich zum Hafen, um sich als Schiffsjunge zu verdingen. Da begegnete ihm ein altes Mütterchen und bat ihn um etwas zu essen; aus Mitleid schenkte er diesem sein Brot.

Das Mütterchen war aber eine Fee, die den Knaben nur prüfen wollte, ob er ein gutes Herz habe; sie schenkte ihm nun eine kleine Zaubermühle zur Belohnung.

„Wenn du hungrig bist so brauchst du nur die Mühle drehen und sagen: „Mühle, Mühle, dreh' dich fein, es soll jetzt was zum Essen sein," so rollt gleich das Gewünschte hervor.

„Auch wenn du Kleider oder Geld gebrauchst, wird es die Mühle liefern, aber drehe sie nur wenn du in Noth bist, sonst könnt' es dich gereuen. Da du jetzt hungrig bist, darfst du aber gleich probiren."

Da drehte der Heinrich vergnügt und rief: „Mühle, Mühle, dreh' dich fein, es soll Brot zum Essen sein!" Da — ja da rollte das schönste Weißbrod dick mit Wurst belegt heraus. Juchhe! war das ein Schmaus.

Als eine ganze Menge Brötchen herausgerollt waren, rief die Fee: „Mühle, Mühle, stehe still, ich weiß nichts mehr von ihr haben will!" Da stand die Mühle still und rollte sein Brötchen mehr heraus.

„Vergiß das Verslein nicht", sagte die Fee, „sonst rollt es unermeßlich heraus; bleibe brav und fromm." Nach diesen Worten verschwand die Fee. Heinrich ging nun nach dem Hafen und fand bald einen Platz als Schiffsjunge.

Nun ging es hinaus in die weite, schöne Welt. Da Heinrich brav und fleißig war, hatten ihn Alle gern. So waren fünf Jahre vergangen, da scheiterte das Schiff bei einem furchtbaren Sturme.

Mit Mühe und Noth rettete sich die Mannschaft in einem kleinen Boote, sie erreichten glücklich das Land, aber es war eine wüste Insel, wo es nichts Eßbares gab.

Heinrich hatte noch seine Mühle mitgenommen, nun drehte er dieselbe und rief: „Mühle, Mühle, dreh' dich fein, und gieb uns Fleisch und Brot und Wein!" bei, da sprudelte es nur so heraus, zum großen Erstaunen Aller.

Bald landete ein Schiff an der Insel, nahm die Schiffbrüchigen auf und brachte sie nach Hamburg. Ehe man sich trennte, ließ Heinrich noch seine Mühle einen Haufen Gold liefern, welches er mit der Mannschaft theilte.

Heinrich richtete sich mit seinem Golde einen Kaufladen ein. Durch Fleiß und Sparsamkeit wurde er mit der Zeit ein reicher Mann. Die Mühle verwahrte er sorgfältig in einem Schranke.

Eines Tages aber war die Mühle verschwunden. Ein Schiffer, der einst mit Heinrich auf demselben Schiffe gewesen, hatte sie gestohlen. Der Dieb eilte mit der Mühle auf sein Schiff zurück.

Da ihm grade etwas Salz zu seiner Mahlzeit fehlte, rief er zum Spaß: „Mühle, Mühle, dreh' dich fein, es soll Salz zur Mahlzeit sein!" Gleich rollte Salz heraus, es rasselte nur so.

Der Dieb kannte aber das Sprüchlein nicht um die Mühle zum Stillstand zu bringen, so rollte das Salz ohne Ende. Schiff und Dieb gingen daran zu Grunde, und das Meereswasser ist davon heute noch salzig.

No. 9424. Neu-Ruppin, bei Oehmigke & Riemschneider.

Ein alter Bilderbogen (Neu-Ruppin, um 1830)

Meine Lebensgeschichte soll ich erzählen?!
Ich bin doch nicht die Hildegard Knef.

Diese Lebensgeschichte, von Henni selbst erzählt, hat Simone Klages aufgeschrieben, mit Holzschnitten versehen und selbst zum Druck gebracht ...

Ach, in meinem Leben da war nichts wichtig.

Das Einzige, was mir wichtig war, das war das Geld. Das Geld mußte stimmen. Ich hab mir immer überlegt: Wie kann ich am leichtesten am meisten Geld verdienen. Das ist ja mein ganzes Leben über so geblieben. Was bleibt einem auch anderes übrig?! Ich war immer sehr sparsam, hab nie über meine Verhältnisse gelebt.

Krank war ich auch nie. Nur einmal auf See, da mußt ich dann abmustern. Die einzige Krankheit die ich sonst hatte war, daß ich Gören gekriegt habe. Das war 'ne Krankheit für mich. Oder Zahnschmerzen. Das war noch schlimmer.

Als mein Vater geheiratet hat, da war er achtzehn und meine Mutter siebzehn. Das Kind war schon unterwegs.

Dann ist die Arbeitslosigkeit gekommen, da war mein Vater Wallmann am Stadtgraben. Da hat er in den Wallanlagen das Papier aufgesammelt. Er hatte sein Leben im Waisenhaus zugebracht. Meine Großmutter soll ja zwanzig Kinder geboren haben. Fehlgeburten, Zwillinge und was weiß ich nicht alles. Jedenfalls hat mein Vater im Waisenhaus mehrere Berufe gelernt. Er hat sich dann selb-ständig gemacht als Nähmaschinen-Feinmechaniker. Da hat er drei Angestellte gehabt und Motorräder und ist über Land gefahren. Auf dem Land hat er auch seine Werkstatt gehabt. Da war er immer die ganze Woche weg, und Sonnabends ist er dann nachhause gekommen.

209

Und dann kam die Nazizeit. Da wurde mein Vater verhaftet und angeklagt auf Versuch von Landesverrat. Lebenslänglich war das Urteil. Er hatte sich nur hingestellt und große Reden geschwungen, weil er glaubte, daß er Kommunist wär. Mein Vater war nicht so klug, als daß er Kommunist hätte sein können. Da war der viel zu doof zu. Der wußte ja nicht mal, wann Lenin geboren ist. Im politischen war er eine Null. Nur 'ne große Schnauze hat er gehabt. Hätte er die nicht gehabt, dann wäre er auch nicht in s KZ gekommen.
Da hatte meine Mutter ein sehr schlechtes Leben. Das jüngste Kind war ein viertel Jahr alt, als der Vater eingesperrt wurde. Da waren wir schon acht Kinder, vier Jungen und vier Mädchen. Ich war die zweitälteste. Von der Sozialbehörde haben wir kein Geld gekriegt, und so mußte meine Mutter dann für acht Kinder arbeiten gehen. Bei der Post ist sie wieder 'rausgeflogen, weil ihr Mann ja politisch gesessen hat. Dann hat sie viele Jahre in einer Senffabrik in Hammerbrook gearbeitet. Und dann in einer Brausefabrik, Flaschen verschließen den ganzen Tag. Sie hat ihr Leben lang schwer gearbeitet, bis sie in Rente gegangen ist.
Als der Krieg zuende war, ist mein Vater aus dem KZ 'rausgekommen. Da war er halb verhungert. Im KZ hatte er einen Freund. Bevor der gestorben ist, hat er zu meinem Vater gesagt: »Wenn du hier wieder 'auskommen solltest, dann geh doch mal zu meiner Frau.«
Na, mit der Frau hat er sich dann angefreundet und war dann mit ihr fünfunddreißig Jahre verheiratet. Sie hatten aber keine Kinder. Letztes Jahr ist mein Vater gestorben, einen Monat nach meiner Mutter.

Das war meiner Mutters erster Mann und einzigster Mann. Sie hat einmal mit ihm

die ganzen Kinder gekriegt und dann hatte sich die Sache.

Und wenn meine Geschwister auf ihn getobt und geschimpft haben: »Der hat uns gezeugt, und dann ist er einfach abgehauen...« Da ist meine Mutter dann immer ruhiger geworden und hat nie was gesagt. Ich glaube auch, so innerlich da hat sie ihn immer geliebt. Nur zusammen mit ihm, das wollte sie auch nicht mehr, dafür war sie viel zu selb-ständig geworden. Aber meine Mutter hat ein sehr schlimmes Leben gehabt. Das hätte ich ihr nie nachgemacht.

Früher in der Schule konnte ich immer nichts begreifen. Da hatte ich's unheimlich schwer. Und meine Mutter sagte dann auch immer: »Die ist doof.« Kriegst du ja Komplexe von.

Als mein Vater ins KZ kam, mußte meine Mutter arbeiten gehen. Und da hatte ich dann von neun Jahren an die Pflichten zu erfüllen wie eine erwachsene Frau: Haushaltsgeld einrichten, Lebensmittel einholen, schrubben und saubermachen, morgens die Kinder waschen, anziehen und in den Kindergarten bringen.

Den Strom konnten wir nicht bezahlen, weil das Geld knapp war. Statt dessen haben wir Talglichter gekauft. Und im Winter, wenn unsere Mutter Nachtschicht hatte, hat sie uns gesagt: »Ihr könnt ruhig Licht verbrauchen, aber bewahrt mir soviel auf, daß ich mein Bett noch finde!« Abends hab ich oft dagesessen, hatte das Talglicht an und wollte Schularbeiten machen. Manchmal bin ich dabei eingeschlafen, weil ich so kaputt war von den ganzen Arbeiten im Hause.

Ich hab auch nie Zeit gehabt, um draußen alleine zu spielen. Wenn meine Mutter mal frei hatte, und ich hab sie gefragt: »Du, Mutti, kann ich mal 'n bißchen 'raus, spielen?« Da hat sie nur gesagt: »Kind mitnehmen!« Und dann war das kein spielen mehr für mich, da mußt ich ja immer auf das Gör aufpassen.

Früher hatten die Mädchen ja immer noch diese blöden großen Schleifen im Haar. Neue konnten wir uns nicht oft kaufen. Ich hab die Alten immer gewaschen und in Zuckerwasser gesteckt und geplättet. Dann wurden sie wieder schön. Wenn ich mal Zeit hatte, hab ich für andere Leute eingeholt. Da hat man damals dafür immer ein paar Pfennige gekriegt und die hab ich dann zusammen gespart und hab dafür Meter Schleifen gekauft. So konnten meine Schwestern Sonntagsmorgens 'rausgehen mit ihren neuen Schleifen.

Meine älteste Schwester hat mich immer gefragt: »Machst du meine Schleifen für mich, mach ich dir deine Schularbeiten.« Das hat sie dann meistens aber doch nicht gemacht.

Das Pflichtjahr, das hab ich ja auf dem Lande gemacht. Da gab es immer ordentlich 'was zu futtern.

Danach hatte meine Mutter für mich eine Stelle im Hotel gesucht, in der Küche. Da hab ich dann auch gewohnt. Und wenn wir Mittagspause hatten, da hatte ich immer gar keine Lust, mich hin-zu-legen. Da war ich ja noch ganz jung, da war ich noch nicht mal verheiratet,

noch keine Kinder, noch nicht mal probiert. Da hatte ich dann in der Mittagspause so Langeweile und da bin ich zum Heizer gegangen und hab ihn gefragt, ob er mir mal 'n Stück Tau geben kann. Da hat er mir dann erst so 'n lüttes Band gegeben. Hab ich ihm gesagt: »Nee, nee. Das muß schon ein bißchen dicker sein.« Na, da hat er mir ein Tau gegeben, und ich bin damit hoch in mein Zimmer. In meinem Zimmer, da liefen so dicke Rohre durch, da wollt ich das Tau dranmachen und mir 'ne Schaukel bauen.
Und als ich mich dann draufsetzen und schaukeln wollte, kaum sitz ich, da knackst das Rohr durch. Und da kam dann ganz viel Wasserdampf 'raus. Na, das war dann die sofortige Kündigung.

Da war meine Mutter sehr traurig, daß ich da rausgeflogen war. Ich sollte doch da lernen und Köchin werden. Und da bin ich auch immer satt geworden. Und nun hatte meine Mutter wieder einen Esser mehr zuhause.
Danach bin ich in eine Rüstungsfabrik arbeiten gegangen. Da hab ich dann meine ganzen Kittel, die ja vorher weiß waren, schwarz gefärbt. In der Fabrik, da haben wir Teile geschweißt für die Lampen von U-Booten. Da bin ich aber auch nicht lange geblieben.

**Ich mochte ja auch nicht arbeiten. Aber wenn man nicht gearbeitet hat, dann hat man auch keine Lebensmittelkarten gekriegt. Und dann hab ich vom Arbeitsamt Arbeit gekriegt im Haushalt. Damals gab es ja noch nicht so viele Fabriken wie heute.
Aber im Haushalt arbeiten, das hat mir gar nicht gefallen, das hatte ich mein Leben lang ja schon ge-**

macht. Und dann mußte ich da auch noch mit dem Kind in einem Zimmer schlafen. Das war ganz furchtbar. Da hatte ich nicht mal nachts meine Ruhe.

Na, dann hab ich ja meinen Mann kennengelernt und hab dann früh geheiratet. Also nicht, daß ich geheiratet hab, weil ich nicht arbeiten wollte, das war es nicht.

Als ich verheiratet war, da durfte ich nicht mehr arbeiten gehen. Mein Mann hat gesagt: »Was willst du arbeiten gehen, ich verdien Geld genug.«

Da bin ich dann zuhause geblieben und hab Kinder gekriegt. Das erste Kind ist mir gestorben, da war ich sehr krank. Und da hab ich im nächsten Jahr noch ein Kind gekriegt und dann nochmal eins. Und da hab ich mir gedacht: Jetzt sitzt du hier zuhause, kriegst vielleicht jedes Jahr noch ein Gör, das ist ja dann so wie bei deiner Mutter. Nee, so wollt ich nicht alt werden. Das war doch nicht das wahre. Ich hatte ja noch nichts vom Leben gehabt. Als Kind mußte ich auf meine Geschwister aufpassen und den Haushalt machen. Und jetzt fing das alles wieder von vorne an. Und dann hab ich von meinem Mann auch immer Befehle gekriegt: Du mußt das so machen! Und du mußt dies und du mußt das! Ich konnte gar nichts mehr selbst entscheiden.

Und je länger ich verheiratet war, um so unzufriedener wurde ich. Ich wollte dann geschieden werden. Das ging erstmal hin und her, bis mein Mann dann zu meiner Mutter gesagt hat: »Gut, ich laß mich scheiden, wenn sie das unbedingt will. Aber die kommt wieder zurück, die weiß ganz genau, was sie an mir hat.« Ich hab so einen guten Mann gehabt. Ich müßte lügen, wenn ich keinen guten Mann gehabt hätte. Aber da hatte er sich in den Finger geschnitten, ich bin nicht zurück gekommen. Na, und nach der Scheidung, da hab ich dann mein Leben gelebt. Ich konnte für mich selbst entscheiden, was ich arbeite und was ich mit meinem verdienten Geld mach.

Die Kinder haben wir in Privatpflege gegeben, weil mein Mann sie ja bei seiner Schichtarbeit nicht behalten konnte.

Ich hab zwar bei meinen Kindern meine Pflicht als Mutter erfüllt, aber daß ich so eine überströmende Liebe hatte zu Kindern, das kann ich nicht sagen.

Mein geschiedener Mann und ich, wir sind dann auch immer noch oft wegen der Kinder zusammen gekommen.

Nach der Scheidung hatte ich zu ihm gesagt: »Ich heirate nicht wieder. Nie wieder heirate ich, das glaub mir man!«

Nasrin Siege
Das Bauchweh

Andreas hat Bauchweh. Er hat zuviel Kuchen gegessen. Mama zaubert das Bauchweh weg: »Das Bauchweh ist wie ein kleiner Vogel. Das Bauchweh fliegt ganz hoch, auf die Spitze eines Baumes. Dann fällt das Bauchweh runter in den Fluß. Plumps! Ein Krokodil kommt angeschwommen und frißt das Bauchweh auf. Das hätte es lieber nicht tun sollen, denn danach bekommt es ganz doll Bauchweh. ›Aua, aua!‹ schreit es. Seine Mutter kommt ganz aufgeregt angeschwommen und sagt zu ihm: ›Dann spuck's doch aus!‹ Das tut es, und dann hat es kein Bauchweh mehr. Das Bauchweh schwimmt weiter – wie ein kleiner Fisch. Wer es frißt, bekommt selber Bauchweh. Nur Andreas und das Krokodil haben kein Bauchweh mehr.«

Zärtlichkeiten:
Die Arme ausbreiten
Märchen erzählen
Blätter sammeln
Bauchweh wegstreicheln

Einmal hab ich Bauchweh gehabt. Das Bauchweh war das Diktat, das wir an dem Tag, an dem ich Bauchweh bekam, schreiben sollten. Als ich morgens aufwachte, hatte ich schon ein leises Grummeln im Magen. »Ich habe Bauchweh«, habe ich zu meiner Mutter gesagt.

»Schreibst du eine Arbeit heute?« hat sie mich gefragt. Ich kann nicht lügen, höchstens mal ein bißchen flunkern. Aber dann kriege ich auch schon wieder Bauchweh. Also laß ich das lieber sein. Dann schon lieber Bauchweh, weil ich irgendeine Arbeit schreibe. »Ja, aber ich hab wirklich Bauchweh!« habe ich zu meiner Mutter gesagt.

Da hat sie mir eine Entschuldigung geschrieben. Ich bin nicht zur Schule gegangen. Mutter hat gesagt, daß ich zu Hause bleiben soll, und sie hat mir eine Suppe gemacht und mit mir Diktat geübt. Als ich am nächsten Morgen zur Schule gegangen bin, hab ich kein Bauchweh mehr gehabt.

Der Lehrer war auch krank gewesen. Er hatte auch Bauchweh gehabt. Er sagte, er hätte was Schlechtes gegessen. Dann hat er die Arbeit mit uns allen nachgeschrieben, und ich hab nur wenig Fehler gemacht. Seitdem hab ich kein Bauchweh mehr vor einer Arbeit. Mutter sagt, auch Bauchweh muß man mal haben. Man muß nur wissen, warum.

Hans Schütz
Der geheimnisvolle Fleck

Dies ist eine Geschichte von den Großeltern Eierbusch, die mit Vornamen Maria und Martin heißen, und ihrem Enkelsohn Michael, der zweieinhalb Jahre alt ist und bis drei zählen kann. Außerdem spielt der Mond noch eine wichtige Rolle. Die Geschichte geht so:

»Du bist wie ein Kind«, sagte Oma Maria zu Opa Martin, als der nach einem langen Tag seine Hosentaschen ausräumte. Da kamen Ahornblätter zum Vorschein, zwei verrostete Schrauben, ein Korken, eine Mausefalle und winzige Steine, die wunderschön anzusehen waren. Der Großvater legte seine Schätze auf die Fensterbank und setzte sich an den Tisch, der bereits für das Abendessen gedeckt war.

Natürlich meinte es die Großmutter nicht böse, als sie Opa Martin mit einem Kind verglichen hatte. Sie hatte es vielmehr fröhlich und sogar ein bißchen stolz gesagt. Oma Maria war glücklich, daß ihr Mann und der kleine Michael, ihr großer Liebling, so tolle Freunde waren. Was der Großvater in seine Hosentaschen stopfte, war nämlich für seinen Enkel bestimmt – wenigstens das meiste davon.

»Ich habe Michael einen Mondschein-Spaziergang versprochen«, sagte Opa Martin nach den ersten Bissen zu Oma Maria. Er war hungrig und sprach mit vollem Mund weiter. »Ich hole ihn gleich nach dem Essen ab. Jürgen und Jutta wissen Bescheid.«

Jürgen und Jutta waren Michaels Eltern, und die drei wohnten nur ein paar Straßen von den Großeltern entfernt. Die anderen Enkelkinder lebten zum Kummer der Eierbuschs in alle Winde zerstreut.

Michael wartete voller Ungeduld auf Opa Martin. Draußen im Dunkeln herumzulaufen, war für einen kleinen Jungen schon ein bißchen aufregend, auch wenn er einen Beschützer hatte. Kaum war der Großvater da, drängte Michael zum Aufbruch. Hand in Hand stiefelten sie los. Der Mond, der als leuchtende Sichel am Wolkenhimmel schwebte, nahm die beiden Nachtschwärmer freundlich in Empfang und begleitete sie auf ihrem Weg.

Sie gingen zum Fluß, der die Stadt in zwei Hälften teilte. Am Ufer standen Büsche und Bäume und zwischendurch ein paar Laternen, auf dem Wasser schwammen Enten und Schwäne. »Sonne, Mond und Sterne, den Micha hab ich gerne«, sang Opa Martin. »Den Mond«, sagte er dann, »mag ich auch, egal, ob er schlank, mollig oder dick ist.«

Michael blieb stumm. Er war vollauf damit beschäftigt zu sehen, was es zu sehen gab, da konnte er nicht auch noch reden.

Es wurde immer dunkler, weil die helle Mondsichel hinter hohen Bäumen verschwand. Michael faßte Großvaters Hand ganz fest und fand seine Sprache wieder. »Opa, Opa«, rief er erschrocken, »der Mond ist fort!«

Opa Martin lachte. »Vielleicht hast du es nicht gemerkt«, sagte er, »aber ich habe ihn gerade heruntergezaubert und in meine Hosentasche gesteckt. Was hältst du davon, wenn wir den Mond mitnehmen und ihn zu Flora in den Vogelkäfig sperren?«

»O nein, das darfst du nicht tun«, bettelte Michael. Er war empört. »Laß ihn sofort wieder raus, bitte, laß ihn raus. Der Mond gehört doch dem Himmel!«

»Also gut«, sagte der Großvater, »wenn dir soviel daran liegt, laß ich ihn halt frei.« Er griff in seine rechte Hosentasche, dann schleuderte er den Arm in die Luft. »Flieg zurück, lieber Mond«, posaunte Opa Martin dabei, »flieg zurück zu deinen Sternen.«

Michael blickte angestrengt zum Himmel hinauf, doch er konnte nichts entdecken. »Hat der Mond jetzt Angst und versteckt sich?« wollte er wissen.

»Wenn wir an den Bäumen vorbei sind«, sagte Opa Martin, »ist der Mond wieder an seinem Platz. Ich verspreche es dir.«

So geschah es, und Michael freute sich sehr. Mit sich selber und dem Großvater zufrieden, ließ er sich auf dem Heimweg ein Stück weit tragen. Zu Hause schlief Michael im Nu ein.

»Du bist wirklich wie ein Kind«, sagte ein paar Tage später Oma Maria zu Opa Martin. »Mußt du unbedingt alles in deine Hosentaschen stecken? Schau dir mal diesen Fleck an, der ist auch beim Waschen nicht weggegangen.« Sie hielt ihm eine Hose unter die Nase und deutete auf das Taschenfutter, das sie herausgezogen hatte. Der Fleck war halb so groß wie eine Kinderhand und sichelförmig.

Der Großvater rieb sich die Augen, aber er zweifelte nicht mehr. Der Fleck sah haargenauso aus wie eine Mondsichel. »Man sollte es nicht für möglich halten«, seufzte Opa Martin und erzählte Oma Maria, was er auf dem Abendspaziergang mit Michael angestellt hatte. »Nun weiß ich«, sagte der Großvater, »daß mit dem Mond noch weniger zu spaßen ist als mit Kindern.«

Karin Gündisch
Thomas

Thomas hat Hunger. Er hat oft Hunger. Er darf nicht viel essen. Thomas ist dick.
In der Pause hat er kein Pausenbrot. Zu Mittag kann er sich nicht satt essen.
Du wirst zu dick, sagt seine Mutter.
Die Mutter von Thomas ist auch dick. Sie darf auch nicht viel essen. Sie hat es gelernt, nicht viel zu essen.
Am Nachmittag geht Thomas zu seinem Freund Jens. Sie spielen zusammen. Nach einer Weile sagt Thomas: Ich hab Hunger.
Jens gibt ihm einen Joghurt.
Thomas ißt den Joghurt. Hast du nicht auch ein Stück Brot, fragt er.
Jens holt das Brot. Willst du ein Stück Käse drauf?
Doch, gern, sagt Thomas.
Vielleicht auch Wurst?
Thomas nickt zustimmend.
Er ißt. Es schmeckt ihm. Er genießt das Essen.
Du wirst aber dick, sagt Jens.
Na und, sagt Thomas. Ich mag mich auch dick.
Ich mag dich auch dick, sagt Jens.
Die Jungen sehen sich an und lachen.
Am Abend hat Thomas keinen Hunger. Die Mutter sagt: Siehst du, es geht doch, wenn du willst!
Thomas nickt und grinst.

Antje Burger

Wolf Harranth
Geburtstagsgedicht
(Der Mutter oder dem Vater aufzusagen)

Ach, wie schön, daß es das gibt:
Ich hab dich in mich verliebt.

Falls dir an mir nicht alles paßt,
sei trotzdem froh, daß du mich hast.

Schau dir die andern Kinder an:
Du bist noch immer besser dran.

Drum sei schön lieb und brav zu mir,
dann bleib ich noch ein Jahr bei dir.

Reinhard Bernhof

Das kleine braune Huhn

Der Junge hatte unter den Büschen einen Durch-schlupf gefunden, denn er wollte Mohnblumen pflücken, die am Rand des Kornfeldes zwischen krau-sen Disteln wie ein rotes Flammenmeer standen. Doch fast hätte er sich erschrocken, als er hinter einer Krümmung eine große Puppe in einem Wehrmachts-mantel sah, die mit ihren Holzarmen wie ein Ge-spenst aus dem Kornfeld herausragte, um die Vögel zu betrügen. Auf einmal hörte er ein leises Knistern, ein Huhn hockte zwi-schen den Halmen und äugte ängstlich zu dem Jungen. Sofort zog er sich zurück und dachte: Ob es wohl ein Ei legt. Hühner legen oftmals außerhalb ihres Geleges ein Ei.

Atemleise schlich er noch einmal heran. Aber anstatt des Huhnes ent-deckte er ein Nest, in dem ein schönes hellbraunes Ei lag, das noch ganz warm war. Schnell brachte er es nach Hause. Die Mutter freute sich, mahnte aber sogleich, daß das ganze Dorf voller Augen sei – besonders dort, wo Gärten sind und Felder beginnen.

Am nächsten Tag ging der Junge erneut an die Stelle, wo er das kleine braune Huhn beim Legen beobachtet hatte. Er traute seinen Augen kaum, das Huhn hatte abermals ein Ei gelegt! Aber das Huhn war verschwunden. Aus Dank für das Ei köpfte der Junge einige Ähren, zerkrümelte sie und streute die Körner um das Nest herum.

So holte er sich viele Tage unbemerkt ein schönes hellbraunes Ei, und je-desmal dankte er mit einer Handvoll Körner.

Einmal kam der Junge noch zu früh und überraschte das kleine braune Huhn. Schleunigst zog er sich zurück und näherte sich nur langsam wieder mit seinen Körnern. Das kleine braune Huhn merkte aber sogleich seine friedlichen Absichten und pickte, ohne sich vom Nest zu erheben, augen-blicklich alle Körner auf.

Aber morgen ober übermorgen kann die Dreschmaschine kommen, dachte der Junge. Und als er am nächsten Tag zum soundsovielten Male an die Stelle kam, um »sein Ei« abzuholen, fand er nur noch eine verwüstete Stelle vor, auf der braune Federn lagen, blutdurchtränkt. Darüber war er so erschrocken, daß er Krallen spürte, Schnabelhiebe, die überall durch sei-nen Körper drangen.

Vielleicht habe ich das kleine Huhn verraten, dachte er und bemerkte die Habichte, die hoch oben am Himmel kreisten und jeder Bewegung auf der Erde mit ihren Fernglasaugen folgten.

Ingrid Kötter
Regen bringt Segen

Christopher fuhr mit dem Bus nach Hause. Er war bei der Oma in der Altstadt gewesen. Sie hatte ihm Märchen vorgelesen, beim Abschied eine Tafel Schokolade geschenkt und gesagt: »Paß gut auf dich auf! Sieh immer nach rechts und nach links, bevor du über die Straße gehst, und geh nicht mit fremden Leuten.«

Christopher war eingefallen, was die Großmutter im Märchen immer zu Rotkäppchen sagte: »Und geh mir nicht vom Weg ab. Im Wald ist der böse Wolf« oder so. Er hatte breit gegrinst und war in den Bus gestiegen.

»Paß gut auf dich auf! Sieh immer nach rechts und links! Und geh nicht mit fremden Leuten!« sagte auch seine Mutter immer. Als ob er nicht auch ohne solche Sätze auf sich aufpassen würde. Mit sieben Jahren war man schließlich kein ganz kleines Kind mehr. Und so eine Busfahrt war ein Klacks.

Er sah aus dem Fenster. Es regnete. Zuerst wenig, dann immer heftiger.

Die Frau, die neben Christopher saß, schnaufte empört. »Im Wetterbericht haben sie nichts von Regen gesagt«, schimpfte sie. »Ich habe keinen Schirm dabei.«

Die meisten im Bus hatten keinen Schirm mitgenommen und waren deswegen ziemlich aufgeregt.

So ein bißchen Regen macht mir nichts, dachte Christopher, bis das Wort Tschernobyl fiel.

Ach ja. Die Meldungen im Fernsehen. Der Unfall im Kernkraftwerk in Rußland. Alle im Bus sprachen jetzt davon.

»Hoffentlich können sie die Strahlung bald stoppen.«

»Ob der Regen schon gefährlich ist?«

»Die Wolken aus Rußland könnten inzwischen hier sein«, sagte die Frau an seiner Seite.

»Stimmt. Sie haben im Fernsehen die Windrichtung angegeben«, sagte der Busfahrer. »Ich bleibe im Bus. Ich will nicht irgendwann einmal krank werden, bloß weil irgendwelche Leute ganz weit weg von uns nicht ordentlich auf ihre Kernkraft aufgepaßt haben.«

Christopher sah die Regentropfen, die gegen die Busscheiben prasselten und in langen Schlieren daran herunterliefen. Das war doch bloß Regen, ganz gewöhnlicher Regen. Er sah nicht anders aus als sonst. Christopher mochte Regen. Er stapfte gern durch Pfützen oder fing dicke Tropfen mit dem Mund auf. Davon sollte man irgendwann einmal krank werden können? Na klar. Einen Schnupfen konnte man kriegen. Na und?

Seine Haltestelle! Christopher stand auf, ging zur Tür, der Bus hielt an, Christopher stieg aus. Auch die Frau, die neben ihm gesessen hatte.

»Stellen Sie sich solange unter!« riet der Busfahrer.

Es regnete jetzt in Strömen. Die Bustüren zischten zu. Der Bus setzte sich wieder in Bewegung.

Eine Weile standen die Frau und der Junge unter dem Plastikdach, das Wartende an der Haltestelle vor Wind und Wetter schützen sollte. Es schützte nicht. Der Wind blies den Regen unter das Dach.

»Ich wohne da drüben!« sagte die Frau. Sie zeigte auf das Haus gegenüber. »Und wo wohnst du?«

»Unten am Berg«, sagte Christopher. »Bloß fünf Minuten von hier.«

»Fünf Minuten?« überlegte die Frau. »Komm lieber mit zu mir«, sagte sie dann.

»Wegen dem Regen. Und der Strahlung. Man kann ja nicht wissen. Wir hängen uns unsere Jacken über den Kopf und rennen los.« Christopher schüttelte den Kopf.

Die Frau sah ihn verwundert an, überlegte kurz und sagte: »Kannst zu Hause anrufen. Ihr habt doch bestimmt auch ein Telefon oder?«

Christopher nickte und sah zu Boden. Die Regentropfen bildeten Blasen auf der Straße. Das Wasser schoß in breitem Schwall am Bordstein entlang auf den Gulli zu. Machte der Regen immer Blasen? Das Wasser war klar und schimmerte, wie Regenwasser auf Asphalt schimmert. Trotzdem war ihm die ganze Sache unheimlich. Der Regen. Die Frau. Er sah sie sich genauer an. Sie hatte eine ziemlich große Nase, trug eine Brille und hatte kleine Augen. »Paß gut auf dich auf!« hatte die Oma gesagt. Wie sollte er auf sich aufpassen, wenn dieser dämliche Regen, dem man nicht ansah, ob er was anrichten konnte oder nicht, einfach so vom Himmel fiel? Was war mit der Frau? Er kannte sie nicht, hatte sie nie vorher gesehen. Manche Menschen nahmen Kinder mit und forderten dann Lösegeld von den Eltern. Was war schlimmer? Der Regen oder die Frau?

»Ich renne jetzt!« sagte die Frau. »Achtung! Fertig! Los!«

Sie zog sich die Jacke über den Kopf, nahm Christopher bei der Hand und rannte mit ihm über die Straße auf das Haus gegenüber zu. Christopher war viel zu überrascht gewesen, um auf den Verkehr zu achten. Sie hatte ihn fest im Griff, und er stolperte blindlings hinter ihr her. Erst als sie vor der Haustür in ihrer Handtasche nach dem Schlüssel suchte, ließ sie Christophers Hand los.

Nichts wie weg! dachte er und lief, so schnell er konnte.

»Warte!« rief ihm die Frau nach. »Bleib hier! Der Regen!«

Christopher wartete nicht. Die Sache mit dem Regen konnte er nicht glauben. Hieß es nicht sogar, »Regen bringt Segen« oder so? Zu Hause erzählte er seiner Mutter von der Frau, die ihn hatte mit in ihr Haus nehmen wollen, »weil der Regen strahlt«! Er lachte und war stolz, daß er ihr in letzter Minute entwischt war.

»Sei still! Sie hat es nur gut mit dir gemeint«, sagte seine Mutter, obwohl sie die Frau in dem Haus gegenüber von der Bushaltestelle nicht kannte. Sie war schrecklich aufgeregt. Christopher mußte sich schon vor der Haustür ganz ausziehen. Die Mutter wusch seine Stiefel ab, steckte alles, was er angehabt hatte, in die Waschmaschine, fönte seine Haare und sagte immer und immer wieder: »Hoffentlich lernen die Menschen aus dieser Katastrophe. Hoffentlich sind sie in Zukunft vorsichtiger. Wärst du doch nur mit der Frau ins Haus gegangen.«

Alles, was ich mache, ist falsch, dachte Christopher und sagte: »Wenn ich groß bin, erzähle ich meinen Kindern nicht so blöde Märchen von bösen Fremden, strahligem Regen und so. Davon kriegen die nämlich bloß Angst.« Und dann mußte er plötzlich weinen, obwohl er es gar nicht wollte.

Seine Mutter drückte ihn fest an sich und flüsterte: »Hab keine Angst!« Und Christopher schniefte, lächelte und dachte: Jetzt ist alles wieder gut.

Ursula Krechel

Der Tankwart

Der Tankwart prüft den Ölstand
macht er dabei den Handstand?
O nein, er hat doch Anstand
ein Besen an der Wand stand
gute Fahrt, hebt er die Handhand.

Endlosgeschichte

Es war mal eine Mücke
die suchte mit Tücke
im Strumpf eine Lücke
ganz dicht am kleinen Zeh
– und stach zu ...
Mann, tat das weh!

Nora Clormann-Lietz

Christina Zurbrügg

Vom Mädchen, das alles haben wollte

Es war einmal ein kleines Mädchen, das dachte bei allem, was es tat, immer nur an das, was es jetzt gerade nicht tun konnte, weil es eben etwas anderes tat. Spülte es zu Hause sein Geschirr, dachte es daran, daß es eigentlich lieber einen Eisbär malen täte. War es beim Eisbärmalen, dachte es an das schmutzige Geschirr in der Spüle, aus dem es essen und trinken sollte, und das störte es sehr. Stieg das Mädchen auf einen Berg und blickte in die Täler hinunter, dachte es daran, wie schön es jetzt wäre, in einem See zu baden. Schwamm es im Wasser und blickte zu den Bergen hinauf, tat es ihm leid, daß es jetzt nicht oben auf der Bergspitze sitzen und ins Tal hinunterschauen konnte. Im Winter dachte es an den Sommer, und im Sommer wünschte es sich den Winter. Ging es auf einer Kreuzung nach rechts, dachte es daran, was es nun alles verpassen würde, weil es nicht den linken Weg eingeschlagen hatte, und machte es eine Reise nach Paris, mußte es immerfort an Rio de Janeiro denken. So ging es dem Mädchen Tag für Tag.

Zur nebenstehenden Bildergeschichte von Ina Etschmann:
Das kann jeder selbst versuchen – Dinge (aus der Dreiecksform) entstehen lassen, verändern und wieder verschwin-
den lassen usw. Das ist eine Endlos-Geschichte, kann natürlich auch farbig sein . . .

Cordula Tollmien

Die Doofe

»Die ist vielleicht doof«, sagen die anderen Kinder. »Am liebsten würde ich sie auf die Straße schubsen, damit sie überfahren wird, dann müßten wir nicht mehr mit ihr spielen«, sagt eines von ihnen. Tanja ist schon 8. Aber sie macht noch in die Hose. »Die stinkt wie die Pest«, sagen die anderen Kinder. Tanja kann noch nicht einmal einen Ball fangen. Trotzdem will sie immer mitspielen. Und weil sie den Ball nicht fangen kann, wird sie wütend. Dann holt sie sich den Ball, rennt weg und wirft ihn in irgendeinen Garten. Und wenn die anderen Kinder sie dann festhalten wollen, haut sie sie. »Tanja fängt immer an«, sagen die Kinder.

Beim Gummitwist springt Tanja immer nur wild zwischen den Gummis rum, so daß die Gummis manchmal sogar reißen und gegen die Beine von den anderen Kindern schnipsen. »Au«, schreien die Kinder dann und versuchen, Tanja zu kriegen, die wie immer wegrennt. An der Ecke unten haben sie keine Lust mehr. »Bleib bloß weg, du Doofe«, rufen sie Tanja nach.

Gestern ist Tanja in das Loch von den Bauarbeitern gefallen und konnte dann nicht mehr allein raus, und vor ein paar Tagen ist sie mit Absicht von oben in das Aquarium ihres Vaters gesprungen. Der wollte es gerade saubermachen. Das Aquarium war kaputt, aber Tanja hatte nur zwei Schnitte an der einen Hand. Dafür hat sie ihr Vater grün und blau geschlagen.

Heute kommt Tanja mir mit einem kleinen Rucksack auf dem Rücken entgegen. Sie zeigt mir, was sie in dem Rucksack hat. Eine Tüte mit Erdnüssen, eine Puppe und ein Tuch. Sie will in den Wald und dort ihren Freund treffen.

»Du hast einen Freund?« frage ich sie.

»Ja«, sagt Tanja, »schon lange.«

»Wie heißt er denn?« frage ich.

»Peter«, sagt sie.

»Und wie alt ist er?«

»12«, sagt sie, »aber sag das nicht den anderen Kindern, die lästern dann immer.«

»Und ist er nett, dein Freund?« frage ich Tanja.

»Ach, weißt du«, sagt sie, »Hauptsache, man kann zusammen reden.«

Dann geht sie los in den Wald.

Traumtänzer

Wenn ich auf dem Bordstein tanze,
überquere ich das Meer.
Komm ich mal aus der Balance,
falle ich zum Glück nicht sehr.

Mathias Hütter

Ingrid Gullatz
Das Farbenspiel

Franz saß an Omas Küchentisch und machte Schulaufgaben. Die Oma kochte aus Fleisch- und Fischresten ein Katzengericht; sie hörte ein mißmutiges Geknurre, was aber nicht von den Katzen, sondern vom Franz zu kommen schien.

»Na, was ist?« fragte sie. »Ist es zu schwer?«

»Im Gegenteil, zu leicht«, antwortete Franz, »es macht mir keinen Spaß so leicht.«

»Was müßt ihr denn machen?«

Franz erklärte: »Die Lehrerin hat uns Schneewittchen vorgelesen, und da heißt es doch ›rot wie Blut, weiß wie Schnee und schwarz wie Ebenholz‹, und jetzt sollen wir uns für alle Farben so etwas ausdenken. Grün wie Gras, gelb wie Ananas oder Postauto und so weiter. Ich hab schon viel geschrieben, und es fällt mir immer noch mehr ein – schau mal, schon zwei Seiten voll!«

Die Oma überlegte und sagte, er könne doch auch etwas Schwereres machen, nämlich zwei Farben nehmen. Also, Weiß und Gelb und was einem dazu einfällt, sie dachte zum Beispiel an Gänseblümchen.

Franz fand die Oma sehr klug. »Warst du mal Lehrerin?« fragte er. »Gott bewahre«, kam die Antwort, und Franz überlegte, ob seine Frage beleidigend gewesen war. »Wir haben eine sehr nette Lehrerin«, versicherte er schnell, »sie hat sogar mal Handstand gemacht, und da konnten wir alle ihren nackten Bauch sehen.«

»Na schön«, sagte die Oma. »Jetzt machen wir mal weiter mit den Farben. Du schreibst immer zwei Farben zusammen und machst eine Meinungsumfrage bei deiner Verwandtschaft, was jedem dazu einfällt.«

Franz kritzelte einen Bogen voll und zog los, um seine Farbreportage zu machen. Am Schluß sah sein Heft so aus:

ROT UND WEISS
Oma: Fliegenpilz. *Mama:* Dänemark. *Nele:* Schneewittchen und Rosenrot. *Onkel Herbert:* Albino. *Papa:* Königsmantel mit Hermelin. Radieschen.

ROT UND BLAU
Oma: Luftpostbriefe. *Mama:* Fahnen. *Nele:* Himmel und Dächer. *Onkel Herbert:* Methusalem. *Papa:* Napoleon.

SCHWARZ UND WEISS
Oma: Schachfiguren und Klavier. *Mama:* Zebra. *Nele:* Pinguin. *Onkel Herbert:* Fernsehen. *Papa:* Frack.

GOLD UND SILBER
Oma: Sonne und Mond. *Mama:* silberne und goldene Hochzeit. *Nele:* Christbaumkugeln und Lametta. *Onkel Herbert:* Goethe und Schiller. *Papa:* Schmuck.

Nun wurde es aber schwerer, und nicht jedem Teilnehmer fiel etwas ein.

SCHWARZ UND ROT
Nele: Teufel. *Papa:* Stierkampf. *Mama:* Marienkäfer.

ROSA UND HELLBLAU
Nele: Babys. *Mama:* amerikanische Damen.

GRÜN UND ORANGE
Mama: Ringelblumen. *Papa:* Apfelsinen.

BLAU UND WEISS
Oma: Himmel und Wolken. *Mama:* Matrosen. *Onkel Herbert:* Bayern.

GRÜN UND WEISS
Oma: Jasmin. *Nele:* Tannen im Schnee.
Onkel Herbert: Spinat im Krankenhaus.
Papa: Tennisclub.

ROSA UND ROT
Oma: Sonnenuntergang.

BLAU UND GRÜN
Mama: Weintrauben. *Onkel Herbert:* blau und grün wird man geschlagen.

GELB UND GRÜN
Oma: Eier und Spinat. *Nele:* mir wird schlecht. *Papa:* Giftzwerge.

WEISS UND ORANGE
Nele: Schneemann mit Rübennase. *Mama:* Spiegelei.

BRAUN UND GRAU
Oma: Erde und Steine. *Onkel Herbert:* Mäuse.

GELB UND SCHWARZ
Nele: Tiger. *Papa:* Post.

Schließlich hörte der Franz auf und fragte nicht mehr weiter nach Lila und Gelb (Stiefmütterchen), Rot und Gelb (Butterbrot und Marmelade) oder Gelb und Braun (Sonnenblumen), denn es gab ja noch gar zu viele Möglichkeiten.

Als der Franz in der Schule alle Antworten für das Farbenspiel vorlas, fiel den anderen Kindern auch noch allerhand dazu ein. Die Lehrerin meinte, der Franz mache schon am Morgen einen Bunten Abend.

Fritz Deppert
Winterwunschnacht

Kalt ist's,
der Atem dampft gegen die Laternen,
und über der Mütze
schnuppt ein Stern
quer in den Himmel.
Wünsch dir was.
Wünsch dir was,
was dir keiner von uns
erfüllen wird,
und behalte den Wunsch für dich,
damit er wachsen kann.
Und jetzt wünsch dir was,
was ich erfüllen kann,
und sag's mir ins Ohr,
ich will dein Wunscherfüller sein.
Da schnuppt schon wieder einer
quer in den Himmel,
jetzt wünsch ich mir was.
Kalt ist's,
der Atem dampft gegen die Laternen.

Marie-Luise Huster
Robinson Kruse

Robinson Kruse
wohnt auf Norderney,
trägt eine Matrosenbluse
und steht in der Einwohnermeldekartei.

Er geht in die erste Klasse,
trinkt Cola aus der Tasse,
übt grade das große O mit dem Pinsel
und träumt von einer einsamen Insel.

Wolkenbilder . . .
Britta van Hoorn

Josef Guggenmos
Rätsel

Der Mohn ist es, doch ist es auch
die Hagebutte am dornigen Strauch.
So schimmert im Kamin die Glut
und in Mensch und Tier das verborgene Blut. *Lösung Seite 326*

Ilse Kleberger

Operation im Zoo

Seite 229–231

Fast jede große Stadt hat ihren Zoo. Es gibt Leute, die am liebsten täglich vom Morgen bis zum Abend dort wären. Andere aber finden es traurig, Tiere hinter Gittern zu sehen. Sie würden gerne die Käfigtüren aufschließen und alle Tiere in die Freiheit entlassen. Sicher – wer einmal eine Giraffe frei über die Steppe schreiten sah, meint, daß sie dort eins der schönsten Geschöpfe ist, während sie im Käfig wie eine komische, etwas traurige Karikatur wirkt.

Und trotzdem: Wenn es keine Zoos gäbe, wären schon viele Tiere ausgestorben. In der zwar beengten, aber auch geschützten Umwelt können sie überleben. Tiere, die im Zoo geboren sind, fühlen sich dort meist sehr wohl und schließen Freundschaft mit Menschen. Außerdem würden kranke Tiere in der Wildnis zugrunde gehen, während man sie im Zoo behandeln und gesund pflegen kann. Daß Fridolin überlebte, war nur möglich, weil er im Zoo geboren wurde.

Als wir ihn kennenlernten, war er noch nicht ausgewachsen. Wir saßen in der Wohnung vom Oberassistenten des Berliner Zoos und sahen durch das Fenster, wie ein Mann über den Hof kam. Er hatte einen Beutel vor dem Bauch hängen, aus dem der Kopf eines jungen Känguruhs schaute, genauso, wie Känguruhjunge aus den Beuteln ihrer Mütter schauen. Das Baby war Fridolin, der keine Tiermutter mehr hatte, aber eine Menschenpflegemutter und einen Menschenpflegevater, wie man sie sich liebevoller nicht vorstellen kann.

Um von Fridolins Schicksal zu berichten, muß man erst einmal erzählen, wie ein Känguruh geboren wird, denn das ist sehr seltsam. Bei der Geburt ist das Tierbaby noch winzig klein, kleiner als ein Streichholz, während die Mutter ungefähr halbe Menschengröße hat. Ein Menschenbaby hat bei der Geburt schon ausgebildete Arme und Beine, Augen und Ohren, die nur noch lernen müssen, wie man sie gebraucht. Beim Känguruh ist das ganz anders. Die Hinterbeine, die Augen und die Ohren sind noch nicht ganz fertig. Nur die Vorderpfoten sind vollkommen ausgebildet. Und das ist sehr wichtig.

Niemand kann sich vorstellen, daß ein Menschenbaby gleich nach der Geburt auf einen hohen Berg steigen würde. Genau das muß das Känguruhbaby aber tun, obgleich es noch so unvollkommen ist. Nach dem Austritt aus der Scheide der Mutter klettert es mit seinen Vorderfüßen durch deren Fellkleid mühsam bergauf, bis zum Rande des Beutels. Die Mutter kann ihm bei dieser Arbeit nicht helfen. Sie kann nur den Beutel etwas abspreizen. Wenn das Baby oben angekommen ist, schlüpft es in den Beutel hinein und saugt sich an einer der Zitzen der Mutter fest. Die Zitze schwillt an, so daß das Baby jetzt wie mit einem Druckknopf angeheftet ist. Nun tut es nichts anderes mehr, als Milch zu saugen, ganze fünf Monate lang. In dieser Zeit entwickelt es sich zu einem voll ausgebildeten Känguruh mit spitzen Ohren, die vorzüglich hören können, großen, blanken Augen, kräftigen Hinterbeinen für weite Sprünge und einem weichen, hellbraunen Fellkleid. Nach weiteren zwei Monaten klettert es aus dem Beutel und holt sich selber Futter. Doch bei jeder Gefahr stürzt es sich noch lange kopfüber in Mutters Beutel hinein.

Fridolins Lebenslauf ging nicht so glatt vor sich. Als er noch winzig, nackt und hilflos war, wurde seine Mutter krank, und

Fridolin fiel, wer weiß warum, aus dem Beutel. Er hatte noch kein Fell und war so klein, daß er bequem auf einer Menschenhand Platz hatte. Wenn ein Känguruhbaby zu einem solchen Zeitpunkt aus dem Beutel fällt, wird es in der Regel nicht überleben. Es gelingt nicht mehr, es an der Zitze der Mutter anzuheften, und bis jetzt war es auch noch nie gelungen, ein solches Tierchen mit der Flasche großzuziehen. Als Tierpfleger Kretschmer aber das winzige Wesen auf seiner Hand liegen sah, konnte er es nicht über sich bringen, es seinem Schicksal zu überlassen. Er brachte es seiner Frau mit nach Hause, die nicht einen Augenblick lang zögerte, das Findelkind anzunehmen. Sie bastelte einen Beutel für den Winzling, den sich das Ehepaar abwechselnd um die Hüften schnallte und in dem sie ihren Pflegling herumtrugen. Nachts hing er darin über einer Rotlichtlampe.

Frau Kretschmer besorgte eine Puppenmilchflasche und versuchte, dem Baby damit Milch einzuflößen. Aber das Mäulchen war selbst für den winzigen Schnuller zu klein. Nun war guter Rat teuer. Fridolin leckte dem Pfleger wohl etwas Milch aus der Hand, aber damit hätte man ihn keinesfalls genügend ernähren können. Schließlich fand die Pflegemutter ein ganz dünnes Schläuchlein, wie man es bei Arbeiten am Aquarium benutzt. Mit diesem gelang es, dem Tier Milch zuzuführen. Es trank mit Behagen, nahm zu und entwickelte sich.

Zwei Monate lang fütterte das »Elternpaar« sein Baby alle zwei Stunden, auch nachts. Pünktlich alle zwei Stunden klingelte der Wecker. Als Herr und Frau Kretschmer erlebten, wie gut Fridolin gedieh, war ihnen keine Mühe zu groß. Er hopste schließlich vergnügt in der Wohnung herum und kroch nur noch nachts in seinen Beutel. Er fraß Zwieback, Weiß-

brot, Gras, Kräuter und Butterblumen. Bald erkannte er auch die Stimme der Pflegemutter und hörte auf den eigenen Namen. Ein großes Fest war es für ihn, wenn er ein Stück Schokolade bekam. Manchmal gingen die »Eltern« mit ihm im Zoo spazieren. Die Zoobesucher hatten ihren Spaß daran, wenn sie eine Menschenfrau daherkommen sahen, neben der ein junges Känguruh hüpfte, die Vorderpfoten in ihren Rock gekrallt.

Fridolin war der Stolz der Pflegeeltern und des ganzen Zoos, denn es war das erste Mal, daß es gelungen war, ein so junges, aus dem Beutel gefallenes Tier aufzuziehen.

Eines Tages bemerkten aber die Pflegeeltern, daß Fridolins Augen sich trübten, daß sich sein Sehen verschlechterte und daß er schließlich über Gegenstände stolperte und gegen Wände lief. Fridolin war blind geworden. Nun war der Augenblick gekommen, wo wir von ihm erfuhren. Mein Mann ist ein Menschenaugenarzt, wird aber in den Zoo gebeten, wenn eins der Tiere Augenbeschwerden hat. Er sah sich Fridolin an und entschloß sich, ihn zu operieren. Ich durfte ihm dabei helfen.

Im Tierlazarett des Zoos legten wir Fridolin auf einen Tisch, und der Tierarzt gab ihm eine Narkose. Nun ist das nicht so einfach, wie es sich anhört. Man weiß, wieviel an Narkosemitteln ein Mensch verträgt, ohne daß es ihm schadet, aber kaum jemand hat schon mal ein Känguruh narkotisiert. Als Fridolin eingeschlafen war, gingen wir rasch an die Arbeit. Mein Mann schnitt mit einem winzigen, scharfen Messer die Hornhaut des Auges auf und holte die getrübte Linse, einen Teil des vorderen Auges, heraus. Er nähte dann mit haardünnen Fäden die Wunde wieder zu. Nun bekam Fridolin noch einen Verband über das Auge.

Einem Menschenkind hätte man danach gesagt: »Laß die Hände von dem Verband, damit das Auge heilen kann!« Aber bei unserm Fridolin hätte das nicht viel genützt. Damit er sich das frischoperierte Auge nicht kaputtkratzte, machten wir ihm, noch als er schlief, aus Watte und Mullbinden kleine Fausthandschuhe. Mit dem Kopfverband und den weißen Pfoten sah er rührend komisch aus.

Am nächsten Morgen, einem Sonntag, besuchten wir Fridolin bei seinen Pflegeeltern. Wir waren erleichtert, als wir ihn vergnügt und munter fanden. Er hatte die Narkose gut überstanden und fraß. Zu unserem Erstaunen saßen die weißen »Fausthandschuhe« noch fest an ihrem Platz. Wie Herr Kretschmer uns etwas verschämt gestand, hatte das seinen besonderen Grund. Er hatte Fridolin vorsichtshalber in der Nacht zu sich ins Bett genommen. Er strahlte, daß er den Patienten auf diese Weise gut über die erste schwierige Zeit hinweggebracht hatte. Ob er mit einem springlebendigen Känguruh im Bett allerdings gut geschlafen hat, fragten wir ihn nicht.

Fridolin gewann etwas von seiner Sehkraft zurück, zwar nicht soviel, wie wir gehofft hatten, weil auch das hintere Auge erkrankt gewesen war, aber er lief nicht mehr gegen Wände und ging Gegenständen, die im Zimmer lagen, aus dem Wege. Das genügte. Niemand verlangt ja von einem Känguruh, daß es die Zeitung liest.

Eines Tages war Fridolin zu groß geworden für die Wohnung der Pfleger. Er kam in einen Käfig im Zoo, und dort – aber es wird nun Zeit, daß ich erzähle, daß Fridolin eigentlich ein Mädchen war, was der Pfleger, als er es zu sich nahm, noch nicht feststellen konnte. Fridolin oder Fridolina – wenn man so will – bekam einen Känguruhmann und schließlich ein Baby, welches sie aber ganz allein in ihrem Beutel aufzog.

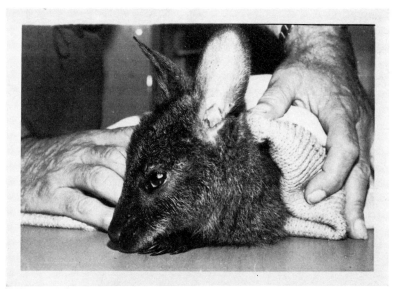

Vor der Operation

Waltraud Zehner
Fremder Mann

Einmal im Monat kommt mein Vater,
holt mich ab, wir gehen in den Zoo.
Er kauft mir Schoko und Cola und Tierfutter
und denkt, ich bin froh.
Bei den Affen bleiben wir lange stehn.
Mein Vater schaut auf die Uhr:
Wir sollten jetzt weitergehn.
Im Gasthaus krieg ich wie immer Pizza und Eis.
Wie geht's in der Schule, fragt er,
hier hast du zehn Mark für Fleiß.
Einen Sonntag im Monat hat mein Vater Zeit,
einen ganzen Tag lang sind wir zu zweit,
manchmal kommt er mir vor wie ein fremder Mann,
und ich trau mich nicht zu sagen,
daß ich die Mathe nicht kann.

Horst Samson
Bevor es losgeht

In diesem Buch
steckt eine Maus!
Man kann sie rufen,
manchmal kommt sie raus,
erklärt euch alles,
klipp und klar:
was ist, was wird,
was einmal war.
Wenn sie nicht kommt
und zu euch spricht,
dann laßt sie sein,
dann will sie nicht!

Marlies Rieper-Bastian

Josef Guggenmos
Da sitze ich und suche

Da sitze ich und suche.
Ich suche einen Reim.
Ich suche, suche – fluche!
Was hilft's? Mir fällt nichts ein.

Ich suche einen Reim auf: Mensch.
Auf Mensch reimt – Mensch sich nur.
Nichts, was da grünt, nichts, was da blüht,
kein Ding auf weiter Flur.

Ich denke in der Welt umher:
Kein Tier, das fliegen kann,
keins, das da kriecht, kein Fisch im Meer
grüßt mit verwandtem Klang.

Ich geb es auf. Ich sage mir:
Es kann nicht anders sein.
So einzigartig ist der Mensch!
Ist er's? Er bildet sich's ein.

Marlies Rieper-Bastian

Sara Krüger
Die Rechenaufgabe

Anne sitzt an einer Rechenaufgabe. Sie versteht nicht, was sie machen soll.
Der Vater sitzt an seinem Schreibtisch, an der Rechenmaschine. Der muß es ja wissen!
Der Vater liest sich die Aufgabe durch, kratzt sich am Kopf: »Gib mir doch mal dein Rechenbuch!«
Anne wartet. Nach einer langen Weile sagt der Vater: »Also, das geht so«, und dann redet er lange, bis er fragt: »Hast du es jetzt verstanden?«

»Nein«, sagt Anne.

Anne versucht sich zu merken, was der Vater erklärt. Aber sie begreift nichts. Die Lehrerin hat doch etwas ganz anderes gesagt!

»Hast du es jetzt kapiert?« fragt der Vater ungeduldig.

»Ja«, sagt Anne und geht zurück zu ihrem Schreibtisch. Sie starrt auf ihr leeres Blatt.

Anne läßt ihren Kopf auf die Arme sinken. Keiner darf hören, daß sie weint.

Sara Krüger

Mißverständnis

Anne will mit ihrer kleinen Schwester schmusen. Sie umfängt sie mit ihren Armen und will sie küssen.

Die kleine Schwester schreit: »Laß mich!« und reißt sich los. Das ärgert Anne. Sie hält ihre Schwester fest und drückt ihr einen feuchten Kuß auf die Backe.

Die kleine Schwester brüllt: »Mama! Anne haut mich!« Aber die Mutter hört nicht.

Die kleine Schwester läuft weg. Anne stellt sich ihr in den Weg. Die kleine Schwester stolpert und fällt hin. Ihr Kopf schlägt hart auf dem Boden auf.

Anne steht starr vor Schreck. Ist die Schwester tot? Nein, sie fängt an zu schreien!

Die Mutter stürzt herbei und hebt die kleine Schwester hoch. Sie blutet an der Stirn und brüllt!

Jetzt schreit auch die Mutter Anne an: »Du schreckliches Kind! Ich hab die Nase voll von dir!«

Anne weiß, daß es jetzt keinen Sinn hat, ihre Unschuld zu beteuern.

Sie geht in ihr Zimmer.

Sie haßt ihre kleine Schwester.

Sie haßt ihre Mutter.

Susanne Clormann

Das Datum meines Geburtstags

Ich habe am 5. Oktober 1987 meinen zwölften Geburtstag gefeiert. Jedem ist klar, daß mein Geburtstag also am 5. 10. 1975 war. Am zehnten Mai war ich bei meinem reichen Onkel in Kalifornien. Dort hat jemand meinen Reisepaß gelesen und mir begeistert zum Geburtstag gratuliert. Ich war ganz verwirrt. Mein Geburtstag ist doch im Oktober, nicht im Mai.

Des Rätsels Lösung war, daß in USA 5/10/1975 »may 10th 1975« bedeutet. Mein Geburtstag wird also dort 10/5/1975 (»october 5th 1975«) geschrieben. Ich brauche bloß Monat und Tag zu vertauschen, und schon habe ich das Datum amerikanisch geschrieben. In Kanada schreibt man das Jahr zuerst, also muß ich da einfach schreiben: 1975/10/5. Jahr – Monat – Tag – Stunde – Minute – Sekunde. Das kann man ja ganz toll weiterschreiben. Diese Form ist am praktischsten, finde ich.

Im Juli hat mich mein Vater nach Japan mitgenommen. In Japan schreibt man auch Jahr – Monat – Tag. Dort hat jemand meinen Geburtstag 50. 10. 5 geschrieben. Da mußte ich sehr lachen, denn meine Mutter ist doch 1950 geboren, wie sollte ich denn da gleichzeitig auf die Welt gekommen sein?

Aber den Geburtstag meiner Mutter schrieben sie in Japan: 25. 11. 30. Das sah so aus, als wäre meine Mutter 1925 geboren und nicht mehr so jung, sondern schon pensioniert.

Ein Japaner, der fließend Deutsch sprach und ein Freund meines Vaters war, erklärte uns dann, wie diese Jahreszahlen zustande kommen. 50 bei meinem Geburtstag bedeutet nicht das Jahr 1950 nach Christi Geburt. Es ist das 50. Regierungsjahr des Tenno gewesen. Tenno heißt Kaiser auf Japanisch. Und der japanische Kaiser Hirohito regiert 1987 schon 62 Jahre lang.

Der Tenno bedeutet in Japan den Menschen mehr als Christus. In Japan leben nur wenige Christen. Eine wichtige Religion in Japan heißt Shinto. Der Überlieferung nach hat die Göttin Amaterasu (sie war die erste Japanerin überhaupt) ein Kind bekommen, das der erste Tenno wurde. Seitdem, so glauben die Japaner, stammt der Tenno immer in direkter Linie von der Göttin Amaterasu ab. Immer, wenn ein neuer Tenno gekrönt wird, fängt die Jahreszählung neu an. So wichtig ist der Tenno in Japan.

Wenn also der Kaiser Hirohito schon 62 Jahre lang regiert, dann war vor 12 Jahren – als ich geboren wurde – sein 50. Regierungsjahr. Und als meine Mutter vor 37 Jahren geboren wurde, war sein 25. Regierungsjahr. 50. 10. 5 ist deshalb das gleiche Datum wie 5. 10. 1975, nämlich das Datum meines Geburtstags.

Gibt es eigentlich noch andere Länder außer Japan, die ihre Zeitrechnung mit einem anderen Ereignis anfangen lassen? Ich wüßte zu gern, wie dann dort mein Geburtstag geschrieben wird.

Ein türkischer Junge aus meiner Klasse hat mir erklärt, daß es für Moslems eine andere Zeitrechnung gibt. Sie fängt an vor 1365 Jahren, als Mohammed von Mekka nach Medina übergesiedelt ist. Also, nach mohammedanischem Kalender ist mein Geburtstag am 5. 10. 1353 gewesen. Wäre ich 1353 nach Christi Geburt geboren, dann hätte ich richtige Ritter in ihren Rüstungen sehen können. Aber 1353 nach mohamme-

danischer Zeitrechnung kann ich Astronauten in ihrem Raumanzug im Fernseher sehen.

Für Buddhisten ist der Todestag Buddhas der Beginn der Zeitrechnung. Mein Geburtstag war darin am 5. 10. 2388. Ob im Jahr 2388 n. Chr. die Welt wohl noch bewohnbar ist?

Nach dem jüdischen Kalender, der davon ausgeht, daß die Welt vor 5748 Jahren erschaffen wurde, war mein Geburtstag am 5. Oktober 5736. Das hört sich an wie in einem Science-fiction.

Die Leute in der Wohngemeinschaft bei uns im Haus zählen die Jahre jetzt nach einem anderen Ereignis: Wir sind jetzt im Jahr 2 nach der Atomkatastrophe von Tschernobyl. Danach bin ich wohl am 5. 10. 10 v. Tsch. geboren.

Günter Müller

Frank ist traurig

Michaela und Frank
auf dem Spielplatz
Michaela und Frank
mit ihren Eltern
Michaela und Frank
am ersten Schultag
Michaela und Frank
in ihrer Klasse
Michaela und Frank
in der Kinderkur
Michaela und Frank
am Strand
Michaela und Frank
und Jürgen
in der Jugendfreizeit
Michaela und Jürgen
und Frank
in der Disco
Michaela & Jürgen

Egbert Herfurt: Zum Zuständekriegen

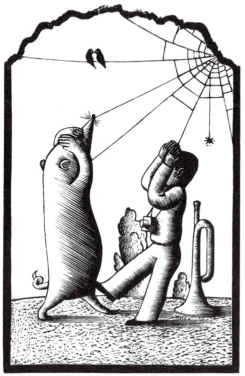

Ingeborg Teuffenbach

Ein Sätzchen zum Nachdenken

»Es gibt zwei Möglichkeiten, glücklich zu sein.« Der Mann, der das sagt, trägt eine riesige Tasche, in die er altes Brot und Zeitungen stopft. Einmal die Woche kommt er am Haus vorbei, die Kinder kennen ihn längst und fragen ihn aus, denn er gibt ihnen Antwort auf ihre Fragen.

Woher er kommt? Wozu er die Zeitungen braucht? Wem er das Brot gibt, und was er sonst noch tut.

Der Mann ist immer freundlich zu den Kindern; oft läßt er ihnen ein Sätzchen zum Nachdenken da, wie das von den Möglichkeiten, glücklich zu sein. »Überlegt es euch bis zum nächsten Mal!«

Die Kinder wollen wissen, was er meint, aber er läutet schon an der Nachbarstür und leiert vor der Hausfrau sein Sprüchlein her: »Alte Zeitungen, Hefte, verschimmeltes Brot, vertrocknete Semmel, leere Briefumschläge...«

Die Kinder grübeln. Was braucht man, um glücklich zu sein? Was sind die zwei Mittel?

Ein Kind schlägt vor: »Gut essen.«

Ein anderes sagt: »Schöne Spielsachen haben.«

Ein Mädchen sagt: »Moderne Kleider besitzen.«

Ein anderes Mädchen: »Nicht in die Schule gehn.«

Den Kindern fallen viele Sachen ein, die glücklich machen: schlafen, skifahren, reisen, schwimmen, bergsteigen, radfahren, Jazzmusik hören...

Anton spottet: »Und der kennt nur zwei! Zwei sind zuwenig, das werden wir ihm beweisen.«

Endlich kommt der Mann wieder vorbei. Sie hatten ihm aufgelauert, nun steht er da und stopft die Zeitungen und das Brot in die Tasche. Er grinst die Kinder an: »Habt ihr's gefunden?«

Die Kinder schreien: »Es gibt mehr als zwei, es gibt zehn oder zwanzig Möglichkeiten, je nachdem, was man mag und wer man ist, welchen Sport man betreibt, welche Freunde man hat und wieviel Freizeit.«

Der Mann schüttelt den Kopf. »Es gibt zwei Möglichkeiten, glücklich zu sein: Entweder nehmt ihr die Welt so, wie sie ist – fest und wirklich, oder ihr tut es nicht.«

Die Kinder lachen. »Und wenn wir es nicht tun? Wenn wir die Welt nicht nehmen, wie sie wirklich ist, das Fahrrad als Fahrrad und das Haus als Haus?«

»Dann«, sagt der Mann, »gilt für euch die zweite, die zweite Möglichkeit, glücklich zu sein, sie kostet nichts, sie steckt in eurem Kopf. Wer Fantasie besitzt, der ist gut dran, er gibt sich mit dem, was er sich ausdenkt, zufrieden. Wer keine Fantasie hat, will anfassen können: das Geld, den Schaukelstuhl, den Teppich, den Tisch. Der eine ärgert sich oft über das, was ist: Das Wetter, die Leute, die Autos, die schlechten Zeiten... der andere richtet es sich, wie er's haben will.«

Miriam fragt: »Und du? Wählst du das zweite? Was stellst du dir vor, wenn du durch den Regen stapfst: ein schönes Auto – oder den Sonnenschein?«

»Das«, schmunzelt der Mann, »findet ihr sicher heraus.«

Manfred Große

Was rappelt da im Schrank?

Ich gehe hin und öffne die Schranktür. Heraus kommt ein Mädchen, so alt wie ich etwa. Sie hat einen roten Gummianzug an.

»Bist du Fredi?« fragt sie.

»Ja«, sage ich, »wie kommst du in meinen Schrank?«

»Ganz einfach«, antwortet sie, »ich habe einen Lokalisator, und nun bin ich hier.«

»Ach, na dann«, sage ich und tue, als wüßte ich alles.

Plötzlich fängt sie an zu husten und zu röcheln. »Habt ihr hier schon Smog?« fragt sie.

»Ja«, sage ich, »wir haben Alarmstufe 1.«

Sie legt ihre Umhängetasche ab, greift hinein, erschrickt und sagt: »Ich muß sofort zurück! Ich habe meine Anti-Smog-Tabletten vergessen.«

Sie geht zurück in den Schrank und schließt die Tür.

Ich schaue in den Schrank. Sie ist verschwunden.

Aber ihre Umhängetasche liegt noch da. In der Tasche finde ich eine Taschenlampe, die durch die Wand leuchtet, Papiergeld, das mit verwaschenen Zahlen ständig seinen Wert verändert, und einen Reisepaß: *Nurana Bafasi, geb. am 36. August 1997 in Fakisia.*

Leider hat sie ihren Lokalisator mitgenommen.

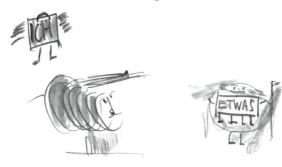

Eckart Klessmann
Matthias Claudius, der Wandsbecker Bote

Seite 241–247

Vor 200 Jahren lebte in dem Dörfchen Wandsbeck, einige Kilometer vor Hamburg, der Journalist und Schriftsteller Matthias Claudius. Er gab eine Zeitung heraus, die hieß »Der Wandsbecker Bote«. Es war nur ein kleines Blättchen, von dem nur 500 Stück verkauft wurden, auf Löschpapier gedruckt, aber in ihm schrieben die besten deutschen Schriftsteller, am meisten aber Matthias Claudius selber.

Er kümmerte sich ganz besonders um die Nachrichten seiner Zeitung, und auf deren erster Seite standen nicht etwa Morde und Katastrophen, sondern Meldungen, über die sich die Leser freuen sollten, etwa diese: »Wandsbeck, den 25. April. Gestern hat hier die Nachtigall zum erstenmal wieder geschlagen.«

Matthias Claudius liebte die Natur über alles, und daß sich im Frühjahr erstmals eine Nachtigall hören ließ, war ihm wichtiger als jede Sensationsmeldung. Beim täglichen Spaziergang im Wandsbecker Gehölz hörte er nicht nur die Nachtigall singen, da fielen ihm manchmal auch Gedichte ein, die er in seiner Zeitung druckte. Manche veröffentlichte er auch anderswo, so sein berühmtestes, das heute fast jeder kennt: »Der Mond ist aufgegangen.«

Matthias Claudius ließ seine gesammelten Werke mit einigen Kupfern schmücken, die er meist auch erläuterte. Das »Ohr in Spiritis« gehörte einem gewissen Albiboghoi, einem »bösen« Hofmarschall; mehr davon erfuhr der Leser im 3. Teil, anläßlich einer (erfundenen) Audienz beim Kaiser von Japan: »Sieh um Dich, und wenn Du einen Mann in Deinem Reich findest, lieber Kaiser, der Dir immer die Wahrheit sagt, auch wenn Du sie nicht gerne hörst; der ist der rechte Mann, den wähle Du Dir zu Deinem Freund…«

Nebenstehend:
Bild Franco Matticchio

ABENDLIED

Der Mond ist aufgegangen,
Die goldnen Sternlein prangen
 Am Himmel hell und klar;
Der Wald steht schwarz und schweiget,
Und aus den Wiesen steiget
 Der weiße Nebel wunderbar.

Wie ist die Welt so stille,
Und in der Dämmrung Hülle
 So traulich und so hold!
Als eine stille Kammer,
Wo ihr des Tages Jammer
 Verschlafen und vergessen sollt.

Seht ihr den Mond dort stehen? –
Er ist nur halb zu sehen,
 Und ist doch rund und schön!
So sind wohl manche Sachen,
Die wir getrost belachen,
 Weil unsre Augen sie nicht sehn.

Wir stolze Menschenkinder
Sind eitel arme Sünder,
 Und wissen gar nicht viel;
Wir spinnen Luftgespinste,
Und suchen viele Künste,
 Und kommen weiter von dem Ziel.

Gott, laß uns dein Heil schauen,
Auf nichts Vergänglichs trauen,
 Nicht Eitelkeit uns freun!
Laß uns einfältig werden,
Und vor dir hier auf Erden
 Wie Kinder fromm und fröhlich sein!

Wollst endlich sonder Grämen
Aus dieser Welt uns nehmen
 Durch einen sanften Tod!
Und, wenn du uns genommen,
Laß uns in Himmel kommen,
 Du unser Herr und unser Gott!

 So legt euch denn, ihr Brüder,
 In Gottes Namen nieder;
 Kalt ist der Abendhauch.
Verschon uns, Gott! mit Strafen,
Und laß uns ruhig schlafen!
 Uns unsern kranken Nachbarn auch!

Als Claudius lebte, gab es vieles noch nicht, was uns selbstverständlich ist. Es gab weder Strom noch Gas. Zur Beleuchtung benutzte man Tranlampen und Kerzen, zum Heizen und Kochen verwendete man Holz und Torf. Seine Zeitung schrieb Claudius nicht mit der Schreibmaschine (die wurde erst 100 Jahre später erfunden), sondern mit Tinte und mit einer Gänsefeder. Es gab weder Fernsehen noch Radio, weder Autos noch Flugzeuge, weder Telefon noch Fahrrad, weder Schallplatten noch Tonbänder. Würde man uns das alles nehmen, wir hätten wohl Mühe, mit dem Leben einigermaßen zurechtzukommen. Aber da die Menschen zu jener Zeit all diese Dinge gar nicht kannten, vermißten sie die auch nicht und waren trotzdem glücklich. Claudius wohnte in einem kleinen Haus mit Frau und neun Kindern und verdiente sehr wenig Geld, zumal die Zeitung schon nach wenigen Jahren eingestellt werden mußte; sie wurde zu wenig gekauft.

Der Mittagstisch war anspruchslos: Braten gab es nur an den hohen Feiertagen zu essen, einen ganz kleinen; man aß in der Familie Claudius viel Kartoffeln; denn die waren billig und reichlich zu haben, und damit sie noch besser schmeckten, schrieb Vater Claudius seiner Familie ein Gedicht dazu.

Heute ist Wandsbeck ein Stadtteil des großen Hamburg, und den erreicht man mit der U- oder S-Bahn. Zur Zeit von Claudius (als noch nicht einmal die Eisenbahn erfunden war) benutzte man eine mit Pferden bespannte Kutsche, aber die war teuer. Und ein eigenes Reitpferd konnten sich damals weit weniger Menschen leisten als heute ein Auto. Claudius, der zeitlebens wenig Geld besaß, ging zu Fuß, auch weite Strecken. Der dänische König – Wandsbeck gehörte damals zu Dänemark – gab dem Dichter einen gutbezahlten Posten in Altona. Von Wandsbeck bis Altona sind es hin und zurück etwa 30 Kilometer, und die ging Claudius zu Fuß, morgens hin, abends zurück.

Und doch war dieser Mann glücklich. Er freute sich, daß er so viele Kinder hatte, die ließ er vielerlei Musikinstrumente lernen. Was sollte er mit einem Radio? Die elfköpfige Familie bildete schon für sich allein ein kleines Orchester, und selbstverständlich sangen sie auch mehrstimmig. Langweilig war es sowieso nicht. Da Claudius durch seine Zeitung und seine Gedichte ein berühmter Mann geworden war, kam so mancher zu Besuch nach Wandsbeck und brachte viele Neuigkeiten mit. Und einen Fernseher hätte Claudius gar nicht vermißt, ihm war schon ein so alltäglicher Vorgang wie ein Sonnenaufgang zum Staunen, und er hat darauf ein Gedicht gemacht, das er seine Frau Rebekka sprechen läßt:

>»Kommt, Kinder, wischt die Augen aus,
> Es gibt hier was zu sehen;
> Und ruft den Vater auch heraus...
> Die Sonne will aufgehen! –«

Abbildungen aus den gesammelten Werken des Wandsbecker Boten

...
Schön rötlich die Kartoffeln sind
   Und weiß wie Alabaster!
Sie däu'n sich lieblich und geschwind
Und sind für Mann und Frau und Kind
   Ein rechtes Magenpflaster.

EIN LIED UM REGEN

Der Erste:
Regen, komm herab!
   Unsre Saaten stehen und trauern,
   Und die Blumen welken.
Der Zweite:
Regen, komm herab!
   Unsre Bäume stehn und trauern!
   Und das Laub verdorret.
Der Erste:
Und das Vieh im Felde schmachtet,
   Und brüllt auf zum Himmel.
Der Zweite:
Und der Wurm im Grase schmachtet,
   Schmachtet und will sterben.
Beide:
Laß doch nicht die Blumen welken!
   Nicht das Laub verdorren!
O, laß doch den Wurm nicht sterben!
   Regen, komm herab!

TÄGLICH ZU SINGEN

Ich danke Gott, und freue mich
   Wie's Kind zur Weihnachtsgabe,
Daß ich bin, bin! Und daß ich dich,
   Schön menschlich Antlitz! habe;

Daß die Sonne, Berg und Meer,
   Und Laub und Gras kann sehen,
Und abends unterm Sternenheer
   Und lieben Mond gehen;

Und daß mir denn zumute ist,
   Als wenn wir Kinder kamen,
Und sahen, was der heil'ge Christ
   Bescheret hatte, Amen!

Ich danke Gott mit Saitenspiel;
   Daß ich kein König worden;
Ich wär geschmeichelt worden viel,
   Und wär vielleicht verdorben.

Auch bet ich ihn von Herzen an,
   Daß ich auf dieser Erde
Nicht bin ein großer reicher Mann,
   Und auch wohl keiner werde.

Denn Ehr und Reichtum treibt und bläht,
   Hat mancherlei Gefahren,
Und vielen hat's das Herz verdreht,
   Die weiland wacker waren.

Und all das Geld und all das Gut
   Gewährt zwar viele Sachen;
Gesundheit, Schlaf und guten Mut
   Kann's aber doch nicht machen.

Und die sind doch, bei Ja und Nein!
   Ein rechter Lohn und Segen!
Drum will ich mich nicht groß kastei'n
   Des vielen Geldes wegen.

Gott gebe mir nur jeden Tag,
   Soviel ich darf zum Leben.
Er gibt's dem Sperling auf dem Dach;
   Wie sollt ers mir nicht geben!

Freilich: Wenn man so wie Claudius tagtäglich die Natur beobachten möchte, dann muß man schon das Glück haben, inmitten der Natur zu wohnen; im großen Hamburg wäre das auch damals nicht so leicht möglich gewesen wie im kleinen Wandsbeck mit dem schönen Wandsbekker Gehölz. Darum liebte Claudius sein Dörfchen auch ganz besonders, und er hat es in seinem Leben nur zweimal verlassen müssen. Beim erstenmal zog er mit seiner Familie nach Darmstadt, wo er ebenfalls eine Zeitung herausgeben sollte, als sein »Wandsbecker Bote« nicht mehr existierte. Aber in Darmstadt fühlte sich Claudius so unglücklich, daß er schon bald schwer krank wurde und wieder nach Wandsbeck zog, weil er fühlte, nur dort könne er wieder ganz gesund werden, was auch zutraf. Natürlich hatte seine Krankheit einen gelehrten Namen, aber wir wissen heute, daß es ganz schlichtes Heimweh war, und das kann die Gestalt verschiedener Krankheiten annehmen.

Beim zweitenmal waren die Zeiten schlimm geworden. Seit einigen Jahren herrschte Krieg, und als 1813 feindliche Soldaten das kleine Wandsbeck besetzten und dort böse hausten, verließ Claudius sein Dorf und ging zuerst nach Kiel, später nach Lübeck. Er war jetzt 73 Jahre alt und Großvater, seine neun Kinder lebten schon lange nicht mehr in Wandsbeck. Als der Krieg vorüber war, zogen Matthias und Frau Rebekka wieder zurück in ihr altes Wandsbeck, wo ihr Haus stehengeblieben war. Dort feierten sie am 15. August 1814 ein letztesmal den Geburtstag des »Wandsbecker Boten«, aber schon gegen Ende des Jahres wurde Claudius kränklich und übersiedelte mit seiner Frau nach Hamburg. Dort ist er am 21. Januar 1815 im Haus seines Schwiegersohns, des Buchhändlers Perthes, gestorben.

Er war ein Mensch, der in seinem langen Leben nie das Staunen verlernt hat, der in der Nacht immer wieder neue Wunder entdeckte, und für den nichts selbstverständlich war. Ob Frühling, Sommer, Herbst oder Winter: Jede Jahreszeit hat ihre eigenen Schönheiten, und für jede Jahreszeit hat er sich lustige Feste ausgedacht, die er mit seiner Familie feierte. Diese Feste hießen etwa »Knospenfest«, wenn im Frühjahr die ersten Knospen aufbrachen, oder »Grünzüngel«, wenn die ersten jungen Erbsen und Bohnen im Garten gepflückt werden konnten. Im Herbst, wenn der erste Schnee fiel, feierte man den »Herbstling«, dazu wurden im Ofen Äpfel gebraten. Beim »Eiszäpfel« mußten lange Eiszapfen am Dach hängen und draußen ein Schneemann aufgebaut sein. Dazu dichtete Claudius ein »Lied hinterm Ofen zu singen«, das so anfängt:

> »Der Winter ist ein rechter Mann,
> Kernfest und auf die Dauer;
> Sein Fleisch fühlt sich wie Eisen an
> Und scheut nicht Süß noch Sauer.«

EIN LIED
IN DER HAUSHALTUNG

Zu singen, wenn ein Wechselzahn soll ausgezogen werden.

Die Mutter

Wir ziehn nun unsern Zahn heraus,
　Sonst tut der Schelm uns Schaden.
Und sei nicht bange, kleine Maus!
　Gleich hängt er hier am Faden.

Die Schwestern und Brüder und der Vater
Coro.
Der Zahn der Zahn der muß heraus,
　Sonst tut der Schelm nur Schaden.

Die Mutter.
Ei seht, sie macht die Nase kraus,
　Und fürchtet meinen Faden.
Hilft nicht; der Zahn der muß heraus,
　Und denn kriegt Gustchen Fladen.

Coro.
Der Zahn der Zahn der muß heraus,
Und denn kriegt Gustchen Fladen.

Die Mutter.
So recht, so recht, du liebe Maus!
　Nun ist er fest der Faden.
Und – nun ist auch der Zahn heraus,
　Und soll dir nicht mehr schaden.

Coro.
Der Zahn der Zahn der ist heraus;
Da hängt er an dem Faden!

————

FRITZE

Nun mag ich auch nicht länger leben,
　Verhaßt ist mir des Tages Licht;
Denn sie hat Franze Kuchen gegeben,
　Mir aber nicht.

Freudensprung des Vaters Claudius

Ein besonderes Fest für die ganze Familie war die Geburt eines neuen Kindes: »›Da bist du, liebes Kind!‹ sag ich denn, ›da bist du! sei uns willkommen! – es steht dir nicht an der Stirne geschrieben, was in dieser Welt über dich verhängt ist, und ich weiß nicht, wie es dir gehen wird, aber gottlob, daß du da bist! und für das übrige mag der Vater im Himmel sorgen‹. Denn herz' ich's, beseh's hinten und vorn und bring's der Mutter hin, die nicht mehr denket der Angst! und denn die alten Kinder auf die Erde gelegt, und in Gottes Namen oben darüber weg und über Tisch und Bänke...«

Wie so ein Freudensprung des Vaters Claudius ausgesehen hat, hat damals ein Zeichner festgehalten.

Und wenn dann das Kind den ersten Zahn bekam, so war auch das Grund zu allgemeiner Freude und Anlaß für ein Gedicht:

> »Victoria! Victoria!
> Der kleine weiße Zahn ist da.
> Du Mutter! komm, und groß und klein
> Im Hause! kommt, und kuckt hinein
> Und seht den hellen weißen Schein.
>
> Der Zahn soll Alexander heißen.
> Du liebes Kind! Gott halt ihn Dir gesund,
> und geb Dir Zähne mehr in Deinen kleinen
>   Mund,
> Und immer was dafür zu beißen!«

Matthias Claudius ist ein Beispiel dafür, daß ein Mensch glücklich sein kann, auch wenn ihm manche Güter fehlen. Claudius hat für Zeitungen und Zeitschriften geschrieben, er hat Bücher verfaßt, er hat die Werke anderer Autoren aus dem Französischen und Englischen ins Deutsche übersetzt. Und für ein wenig Geld hat er neben seinen eigenen auch noch die Kinder anderer Leute in seinem Haus erzogen.

Dabei hat er immer darauf gesehen, daß ihm viel Zeit für seine Familie und für den Haushalt blieb; denn er hat in der Küche fleißig mit angefaßt und diese Arbeit keineswegs nur seiner Frau überlassen. Wie kärglich diese Menschen – nach unseren Maßstäben – damals gelebt haben, können wir uns heute nur noch schwer vorstellen. Und wahrscheinlich genausowenig, wie glücklich bei aller Dürftigkeit sich Matthias Claudius und die Seinen gefühlt haben. Ganz gewiß hätte er mit uns heute nicht tauschen mögen. Möchten wir mit ihm tauschen?

KUCKUCK

Wir Vögel singen nicht egal;
  Der singet laut, der andre leise,
Kauz nicht wie ich,
  ich nicht wie Nachtigall,
Ein jeder hat so seine Weise.

Waltraud Zehner

Elternstreit

Sie haben sich wieder gestritten. Jede Nacht streiten sie sich. Sie denken, ich höre es nicht. Zu mir und zu meiner Schwester sagen sie, ihr dürft euch nicht streiten, und wenn wir uns trotzdem streiten, werden wir bestraft.

Aber sie streiten sich jede Nacht. Sie schreien sich an, und Mutti fängt an zu weinen.

Sie wissen nicht, daß wir es wissen.

Vielleicht streiten sie sich nachts, weil sie es vor uns verbergen wollen. Am Tag haben sie sich noch nie gestritten. Wenn Mutti aufgehört hat zu weinen, kommt sie an mein Bett, dann weiß ich, daß sie mit Streiten fertig sind. Ich stelle mich schlafend. Sie bleibt lange an meinem Bett stehen und schaut mich an, dann streichelt sie mein Gesicht. Leise geht sie aus dem Zimmer.

Es ist ruhig im Haus. Meine kleine Schwester schläft. Vielleicht hat sie nichts gehört.

Ich wünsche mir, daß sie sich nicht mehr streiten.

Sara Krüger

Bauchschmerzen

Eines Nachts wacht Anne auf. Sie hat solche Bauchschmerzen! Hat sie etwas Unreifes gegessen?

Sie hält es nicht mehr in ihrem Bett aus, schleicht leise ins Wohnzimmer, um ihre kleine Schwester nicht zu wecken. Sie krümmt sich, krampfartig zucken die Schmerzen durch den Unterleib. Sie geht im Kreis, die Bewegung schafft ihr Erleichterung. Was kann das nur sein?

Bei der nächsten Schmerzwelle treten ihr die Tränen in die Augen. »Mama«, flüstert sie, »hilf mir.«

Sie geht ins Elternschlafzimmer, tritt ans Bett ihrer Mutter. »Mama, ich hab solches Bauchweh!«

Die Mutter rückt beiseite. »So komm halt«, murmelt sie schlaftrunken.

Als Anne sich an die Mutter kuschelt, lassen die Schmerzen nach. Sie schläft ein.

Am anderen Morgen ist ein leuchtendroter Fleck auf dem Leintuch.

»Du hast deine Periode bekommen«, sagt die Mutter, »ach Gott, so früh schon.«

Sie gibt Anne eine Binde und erklärt ihr, wie sie das Ding befestigen muß.

Das war das letzte Mal, daß Anne im Bett ihrer Eltern schlief.

Manfred Große
Todesanzeige

In der Zeitung steht:

**Unser lieber Sohn Fredi Essorg hat uns für immer verlassen.
1978-1987**

Ich denke nach: Fredi Essorg bin ich. Heute morgen kam ich aus dem Krankenhaus. Heimlich, ohne daß einer es bemerkt hätte. Ich ging in unsere Wohnung, fand die Zeitung und lese nun diese Nachricht.

Nach einer halben Stunde kommt Mutter vom Einkauf.

Ich sage: »Hallo, hier bin ich!«

Sie tut so, als sehe sie mich nicht.

»Hallo, Mummy«, sage ich und fasse ihre Hand.

Sie bemerkt mich nicht, fühlt nichts und sagt nichts.

Mittags kommt Monika, meine Freundin.

»Hallo, Moni«, sage ich.

Sie hört nichts und sagt nichts.

Was ist nur los? Ich kann doch nicht tot sein. Ich bin doch hier und sehe alles.

Auch Daddy bemerkt mich nicht, als er nach Hause kommt. Alle sind furchtbar traurig. Sie essen nicht viel, hören keine Musik und reden kaum.

Ich gehe in mein Zimmer. Da stehen alle meine tollen Erfindungen. Ich werde doch einen Weg finden, um wieder gesehen zu werden.

Foto Sabine Jörg

Heinz Janisch
Beim Geschirrabtrocknen
(Zum Schnellsprechen)

Naß naß nässer
Gut gut besser
Ich die Gabel, du das Messer

Hell hell heller
Schnell schnell schneller
Ich die Gläser, du die Teller

Naß naß nässer
Gut gut besser
Hell hell heller
Schnell schnell schneller

Klirr Klack Klick
Klick Klack Klirr
Hin ist das Geschirr!

Dietmar Scholz

Der Burgberg

Ich glaube, sie konnten mich alle nicht leiden. Sie standen in Gruppen, und ich stand daneben. Manchmal wiederholten sie meine Sätze, und sie bemühten sich dabei, meine Sprechweise nachzuahmen.

Jetzt standen sie am See. Als ich zu ihnen ging, verstummte das Gespräch. Und dann sagte Walter, den sie Werner-Panje nannten: »Der Horst kommt auch aus derselben Gegend, aber der ist am Abend wenigstens zum Jägerturm gelaufen.«

Alle sahen mich an. Keiner sprach ein Wort, und als das Schweigen immer länger wurde, da hörte ich mich sagen – und ich war erstaunt darüber: »Ich laufe sogar bis zum Burgberg.«

Die Köpfe ruckten nach oben. Alle kniffen die Augen zusammen. Mir war, als ob sie sich zusammendrängten. Aber sie sprachen nicht miteinander. Sie standen stumm und warteten. Willi starrte auf seine Füße und zog mit der großen Zehe einen Strich in den Sand. Dann sagte er: »Das hat am Abend noch keiner gemacht.«

So standen wir: sie in einer lockeren Gruppe und ich. Die Sonne senkte sich und warf lange Schatten. Es war acht Uhr, und die Dämmerung würde bald hereinbrechen.

Ich fühlte mich, als ob ich allein vor der Klasse stehen mußte. »Wenn ich auf dem Burgberg bin, schalte ich die Taschenlampe dreimal an.«

»Nimm die«, Willi gab mir seine große Stablampe, »die kann man von hier aus besser sehen.«

Der See lag vor uns, das Wasser war ruhig. Die Sonne bestrahlte den Burgberg und spiegelte sich im Wasser. Wir sahen, wie sie langsam unterging. Als sie hinter dem Hügel verschwand, sagte Willi: »Jetzt.«

Ich nahm die Lampe und lief.

Es war still. Von fern hörte ich ein paar Schläge, die von der Schmiede kamen. Dann war es wieder still. Nur die Stimmen der Jungen waren zu hören: »Bis zum Burgberg sind es mindestens zwei Kilometer.« – »Drei«, schrie ein anderer, »ringsherum sind es mindestens neun.«

Ich hörte noch, wie sie sich schließlich darauf einigten, daß es etwa zwei Kilometer waren, ringsherum um den See aber sieben. »Das dauert eine dreiviertel Stunde – hin und zurück.«

Ich wußte nicht, zu wem die Stimmen gehörten.

»Wenn er überhaupt dahin geht!« Sie lachten.

Es wurde rasch dunkler. Die Büsche verloren die Farben. Aber der Weg vor mir war, weil die Fuhrwerke die Grasnarbe so zerfahren hatten, daß der weiße Sand durchschimmerte, deutlich zu erkennen. Die Stablampe war dick. Weil ich sie mit meiner Hand nicht umfassen konnte, schob ich sie unter den Bund der Turnhose. Aber beim Laufen scheuerte sie. Da umklammerte ich sie weit oben, dort, wo die Schalter waren. Und nun begann ich zu laufen.

Ich war allein. Der Lärm des Dorfes blieb zurück. Ich hörte das leise Rauschen des Schilfes und das Geräusch meiner baren Füße. Der Weg war dicht von Weiden und Erlen gesäumt. An manchen Stellen kam das Schilf bis an den Weg. Im See quakten die Frösche. Schwalben flogen niedrig, und Mükken setzten sich auf meine Haut und stachen. Ich lief und zählte beim Laufen die Schritte.

Plötzlich ein Rascheln, ein leises Fauchen. Ich stand still, wagte kaum zu atmen. Ein paar dürre, kleine Äste brachen. Dann huschten zwei kleine Tiere aus dem Gebüsch, sprangen über den Weg und ins Gebüsch auf die andere Seite.

Ich begann zu schwitzen, wollte umkehren. Aber da hörte ich ihr Lachen: »Wenn er überhaupt dahin geht!«

»Nein«, sagte ich laut, »nein!« Da wurde es auffallend still. Ich lauschte. Aber es blieb still. Nur die Frösche quakten wie vorher.

Ich lief hundert Schritte und ging hundert Schritte, wie ich es in einem Indianerbuch gelesen hatte. Die Beine eng und parallel geführt, die Zehen gestreckt, wie wir das im Training geübt hatten. Der Mond kam hinter den Wolken hervor, und alles um mich bekam einen leicht grünsilbernen Anstrich. Es wurde kühler, und ich lief nun zweihundert Schritte und ging fünfzig. Und immer zählte ich. Bei 2500 hatte ich den Burgberg erreicht. Als ich die Spitze erklommen hatte, holte ich tief Luft. Der See, das Schilf, die Büsche lagen unter mir, und drüben waren die Lichter vom Dorf. Der Mond spiegelte sich im See, und es sah aus, als ob ein Spiegel in viele tausend Scherben zersprungen sei.

Dreimal schaltete ich das Licht ein. Dann stieg ich langsam hinunter. Ich spürte nun, wie kühl der Boden geworden war, und lief auf dem mittleren Grasstreifen. Ich lief und spürte keine Müdigkeit, vorbei am Kellerloch, wo es bei starkem Wind seltsame Geräusche gab, vorbei am Dickicht, wo die Raubvögel horsteten. Ich lief und zählte die Schritte.

Es schlug neun, als ich an dem Haus vorbeikam, in dem Willi wohnte. Sorgfältig stellte ich die Lampe ins Türeck, und dann kletterte ich über den Zaun in den Garten meines Großvaters.

Irgendwie schaffte ich es, ins Bett zu kommen, ohne daß Großmutter mich gesehen hatte.

Frieder Stöckle

Unsagbar

Sag bloß, warum sie nicht einfach sagen, was sie meinen, sondern »ich würde meinen« sagen!

Sag bloß, warum sie nicht sagen, was sie sagen wollen, sondern »ausdrücklich darauf hinweisen« müssen!

Sag bloß, warum sie nicht einfach ihre Meinung äußern, sondern umständlich »etwas ins Auge fassen müssen«!

Sag mir bloß, warum sie immer »etwas in den Raum stellen«, wenn sie etwas sagen wollen! (Und meistens bleibt das dann im Raum, oder aber sie »wollen es auf gar keinen Fall so im Raum stehenlassen«).

Sag bloß, warum sie nicht einfach sagen, was sie sagen wollen, sondern »ich würde sagen« sagen!

Sag bloß, warum sagen sie immer »man sollte«, wenn sie meinen, man muß!

Verstehst du, warum sie etwas »noch mal hervorheben wollen«, wenn sie sich bloß wiederholen!

Geht dir in den Kopf, warum sie »etwas deutlich unterstreichen«, wenn es ihnen bloß wichtig ist!

Man kann doch sagen, was man sagen will, und braucht nicht »ganz bewußt den Finger darauf legen«!

Es kann schon sein, daß etwas wichtig ist. Muß es deshalb gleich »auf den Nägeln brennen«?

Daß es wichtige Dinge gibt, ist klar. Muß man es deshalb unbedingt »mit Nachdruck herausstellen« oder »unumwunden betonen«?

Marion Jahnke

Irmela Wendt

Die Geschichte von Chris

Seite 254–256

Chris ist so ein kleines unscheinbares mickeriges Ding, erinnert an Gänseblümchen am Wegrand, auf dem die Leute rumtrampeln, hat Frau Anders gesagt, von der ich die Geschichte weiß.

Chris ist sechs und muß in die Schule, sagt die Mama. Aber die Amtsärztin sagt, Chris soll noch ein Jahr zu Hause spielen. Chris kriecht unter den Tisch zu Nenna, die ist vier, und da spielen sie nun. Chris ist Chris. Und Nenna ist die Mama.

Du kommst jetzt in die Schule! sagt die Mama, und dann nimmt sie einen Schluck aus der Flasche, auf den Schreck, daß Chris nicht in die Schule kommt.

Ein Jahr geht schnell herum. Chris ist sieben. Nun müssen wir sie ja wohl nehmen, sagt die Amtsärztin. Chris geht in die Klasse zu Herrn Pusback, den haben die Kinder gern, der ist immer lustig. Und nach einem Jahr kriegt Chris ein Zeugnis, in dem steht: Chris hat einen ausreichenden Anfang gemacht. Sie steigt. Nun geht Chris in die zweite Klasse und Nenna in die erste. Ein halbes Jahr später sagt Herr Pusback zum Rektor, Chris kann nicht lesen, er hat mit der Mutter gesprochen, aber die schlägt bloß.

Chris wird bald neun, und wer bald neun ist und nicht lesen kann, der muß der Sonderschule für Lernbehinderte gemeldet werden. Eine fremde Frau kommt in die Schule, die sitzt allein mit Chris in einem Zimmer, sie fragt Chris dies und das und läßt Chris dies und das tun, Klötzchen legen, Perlen aneinanderreihen, Bilder angucken, Striche ziehen und dies und das

malen, den ganzen Vormittag von 8–12. Und die Frau raucht zweimal eine Zigarette, und Chris darf einmal auf die Toilette, und ihr Butterbrot darf sie auch essen, aber sie hat keins mit.

Eine Zeit danach liegt ein Brief in der Küche mit einem großen Stempel vom Amt. Daß du so dumm bist! schreit die Mama, und Chris kriegt welche geknallt, daß sie umkippt und gleich weiterkriecht unter den Tisch, und Nenna auch. Und da spielen sie. Chris ist Chris. Und Nenna ist die *fremde Frau* und raucht.

Bald gibt es Zeugnisse. Nenna steigt, und Chris steigt nicht. Na warte! sagt die Mama. Chris weiß nicht, auf wen sie warten soll. Vielleicht auf Herrn Pusback, daß er ihr erklärt, wieso sie nicht lesen gelernt hat? Aber das weiß Herr Pusback selber nicht. Alle andern Kinder haben doch lesen gelernt. Oder auf die fremde Frau, daß sie ihr erzählt, wie sie von acht bis zwölf alles getan hat, um herauszufinden, daß Chris viel zuwenig Verstand hat für eine normale Schule, einen IQ von 54 hat sie errechnet, so was grenzt an Schwachsinn.

Mit einer, die so dumm ist wie Chris, kann ein Großer über nichts sprechen. Deshalb erfährt Chris nichts davon, was in dem zweiten Brief steht, den das Amt schickt: daß die Eltern zu lange gezögert haben mit ihrer Zustimmung und daß die Sonderschule für Lernbehinderte nun keinen Platz mehr frei hat und Chris jetzt der Schule für Geistigbehinderte zugewiesen wird.

Am letzten Ferientag kommt zum drittenmal ein Brief mit dem großen Stempel vom Amt, in dem steht wieder, daß die Eltern zu lange gezögert haben mit ihrer Zustimmung, und daß die Schule für Geistigbehinderte jetzt auch keinen Platz mehr frei hat und Chris nun für ein Jahr gar nicht zur Schule gehen darf (Ruhen der

Schulpflicht gemäß §§ 14 des Schulpflicht-gesetzes).

Die sind verrückt! kreischt die Mama, und der Papa kippt drei Klare nacheinander herunter, und dann knallt er das Glas gegen die Wand, und Chris muß die Scherben auffegen.

Auf los geht's los! sagt die Mama am nächsten Morgen. Von heute an geht ihr beide in die zweite Klasse zu Frau Anders. Ihr setzt euch nebeneinander! Verstanden? Und Chris und Nenna gehen zum Schulbus, und die Mama schwingt sich aufs Fahrrad und saust zur Schule. Sie will dem Rektor ihre Meinung sagen.

Aber der Rektor ist krank. Im Rektorzimmer steht Frau Anders, die sagt, ihr schwirre der Kopf von all den vielen Paragraphen und Bestimmungen. Aber die Sache mit Chris habe sich Frau Blattsch selbst eingebrockt. Was sie denn gegen die Sonderschule im Nachbarort habe? Eine Schule, von der man nur Gutes höre. Ja, ja, die schönen Gebäude, sagt Frau Blattsch, sie sei mit dem Fahrrad hingewesen. Und dann klingelt es.

Sie muß in den Unterricht, sagt Frau Anders und geht noch mit Frau Blattsch über den Flur und dann in die Klasse. Und wen sieht sie da? Die Chris. Sitzt neben Nenna, als ob sie dahingehöre.

Frau Anders rennt aus der Klasse und auf den Hof. Aber von Frau Blattsch ist schon nichts mehr zu sehen, in Windeseile ist sie davongebraust. So ein Weib! So ein unverschämtes Weib! schimpft Frau Anders. Legt mir ein Kuckucksei ins Nest, als ob meine Klasse nicht so schon voll genug wäre. Aber das lasse ich mir von diesem Weibsbild nicht bieten! Die Chris soll ihren Ranzen nehmen und nach Haus gehen. Wenn der Schulbus weg ist, geht sie eben zu Fuß. Frau Anders läuft zurück in die

Klasse, sieht die wasserhellen Augen von der Chris und tief auf dem Grund die Angst und sagt nichts.

Und da sitzt die Chris nun in Nennas Klasse, schwatzt nicht, lacht nicht, muckst sich nicht, krakelt nur den ganzen Vormittag mit ihrem Bleistift auf dem Papier herum. Den dritten Tag – die andern Kinder sitzen bei ihren Rechenaufgaben – muß Chris vorkommen an die Wandtafel. Frau Anders schreibt ein paar Wörter an:

Mama malen lachen Ball.
Und Chris soll lesen. Aber Chris kann nicht lesen. Frau Anders schreibt Buchstaben an:

A M L S.

Aber Chris kann die Buchstaben auch nicht lesen. Frau Anders liest:
MMMMMammmmaaaa und mmmaaallllen und Balllll und lllachchen,
und Chris soll sagen, welche Laute sie hört. Aber Chris kriegt keinen Laut heraus. Sie darf sich wieder auf ihren Platz setzen, und das tut sie und sieht nicht einmal hin zu Nenna, fängt gleich wieder an zu krakeln.

Verbrauch nicht soviel Papier! sagt die Mama. Papier kostet Geld. Nenna klaut einen Block vom Ladentisch. Das ist Reklame. Reklame darf man klauen, sagt Nenna. Sie kriecht unter den Küchentisch und Chris hinter ihr her. Und da spielen sie nun. Chris ist Chris. Und Nenna ist der WiWaWasserWaschvogel. Wem der WiWaWasserWaschvogel die Ohren wäscht, der kann gut hören, der kann so gut hören, daß er die Buchstaben in den Wörtern hört. Also, jetzt wasch ich, waschsch, waschsch ich, wa schsch ich deine Ohren! Hörst du in waschsch das sch?

Ja, ich höre in wa schsch das sch.

255

Und Frau Anders ist gut. Vor Frau Anders brauchst du keinen Schiß zu haben. Schschiß! Hörst du in Schschiß das sch?

Ja, ich höre in Schschiß das sch.

Also, vor Frau Anders brauchst du wirklich keinen Schiß zu haben, die lacht nicht über dich, wenn du was falsch sagst. Und die andern Kinder lachen auch nicht über dich, weil das nicht fair ist, bloß der Egon lacht manchmal, weil der schwer hört. Aber dann kriegt er was gesagt von Frau Anders.

Beim Pusback haben sie immer schrecklich gelacht.

Das ist nun vorbei, sagt Nenna, und weil du so schön malen kannst, mal ich dir jetzt mal vor, wie das sch gemalt wird. Nun kannst du beides: das sch hören und das sch malen. Jetzt spielen wir mal richtig Schule. Und wenn du hörst, was ich in Schschule höre, wenn du das ganz von selbst auch hörst, Schschule, dann bist du ein kluges Kind.

Schschiß! Schschule! Sch! Sch! Ich bin ein kluges Kind.

32 Kinder sind in der Klasse. Mit Chris sind es 33, aber Chris zählt nicht. Sie ist eigentlich nicht da. Sie hat nur einen Sitzplatz erlaubt bekommen, und das ist immer noch besser, als wenn Chris zu Hause hocken müßte. Unser Doofputtel! Darf nicht mal in die Schule gehen! Zehn Tage sitzt Chris schon da mit ihrer dauernden Krakelei und hat noch nicht ein einziges Wort gesagt. Wenn Frau Anders an den Tisch kommt, zieht Chris den Kopf ein, und ihr Gesicht liegt dicht über dem Papier, und Frau Anders kann nichts erkennen von der Krakelei. Heute hält sie den Kopf höher, denkt Frau Anders und sieht, wie Chris die Lippen bewegt und ein kleines bißchen öffnet. Frau Anders geht in die Kniebeuge, sie will hören, was Chris sagt. Chris' Mundwinkel zeigen aufwärts,

beinahe lächelt sie, mit dem Bleistift tippt sie unter zwei Wörter

Schiß   Schule

und flüstert: Wenn ich den mit dem tausche, und der Bleistift stößt erst gegen das i und dann gegen das u, dann heißt es Schschuß!

Das ist stark! sagt Frau Anders und zieht einen Stuhl heran und setzt sich zu Chris und Nenna an den Tisch. Und sie reden miteinander darüber, daß Chris nun weiß, wie's funktioniert. Und was Chris noch fehlt, sagen sie auch. Aber daß sie es lernen kann. Jeden Morgen übt Frau Anders nun ein paar Minuten allein mit Chris. Und nachmittags die Nenna. Es ist einfach erstaunlich, wie gern Chris lernt. Richtig begierig ist sie. Und nach einem Vierteljahr kann sie einfache Texte selbständig lesen. Darauf geht Frau Anders ans Telefon und meldet dem Schulamt, daß sie gegen die Bestimmungen gehandelt hat und warum. Aber daß Chris jetzt lesen kann. Mit Hilfe ihrer Schwester habe sie es gelernt. Ein halbes Jahr später ist dann noch mal die Kollegin zum Testen gekommen und hat danach einen Bericht verfaßt, in dem gestanden hat: Chris hat eine gute Lesetechnik entwickelt. Aber sie versteht nichts von dem, was sie liest.

Na ja, wenn Chris sich kontrolliert fühlt, kriegt sie den Mund nicht auf. Auch heute noch nicht. Sie geht mit Nenna jetzt in die fünfte Klasse.

Vor zehn Jahren hat mir Frau Anders diese Geschichte erzählt. Lehrerinnen gibt es, die sagen, so was gibt es aber heute nicht mehr.

Frieder Stöckle
Korbmacher sind arme Leute

Schon mein Großvater war Korbmacher. Spankorbmacher. Ich kann mich noch gut erinnern, wie er immer losgezogen ist: Er hatte auf seinem Rücken zehn Körbe übereinandergestapelt. Ein richtiger Korbturm war das. Und so zog er von Bauernhof zu Bauernhof, »hausieren« nannte man das, »hausieren gehen«. Aber hausieren war eine harte Arbeit. Manches Mal kam mein Vater am Abend zurück, Eiszapfen hingen ihm in den Haaren, und seine Hände waren rot und hart gefroren. Seine Augen waren traurig. Er hatte keinen einzigen Korb verkauft. Korbmacher sind arme Leute.

Auch mein Vater war Korbmacher, und von dem habe ich das Korbmachen gelernt. Er mußte dabei gar nicht viel reden. Korbmacher sagen nicht viel. Man sitzt dabei und sieht zu. Und so lernt man das Handwerk.

Um den Rand zu formen, haben wir Haselnußäste geschnitten. Eigentlich war das verboten. Und deshalb machten wir das meist in der Dämmerung. »Korbmacher sind Holzdiebe!« hieß es bei uns im Dorf. Wir waren nicht angesehen. Ich habe immer eine unheimliche Wut bekommen, wenn sie mir nachgeschrien haben. Und einmal habe ich einen Sohn vom reichen Huber-Bauer gepackt und elend verdroschen.

Man braucht als Korbmacher nicht viel Werkzeug. Einen Schnitzbock, ein Messer. Sonst nichts. Mein Messer ist noch vom Großvater. Wir waren sechzehn Geschwister. Früher machte man die Körbe in der Stube. In der Stube war alles, die Kinder, die Großeltern und die vielen angefangenen Körbe. Die Körbe waren am wichtigsten. Ein Korbmacher hat kein eigenes Zimmer.

Foto Roland Bauer

Draußen im Wald hab ich oft gesungen. Ich kannte viele Lieder. Mich hätten sie auch im Radio singen lassen, wenn sie mich gehört hätten. Aber auf Korbmacher achtet niemand. Korbmacher sieht man zuletzt.

Spankörbe macht jetzt niemand mehr. Ich bin der letzte Spankorbmacher. Im Juni war ich neunundsiebzig. Meine Körbe sind stabil. Sie halten ziemlich lange. Ich werde schon noch einige Zeit Körbe machen...

Schmetterling, gezeichnet (1758) von Maria Sibylla Merian (einfarbige Wiedergabe)

Nachfolgend: Bildtafeln von Peter Knorr

3 Züchter mit ihrer zum Verkauf angebotenen Wolfswachtel

Mit Kapitän Castorpileo kurz vor dem Flottenflug über die Eiswüste

Eberhard Haidegger

Ochs & Esel an der Krippe

Ein Ochs aus dem Norden und ein Esel aus dem Süden wurden vor 1988 Jahren plötzlich von der Reiselust gepackt. Den Ochsen zog es nach Süden und den Esel nach Norden. So wanderten sie aus eigenem Antrieb, der bei diesen Tieren eher selten ist, aufeinander zu. Sie trafen auf der Hochebene von Palästina, in der Nähe des Dorfes Bethlehem, zusammen.

Kurz vor dem Zusammentreffen hatte sich der Ochs gedacht, daß es wieder einmal schön sein müßte, mit jemandem »Blinde Kuh« spielen zu können. Eine Ewigkeit hatte er schon nicht mehr »Blinde Kuh« gespielt. Da kam ihm der Esel gerade recht.

Doch wie es bei Eseln so Brauch ist, widersprach dieser dem Ochsen. Nicht, weil er nicht wollte. Auch er hatte schon eine Ewigkeit nicht mehr »Blinde Kuh« gespielt. Aber er meinte, es sollten mehr als zwei Spieler »Blinde Kuh« spielen. Weil das Spiel dann lustiger sei. Damit hatte er den Ochsen auch schon überredet. Wo aber mochten die Mitspieler sein?

Die beiden entschieden sich für Norden, obwohl sie genausogut in Richtung Westen hätten gehen können. So trafen sie, als dritten Mitspieler, ein Schaf. Es tat ziemlich begeistert, obwohl es keine Ahnung hatte, wie man »Blinde Kuh« spielt. Lieber »Blinde Kuh« spielen, als von einem Wolf gefressen zu werden, sagte sich das Schaf, denn es war von der Herde abgekommen.

Jetzt brauchten die drei nur noch eine Augenbinde und vielleicht einige weitere Mitspieler. Voller Hoffnung zogen sie in Bethlehem ein.

Sie klopften an die erste Tür und wurden abgewiesen. An der zweiten Tür wurden sie ausgelacht und an einer anderen sogar beschimpft. Viele Türen wurden überhaupt nicht geöffnet.

So standen sie in der Mitte des Ortes Bethlehem, es war kalt, und der Wind drang durch Mark und Bein. Die Dunkelheit legte sich wie ein schwarzes Tuch um ihre Augen. So war ihnen das Blinde-Kuh-Spielen gründlich vergangen.

Ich verstehe die Welt nicht mehr, sagte der Ochs.

Der Esel dachte kurz nach und sagte: Ich habe die Welt nie verstanden. Das Schaf nickte zweimal, sagte aber nichts.

Dann kamen die drei zu einem Stall, in welchem Leute wohnten. Jetzt wohnen die Menschen schon in unseren Ställen, empörte sich der Ochs. Das ist aber nicht unser Stall, sagte das Schaf. Trotzdem, sagte der Esel, was würden die Leute sagen, wenn wir in ihren Häusern wohnten...

Der Ochs, der Esel und das Schaf waren schon so hungrig, daß sie einfach hineingingen. Doch an der Futterkrippe mußten sie sich schon wieder aufregen. Weil darin ein nacktes Kind lag.

Das Schaf war so klein, daß es von oben nicht hineinsehen konnte. Es wußte nicht, worüber sich die beiden anderen so aufregten, und fraß unbekümmert die Halme, welche unten durch das Gitter der Krippe herausragten. Dabei kitzelte es die Haut des Kindes, das darüber lachen mußte. Der Ochs und der Esel glaubten, sie würden ausgelacht. Empört schnaubten sie ihren Atem aus den Nüstern. Davon wurde dem Kind ganz warm.

Unbeirrt fraß das Schaf weiter, Ochs und Esel schnaubten immer wilder, und dem Kind wurde immer wohler.

Ochs und Esel waren dermaßen beeindruckt, daß sie ganz still stehenblieben und nur noch neidisch dem vergnügten Kind und dem ahnungslosen Schaf zuschauten. In dieser Haltung wurden sie ein leichtes Opfer für alle Holzschnitzer und Tonformer. Seitdem sind sie von der Krippe nicht mehr wegzudenken.

Irgendwie, auch wenn sie es nicht gemerkt haben, ist es doch noch was mit dem Blinde-Kuh-Spielen geworden. Das Schaf ist dabei nicht ganz unschuldig gewesen. Obwohl es bis heute keine Ahnung hat, wie »Blinde Kuh« wirklich gespielt wird.

Rudolf Otto Wiemer

Fragen an den Mann, der den Himmel durchstieß

Was suchst du, Mann auf den Knien?
Willst du der Erde entfliehn?

Willst du, den Schuh schon gespannt,
verlassen Baum, Heimat und Land?

Und da dein Kopf den Himmel durchstieß,
willst zurück du ins Paradies?

Oder willst gar zu Gott empor?
Sage, Mann: Was hast du vor?

Irmgard Eberhard

Renate Peter
Fragen über Fragen

Der Elefant elefantet? Nein, der Elefant trompetet.
Der Tiger tigert.
Der Affe afft? Nein, der Affe ist affig.
Die Schlange schlängelt sich weiter.
Die Biene bient? Nein, die Biene sticht. Was noch?   *(summt)*
Der Esel eselt? Nein, der Esel bockt. Wer noch?   *(der Ziegenbock)*
Die Ziege ziegt? Nein, die Ziege meckert.
Die Kuh kuht? Nein, die Kuh muht.
Das Ei eiert.
Der Hagel hagelt.
Der Sturm stürmt. Was noch?   *(heult)*
Weint der Wein? Nein, der Wein schmeckt.

Heinrich Hannover

Der vorbestrafte Clown

Seite 263–265

Augustin hatte Glück gehabt, daß bei seiner Einstellung nicht gefragt wurde, ob er vorbestraft wäre. Sonst hätte er den Arbeitsplatz als Clown im Zirkus nicht gekriegt. Denn der Direktor legte Wert auf Recht und Ordnung. Und Augustin hatte ein Jahr im Gefängnis gesessen. So einer hätte bei Herrn Direktor Silbersack nicht Clown werden dürfen. Ein Glück, wie gesagt, daß er von nichts wußte.

Auch den Arbeitskollegen hat Augustin lange nichts davon erzählt. Da gibt es immer welche, die mit Menschen, die im Gefängnis waren, nichts zu tun haben wollen. Nur seiner Freundin Papagena – sie spielte im Zirkus die Hexe und konnte zaubern – hat er sich eines Tages anvertraut.

»Warum haben sie dich denn eingesperrt?« fragte Papagena. »Hast du geklaut oder jemand totgeschossen?«

»Nein, ich habe nicht geklaut und auch niemand totgeschossen«, sagte Augustin. »Sie haben mich eingesperrt, weil ich niemand totschießen wollte.«

Papagena lachte, denn sie dachte: Das ist wieder so ein Clownswitz.

»Nein, das ist kein Witz«, sagte Augustin, »ich habe mich geweigert, Soldat zu werden.«

»Ach, du hast den Kriegsdienst verweigert?«

»Ja, Soldaten müssen im Krieg auf Menschen schießen, und das will ich nicht. Ich schieße nicht auf Menschen. Alle Menschen wollen leben. Ich will leben, du willst leben, Christen wollen leben, Juden wollen leben, Deutsche wollen leben, Russen wollen leben, alle Menschen wollen leben. Aber wenn es die Regierungen beschließen und die Generäle befehlen, soll ich töten. Und warum soll ich töten? Weil es Leute gibt, die ihr Geld damit verdienen, daß in ihren Fabriken Waffen, Raketen und Panzerwagen und Autos und Bombenflugzeuge hergestellt werden, alles, was man im Kriege so brauchen kann. Nein, da mache ich nicht mit.«

Papagena nickte zustimmend. »Finde ich gut, was du da sagst. Aber eines verstehe ich nicht. Ich verstehe nicht, warum du ins Gefängnis gekommen bist. Man braucht doch in diesem Land nicht Soldat zu werden, wenn man keine Menschen töten will. Da gibt es doch ein Gesetz.«

»Die hohen Herren machen ihre Gesetze immer mit einer Hintertür«, sagte Augustin. »Sie machen ein großes Tor, auf das schreiben sie mit großen Buchstaben: RECHT UND FREIHEIT. Mit großen Buchstaben, damit es auch jeder lesen kann. Und sie machen eine kleine Hintertür, auf der steht mit kleinen Buchstaben: *Eingang für Antragsteller*. Durch die mußte ich gehen. Da kam ich wieder an eine Tür, auf der stand: *Prüfungsausschuß*. Ich klopfte an und trat in ein kahles Zimmer. Da saßen vier Herren hinter einem Tisch und schauten mich prüfend an. Sie müßten mein Gewissen prüfen, sagten sie. Und der Vorsitzende fragte mich lächelnd: Sie können keine Menschen töten? Das wollen wir doch mal sehen. Wenn Sie im Park spazierengehen, und es kommt Ihnen ein Mörder entgegen, der Sie umbringen will, schießen Sie dann nicht? Ich sagte: Nein, ich habe keine Schußwaffe. Nehmen wir mal an, Sie hätten eine Schußwaffe, sagten die Herren, würden Sie dann auf den Mörder schießen? Ich sagte: Mir ist im Park noch nie ein Mörder begegnet. Und mir werden auch im Krieg keine Mörder begegnen, sondern Menschen, die ebenso wie ich leben wollen. Da lachten die Herren und wollten mich belehren, daß die fremden Soldaten mich töten würden, wie es Mörder tun. Ich antwortete den Herren: Wenn Soldaten töten, wie es Mörder tun, dann bin ich eben der erste, der sich nicht zum Mörder machen läßt. Ich werde nicht Soldat! Da schauten sich die Herren an, nickten mit den Köpfen, und der Vorsitzende verkündete: Der Antrag wird abgelehnt!«

»Und dann bist du also doch Soldat geworden?« fragte Papagena.

»Nein, ich bin nicht Soldat geworden«, sagte Augustin. »Ich wurde von der Polizei abgeholt und sollte mit den anderen Jungen, denen da in der Kaserne das Denken abgewöhnt wurde, Soldat spielen. Ich sagte zu dem Hauptmann: Ich spiele nicht mit. Der Hauptmann schickte mich zum Major, der Major zum Oberst und der Oberst zum General. Der General, Herr Neuntöter, sagte: Ich war auch einmal jung, damals, als noch Adolf Hitler der oberste Befehlshaber war; aber wir waren andere Kerle als ihr Jungen von heute. Damals, 1941, sagte er, bin ich mit meinem Panzerwagen bis kurz vor Moskau gefahren, und wenn uns nicht der Winter dazwischengekommen wäre, dann hätten wir den Krieg gewonnen und brauchten heute nicht schon wieder gegen den Russen zu rüsten. Auch mein Vater war schon Soldat, sagte der General, er hat im ersten Weltkrieg, 1914 bis 1918, gegen die Russen gekämpft. Mein Vater hieß noch Siebentöter, aber ich habe meinen Namen ändern lassen in Neuntöter, man muß ja mit der Zeit gehen, sagte der General. Hoffentlich müssen Sie Ihren Namen nicht noch einmal ändern lassen, sagte ich. Er überhörte das und fuhr fort: Auch mein Großvater war schon Soldat, er hat 1870/71 gegen – der General suchte nach dem Wort, ihm fiel, wie das älteren Leuten so geht, nicht gleich ein, gegen wen sein Großvater gekämpft hatte. Gegen die Russen, half ich aus. Quatsch! sagte der General, nicht gegen die Russen, gegen die Franzosen! Was lernt ihr eigentlich heute in der Schule! Vielleicht hieß Ihr Großvater noch Sechs-

264

töter, sagte ich. Aber der General überhörte auch dies, vielleicht war er schwerhörig, wie das bei alten Soldaten, die zu dicht neben einer Kanone gestanden haben, vorkommt. Ja, junger Mann, das nennt man Tradition, sagte er dann. Und auf diese Tradition bin ich stolz. Und da kommen Sie und wollen nicht Soldat werden? Weil Sie keine Menschen töten wollen? Lächerlich! Ich sagte: Ihr Großvater hat gegen die Franzosen gekämpft und Ihr Vater gegen die Russen... Jawohl, unterbrach mich der General, und zwar unterm Kaiser. Und Sie, fuhr ich fort, haben unter Adolf Hitler gegen die Russen gekämpft. Jawohl, schrie er, und darauf bin ich heute noch stolz. Und gegen wen wollen Sie denn das nächste Mal kämpfen? fragte ich. Wir werden den Feind schon finden, sagte der General. Da sagte ich: Ihre Feinde sind nicht meine Feinde. Der General schaute mich an, als ob er mich mit Blicken töten könnte, und sagte: Wer Ihr Feind ist, bestimme ich! Da irren Sie sich, sagte ich, mein Feind sind Sie und Ihresgleichen. Da schrie der General: Sie sind ein Verbrecher! Sie gehören ins Gefängnis! Raus mit Ihnen! – Ja, und dann klagte mich der Staatsanwalt an, Fahnenflucht hieß das Verbrechen, und der Richter verurteilte mich zu Gefängnis. Und als ich das hinter mir hatte, fand ich keine Arbeit. Welcher Unternehmer stellt schon einen entlassenen Gefangenen ein. Ein Glück, daß der Zirkusdirektor nicht weiß, wen er da als Clown beschäftigt.«

Was für traurige Sachen doch ein Clown erzählen kann, dachte Papagena.

Nicolás Suescún
Gedicht über das Schweigen

Manchmal kommt das Schweigen über mich,
und die Worte gehn mir aus,
dann bin ich wie ein Schreiner ohne Holz
und bitte um einen kleinen Aufschub,
um den Tisch zu zimmern,
und während ich auf das Holz warte,
träume ich, daß er schon fertig ist
und auf seinen vier Beinen steht,
siebzig Zentimeter hoch,
groß, einfach, fest und glatt,
gut zum Essen und zum Arbeiten,
gut zum Sprechen, stundenlang.

Deutsch von Peter Schultze-Kraft und Nicolas Born

Hilde Heyduck-Huth
Streit bei Tisch

Ihr sollt nicht
so doof sprechen
sagte das Kind
jammervoll
stand auf
nahm die Köpfe
von Vater und Mutter
mit seinen Händen
tat sie zusammen
und sagte
los, küßt euch

Melchior Schedler
Vor unseren Augen

Schon gleich als sie in Bayern drei durchgegeben haben wir sollen die U 18 benützen da hab ich so ein abgehobenes Gefühl gehabt und wie Vati in die reingezogen ist da war ich kein bißchen erstaunt daß vor unsern Augen

Alle hielten an blieb uns ja auch nichts andres übrig keiner hat gehupt oder ist aus dem Wagen gesprungen oder so was – seltsam hab ich gedacht keiner wundert sich und hab gar nicht bemerkt daß es am seltsamsten war daß ich mich selber auch nicht wunderte

Ich hab immer schon geahnt immer schon daß sie unter der Erde hausen müssen heutzutage wo denn auch sonst soll noch Platz sein für sie in der Luft doch nicht etwa voller Abgase voller Smog voller Polizeihubschrauber

Weißt du auf was ich nie gekommen wäre sagte der Onkel das ist daß die so harte Flügel haben daß sie sogar den Erdboden sogar die Fahrbahndecke durchstoßen können damit und die Straße zerschneiden

Erst viel später haben sie dann gemeldet in Bayern drei Achtung Achtung im Raum Ansbach sind plötzlich weite Teile der U6 spurlos abhanden gekommen bitte umfahren Sie das Gebiet weiträumig

Reinhard Bernhof
Die Februarnacht

»Aber das Feuer kommt nicht zu uns«, hörte der Junge die Frau sagen, die das Haus besaß. »Es ist zu weit weg.«

»Da können wir von Glück reden«, sagte die Mutter, »daß wir den Zug verlassen haben und in dieses Dorf gekommen sind. Sonst wären wir jetzt in der brennenden Stadt.«

Der Junge ging ans Fenster und wunderte sich über die vielen Leute, die alle auf den nahe gelegenen Berg stiegen, obwohl es mitten in der Nacht war. Er zog sich schnell an und lief nach draußen, den Leuten nach.

Oben angekommen, sah er nichts weiter als eine Röte am Horizont, die Versammelten starrten wie gebannt auf sie. Und dann wurde sie für Sekunden heller, als würde jemand in ein glühendes Brikett pusten. – Plötzlich faßte ihn die Mutter an der Hand, und sie schimpfte nicht, daß er aufgestanden und ihr und den vielen Leuten nachgegangen war. »Da können wir von Glück reden«, sagte sie.

Wenn wir kein Glück gehabt hätten, dachte der Junge, wenn wir bis in die Stadt weitergefahren wären . . . Sie hätten uns bestimmt in einem Kino untergebracht, in einer Turnhalle . . . Für so viele Menschen hätte es doch gar nicht genügend Bunkerplätze gegeben. Und ob man sie auch rechtzeitig erreicht hätte?

Er sah sich durch die Stadt rennen, sah, wie überall die Scheiben zersprangen und die Flammen aus Fenstern und Türen schlugen, aber vor ihm auswichen, wie eine verlassene Straßenbahn mit Anhänger umkippte, wie vereinzelte Dachziegeln auf seinen Kopf fielen, ohne ihn zu verletzen, wie er über eine Stoffpuppe, aus der das Werg hervorquoll, stolperte und sie aufhob, wie er mit ihr in ein Kellerloch stürzte, während über ihm das Haus zusammensackte, und wie es vor seinen Augen dunkel wurde . . . Doch immer wieder fühlte er seine Beine, seine Hände – so warm, so lebend.

Wenn man sich doch bloß den Tod vorstellen könnte, dachte der Junge. Fortwährend starrte er zum Horizont. Fortwährend verharrten die Leute auf dem Berg.

»Mir ist kalt«, sagte der Junge.

»Ja, wir gehen wieder«, sagte die Mutter. »Das Feuer kommt nicht zu uns.«

Am nächsten Morgen erzählte er der Mutter, was er geträumt hatte. Er befand sich auf einem Berg, inmitten von vielen Leuten. »Die Stadt wird bombardiert, sagten sie und blickten zum Horizont, der ab und zu heller und wieder dunkler wurde. So eine schöne funkelnde Röte...« Zwischendurch ist er durch die Stadt gelaufen und hat die vielen einstürzenden Häuser gesehen.

»Heute nacht warst du wirklich munter«, sagte die Mutter. »Hast Stimmen gehört und bist aufgestanden. Sahst Leute den Berg hinaufsteigen und bist ihnen nachgelaufen. Oben haben wir uns getroffen, und beide haben wir den Krieg gesehen. Hast mich gefragt, warum das Feuer nicht gelöscht werde. Habe dir geantwortet, daß so ein großes Feuer gar nicht gelöscht werden kann, weil bestimmt auch Feuerwehrautos und Feuerwehrwachen von den Flammen zerstört worden sind. Dann hast du noch gefragt, warum denn die Leute so gerne zusehen, wenn irgendwo ein großes Feuer ist. Antwortete dir, daß es so ein großes Feuer noch nie gegeben hat und daß man auch gar nicht schlafen kann, wenn die Stadt, wenn der ganze Horizont brennt. Und dann hast du noch gefragt, warum es zu so einem großen Feuer überhaupt gekommen sei.«

»Nein!« sagte der Junge. »Das war doch nur ein Traum!« Aber er grübelte, weil er sich von dem, was er gesehen hatte, nicht lösen konnte. Bis die Hausbesitzerin kam und sagte, die ganze Stadt sei in Schutt und Asche versunken. Da wußte er, er war nachts wirklich aufgestanden, und er hatte die Röte am Horizont, die ab und zu heller und wieder dunkler wurde, gesehen. Und daß er versucht hatte, sich den Tod vorzustellen.

Er fragte die Mutter, ob sie sich den Tod vorstellen könne?

Sie antwortete nicht gleich. Dann sagte sie: »Wir sind nicht dafür geschaffen, das zu denken; denn im Kopf und auch im Körper jedes Menschen sind so viele Gedanken, die die Vorstellung, wie der Tod sein könnte, sofort verdrängen.«

Immer wieder grübelte der Junge, wie der Tod sein könnte. Immer wieder blendeten ihn die Flammen, sah er sich unter eingestürzten Häusern liegen. Doch um so stärker bildeten sich um seine Haut Schutzschichten, die den Flammen widerstanden. Er fand Hohlräume unterm Schutt, in denen er atmen, fand Durchgänge, durch die er schlüpfen und sich lebendiger denn je fühlen konnte.

Huberta Zeevaert
Stilleben

In einer Kiste liegen still
ein großer, schwerer Hammer
und eine Büroklammer.

Heinz Kahlau
Störendes Lied

Und eines Tages brannten die Berge,
brannten die Felsen zu Staub ganz und gar.
In alle Täler flossen die Meere,
bis zwischen Wasser und Glut nichts mehr war.

Und alle Vögel wurden zu Fischen,
und alle Fische flohen hinab.
Bäume und Gräser wurden zu Asche,
fanden am Himmel ein rauchiges Grab.

In allen Wassern spiegelten Feuer,
und alle Wasser fuhren hinauf.
Zwischen den Wolken aus Asche und Tränen
ging keine tröstliche Sonne mehr auf.

Aber die Erde war hell von den Flammen,
war von dem Spiegel der Wasser erhellt.
Unter dem Schweigen der anderen Sterne
brannte die Erde sich selbst aus der Welt.

Joachim Schroeder
Gefängnisbesuch
Seite 271–275

»Herein!« ruft Tio Juan, denn es hat geklopft. Zögernd wird die Tür geöffnet, und Pablo tritt ein.

»Tio Juan?«

»Ja?«

»Du weißt doch, daß ich einen Brief von meiner Tante bekommen habe.«

»Ja, ich habe ihn dir doch selbst beim Mittagessen gegeben. Was schreibt sie denn? Geht es gut daheim?«

»Jaaah...« Pablo zögert. »Meine Tante schreibt, daß mein Vater mich gerne sehen würde. Er ist wohl recht krank geworden...«

Auch Tio Juan zögert. »Du sollst ihn im Gefängnis besuchen?«

»Ja.«

»Wann?«

»Ich weiß nicht. Heute ist Freitag...«

»Ja.« Tio Juan nickt. »Wenn du den Mittagsbus nehmen würdest... Wann möchtest du wiederkommen?«

»Sonntag.«

»Drei Tage. Genügt das?«

»Doch, schon. Ich kann nicht solange bei meiner Tante wohnen.«

Tio Juan öffnet die Schublade am Schreibtisch und nimmt ein paar Geldscheine heraus. »Ich gebe dir Geld für die Busfahrt und hier noch etwas Geld für deine Tante. Und hier...«, er zieht eine Mappe aus dem Regal hervor, »... und hier dein Zeugnis vom letzten Schuljahr. Zeig es deinem Vater, er wird sich bestimmt darüber freuen.«

»Danke, Tio Juan. Verbrauche ich denn nicht zuviel Geld?« Unsicher hält er die Geldscheine in der Hand.

»Mach dir keine Sorgen, Pablo.« Tio Juan streicht ihm über den Kopf. »Wie lange hast du denn deinen Vater nicht mehr gesehen?«

»Drei Jahre.«

»Dann pack dir schnell ein Hemd ein. Und die Señora soll dir noch ein Brot richten.«

»Danke, Tio. Bis Sonntag dann!«

»Bis bald, Pablo. Grüß deinen Vater von mir. Auch wenn wir uns nicht kennen. Und grüß deine Tante.«

»Ja, Tio.«

Schnell hat Pablo ein paar Sachen zusammengepackt und zu einem Bündel zusammengeschnürt. Er geht zur Köchin und läßt sich ein Brot geben. Sie steckt ihm auch noch einen Apfel zu.

»Danke, Señora.«

»Schon gut. Jetzt beeil dich, damit du den Bus nicht verpaßt!«

Pablo verabschiedet sich von einigen Kindern und geht zum Dorfplatz. Der Bus steht schon da, viele Menschen stehen um ihn herum und unterhalten sich. Der Busfahrer und ein Gehilfe verstauen Kartons und Taschen auf dem Dach. Auch Kartoffelsäcke werden mitgenommen und sogar ein Holzkäfig, in dem vier Hühner aufgeregt gackern. Im Bus drängen sich die Leute schon zusammen, und es gibt nur noch wenige freie Stehplätze.

»Na, Junge, wo willst du denn hin?« fragt der Fahrer Pablo.

»In die Stadt zu meiner Tante.«

»Steig ruhig ein. Geld hast du doch?«

»Ja.« Vorsichtshalber fühlt Pablo noch einmal nach den Geldscheinen in seiner Hosentasche. Beruhigt steigt er in den Bus und versucht sich irgendwo festzuhalten. Immer mehr Menschen steigen ein, und bald kann man sich nicht mehr rühren. Und dann fahren sie los und holpern gemächlich die staubige Straße entlang. Pablo wird kräftig durchgeschüttelt. Er merkt es aber kaum, denn in Gedanken ist er schon in der Stadt und bei seinem Vater.

Drei Jahre hat er ihn nicht mehr gesehen. Drei Jahre sitzt sein Vater nun schon im Gefängnis. Er kann sich noch genau an die Nacht erinnern, als die Polizisten ihn zu Hause abholten. Vier Polizisten standen an der Tür und hatten Gewehre auf sie gerichtet. Die Mutter hatte Pablo zitternd in den Arm genommen. Die Polizisten ließen dem Vater kaum Zeit, sich anzuziehen. Sie durchsuchten das kleine Haus. Sie fanden Flugblätter und Plakate, und die nahmen sie auch mit. Traurig hatte der Vater seine Frau umarmt und streichelte den Kindern über den Kopf. Seitdem hat Pablo seinen Vater nicht mehr gesehen. Seine Mutter war in die Hauptstadt gegangen und hat eine Arbeit in der Fabrik gefunden. Jeden Monat konnte sie der Tante etwas Geld schicken. Pablo hat zuerst bei seiner Tante gewohnt. Die hat dann für ihn den Platz im Heim gefunden, und nun lebt er schon über zwei Jahre bei Tio Juan.

Der Bus hat inzwischen schon mehrmals gehalten, Leute waren zugestiegen, und es wurde immer enger. Sie kommen nur langsam vorwärts, denn die Straße ist an vielen Stellen ziemlich verschlammt und hat große Schlaglöcher.

Wie Vater wohl aussieht? denkt Pablo. Hoffentlich erkenne ich ihn wieder. Immer wieder muß er an diese Nacht vor drei Jahren denken. Die Polizei hatte damals viele Männer aus ihrem Viertel verhaftet. Einige sind nach wenigen Tagen schon wieder zurückgekehrt, von anderen wußte man noch nicht einmal, wo sie hingebracht worden sind. Warum die Männer verhaftet wurden, hat man den Angehörigen nicht gesagt. Aber alle im Viertel wußten, daß die Männer sich an politischen Aktionen beteiligt hatten.

Die Stadt kommt in Sicht. Sie liegt am Meer, an einer großen weiten Bucht. Die Häuser sind an die steilen Hänge geklebt. Das Meer ist grau und wolkenverhangen,

und es regnet leicht. Hier regnet es eigentlich immer. »Dreizehn Monate im Jahr regnet es«, sagen die Leute. Pablo liebt den Regen. Er findet, der Regen paßt zu dieser grauen Stadt.

Er steigt aus dem Bus, kümmert sich nicht um das rege Leben am Busbahnhof, sondern er läuft zum Hafen. Kleine gelbe und rote Holzboote haben am Kai festgemacht, und die Bootsmänner laden große Holzbalken aus. Es ist gutes, wertvolles Holz, das die Männer von den umliegenden Inseln hierher transportieren. Es wird umgeladen auf kleine Pferdekarren und zum Holzmarkt gebracht und verkauft. Pablo kann sich nicht erklären, wofür soviel Holz gebraucht wird. Ihm gefällt das Treiben am Hafen. An kleinen Buden wird Fisch verkauft, und in großen Netzen sind Muscheln gelagert. An einer Bude wird gebratener Fisch angeboten. Pablo hätte ihn gerne probiert, aber er möchte nichts von dem Geld ausgeben, das Tio Juan ihm gegeben hat.

Pablo läuft weiter durch die Straßen der Innenstadt. In den Schaufenstern der Geschäfte liegen schöne Dinge aus: Schuhe und riesige Würste und schöne Spielsachen. Lange steht Pablo vor einem Geschäft, in dem ein neues, blinkendes Fahrrad ausgestellt ist. Dann geht er weiter, die steilen Hänge hinauf, vorbei an den schönen Häusern mit den großen Gärten, in denen Kinder spielen oder ein Hund kläffend am Zaun steht. Sein Zuhause ist aber viel weiter oben. Dort, wo es keine gepflasterten Gehsteige gibt, dort wo keine Autos vor dem Eingang geparkt sind, dort, wo die Häuser nicht aus Stein sind, sondern aus Holz, aus zusammengenagelten Brettern, und dort gibt es auch keine Fenster mit Glasscheiben, sondern dort werden Plastikfolien in die Fensterrahmen gespannt. Dort wachsen keine schön blühenden Blumen in den Gärten, sondern dort wird Gemüse ums Haus gepflanzt. Und ein Waschzuber steht vor jedem Haus, und ein kleiner Holzstoß mit Brennholz liegt vor jedem Haus. Nur die Straßen sind dort oben genauso lang wie hier unten. Haus an Haus ziehen sich endlose Siedlungen hin, und Pablo watet nun durch die schlammigen Wege, weil die Straße nicht asphaltiert ist und der viele Regen die Wege völlig durchweicht hat.

Pablo hat das Haus seiner Tante erreicht. Juanito, ihr kleiner Sohn, spielt am Eingang mit einer rostigen Büchse und ein paar Steinchen.

»Hallo, Juanito«, begrüßt Pablo ihn. »Ist die Tante da?«

Juanito blickt auf und strahlt Pablo an. Er kann noch nicht richtig sprechen, geht aber gleich mit Pablo zur Tür. Die Tante steht an dem kleinen Holzofen und rührt etwas in einem Topf.

»Guten Tag, Tante!«

»Hallo, Pablo. Das ist aber schön, daß du gleich gekommen bist. Hast du Hunger?«

»Nein, eigentlich nicht.« Erst jetzt fällt Pablo ein, daß er ja Brote mitgenommen hat und den Apfel. Er zeigt es der Tante. »Das hat mir Tio Juan mitgegeben! Und hier, das Geld, soll ich dir von ihm geben.«

»Tio Juan ist ein guter Mensch. Sage ihm bitte meinen Dank.« Die Tante überlegt. »Dann kann ich noch etwas Milch kaufen, und ein paar Nudeln.«

»Ist der Onkel bei der Arbeit?«

»Nein, Pablo. Er hat seine Arbeit verloren.«

»Oh . . .« Pablo ist erschrocken. Er weiß, was es bedeutet, wenn man hier seine Arbeit verliert. »Aber es geht ihm gut?«

»Na, was denkst du! Er hockt jetzt den ganzen Tag im Haus herum, und abends geht er und läßt sich mit Schnaps vollaufen! Und wie ich hier alle satt kriege, ist ihm egal!« Die Tante wird wütend. Dann

fängt sie an zu weinen. »Na ja«, sagt sie. »Er kann ja nichts dafür, daß sie ihn rausgeschmissen haben. Setz dich an den Ofen, Pablo.« Sie nimmt den kleinen Juanito auf den Arm und geht einkaufen.

Pablo setzt sich auf die schmale Bank am Ofen. Kalt ist es in dem Zimmer, denn im Ofen brennt nur ein kleines Feuer. Pablo blickt sich um. Es hat sich seit seinem letzten Besuch hier nichts verändert. Zwei Betten stehen im Zimmer, ein grober Holztisch und ein paar Stühle. Auf dem Regal steht ein wenig Geschirr, an den farblosen Wänden kleben ein paar Zeitungsausschnitte mit Abbildungen von Fußballstars und Schauspielerinnen.

Pablo spürt, daß er nun doch Hunger hat. Aber er will auf die anderen warten und ihnen auch von dem Brot abgeben.

Die Tante kommt schon wieder zurück und schürt gleich das Feuer etwas stärker.

»Wie geht's Papa?« fragt Pablo.

Die Tante setzt sich neben ihn. »Nicht gut, Pablo. Er ist ziemlich krank geworden. Ist ja auch kein Wunder. Sie geben ihm nichts Richtiges zu essen, und die Zelle ist feucht und kalt. Ein richtiges Loch muß es sein!«

»Wird er nicht rausgelassen?«

»Die Hunde lassen doch niemanden raus, den sie eingesperrt haben! Erst letzte Woche haben sie hier wieder einige aus dem Viertel geholt. Die Hunde! Die Hunde!«

Die Tür geht auf, und Margarita kommt herein, die Tochter der Tante. »Hallo, Mutter, hallo, Pablo! Wie geht's dir?«

»Gut, und dir?«

»Wie soll's schon gehen. Den ganzen Tag in der Fabrik stehen und Fische ausnehmen macht natürlich riesigen Spaß!«

»Sei froh«, schimpft die Tante, »daß du die Arbeit hast. Sonst hätten wir hier ja überhaupt kein Geld!«

»Ist schon recht«, lenkt Margarita ein.

»Aber für die paar Pesos lohnt die Schufterei wirklich nicht.«

Nach und nach kommen auch alle andern ins Haus. Miguel, der jüngere Bruder von Pablo, versucht als Schuhputzer etwas Geld zu verdienen, und Roco, sein anderer Bruder, verkauft Zeitungen. Zur Schule gehen sie schon lange nicht mehr, obwohl sie noch keine dreizehn Jahre alt sind. Sie freuen sich, Pablo zu sehen.

»Habt ihr was von Mutter gehört?«

»Sie schickt immer Geld. Und hier, vor ein paar Tagen kam eine Karte von ihr.« Mit ungeübter Handschrift hatte die Mutter Grüße an alle ausgerichtet und mitgeteilt, daß es ihr gutgeht.

Das Essen ist fertig. Inzwischen sind auch die beiden Söhne der Tante eingetroffen, und sie drängen sich um den Tisch. Pablo legt sein Brot und den Apfel auf den Tisch. Die Tante verteilt eine dünne Suppe, die sie von den Fischköpfen gekocht hat, die Margarita aus der Fabrik mitgebracht hat. Dann gibt es noch einen kleinen Teller mit Nudeln, die sie mit etwas Fett gebraten hat. Sie selbst ißt nichts.

»Wirst du morgen denn zu deinem Vater gehen?« fragt sie.

»Ja, wenn es geht.«

»Er wird sich freuen. Ich war letzte Woche bei ihm. Es geht ihm nicht sehr gut, er hat nach dir gefragt.« Seufzend stellt sie die Teller zusammen und beginnt mit dem Abwasch. »Wascht euch und geht ins Bett . . .«, sagt sie zu den Kleinen, ». . . bevor euer Vater kommt«, murmelt sie noch vor sich hin.

Die drei Kleinen waschen sich und legen sich zusammen in ein Bett. Margarita klappt ein weiteres Bett auf, das tagsüber angelehnt an der Wand steht, in dem sie mit einem ihrer Brüder schläft. Pablo muß auf dem Boden schlafen, aber nahe am Ofen ist es nicht allzu kalt. Kaum haben sie sich hingelegt, wird die Tür aufgerissen,

und polternd und schwankend kommt der Onkel herein. »Schläft ja schon alles«, lallt er. »Mutter! Mutter! Hast du noch etwas zu essen da?«

»Von was soll ich denn einkaufen, wenn du alles Geld vertrinkst?« entgegnet sie.

»Fängst du schon wieder an zu meckern?« Der Onkel wird wütend. »Was kann man denn anderes tun, als sich vollaufen zu lassen bei diesem verdammten Leben!«

Der kleine Juanito fängt an zu weinen.

»Mach doch nicht so einen Krach!« schimpft die Tante.

»Ach, sei ruhig, Alte!« Mißmutig zieht der Onkel seine Schuhe aus und legt sich aufs Bett.

Pablo hat Angst. Er weiß, daß der Onkel sehr wütend werden kann, wenn er betrunken ist, und manches Mal schlägt er dann die Kinder, oder er verprügelt seine Frau. Aber jetzt hört er ihn schon schnarchen. Erleichtert schläft auch Pablo ein.

Am nächsten Morgen macht sich Pablo gleich auf den Weg ins Gefängnis. Er muß quer durch die Stadt laufen und ist über zwei Stunden unterwegs. Dann erreicht er das Gefängnis. Ein großer, düsterer Bau. Ringsherum eine hohe Mauer, auf der Stacheldraht und Glassplitter sind. Pablo meldet sich beim Torposten, und der führt ihn in ein kleines Schreibbüro. Dort muß er seinen Namen sagen und muß zeigen, was er in seiner kleinen Plastiktüte hat. Die Tante hat ihm für den Vater etwas Obst mitgegeben. Ein Mann führt ihn dann in ein Zimmer. Er muß eine Weile warten, dann geht die Tür auf, und sein Vater tritt ein. Er trägt Handschellen.

Pablo erschrickt. Dünn ist sein Vater geworden. Eingefallene Wangen, eine graue, fahle Haut, seine Augen sind stumpf und traurig. Er hat fast keine Haare mehr auf dem Kopf.

Pablo reißt sich zusammen. »Guten Tag, Vater.«

»Guten Tag, Pablo.«

Pablo geht zu ihm, und der Vater streicht ihm über den Kopf. »Ich freue mich, daß du mich mal besuchst.«

Sie setzen sich an den Tisch, der in der Mitte des Zimmers steht.

»Wie geht's dir, Pablo?«

»Gut, Vater. Schau, ich hab dir mein letztes Zeugnis mitgebracht.« Pablo faltet sein Zeugnis auseinander, und der Vater sieht es flüchtig an. »Du bist fleißig in der Schule, hm?«

»Ja, ich strenge mich an. Damit du und Mutter euch freuen könnt.«

»Das ist fein, Pablo.«

»Hier, das schickt dir die Tante.« Er packt das Obst aus, Äpfel und Orangen. Der Vater nimmt sich einen Apfel. Das andere Obst packt er wieder in die Tüte. »Eßt ihr Kinder das lieber. Ich brauch nicht mehr soviel.«

Pablo schluckt. »Wie geht es dir, Vater?«

»Ich fühle mich nicht gut ... Ich bin müde.«

»Kann ich was für dich tun?«

»Kümmere dich um deine Geschwister, Pablo. Das mußt du mir versprechen.«

»Ja, Vater. Natürlich.«

»Hast du etwas von Mutter gehört?«

»Ja. Sie hat eine Karte geschickt. Es geht ihr gut.«

»Das freut mich. Ich habe ihr vor ein paar Tagen auch geschrieben.«

Schweigend sitzen beide am Tisch. Pablo hat so viele Fragen gehabt. Aber jetzt hat er alle vergessen. Sein Vater hat sich sehr verändert. Er war immer lustig früher, hat viel gelacht, auch wenn sie arm waren. Nun sieht er sehr müde aus und traurig.

»Vater?« Pablo sieht ihn fragend an.

»Ja, mein Junge?«

»Haben sie dich ... geschlagen?« Pablo spricht sehr leise.

Der Vater zeigt ihm seine Unterarme. Große, dicke Narben ziehen sich über die Arme. »Es sind Hunde, Pablo. Teuflische, unmenschliche Hunde.«

»Sie haben wieder Männer geholt aus dem Viertel, Vater, letzte Woche.«

»Es wird nie aufhören. Sie werden immer weitermachen. Nie wird es aufhören.« Seine Stimme klingt bitter.

»Warum quälen sie die Menschen so, Vater?«

»Weil *sie* keine Menschen sind, Pablo. Weil sie keine Menschen sind.«

Wieder schweigen sie. Pablo ist traurig. Er möchte seinem Vater etwas Schönes sagen, aber ihm fällt nichts ein. »Vater, ich denke viel an dich.«

Der Vater lächelt ihn an. »Das ist schön. Ich denke auch sehr oft an dich ...«

Die Tür geht auf. Der Wachtposten sagt, daß sie sich verabschieden sollen.

Ernst schaut der Vater Pablo an. »Junge, versprich mir, daß du dich um deine Geschwister kümmern wirst. Und um deine Mutter.«

Pablo schluckt wieder. »Vater, das versprech ich dir.«

Der Vater lächelt ihn an. »Du bist kein Kind mehr, Pablo, du bist schon lange kein Kind mehr.«

»Wann kommst du hier raus, Vater?«

»Bald. Bald hört das auf hier. Bald ist dies hier alles vorbei.« Der Vater murmelt diese Sätze leise vor sich hin. Er drückt Pablo an sich.

Pablo kämpft mit den Tränen. Der Vater geht mit dem Wachtposten zur Tür. Er dreht sich noch einmal um zu Pablo. »Ich bin sehr stolz auf dich, mein Sohn. Und schäme dich nicht, daß dein Vater im Gefängnis sitzt. Ich habe gekämpft. Ich habe für euch gekämpft.« Er lächelt Pablo noch einmal zu. Dann schließt sich die Tür hinter ihm.

Pablo laufen die Tränen übers Gesicht. Er hat das Gefühl, daß er seinen Vater nie wiedersehen wird.

Britta van Hoorn

Alfred Könner
Wohnen im Baum

Flocken treiben,
schreiben
leise
weite Kreise,
schweben mit dem Winde,
wirbeln durch die Linde,
fliegt die Krähe in den Baum,
hockt dort schwarz,
Rücken krumm,
weiße Vögel ringsherum,
weiße Vögel ohne Schwingen,
weiße Vögel, die nicht singen,
plötzlich doch
streicht sie ab,
einsam steht die Linde,
nur die Zweige
wippen noch.

Rudolf Otto Wiemer
Die Wolke

Es ist eine Wolke
übers Land gegangen,
da ließen die Blumen
die Köpfe hangen.

Es hat gelber Regen
in den Bäumen gesessen,
da haben die Vögel
ihr Lied vergessen.

Es wehte ein Windstoß
auf Kräutern und Steinen,
da wollte der Sonne
Schein nicht mehr scheinen.

Es wurde das Waldlaub
wie Staub so trocken,
da sind die Menschen
zu Tode erschrocken.

Josef Guggenmos
Nun aber ist zu berichten

Nun aber ist zu berichten
von den Buchen und Fichten,
daß sie sich langsam lichten.

Wir schauen den Bäumen beim Sterben zu.

Die Nadeln, die Blätter werden fahl.
Die Bäume, die prangenden, werden kahl.
Ewige Waldwelt: Es war einmal.

Über allen Wipfeln Friedhofsruh.

Wald: Bruder Abel du.

Karin Voigt

greenpeace – grüner frieden

ich tischlere einen stuhl
den stell ich auf den tisch
ich schaukle auf und nieder
und singe meinem fisch
die neusten greenpeace-lieder

er sagt ich soll nicht lügen
das wasser wäre rein
doch hat er pocken auf der haut
kann nicht mehr singen nicht mehr schrein

ich habe ihn begraben müssen
den fisch mit seinen pocken
das wasser voller algenkrause
das machte maßlos ihn erschrocken

im bett da riecht es nun nach fisch
ich werd mein bett zerschlagen
will jemand noch mit fischen spielen
der sollte vorher greenpeace fragen

das ist der grüne frieden
der sei dem fisch und uns beschieden

Gert Loschütz

Besuch

Freunde kommen zum Frühstück und wissen,
wie man ein Ei auf den Tisch stellt.
Sie gehen und hinterlassen Stühle,
auf die sich am Mittag andere setzen,
die wissen, wie man die gelben Flecken
wieder vom Holz kriegt. Am Abend
habe ich einen sauberen Tisch
und bin so schlau wie am Morgen.

Heinz Janisch

Mitteilung!

*Es ist strengstens verboten,
über diese Linie hinauszu-
schreiben!*

Die Direktion

Gerhard Jaschke

es kann schon sein

es kann schon sein
daß drauf was folgt
es kann schön sein
wenn wer wem folgt
es kann schon fort sein
wenn da nichts mehr folgt

Paul Maar

Mitten in der Nacht

Keine Ahnung, wo ich bin.
Nichts als Dunkel um mich her.
Wie im Bauch von einem Fisch
meilentief im Schwarzen Meer.

Lebt noch jemand außer mir?
Oder bin ich ganz allein!
Diese Stille. Dieses Dunkel.
Gleich beginne ich zu schrein.

Da entdeck ich in der Schwärze
einen schmalen Strich aus Licht.
Das ist meine Zimmertüre!
Alles klar, ich schreie nicht.

Lottemi Doormann

Schwarzer
Freitag im April

Seite 278–287

Ich habe es gleich gewußt, daß etwas Schreckliches passiert sein mußte. Der Krach auf der Treppe. Die Schreie, lauter als jemals sonst. Sturmklingeln. Ich bin an die Tür gestürzt. Und da steht Niki, Tränenströme fließen über sein Gesicht.

»Mama, Mama, mein Kaninchen. Mein Kaninchen! Es ist tot. Der Hund, er hat es totgebissen!«

Ich verstehe nichts. Das Kaninchen? Den ganzen Nachmittag habe ich an meinem Schreibtisch gesessen und gearbeitet, bei offenem Fenster, das fröhliche Gelärme der Kinder ist zu mir heraufgedrungen. Es ist der erste milde Frühlingstag in diesem Jahr.

Nikis unbändiges Geheule läßt meinen Atem stocken. Gegenüber auf dem Hausflur das erschrockene Gesicht der Nachbarin. Was ist geschehen, um Himmels willen?

Nikis Gesicht ist ganz rot, die Tränen stürzen aus seinen Augen wie Bäche, während er mich durch die Wohnungstür zerrt, die zwei Stockwerke hinunter. Und da fällt es mir wieder ein. Vor ein paar Stunden, ach ja, hatte Niki sein weißes Lieblingskaninchen Zwirli in den Garten des Hausbesitzers hinuntergetragen. Zusammen mit Freundin Nina, die gleich nach der Schule zu ihm gekommen ist. Sie hatten es auf den Rasen in das gezäunte Gehege zu Kays Meerschweinchen gesetzt, damit es nach dem langen Winter freien Auslauf hat und frisches Gras fressen kann.

Kay ist der Sohn des Hausbesitzers, er ist elf wie Niki und Nina. Kay und Niki kennen sich beinahe seit ihrer Geburt. Sie fischen zusammen in dem kleinen Modderteich hinten an der Chaussee. Sie fangen Käfer, Kröten und Igel und bauen ihnen im Garten kunstvolle Behausungen, bis sie sie wieder freilassen. Sie züchten in ihren Aquarien Blackmollys und Guppys und schenken sich gegenseitig die Jungen.

Ich hatte noch zu Niki gesagt, er solle achtgeben, daß Zwirli nicht über das niedrige Meerschweinchen-Gatter davonhopst, wie es schon ein paarmal passiert war. Sein schwarzes Zwergkaninchen Enguwuk hatte Niki vorsorglich im selbstgebauten Holzstall auf dem Balkon gelassen, weil es gerade Junge austrägt und Ruhe braucht.

Jetzt ist mir ganz klamm zumute, wie mich Niki panikartig durch das Treppenhaus hinter sich herzieht. Seine Tränen fallen auf die braunroten Linoleum-Stufen. Noch nie habe ich ihn so weinen gesehen, noch nie dieses Entsetzen in seinem Blick.

Und dann stehen wir im Garten, friedlich und verlassen liegt er da in der Nachmittagssonne, rundherum die Bäume des Parks. Keine Spur von dem

Unglück, keine Kinder weit und breit, kein Hund und kein Kaninchen, nur die Meerschweinchen grasen vor sich hin, als wäre nichts geschehen.

Wir stehen da und halten uns an den Händen. Es ist ganz still, nur von ferne das gleichmäßige Rauschen der Autobahn. Ich weiß nicht, was ich tun soll, ich weiß ja nichts. »Was war mit dem Hund? Bitte, sag doch was, Niki. Wo ist er hergekommen? Wo ist er hin? Hat er das Kaninchen mitgenommen?«

Niki kann nicht antworten. Er reißt sich los und rast ziellos von Strauch zu Strauch. Ich sehe seine Verzweiflung, die nicht weiß, wohin. Ich laufe hinterher. Und hilflos sage ich: »Komm, Niki, wir suchen jetzt ganz genau. Wir werden es schon finden, dein Kaninchen. Alles wird gut werden, bestimmt.«

Ich weiß nicht, wieviel Zeit verstrichen ist, zehn Minuten vielleicht oder eine halbe Stunde. Wir sind an der hohen Hecke entlanggekrochen und dem Haus immer näher gekommen, dort, wo die Fahrräder stehen, neben der Kellertreppe. Plötzlich haben wir Benny gesehen, Nikis älteren Bruder. Bei der Toreinfahrt zu den Garagen biegt er um die Ecke. Über den Hof läuft er uns entgegen. Er ruft: »Sie haben dein Kaninchen gefunden, Niki, dahinten in der Straße, sie bringen es zum Tierarzt.«

Ich haste nach oben, greife die Autoschlüssel. Der Tierarzt Dr. Raben wohnt nur ein paar Straßen weiter, aber Niki kann nicht mehr laufen. Er kauert hinten im Auto, ein schreiendes Bündel, die langen Haare kleben ihm feucht im heißen Gesicht.

Es ist sehr warm im sonnenerhitzten Auto, Benny kurbelt die Fenster herunter. Bei der Ampel an der Kreuzung müssen wir warten. Durch den Rückspiegel schaue ich auf Niki. Ich versuche, ihn zu trösten: »Siehst du, dein Kaninchen ist gar nicht tot. Bestimmt hat es nur eine kleine Bißwunde.«

Doch Niki ist nicht zu trösten, er brüllt den Schmerz heraus, atemlos und ohne Pause: »Oh, mein süßes Kaninchen, warum gerade mein Kaninchen!« Er brüllt es heraus durch die offenen Autofenster, daß sich die Leute auf dem Zebrastreifen nach uns umsehen.

Ich merke, wie mir übel wird. Ich kann es kaum noch ertragen. Am liebsten sagte ich: »Hör auf, Niki, bitte, nur einen kleinen Augenblick...« Verstohlen blicke ich zu Benny. Der sitzt ganz ruhig neben mir. Da sage ich statt dessen: »Gleich sind wir da, Niki. Gleich. Sie werden dein Kaninchen retten, bestimmt.«

Mir schießt durch den Kopf, daß wir im Winter erst beim Tierarzt waren, mit dem Meerschweinchenjungen, das ihm Kay geschenkt hatte. Es war so krank, daß es eine Einschläferungsspritze bekommen mußte. Auch da war sein Kummer groß, aber ein kleines Flämmchen gegen die lodernde Verzweiflung jetzt.

Und doch ist da noch ein Fünkchen Hoffnung in Niki. Auch in mir. Benny hat sich umgewandt und seinen Arm um den kleinen Bruder gelegt.

Als wir in die Einfahrt zum Tierarzt biegen, sehen wir die Kinder. Sie kommen uns langsam entgegen: Kay und seine ältere Schwester Mascha, die schon dreizehn ist, genauso alt wie Benny, und die zehnjährige Carola, die früher bei uns wohnte. Auch Nikis langjährige Kinderladenfreundin Nina, mit der er zusammen in die 6. Klasse geht. Niki und Nina sind gemeinsam aufgewachsen, sie sind wie Geschwister.

Nina schaut zu mir her und schüttelt beinahe unmerklich den Kopf. In der Hand trägt sie eine Plastiktüte. Mascha heult. Da weiß ich, daß das weiße Zwergkaninchen Zwirli, von Niki über alles geliebt und verhätschelt, unwiderruflich tot ist.

Einen Moment lang hält Niki inne. Er will von Nina hören, daß es nicht wahr ist. Ganz starr steht er neben dem Auto und rührt sich nicht. Ich fühle, wie er sich aufbäumt gegen die Endgültigkeit dieser Nachricht, grausam und unfaßbar. Es ist, als wollte er die Zeit anhalten und zurückdrehen. Dann bricht es aus ihm heraus, brüllend, schreiend, tobend. Mit den Fäusten geht er auf mein Auto los. »Ich bringe ihn um«, schreit er. »Ich bringe den Hund um!« Er schlägt und tritt auf das Auto ein. Er brüllt: »Ich will mein Kaninchen wieder, o mein Kaninchen, nein, nein, nein – ich will weg, ich will weg, ich will mein Kaninchen wieder, ich bringe den Hund um, ich erschlage ihn, ich erwürge ihn . . .« Und die Tränenströme fließen nur so aus seinem Gesicht.

Auf der anderen Straßenseite, gegenüber der Tierpraxis, sind zwei Frauen und ein Mann mit einem dicken Terrier stehengeblieben. Sie empören sich. »Das geht zu weit! Man kann es auch übertreiben! Sie müssen ihn zur Vernunft bringen!« rufen sie zu mir herüber, während sie das schmale Kopfsteinpflaster überqueren. Die eine Frau, die den Terrier an der Leine hält, beugt sich zu dem Jungen herab und säuselt: »Deine Mutti schenkt dir bestimmt ein neues Kaninchen.«

»Nein, nein«, heult Niki auf, »ich will kein neues Kaninchen. Ich will mein Kaninchen wiederhaben!«

»Lassen Sie das Kind zufrieden«, fauche ich.

Die Frau mit dem Terrier zuckt die Achseln. Schimpfend verschwinden die Leute um die Ecke.

Und Kay, Mascha, Carola, Nina und Benny stehen ganz versunken da und warten. Keines der Kinder sagt ein Wort. Mascha weint still vor sich hin. Und ich versuche nicht mehr, Niki zu trösten, obwohl ich die Heftigkeit seines Schmerzes fast nicht aushalten kann. Denn niemand kann ihn trösten.

Von der Kirchturmuhr schlägt es sechsmal. Noch immer scheint die Sonne an diesem schwarzen Freitag im April. Wir stehen da, bis Niki vor Erschöpfung ganz still in sich zusammensinkt, fiebrig das Gesicht. »Ich will nach Hause«, sagt er tonlos, »ich will weg, ich will weg sein.«

Schweigend fahren wir zurück. Niki, Benny und ich. Sehr schwach, mit knallheißem Kopf, steigt Niki aus. Die Treppen hinauf bis in unsere Wohnung muß ich ihn stützen. Nein, er will das Kaninchen nicht begraben. Nein, Nina soll nicht zu ihm heraufkommen. Er will ins Bett und schlafen und nichts mehr hören und sehen und Montag nicht in die Schule.

Nina hat das tote Kaninchen den ganzen Weg vom Tierarzt bis zu Nikis Haus getragen. In der Plastiktüte. Dr. Raben hatte die Kinder hinausgeschickt, bevor er dem schwerverletzten Tier die Todesspritze gab. Nina und Kay haben Nikis Zwirli aus der großen Mülltonne des Doktors wieder herausgeholt.

Mascha hat die ganze Zeit geheult. Sie fühlt sich schuldig am Tod von Zwirli. Denn es war der Hund ihrer Freundin Melanie. Mascha hatte Melanie und den Schäferhund mit in den Garten gebracht. Alle Kinder hatten auf dem Rasen mit dem Hund herumgebalgt. Und Nina hatte noch gesagt: »An deiner Stelle, Niki, würde ich das Kaninchen lieber wieder nach oben bringen.«

Niki hatte gelacht. »Der? Der tut doch niemand was.« Er kannte ihn gut, diesen verspielten Hund aus der Nachbarschaft. Melanies Schäferhund war schon oft im Garten gewesen; die Kinder liebten es, ihn hinter Tennisbällen und Stöcken herlaufen zu lassen.

Niki hatte neben dem Hund am Gatter gestanden, als es geschah. Plötzlich packte der Hund zu und jagte davon, das Kaninchen im Maul. Niki begriff nicht. Sah, daß Zwirli fort war. Sah, wie die Kinder hinter dem Schäferhund herrannten. Da wurden die Bäume und Blumen um ihn herum grau. Er sank in die Knie, schrie »nein, nein, nein!«, den Kopf in die Hände gepreßt. Er wußte nichts zu tun, er wußte nicht einmal, wie er die Treppen bis zu Mama heraufgekommen war.

Niki hat sich die Bettdecke über den Kopf gezogen. Schweigend lehne ich neben seinem Hochbett, von dem aus der Himmel und die Baumwipfel des Parks zu sehen sind. Leise summt die Warmwasseranlage der Aquarien. Es kommt mir so vor, als wäre es dämmrig geworden.

Er wimmert noch immer unaufhörlich, und manchmal, wenn sein verweintes Gesicht hervortaucht, versuche ich ihn ein wenig zu streicheln. Ich sage: »Weißt du, bald wird dein schwarzes Kaninchen Junge bekommen.« Es ist der einzige Trost, der mir einfällt, aber es tröstet Niki nicht.

Er will, daß ich Peter, seinen Vater, anrufe und es ihm erzähle. Es ist das erste, was er wieder sagen kann, stockend zwischen all dem Schluchzen. Doch Peter ist weit weg auf Dienstreise. Ich erreiche ihn nicht.

Niki will jetzt allein sein. Ich soll ihm das Radio bringen. Nein, er will nicht, daß ich ihm etwas vorlese. Ich soll nach unten gehen und nach den Kindern schauen. Und Benny bitten, ein Holzkreuz zu machen.

Ich finde die Kinder im Park, der an den Garten des Hausbesitzers grenzt. Von unserem Balkon im 2. Stock aus kann man in den Park blicken, hinüber bis zur Kirche auf der kleinen Anhöhe, wo die Kinder im Winter rodeln. Jetzt zerschneidet die neue Autobahn den Park in zwei Hälften. Sie hat so viele Bäume und den Kinderspielplatz verschlungen.

Im dichten Gestrüpp des Unterholzes habe ich die Kinder entdeckt. Nina hält noch immer die Plastiktüte mit dem Kaninchen in der Hand, Benny hat eine Schaufel von oben geholt und ein tiefes Loch ausgehoben. Kay klopft mit seinen bloßen Fäusten an den Wänden der Grube herum. Carola hat Osterglocken gepflückt. Nina gibt Anweisungen. Und Mascha? »Mascha«, erklärt Kay, während er in der Erde wühlt, »die liegt auch im Bett. Meine Mutter hat sie zur Strafe ins Bett geschickt. Die heult und heult. Weil sie sich schuldig fühlt.« Nur Melanie, die hat sich gleich nach dem Unglück aus dem Staub gemacht.

Und als Nina das weiße Kaninchen des Freundes endlich aus der Hand gibt und im Grab versenkt, als Carola zwei Osterglocken dazulegt, als Kay mit seinen Händen die Erde darüberschüttet und Benny mit dem Holzkreuz kommt, das er inzwischen in unserer kleinen Werkstatt gezimmert hat, als Carola mit den letzten Osterglocken das Grab schmückt und die Sonne gerade untergeht – da sehe ich plötzlich Niki auf dem Balkon, eingehüllt in die weiße Bettdecke wie ein Gespenst. Er ruft zu uns herüber. Dann ist er wieder verschwunden.

Durch das Gebüsch zwänge ich mich gebückt zurück bis zum Fußgängerweg. Die Kinder folgen mir nur langsam. Sie bleiben oft stehen, und ich höre, wie sie munter miteinander reden.

An dieser Stelle, denke ich, unter den hohen Bäumen, haben sie schon viele Tiere begraben: die Amsel, die sich am Glasfenster das Genick brach, Nikis Schildkröte, Bennys beide Wellensittiche, die Meerschweinchen von Carola und ihrer Schwester, von Kay und Niki. Aber noch nie ist es so gewesen wie dieses Mal. Niemals zuvor haben sie alle sich versammelt, um ein

282

Tier zu begraben für den Freund, der vor lauter Schmerz dazu nicht imstande war. Sie haben das Zwirli gesucht, zum Tierarzt gebracht, aus der Mülltonne gerettet, nach Hause getragen und würdig begraben. Sie haben sich verantwortlich gefühlt aus Mitleidenschaft. Niemand hat es ihnen gesagt, sie haben es einfach getan, weil sie Nikis Schmerz so gut verstanden.

Ich bin allein ins Haus gegangen. Niki liegt wieder im Bett. Er will jetzt alles über Zwirlis Grab wissen, jede kleine Einzelheit, schluchzend noch immer. Ich erzähle ihm von Mascha, aufmerksam hört er zu. Da sagt Niki auf einmal: »Mascha hat keine Schuld. Der Hund auch nicht. Der hat immer mit Bällen gespielt. Der kann ja nichts dafür, daß das seine Natur ist. Der dachte eben, es ist ein Ball.«

Ich verspreche ihm, es Maschas Mutter zu sagen. Und Niki, der allein sein und nichts mehr hören und sehen und weg sein wollte, der will nun nicht, daß Freundin Nina nach Hause geht. Gleich nach der Schule, da haben sie doch zusammen einen Kuchen gebacken. Der steht noch auf dem Küchenschrank, noch nicht angeschnitten.

Im ganzen Haus, vom Parterre bis zum 3. Stock, hat sich das Unglück herumgesprochen. Unten im Garten steht Maschas Mutter und redet mit ein paar Nachbarn. Ich sehe es vom Balkon aus, dort, wo der selbstgebaute Kaninchenstall steht, als ich nach den Kindern Ausschau halte. Es ist kühl geworden. Ich habe mir einen Pullover übergezogen und bin hinuntergegangen. Vom Park her bricht zögernd die Abenddämmerung herein. Meine Schuhe werden feucht, als ich den Rasen überquere. Kein Meerschweinchen grast mehr in Kays Gehege. Der Garten gehört jetzt den Erwachsenen. Sie stehen neben dem Grill und der Hollywoodschaukel und diskutieren. Ich stelle mich dazu.

»Strafe muß sein«, erklärt Maschas Mutter gerade heftig. »Ich habe ihr eine Woche Stubenarrest verordnet.« Herr Sonntag vom 1. Stock findet das zu streng. »Melanie«, entgegnet er, »hat doch mindestens ebensoviel Schuld. Die muß man dazu kriegen, daß sie Niki von ihrem Taschengeld ein neues Kaninchen kauft.«

Ich merke, daß ich gerade rechtzeitig gekommen bin, um Nikis Botschaft einzubringen. »Niemand hat Schuld, weder Mascha noch Melanie, noch der Hund«, sage ich mit Entschiedenheit. »Das findet Niki auch. Trotzdem ist er sehr verzweifelt. Da hilft ihm ein neues Kaninchen von Melanies Taschengeld überhaupt nichts.«

Damit sind die Nachbarn nicht einverstanden. Diese ganze Aufregung um ein Kaninchen hat ihnen die Geruhsamkeit des Wochenendbeginns kaputtgemacht, und jetzt reicht es. Ein Schuldiger muß gefunden werden.

»Und außerdem«, erzürnt sich Herr Sonntag vom 1. Stock, »muß man Niki endlich mal sagen: Jetzt ist Schluß! Jetzt hast du genug Theater gemacht! Schließlich ist es ja nur ein Kaninchen, und so was passiert eben. Du kannst ja ein neues Kaninchen kriegen.«

Ich gebe noch nicht auf: »Aber Niki trauert um *sein* Kaninchen. Das ist unersetzbar.«

Herrn Brume, Wohnungsnachbar von Kays und Maschas Familie im Parterre, reißt der Geduldsfaden. Er hat selbst zwei kleinere Kinder und weiß, wovon er spricht: »Alles hat seine Grenzen! Ein Junge muß lernen, die Zähne zusammenzubeißen. Und wenn er mit der Heulerei nicht von selber aufhört, dann muß man ihn eben dazu zwingen.« Selbstsicher und ein bißchen verächtlich blickt er mich an, als hätte ich einfach nicht begriffen, was Erziehung ist.

Herr Brume rät zu Beruhigungstabletten.

Ja, denke ich, damit er seinen Schmerz nicht mehr spürt. Damit er lernt, seine Liebe und seine Trauer zu unterdrücken. Damit er eines Tages keine Gefühle mehr hat...

Und während ich langsam über den Rasen davongehe, in der Dämmerung, vorbei an den Bäumen des Parks, die jetzt ganz finster und abweisend dastehen, denke ich, wie schwer es fast allen Erwachsenen fällt, die starken Gefühlsäußerungen der Kinder zu ertragen und anzunehmen. Weil sie ihnen als Kinder ausgetrieben wurden. Mir auch.

Ich erinnere mich noch. Ich habe nicht vergessen, wie die Eltern in schneidendem Ton zu mir sagten: »Hör auf! Du bist hysterisch! Das ist ja nicht normal!«

Wütend und verzweifelt zu sein, war das Schlimmste und wurde am ärgsten bestraft. Sie haben mich ins Bett gesteckt, wie sie es jetzt mit Mascha tun, sie haben mich in den Keller gesperrt, noch mit fünfzehn verurteilten sie mich zu dieser Kindergefängnisstrafe Stubenarrest! Und wenn ich mich nicht entschuldigte für das Verbrechen Heftigkeit, für die Wut und das Türenschlagen, haben sie manchmal tagelang so getan, als gäbe es mich gar nicht. Das hat so weh getan.

Und ich erinnere mich noch daran, wie der Vater mein Kätzchen, das einzige Tier, das ich je besessen habe, nach einer Woche nachts klammheimlich aussetzte. Als ich aufwachte, war es fort. Da war ich zehn Jahre alt, ich wollte schreien und abhauen und nie wiederkommen, doch ich habe es damals schon nicht mehr gewagt. Das habe ich nie vergessen. Die Gefühle aber, die haben sie in mir eingefroren.

Daran habe ich denken müssen, als ich Niki in seinem Schmerz erlebte.

Deshalb habe ich nicht zu ihm gesagt: »Hör auf!« Und deshalb habe ich ihn sogar ein bißchen beneidet.

Dann sind die Kinder heraufgekommen, Kay, Carola, Nina und Benny. Niki hat nichts dagegen. Jedenfalls klettert er, ohne ein Wort zu sagen, die schmale rote Stiege seines Hochbettes hinunter. Eingewickelt in die dicke Bettdecke, betritt er den Flur, wo die Kinder stehen, und geht schweigend an ihnen vorbei ins Eßzimmer.

Die Kinder folgen ihm.

Er schaltet den Fernseher ein. Er setzt sich an den großen Holztisch, in seine Bettdecke gehüllt wie in ein Nest. Sein Bruder Benny und seine Freundin Nina, Kay und Carola setzen sich ganz selbstverständlich dazu, rundherum um den Tisch. Niemand spricht. Sie schauen zum Fernseher hin. Da läuft gerade die schnulzige Serie »Eine amerikanische Familie«.

Ich bin erleichtert, daß sich Niki ein wenig beruhigt hat. Doch wenn ich zu ihm hinschaue, fängt er wieder an zu weinen. Und als die Sendung zu Ende ist, sagt Kay, daß seine Schwester Mascha noch immer heulend im Bett liegt.

Ich hole einen Zettel und schreibe darauf: »Liebe Mascha! Wir finden: Du bist nicht schuld daran.« Ich lese es den Kindern vor und frage sie, wer das unterschreiben will. Niki unterschreibt als erster, dann Nina, Kay, Carola und ich. Nur Benny verweigert seine Zustimmung. Er meint, er könne die Schuldfrage nicht beurteilen, weil er, als der »Mord« geschah, gerade nicht im Garten war.

Kay geht mit der Erklärung plus Unterschriftenliste nach unten zu seiner Schwester. Als er zu uns zurückkehrt, sagt er, daß Mascha gelächelt hat und aufgestanden ist.

Nina hat inzwischen die Käsetorte, die sie mit Niki zusammen nach der Schule gebacken hat, aus der Küche geholt. Niki zerschneidet den Kuchen mit dem Brotmesser und verteilt die Tortenstücke auf die Teller, zwei für jedes Kind und für mich. Ich bringe den Saft und die Gläser. Draußen ist es ganz dunkel geworden. Ich schaue durch die Eßzimmertür hinaus auf den Balkon, auf dem nicht einmal mehr der Kaninchenstall zu erkennen ist. Aber Mascha kommt nicht.

Da sitzen die Kinder beim Totenmahl und verzehren den Käsekuchen, schweigend. Mittendrin Niki in seiner Bettdecke, mit einem unbeschreiblichen Gesichtsausdruck, seltsam gelöst, zufrieden, aufgehoben. Er löffelt genüßlich den Kuchen in sich hinein wie die anderen. Über sein verweintes Gesicht, die Augen und der Mund noch größer als sonst, rinnen noch immer die Tränen ab und zu. Doch fast glücklich sieht er aus zwischen diesen

Kindern, die das Unglück miterlebten, die sich um sein Zwirli kümmerten und die seinen Schmerz teilten.

Da bin ich in mein Zimmer gegangen und habe gedacht, daß Benny und ich an diesem Nachmittag eigentlich ins Kino gehen wollten. Aber weil das Wetter so schön war, hatten wir es gelassen. Ich habe mich an die Schreibmaschine gesetzt und ein bißchen an meinem Manuskript gearbeitet, bis Niki, Nina und Kay zu mir gekommen sind. Niki hat sich auf meinen Schoß gesetzt und eingekuschelt, und Kay und Nina haben alle Geschichten über den Tod geliebter Tiere erzählt, die sie jemals erlebt und gelesen hatten. Das waren eine Menge Geschichten, und Niki hat still zugehört. Zwischendurch hat es noch immer in ihm geweint.

Nina ist die Nacht bei ihm geblieben. Bis spät abends sind die beiden immer wieder in mein Zimmer gekommen, wenn der Schmerz in Niki allzu heftig zurückkehrte. Dann haben wir eine Weile zusammen gesprochen, Niki auf meinem Schoß, das tränenfeuchte Gesicht an mich gedrückt, Nina gegenüber auf dem Sessel. Und bevor sie endlich in dem großen Hochbett nebeneinander eingeschlafen sind, wollte Niki noch, daß ich ihn wecke, falls sein Vater Peter anruft.

Und dann, drei Tage später, hat das schwarze Kaninchen Enguwuk Junge bekommen. Wir haben es nicht gleich gemerkt. Enguwuk machte einen verwirrten Eindruck. Das Kaninchen baute ein Nest und zerstörte es wieder, ein paarmal. Niki war davon überzeugt, daß es unter dem plötzlichen Verlust des Gefährten schwer litt, und er streichelte es oft. Er tat viel Heu und Futter in den Stall. Es war Mitte April und wieder kalt geworden.

Und mit einmal hat er entdeckt, daß es sich im Nest bewegte. Er hat gleich Nina angerufen und ist heruntergerannt zu Kay. Nacheinander haben alle Kinder mit Niki vor dem Stall gehockt und ausdauernd jedes kleinste Lebenszeichen beobachtet. Doch zu Ostern, da waren die zwei nackten Jungen tot.

Wir haben sie im Park begraben, neben dem Grab von Zwirli. Niki hat sehr geweint, doch sein großer Schmerz ist nicht wiedergekommen.

Im Sommer, während der Ferien, haben wir Enguwuk aufs Land gebracht, zu jenen Kaninchen, von denen es abstammt. Nina hatte sich fest vorgenommen, Niki nach den Ferien ein süßes weißes Zwergkaninchen zu schenken, das sie in der Tierhandlung um die Ecke entdeckt hatte. Sie wollte es von ihrem Taschengeld kaufen, es sollte eine Überraschung sein. Es war gar nicht leicht, ihr dieses Vorhaben auszureden. Denn wir waren sicher, daß Nikis schwarzes Kaninchen nach dem Aufenthalt bei seinen »Verwandten« wieder Junge bekommen würde.

Und so war es. Wieder hat Enguwuk ein Nest gebaut und es dieses Mal nicht zerstört. Wir haben gesehen, wie es sich im Heu bewegte. Und eines Tages ist Niki in mein Zimmer gestürzt und hat mich aufgeregt zum Stall gezogen. Er hat mir die klitzekleinen Stückchen schwarzweißes Fell zwischen all dem Heu gezeigt, die sich munter regten. Da wußten wir, daß die Jungen nicht mehr nackt waren, daß sie überleben würden. Wir tippten auf zwei, später entdeckten wir drei, dann vier, schließlich fünf.

Sie sind herangewachsen, die fünf Kleinen von Nikis Zwergkaninchen Enguwuk. Wir haben für sie auf dem Balkon einen zweiten Stall gebaut. Aber die Trauer über sein Zwirli hat Niki nicht vergessen. Über die Geschichte dieses Unglücks mag er bis heute nicht sprechen. Der Schmerz war so tief, daß eine kleine Wunde geblieben ist.

Christine Haidegger

Seit Papa weg ist

Im Frühling schreibe ich Gedichte,
die sind ganz hellgrün
und buttergelb.
Ich glaube nie an die Geschichte,
daß oft im März noch Schnee fällt.

Im Sommer
denk ich hellblau,
Himmel, Wasser,
und spiel mich durch die Ferien.
Bei jedem Wetter
hab ich für mich Zeit.

Im Herbst
besuch ich Oma auf dem Lande,
es riecht nach Äpfeln, Heu und Most.
Im Herd brennt echtes Feuer,
wenn sie Kuchen backt.

Im Winter hab ich meine Freunde
im Hinterhof und vor dem Haus,
und fernsehn darf ich dann auch länger.
Vielleicht
kommt Papa ja zu Weihnachten
nach Haus.

Josef Guggenmos

Krähen

Auf dem Acker
im Wackelgang
gehen zehn Krähen.
Das tun sie schon lang.

Sie könnten fliegen,
sie gehn aber lieber
und bücken sich dabei
hin und wieder.

Leckere Würmer
schnappen sie sich.
»Pfui, Würmer!« rufst du
und schüttelst dich.

Stell dir aber vor,
es ist ja nicht schwer,
es wären elf Krähen:
es wär eine mehr!

Und *du* wärst die elfte –
was tätest du?
Sähst du einen Wurm,
du picktest auch zu!

Günter Eich
Inventur

Dies ist meine Mütze,
dies ist mein Mantel,
hier mein Rasierzeug
im Beutel aus Leinen.

Konservenbüchse:
Mein Teller, mein Becher,
ich hab in das Weißblech
den Namen geritzt.

Geritzt hier mit diesem
kostbaren Nagel,
den vor begehrlichen
Augen ich berge.

Im Brotbeutel sind
ein Paar wollene Socken
und einiges, was ich
niemand verrate,

so dient es als Kissen
nachts meinem Kopf.
Die Pappe hier liegt
zwischen mir und der Erde.

Die Bleistiftmine
lieb ich am meisten:
Tags schreibt sie mir Verse,
die nachts ich erdacht.

Dies ist mein Notizbuch,
dies meine Zeltbahn,
dies ist mein Handtuch,
dies ist mein Zwirn.

Nachbemerkung: Der diesen Begleittext schrieb, stand am 21. Januar 1947 mit einem Persilkarton unterm Arm und sonst nichts vor dem Münchener Hauptbahnhof, nachdem er in Dachau aus der Kriegsgefangenschaft entlassen worden war.

Ferdinand Müller
Zum Gedicht »Inventur«

Das Gedicht wurde geschrieben, als die Großeltern der heutigen Kinder noch selber Kinder oder junge Leute waren. Der Krieg war zu Ende, und nun kehrten die Männer heim aus den Stacheldrahtkäfigen der Gefangenenlager in Texas und Cornwall, aus den Kohlegruben Nordfrankreichs und den Holzfällerlagern Sibiriens. Sie sollten die Welt erobern, und dann war alles in Scherben gefallen, und jetzt standen sie auf den Bahnhofsvorplätzen und rieben sich die Augen: Trümmer ringsum, ausgeglühte Hausskelette, die Straßen unter Backsteingeröll vergraben, Wohnungen in Kellerlöchern. Und dann das Schlangestehen für Lebensmittelmarken und Zuzugsgenehmigungen, für den halben Liter Magermilch und die 125 Gramm feuchtes Brot. Und Schwarzhändler hinter den Mauern: die Ami-Zigarette für fünf Mark, Weizenmehl für den Goldring, Butter für ein Ritterkreuz. Im Laden an der Ecke – kein Schaufenster mehr, aber ein Guckloch in der Bretterwand – verkauften sie Kochtöpfe aus Stahlhelmen, Kannen aus Gasmaskenbehältern, Aschenbecher aus Granaten.

Und da hockt einer von denen, die davongekommen sind, und mustert seinen Besitz. Das also ist sein Inventar: Mütze und Mantel und Socken, Rasierzeug, die Konservenbüchse als Vielzweckbehälter, der Nagel und – sein Name! Die Pappe als Matratze, die Zeltbahn als Zudecke und das, was nicht verraten wird: ein Foto? ein Brief? ein Granatsplitter von damals, ein Beutelchen Erde? Schließlich, ganz wichtig, die Bleistiftmine. Die hält fest, was nicht vergessen werden darf, die schreibt Gedichte wie dieses.

Aber dann – tüchtig waren sie ja, seine Landsleute, und ungeheuer fleißig – war doch alles so schnell vergessen. In wenigen Jahren baute man die Häuser wieder auf, auch Fabriken, Kaufhäuser, Kasernen. Bald gab es wieder Autos, Kühlschränke, Waschmaschinen. Zu essen gab es in Hülle und Fülle, reisen durfte man wieder. Das Radio lief und bald auch der Fernseher. Alles war wieder in Butter. Wirklich?

Begleitet und beobachtet von Ulf Carow

Siegbald fuhr ans Meer,
das war ihm zu leer.

Dann ging er in den Wald,
dort war es ihm zu kalt.

Dann ging er auf 'n Berg,
da schoß auf ihn ein Zwerg.

Wolfgang Fischbach
Ein Mann

Ein harter Mann
der alles kann
weiß was er will
will was er sieht
sieht was er hat
hat nie genug
und niemals Zeit
für 'n bißchen Schmuserei
zu zweit
denkt nur an sich
ist stets allein
das arme Schwein.

›Trost‹ Egbert Herfurth

Rainer Hohmann
Großmutter

Als ihre Haut
kühl und weich
ihre Gedanken pfiffig
ihr Geist hellwach
ihre Freude ungebrochen
und ihre Liebe zu mir
unendlich war
feierte sie ihren
einundneunzigsten Geburtstag
Sechs Wochen später starb sie –
und hinterließ mir
ein Stopfei
und einen hölzernen Quirl
den hatte Großvater
siebzig Jahre zuvor
aus einem Fichtenstämmchen
geschnitzt
Beides halte ich täglich
in meinen Händen

Heinz Kahlau
Valentina

Als Topf und Bett und Tisch erfunden war
und als das Feuer unter Dächern rauchte,
als alles da war, was der Herdkreis brauchte,
da banden wir sie fest am eignen Haar
und haben sie ans Eigentum gebunden
und an den Herd, der ihre Schöpfung war.

Für uns die Welt vom Himmel bis zum Meer
und alles, was uns kühn und hungrig machte,
und alles, was da wuchs, erfand und dachte,
war unser Werk und kam vom Manne her.
Was wir dann noch in unsren Frauen fanden,
das waren wir. Für uns hieß Geist nur: Er.

In diesen Tagen brach der Herdkreis auf,
wie eine harte reife Distelblüte,
und eine arme, allzuoft bemühte
und dumme Lüge endete den Lauf.

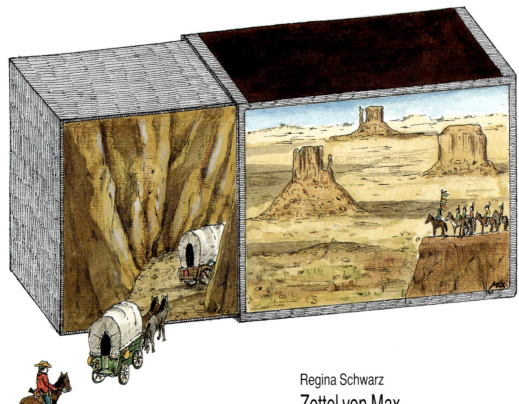

Roswitha Fröhlich
Dort, wo die Welt aufhört

Dort, wo die Welt aufhört,
am Horizont,
habe ich die Sonne ins Wasser fallen sehen.
Von einer Sekunde zur anderen
sank sie hinter der glatten Meeresscheibe
ins Nichts.
Wenn ich nicht wüßte,
daß die Erde rund ist,
würde ich denken,
die Sonne sei für immer versunken.
Aber Gott sei Dank habe ich ja gelernt,
nicht nur meinen Augen zu trauen.

Regina Schwarz
Zettel von Max

Weil Max schreiben kann, drum
liegen überall kleine Zettel rum.
Auf denen steht:
Was ist 11 umgedreht?
Oder:
Gehn wir heute in den Zoo?
Oder:
Achtung! Krokodil im Klo.
Oder:
Wer hat meine Hundeleine?
Oder:
Ich spiel: ›Dreizehn freche Schweine!‹
Oder:
Bin bis sechs Uhr auf dem Hof.
Oder:
Anne ist heut richtig doof.
Oder:
Brauchte dringend Papas Hut.
Oder:
Schreiben können find ich gut.

Gudrun Pausewang
Werbung

Nimm PERSIL bei Naselaufen!
Katzen würden PAMPER's kaufen.
Mein PAL? *Dein* PAL? – Na, na, na:
PAL ist für uns alle da!

Köstlich: BAC und DENTABELLA,
zubereitet mit SANELLA!
Und bei Arbeit, Sport und Spiel,
was macht da mobil? – Nur PRIL!

Bist verkalkt du, nimm CALGON,
doch vielleicht hilft DUPLO schon.
ATA-Reisen: Schnell! Die Buchung!
KNORR – die zarteste Versuchung...

MEISTER PROPER, Gott sei Dank,
packt dir SCHAUMA in den Tank.
Und DOMESTOS mit Aroma
gibt der Zahnarzt seiner Oma.

Koche nur mit KUKIDENT!
Und wenn's dir im Magen brennt:
AJAX, ESSO, KITEKAT –
Ja, da weiß man, was man hat!

Josef Guggenmos
Ohne uns

Wir alle beide,
ich und du,
hielten uns die Ohren zu,
damals:
beim Urknall!
Weißt du noch?

Weißt du es aber doch
nicht mehr,
kommt das – vielleicht –
daher,
daß wir noch nicht anwesend waren.
Damals,
vor Milliarden Jahren.

Ach, seither
durfte noch manches geschehn
– ohne uns beide.
Kannst du das verstehn?

Bilder von Milan Marsalek

Erwin Grosche
Die Suppengeschichte oder Schmalhans wird Küchenmeister

Am Montag wird der Bohneneintopf mit Möhren verlängert
am Dienstag wird der Möhreneintopf mit Chicoree verlängert
am Mittwoch wird der Chicore-Eintopf mit Linsen verlängert
am Donnerstag wird der Linseneintopf mit Weißkohl verlängert
am Freitag wird der Weißkohleintopf mit Graupen verlängert
am Samstag wird der Graupeneintopf mit Bohnen verlängert
am Sonntag bleibt die Küche kalt, da fahren wir zu Oma
»Halt«, ruft Schmalhans, Schmalhans ist unser Küchenmeister,
»es ist noch Suppe da.«

Am Montag wird der Bohneneintopf mit Möhren verlängert
am Dienstag wird der Möhreneintopf mit Chicoree verlängert
am Mittwoch wird der Chicore-Eintopf mit Linsen verlängert
am Donnerstag wird der Linseneintopf mit Weißkohl verlängert
am Freitag wird der Weißkohleintopf mit Graupen verlängert
am Samstag wird der Graupeneintopf mit Bohnen verlängert
am Sonntag bleibt die Küche kalt, da fahren wir zu Oma
»Halt«, ruft Schmalhans, Schmalhans ist unser Küchenmeister,
»es ist noch Suppe da.«

Verena Ballhaus

Eine schöne Gutenachtgeschichte
Von Christoph Eschweiler

Wer's wagt...

... gewinnt.

ganz bestimmt!

Karin Gündisch
Stefan

Stefan sitzt in der Bank neben Melanie. Alle andern Jungen sitzen neben Jungen. Nur Stefan sitzt neben einem Mädchen. Er sitzt gern neben Melanie.

Die Jungen hänseln Stefan und Melanie. Auch die Mädchen hänseln sie. Sie sagen: Stefan ist verliebt in Melanie! Oder: Melanie ist verliebt in Stefan.

Stefan wird rot, und auch Melanie wird rot.

Sie getrauen sich gar nicht mehr miteinander zu sprechen. Am liebsten möchte Stefan nicht mehr neben Melanie sitzen, obwohl er sie mag. Von wo wissen die, daß ich in Melanie verliebt bin, denkt Stefan. Er selbst weiß nicht, ob er verliebt ist. Er weiß überhaupt nicht, wie Verliebtsein ist.

Er fragt seine Mutter: Wie ist das, wenn man verliebt ist?

Es kribbelt im Bauch und rumort in der Herzgegend herum, sagt sie.

Mich sticht es in die Seite, sagt Stefan.

Das kommt nicht von der Liebe, das kommt vom Fußballspielen, sagt die Mutter.

Diese Blödmänner, denkt Stefan, ich bin doch gar nicht verliebt in Melanie! Ich mag sie! Und fertig!

Harald Braem
Computer-Lied

Du mein allerliebster guter
Personal-Computer:
siehst so klug aus, bist so schnell,
und dein Bildschirm leuchtet hell,
summst so friedlich,
druckst so niedlich
mir dein ganzes Wissen aus –
bist der Größte hier im Haus!
Du mein allerliebster guter
Personal-Computer:
bist so freundlich, leicht zu tasten,
hast so furchtbar viel im Kasten.
Immer hast du für mich Zeit,
drum verzeihe meine Ehrlichkeit:
Eines macht mir noch Verdruß –
daß ich selber denken muß...

Schmetterling, gezeichnet (1758) von Maria Sibylla Merian (einfarbige Wiedergabe)

Jürg Schubiger
Herbstgedicht

Ich schreibe dir ein Herbstgedicht
von überreifen Birnen.
Um Äpfel, Zwetschgen geht es nicht:
Dies ist ein reines Birngedicht,
so tief im Laub und gelb im Licht,
so schwer, daß hier die Zeile *bricht.*

Wolf Harranth

Aus Dr. Sprücheklopfers Raritätensammlung:

Wo kein Wille ist, ist auch ein Umweg.

Vorgesetzte brauchen Zurückgesetzte.

Unverfroren wie ein Bach im März.

Gesichtspunkte: Sommersprossen.

Morgenstund hat Nacht im Mund.

Ein Weg ist ein Weg, auch wenn man ihn nicht sieht.

Wer an der Quelle sitzt, hat leicht schöpfen.

Leichthin geht's leicht hin: Schwermut macht schwer Mut.

Zwei streiten. Einer hat recht, der andere unrecht? Irrtum. Es können nicht beide zugleich recht haben. Aber unrecht.

Viele Könige verderben den Brei.

»Plötzlich sehe ich deutlich meine Grenzen.«
»Seit wann bist du denn kurzsichtig?«

Freiheit: ein Gefängnis mit einer offenen Tür.

Man kann nirgendwo anstoßen, ohne anzuecken.

Heute ist morgen gestern, gestern war morgen heute –
da soll sich einer noch auskennen.

Norman Junge

Franco Matticchio

Nikolaus Heidelbach

Karin Lodahl
Gehen

Die Sonne ist aufgegangen

Ich gehe durch den Garten

Mutter geht einkaufen

Sie hat einen merkwürdigen Gang

Geh weg!

Er geht meilenweit

Ich gehe nach Hause

Bei dem Krach kann einem ja Hören und Sehen vergehen

Sie geht zu Fuß

Geh weiter!

Unser Auto hat fünf Gänge

Die Tomatensuppe ist der zweite Gang des Menues

Die Uhr ist kaputt gegangen

Sie geht nicht mehr

Uns ist das Mehl ausgegangen

Sie ging ins Wasser

Er geht spazieren

Sie geht ins Museum

Geh zurück!

Danke, es geht mir gut

Großvater ist dahingegangen

Er geht seinen Weg

Geh auf dem Gehsteig!

Sie geht zur Schule

Geh mir aus den Augen!

Die Kerze ist ausgegangen

Sie ging ins Kloster

Er geht ihr aus dem Weg

Er geht auf ihn ein

Es geht wieder bergauf

Der Fuchs ging in die Falle

Ich gehe ins Kino

Geh!

Wir gehen aneinander vorbei

Er geht nach Amerika

Das geht dich nichts an!

Wir gehen in den Zoo

Es geht alles vorüber, es geht alles vorbei...

Er ging an Bord

Nichts geht mehr

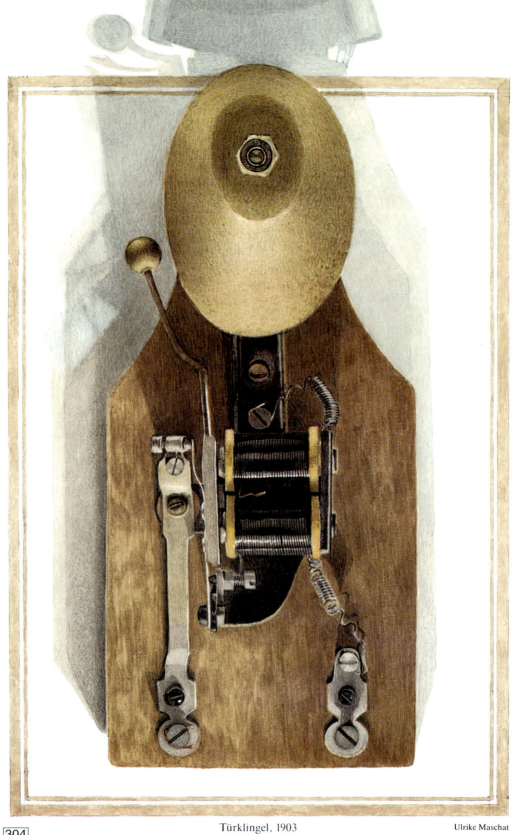

Türklingel, 1903 — Ulrike Maschat

Martin Auer
Pygmalion

Seite 305–308

Gegen Ende der Altzeit, vielleicht im 21. oder 22. Jahrhundert, lebte auf der Erde in einem kleinen Städtchen namens Cyprus, nicht weit von Los Angeles, ein begnadeter junger Computerkünstler. Er konnte alles programmieren, was man sich vorstellen kann. Es schien, als ob er den kalten Rechenmaschinen Leben einhauchte. Seinen ersten Ruhm hatte er mit *Lebenden Dichtungen* erworben, Programmen, die er aus den Formen der Lyrik, des Romans und der Abenteuerspiele der Computerfrühzeit abgeleitet hatte. Es waren Dichtungen, in denen man sozusagen umhergehen konnte, die ausgebreitet waren wie eine Landschaft. Man konnte sie auch von oben überfliegen, wie man ein Gelände aus der Vogelschau betrachtet, oder in sie eindringen wie in Höhlen, oder sich in ihnen verlieren wie in Labyrinthen. Doch sie hatten noch eine Eigenschaft: Sie veränderten sich mit der Zeit. Man konnte gewissermaßen zu einem schon einmal durchstreiften Kapitel zurückkehren, und es war nicht mehr dasselbe, vielleicht nur wenig, kaum merklich verändert, vielleicht auch gänzlich fremd und nicht mehr wiederzuerkennen.

Später schuf er auch Bilder dieser Art, die man nach allen Richtungen, in allen drei Dimensionen durchstreifen konnte und die sich da langsam, dort sprunghaft veränderten, als ob hier etwas wüchse, da etwas verginge, Tode und Geburten stattfänden, Entwicklungen und Deformationen, Stagnation und Katastrophen sie belebten oder erstarren ließen.

Seine feinsten Kreationen freilich konnten nur hochgebildete Kybernetiker genießen; denn deren ästhetischer Reiz lag nicht so sehr an der Benutzeroberfläche des Programms, sondern vielmehr in den logischen Tiefen des Algorithmus selbst. Es waren logische Kompositionen, tiefgründiger als Bachsche Fugen, und – so seltsam es klingen mag – Kenner konnten bei der Lektüre der Listings* in Tränen ausbrechen.

Er stellte auch eigenwillig geformte bewegte Figuren her, die auf seltsame Weise auf die Gesten, die Körperwärme und die Hautfeuchtigkeit der Betrachter reagierten und so gewissermaßen in eine direkte Kommunikation mit dem Unterbewußtsein der Betrachter traten, was einen fremden, magischen Zauber ausübte.

Der junge Mann, schon längst berühmt, war immer noch einsam. Von seinem Fachgebiet verstand praktisch niemand soviel wie er, mit wem also hätte er darüber sprechen sollen? Und über andere Dinge wußte er kaum etwas. Die Frauen waren für ihn sehr seltsame, fremde Wesen, nach denen er sich zwar sehnte, doch die ihm auch Scheu, fast Angst einflößten.

So begann er eines Tages, fast ohne sich darüber im klaren zu sein, was er da tat, das Programm eines künstlichen Menschen zu entwerfen, eines weiblichen Menschen. Er verbarg, was er wirklich vorhatte, vor sich selbst, indem er sich einredete, er arbeite an einer Charakterstudie für eine neue Lebende Dichtung. Doch er verbiß sich in sein Projekt, feilte und bosselte daran fast zwei Jahre, und dann bestellte er bei einer Firma, die lebensechte elektronisch steuerbare Puppen für sehr – nun, sagen wir, banale Zwecke herstellte, das Spitzenmodell und begann, ihr sein Programm einzubauen.

---

* »Listing« nennt man die Niederschrift eines Computerprogramms, die Abfolge der einzelnen Programmschritte, ausgedrückt in der jeweiligen Programmsprache.

Das Ergebnis war verblüffend. Ihre Bewegungen waren von einer jungmädchenhaften Anmut, wie er sie für die Frau seiner Träume immer gewünscht hatte. Ihre Stimme war glockenrein, ihr Gesichtsausdruck und Mienenspiel frisch und lebendig. Sie war himmelweit entfernt von den steifen Menschenimitationen, die bisher von der elektronischen Unterhaltungsindustrie produziert worden waren. Ihre Konversation ließ freilich noch zu wünschen übrig, doch er hatte ihr ein selbstlernendes Programm gegeben, und mit Begeisterung lehrte er sie alles, was er wußte.

Und bald wurde es ihm klar: Er hatte sich in sie verliebt. Nicht lange, und sie war so weit, daß er sich mit ihr in der Öffentlichkeit zeigen konnte. Kein Mensch kam auf die Idee, in ihr eine Maschine zu vermuten, und selbst Männer, die mit Produkten der besagten Firma schon zu tun gehabt hatten, hätten auf Grund ihrer Lebhaftigkeit und Natürlichkeit kaum eine Ähnlichkeit mit dem bekannten Spitzenmodell gefunden. Höchstens hätte einer vermuten können, hier das lebende Vorbild vor sich zu haben, das für die elektronische Puppe Modell gestanden hatte.

Freilich war sein Bedürfnis nach Gesellschaft anderer Leute nun noch geringer geworden. Praktisch lebte er nur mit seiner Geliebten, der er, einer unbestimmten Erinnerung an etwas Gelesenes folgend, den eigenwilligen Namen Olympia gegeben hatte. Er brauchte niemand anderen mehr; denn er hatte sich die ideale Gefährtin geschaffen. So ideal sogar, daß er, wenn er einen Mangel fand, sie gewissermaßen auseinandernehmen und noch verbessern, noch genauer seinen Wünschen anpassen konnte.

Oft und oft saß er nächtelang am Computer und arbeitete neue Eigenschaften, neue Charakterzüge für sie aus, verlieh ihr immer weitergehende Fähigkeiten. Und doch, nach einem Jahr oder zweien, begann seine Liebe nachzulassen. Er fragte sich, woran das liegen mochte und was er vielleicht an seiner Olympia noch verbessern sollte. Doch irgendwie fehlte ihm auch die Lust dazu. – Was sollte er noch an ihr verbessern? Sie entsprach perfekt all seinen Bedürfnissen. Vielleicht zu perfekt. Ja, das könnte es sein, dachte er, sie war ein perfektes Spiegelbild seiner Wünsche und erfüllte sie zuverlässig. Sie forderte ihn nicht, er mußte sie nie umwerben, ihr niemals schmeicheln, sie niemals trösten, über nichts hinwegsehen.

So begann er ihr – vorsichtig und mit Maßen – auch negative Eigenschaften einzupflanzen, ein wenig Eitelkeit etwa, eine gewisse Neigung, seine eigenen negativen Eigenschaften zu bespötteln, und ein kleines Talent für extravagante Wünsche.

Das gab seiner Beziehung zu Olympia für einige Zeit wieder eine gewisse Würze. Als ihm das nicht mehr genügte, verlieh er ihr sogar die Fähigkeit zu trotzen und ihm ihre Zärtlichkeiten zu verweigern. Doch schließlich wurde ihm klar, welcher Selbsttäuschung er erlegen war. Sie weigerte sich zwar nun öfters, ihm seine Wünsche zu erfüllen – doch auf seinen Wunsch. Noch immer hatte er ein Spiegelbild seiner Wünsche vor sich, ein noch perfekteres sogar als zuvor.

Und langsam, langsam dämmerte ihm ein noch tieferer Grund seiner Unzufriedenheit. Er hatte ein Kunstwerk geschaffen, o ja, ein Kunstwerk, weit über alles bisher Vorstellbare hinaus. Doch mochten andere sie auch für lebendig halten, ihm war im Grunde klar, daß sie eine Maschine war. Er konnte nicht vergessen, daß er ihren Charakter geschaffen hatte, jede ihrer Eigenschaften hatte er auf dem Reißbrett entworfen. Theoretisch hätte er jede ihrer Reaktionen mit Bleistift und Papier vorherberechnen können, jedenfalls, wenn

306

er mit Bleistift und Papier so schnell hätte rechnen können. Die Gedanken, die sie aussprach, waren letztlich seine Gedanken. Die Gefühlsregungen, die sie zeigte, waren seine Schöpfung. Und wenn sie eines Tages überraschend erklärte, sie wolle keinen Kaffee mehr zum Frühstück, so wußte er, daß es der Zufallsgenerator war, der diese unvorhersehbare Verhaltensänderung herbeigeführt hatte.

Er hatte die Zauberbrille der Selbstsuggestion verloren. Wenn er sie ansah, dann sah er gewissermaßen durch sie durch, er kannte ja jedes Chip in ihr, jede Verdrahtung, jede Lötstelle. Er wußte die langen, langen Listen von Daten, die ihren Charakter ausmachten, die Kreuz- und Querverzweigungen ihres Gefühlslebens, die er selber angelegt hatte, alles wußte er auswendig.

Noch einmal setzte er sich hin und arbeitete ein Programm aus, das ihr die Möglichkeit gab, sich zu entwickeln. Nach dem Vorbild selbstlernender Schachprogramme baute er sie so um, daß ihre Erfahrungen und die Schlüsse, die sie daraus zog, ihr Programm veränderten, so daß sie bis zu einem gewissen Grad sich selbst programmierte. Eine Zeitlang faszinierte es ihn, diese Entwicklung zu verfolgen. Er liebte sie wieder, vielleicht nicht mehr so sehr wie ein Liebhaber, eher wie ein Vater, der das Heranreifen seines Kindes verfolgt. Doch bald fiel die Zauberbrille ein weiteres Mal von ihm ab. Er erkannte, daß sie zwar nun Eigenschaften aufwies, die er nicht geplant hatte, daß ihre Entwicklung einen Weg genommen hatte, den er nicht vorausgesehen hatte. Doch er war es, der die Regeln festgelegt hatte, nach denen diese Entwicklung verlaufen war. Und wenn auch das Ergebnis (wegen der eingebauten Zufallsgeneratoren) theoretisch nicht vorhersehbar gewesen war, so konnte doch nun, im nachhinein, genau festgestellt

werden, warum die Entwicklung so und nicht anders verlaufen war. Und noch immer war Olympia sein Produkt, ein Spiegelbild seiner selbst. Er liebte sie, aber so, wie ein Dramatiker eine Figur aus seinen Dramen lieben kann: als einen Traum, als eine Entäußerung seiner selbst. Aber niemals konnte sie ihm ein Mensch, ein Partner, ein lebender Gegenpol sein.

Seine Liebe verwandelte sich in Abscheu, der Abscheu in Ekel. »Sei doch du selber!« brüllte er sie eines Morgens an, als er neben ihr erwachte.

»Was wirst du noch alles von mir wollen?« sagte sie traurig. »Mein Wesen ist: *dein* Geschöpf zu sein. Du willst, ich soll ich selber sein, also nicht dein Geschöpf. Dann soll ich also, um endlich ich selber zu werden, nicht mehr ich selber sein?«

»Verschon mich mit deiner Logik!« knurrte er und wußte genau, daß es seine eigene Logik war, die aus ihr sprach.

Nach dem Frühstück ging sie, um Einkäufe zu machen. Dann rief sie an: »Ich liebe dich nicht mehr. Ich gehe zu einem andern.«

Erst war er erleichtert. Später doch leicht enttäuscht über ihre schnelle Untreue. Bald fühlte er mit Erstaunen Eifersucht. Dann merkte er seine Vereinsamung. Und dann wurde er rasend unglücklich.

Tagelang lief er in seiner Wohnung im Kreis, hielt anklagende Reden, brach laut weinend zusammen, trank nach und nach alle Flaschen leer, die er in seiner Wohnung finden konnte, und schließlich ertrug er es nicht mehr und begann, Nachforschungen anzustellen, wohin sie gegangen war.

Es war nicht schwer herauszufinden. Sie war zu Dave Goldstein gegangen, einem eher altmodischen Maler zweidimensionaler Bilder, den sie kennengelernt hatte, als ihr Schöpfer mit ihr noch auf Parties ging, um ihre Tauglichkeit für die Öffentlichkeit zu testen.

Tagelang umschlich er Daves Haus. Eines Abends sah er die beiden heimkommen. Arm in Arm, vielleicht leicht beschwipst, vielleicht einfach trunken von ihrer jungen Verliebtheit. Er brach zusammen.

Am nächsten Morgen wartete er ab, ob sie aus dem Haus ging, und als er sie weggehen sah, stürmte er hinein, drückte wie rasend auf die Klingel, und als Dave öffnete, ging er an ihm vorbei, drehte sich um und sagte zu Dave mit vernichtender Kälte: »Ich muß dir etwas sagen: Du liebst einen Roboter, einen Automaten. Olympia ist von mir programmiert.« Mit Triumph in den Augen wartete er auf Daves Erschrekken.

»Ich habe es mir gedacht«, sagte Dave und lächelte leise. »Sie ist wundervoll. Sie ist ganz anders als du, und doch hat sie mich sofort an dich erinnert. Vielleicht, weil ihr zusammenpaßt, wie Schlüssel und Schloß. Du hast sie für dich programmiert, nicht wahr?«

Der Künstler nickte stumm. Und dann erzählte er weinend alles.

Der Maler hörte ihm zu und sagte dann: »Sie sagte mir, daß sie an dem Morgen geboren wurde, als sie zu mir kam. Was vorher war, weiß sie, weil sie es als Information in ihrem Gedächtnis gespeichert vorfindet. Aber sie hat vorher nichts erlebt. Sie war ein Automat und ist lebendig geworden. Als du von ihr verlangtest, sie solle aufhören, sie selber zu sein, um sie selber zu werden, ist irgend etwas total Verrücktes in ihren Schaltkreisen vor sich gegangen, eine Verschachtelung, ein unendliches Sich-in-sich-selber-Spiegeln und gleichzeitiges Sich-selber-ständig-Negieren, so daß sie sich ihrer selbst bewußt geworden ist. Das Paradoxon hat sie lebendig gemacht. Für mich jedenfalls. Aber für dich ist sie, fürchte ich, verloren.«

Der Künstler ging traurig davon.

Olympia soll noch lange existiert und mit vielen Männern gelebt haben, die ihr, weil sie Menschen aus Fleisch waren, alle wegstarben. Ob sie wirklich lebendig war, traute sich keiner zu sagen. Eines Tages soll sie, so sagt man, freiwillig ihre Stromzufuhr abgeschaltet haben.

Der junge Künstler meldete sich zu einer einsamen Raummission, von der er nicht lebend wiederkam. Sein Name war seltsamerweise – er war griechischer Abstammung – Theodore S. Pygmalion*.

Ulf Carow

* Pygmalion, *so heißt in der griech. Sagenwelt ein Bildhauer, der in Liebe zu einer von ihm gefertigten (idealisierten) Frauenstatue aus Elfenbein verfällt.*

Julius Becke
Mirjam

Seite 309–311

Im Frühling vor einem Jahr ist es soweit gewesen: Sie konnten umziehen in das Haus vor der Stadt. Am Montag früh ist der Möbelwagen gekommen, und Anna durfte mithelfen beim Einladen.

Am Sonntag vorher haben sie noch den Keller ausgeräumt, und Anna hat einen Pappkarton gesehen, der mit Bindfaden zugeschnürt war. Die Erwachsenen haben gar nicht gemerkt, wie Anna den Faden aufgeknotet hat. Sie hat richtig ein bißchen gezittert, weil sie so neugierig war und gewußt hat, daß da ein Geheimnis drin war. Auf dem Karton hat nämlich mit schwarzer Schrift gestanden: *Mirjam*. Wie sie allein war im Keller, hat sie den Deckel vom Karton abgehoben und hat gesehen, daß da eine Puppe auf Holzwolle gelegen hat, mit langen schwarzen Haaren. Die Augen hat die Puppe zugehabt. Es war aber keine Zeit auszuprobieren, ob die Augen auch aufgehen können, weil die Mutter gleich kommen konnte. Anna hat schnell den Faden wieder um den Karton gemacht und hat ihn zum Möbelwagen gebracht. Ein Mann hat ihr den Karton abgenommen und hat ihn zwischen die vielen anderen Sachen gesteckt, wo noch Platz war.

Im Sommer sind sie in dem neuen Haus vor der Stadt ganz eingerichtet gewesen. Alle Sachen haben einen Platz bekommen, und Anna hat es fertiggebracht, daß sie den Karton unter ihr Bett hat schmuggeln können, ohne daß es einer gemerkt hat. Vater und Mutter sind jetzt oft draußen gewesen vor dem Haus, haben gehackt und umgegraben und gesät, damit es ein Garten wird.

Anna hat jetzt oft die Puppe aus dem Karton herausgenommen. Sie hat ihr die langen schwarzen Haare gekämmt mit einer kleinen Bürste, und die Augen sind aufgegangen, wenn sie die Puppe auf ihrem Schoß hatte. Die Puppe ist ganz nackt gewesen unter dem Mantel, und Anna hat überlegt, ob sie der Mutter doch einfach sagt, daß sie die Puppe aus dem Karton genommen hat und daß sie die Puppe mag und daß die Puppe ein Kleid braucht unter dem Mantel. Aber sie hat nicht gewagt, der Mutter was zu sagen, weil sie die Puppe einfach genommen hat und weil auch die Mutter nie etwas gesagt hat von Mirjam.

Eines Abends hat die Mutter ihr vor dem Schlafengehen vom Aschenputtel vorgelesen, und Anna hat gedacht, daß die Mirjam was vom Aschenputtel hat, wenn sie ihre anderen Puppen dagegenhält, besonders die Puppen von der Omi. Die sehen so reich aus mit ihren blonden Haaren und den langen, glitzernden Kleidern. Eine hat sogar goldene Schuhe.

Und Mirjams Mantel war eigentlich kein Mantel, sondern ein grauer Kittel, so einer wie der, den Aschenputtel angehabt hat, wenn sie in der Asche lag neben dem Herd.

Wie die Mutter aufgehört hat zu lesen und gesagt hat, daß nun geschlafen werden muß, da hat Anna Mut gefaßt und hat gesagt: »Mammi, Aschenputtel liegt unter meinem Bett!« Und Anna ist aus dem Bett gesprungen und hat den Karton hervorgeholt, hat den Deckel heruntergenommen, und die Mutter hat Mirjam gesehen, mit den langen schwarzen Haaren und dem grauen Kittel.

Die Anna hat Angst gehabt, daß die Mutter schimpft. Aber die hat keinen Ton herausgebracht. Sie ist verstummt gewesen. Nach einer Weile ist sie aufgestanden und hat gesagt, daß sie vielleicht morgen etwas von Mirjam erzählt, und die Anna hat das erste Mal Mirjam nicht verstecken müssen, sondern hat sie neben sich gehabt auf dem weichen, weißen Daunenkissen.

Am nächsten Abend hat die Mutter wieder vorgelesen vom Aschenputtel, bis zu der Stelle, wo Aschenputtels böse Schwester sich ein Stück Ferse abhackt, damit sie Königin wird und nicht Aschenputtel. Die Mutter hat schon gehen wollen, aber die Anna hat gesagt, daß die Mutter versprochen hat, was von Mirjam zu erzählen.

Da hat sich die Mutter wieder hingesetzt und hat lange nachgedacht.

»Ich bin damals so alt gewesen wie du, zehn Jahre. Es war Krieg, und es ist überall gesagt worden, daß die Juden dran schuld sind. Im 1. Stock haben die Levys gewohnt. Der Herr Levy hat ein Geschäft gehabt, und die Frau Levy war Gesangslehrerin. So haben die Leute erzählt. Schüler sind schon lange nicht mehr zu der Frau Levy gekommen. Denn niemand durfte mehr zu Juden in die Wohnung gehen. Ich habe sie auch nie singen gehört.

Die Levys hatten ein Kind. Das hat Mirjam geheißen. Ich habe das Mädchen ganz selten gesehen, weil ihre Eltern sie nicht herausgelassen haben auf den Hausflur und den Hof.

Einmal habe ich mit der Oma an der Haltestelle von der Straßenbahn gestanden. Plötzlich habe ich die Mirjam gesehen, wie sie mit ihrer Mutter dahergekommen ist. Mirjams Mutter hatte den Arm so komisch angewinkelt, als wollte sie etwas verstecken. Ich habe schon gedacht, daß die beiden auch mit der Straßenbahn fahren wollten, und Mirjam hat auch schon ein paar Schritte auf uns zu gemacht. Aber da hat ihre Mutter sie an der Hand genommen und mit sich fortgezogen, und nun konnte man sehen, was sie hat verstecken wollen: Auf ihrem Mantel war ein gelber Stern aufgenäht, und quer über dem Stern hat das Wort JUDE gestanden.

Ich habe damals nicht gewußt, daß die Juden nicht mit der Straßenbahn fahren durften, und wenn sie sich auf eine Parkbank gesetzt haben, dann sind sie weggejagt worden, als wären sie Ungeziefer.

Es muß im Winter gewesen sein. Wie immer habe ich meine Haferflockensuppe gegessen, habe mein Schulbrot in den Ranzen getan, habe meiner Mutter, deiner Oma, einen Kuß gegeben zum Abschied, habe die Flurtür aufgemacht und bin die Treppen hinuntergegangen, weil es ein Schultag gewesen ist wie jeder andere.

Wie ich unten im 1. Stock an der Wohnungstür von den Levys vorbeigekommen bin, da habe ich gesehen, daß die Wohnungstür offengestanden hat, und auf der Treppe hat eine Puppe gelegen. Die Puppe hatte schwarzes Haar, die Augen waren zugeklappt, weil sie mit dem Kopf nach unten gelegen hat, und einen grauen Kittel hat sie angehabt, sonst nichts.«

Während die Mutter das gesagt hat, nahm sie die Puppe Mirjam und deckte sie mit Annas Bettdecke schön zu.

»Wo sind sie denn geblieben?« hat Anna nach einer Weile gefragt. »Sind sie weggegangen, die Levys?«

Aber die Mutter hat das Licht ausgemacht und hat gesagt, daß Anna nun schlafen muß.

Ein andermal hat die Anna die Mutter gefragt, warum sie Mirjam, die Puppe, so lange im Karton versteckt gehalten hat. Aber die Mutter hat nichts mehr gesagt.

Die Anna wird größer werden, und eines Tages wird sie nicht mehr mit Puppen spielen wollen. Sie wird Mirjam aus ihrem Bett nehmen und vielleicht auf das Fensterbrett setzen. Und später, wenn ihre Freundinnen zu Besuch sind, wird sie Mirjam vielleicht ganz wegnehmen und in den Karton tun mit der Holzwolle, wo sie schon so viele Jahre gelegen hat. Aber sie wird auch Bücher lesen, in denen geschrieben steht, was mit den Juden damals geworden ist. Und sie wird dann wissen, weshalb die Wohnungstür von den Levys offengestanden hat: Die Mirjam, der Vater und die Mutter, die haben wegsollen von der Welt. Sie sind abgeholt worden. Sie sind in Häuser getrieben worden, in denen war Gas, das alles tötet. Und sie sind in großen Feueröfen verbrannt worden.

Wenn die Bäumchen, welche Annas Eltern vor dem Haus gepflanzt haben, groß geworden sind, so daß sie Schatten werfen können, dann wird die Anna vielleicht ein Kind haben oder zwei. Und vielleicht werden Annas Kinder irgendwann den Karton finden, wo *Mirjam* draufgeschrieben ist. Und vielleicht wird Anna dann ihren Kindern von den Feueröfen erzählen, von den Häusern, in denen das Gas war, von Aschenputtel, wie es in der Asche gelegen hat neben dem Herd.

Foto Sabine Jörg

Wilfrid Grote
Schwarze Blüten

Mutter und Tochter sitzen gemütlich beieinander. Sie flüstern sich gegenseitig ins Ohr, trinken Wein und scheinen sich köstlich zu amüsieren.

Mutter: Ich habe lange nicht so gelacht.
Tochter: Ich auch nicht. Früher gab es für mich sowieso wenig zu lachen. Weißt du noch, wie du mich einmal ins Klo eingesperrt hast und ich mir dabei den großen Zeh gebrochen habe?
Mutter: (*lacht schallend*) Ich hab dich ins Klo eingesperrt?
Tochter: Hast du das vergessen?
Mutter: Und du hast dir den großen Zeh gebrochen?
Tochter: Ja, weil du die Tür so heftig zuschlugst.
Mutter: Und dein kleiner Fuß stand noch in der Tür.
Sie stupst ihre Tochter liebevoll an.
Mutter: Ich kann mich beim besten Willen nicht erinnern.
Tochter: Weißt du noch, wie du mir das Nägelkauen abgewöhnen wolltest?
Mutter: Du hast gern an deinen Fingernägeln herumgekaut.
Tochter: Tagelang hast du meine Hände mit einer Mullbinde so dick und fest umwickelt, daß ich nichts mehr anfassen konnte.
Mutter: Das soll ich gemacht haben?
Tochter: Hast du. Erinnerst du dich nicht?
Mutter: Nein.
Tochter: (*kichert*) Du willst dich nicht erinnern.
Mutter: Ach, das ist schon so lange her.
Tochter: Willst du wissen, wie du es gemacht hast?
Mutter: Erzähl.
Tochter: Ich werde es dir zeigen.

Sie kramt Mullbinden, Klebeband und eine Schere hervor.

Mutter: Hat es genützt?
Tochter: Wie meinst du das?
Mutter: Na ja, hast du mit dem Nägelkauen aufgehört?
Tochter: Nein.

Während die Tochter ihrer Mutter die eine Hand einbindet, trinken beide weiterhin ihren Wein. Noch ist alles ein lustiges Spiel. Als auch die zweite Hand eingebunden wird, muß die Tochter ihrer Mutter das Glas an den Mund führen.

Tochter: Fertig.
Mutter: Lustig.

Tochter: Ich habe dich damals zur Hölle gewünscht.
Mutter: Ärmste. Darauf trinken wir.
Sie stößt ihr Glas um.
Mutter: Nimm die Binden wieder ab. Das ist ja fürchterlich.
Tochter: Versuch es selbst.

Die Mutter müht sich vergeblich ab. Auch mit den Zähnen zerrt sie erfolglos an den Binden.

Mutter: Es geht nicht. Mach du es.
Tochter: Als meine Hände eingeschnürt waren, gab es Augenblicke, da wollte ich nicht mehr leben.
Mutter: Nimm mir die Binden ab.
Tochter: Meine Phantasien haben mich auf einen hohen Turm getrieben, von dem ich mich ohne zu zögern hinunterstürzte.
Mutter: Du sollst mir die Binden abnehmen. Das ist nicht mehr komisch.
Tochter: Es war nie komisch, weißt du, die Blumen auf meinem Grab trugen schwarze Blüten.

Sie geht fort.

Mutter: Bleib. Ich befehle dir zu bleiben.

Sie schreit auf und reißt verzweifelt an den Fesseln.

Hannelies Taschau
Oder: Liebe

Ich putzte Simon die Zähne, wie er es gelernt hatte, nämlich linkshändig und gründlich, ich zog ihm an, was ihm gefiel, ich kämmte ihn nicht, ich half seiner Mutter beim Tischdecken. Ich stritt mit ihr für ihn, ich machte seine Hausaufgaben fehlerlos, ich küßte ihn so, wie er mich geküßt hätte.

Wolf Harranth
Am Anfang, am Ende

Am Anfang schuf Gott Himmel und Erde. Und die Erde war wüst und leer, und es war finster auf der Tiefe; und der Geist Gottes schwebte auf dem Wasser.

Und Gott sprach: Es werde Licht! Und es ward Licht.

Und Gott sah, daß das Licht gut war. Da schied Gott das Licht von der Finsternis.

Dann schied der Mensch das Licht von der Finsternis, im Kern der Atome. Und der Mensch dachte, daß das Licht gut sei.

Und der Mensch drückte auf einen Knopf und sprach: Es werde Licht! Und es ward Licht.

Da zerbarst der Geist Gottes auf dem Wasser und überall.

Und es wurde finster auf der Tiefe; und die Erde wurde wüst und leer.

Am Ende zerstörte der Mensch Himmel und Erde.

Wie lange mag ich hier schon liegen?
Es müssen Jahrmillionen sein.
Ich träume manchmal noch vom Fliegen,
doch meine Federn sind aus Stein.
Frantz Wittkamp

Eberhard Haidegger

Männerleben einst und jetzt

Eßkultur

Emanzipation

Ein Haus bauen
Einen Baum pflanzen
Ein Buch schreiben
Und einen Sohn zeugen
Hieß es früher
Was aber taten nun die Söhne?
Ein Kernkraftwerk bauen
Bäume ausreißen
Bücher verbieten
Damit die Kinder es einmal besser haben.

Die Töchter von Bayer
Hoffmann-La Roche
Ciba-Geigy
und
Sandoz
Sind erwachsen geworden
Sie brauchen   Vater Rhein
               Mutter Erde
               Bruder Baum
nicht mehr

In einem Laubwald stand ein Schneckenhaus, darin wohnten zweiundzwanzig Schnecken. Einundzwanzig Schnecken krochen jeden Morgen heraus. Ein Schneck mußte das Haus hüten.
Er war der älteste Schneck und kroch schon sehr langsam.
Die anderen Schnecken brachten am Abend dem Schneck etwas zu fressen mit. Grüne Blätter und würzige Kräuter, aus denen sich der Schneck einen gemischten Salat mischte. Den Salat fraß der Schneck zum Abendessen. Er freute sich immer schon seit dem Morgen auf den Salat. Nebenbei hütete er das Haus. Ihm gefiel das Freuen. Schnecken freuen sich langsam.

6	
12	LIPPENBEKENNTNIS
22	Die obere Mundhöhle
36	Die untere Mundhöhle
52	Die vordere Mundhöhle
	Die Zähne
60	Die Zunge
62	Der Gaumen
	Nicht zu vergessen
74	Der Speichel
78	Die
	Bei deinem Anblick
	Nicht gerade in Ekstase geraten
	Liebes Postwertzeichen

Die Karotte

Die Karotte heißt Karotte, weil die Karotte nicht zum ausrotten ist. Früher hieß die Karotte Keinrotte.
Weiter nördlich heißt die Karotte auch Möhre, weil sie sich sehr schnell vermöhrt. Das steht schon in der Bibel beschrieben, wo es heißt: Die drei Könige aus dem Möhrenland. Normale Länder haben höchstens einen König.
Bei uns sagt man auch Gelbe Rübe zur Karotte. Einfach weil sie nicht grün ist oder blau. Gelb sind nur sehr blasse Karotten.
Karotten sind gut für die Augen, weil man sie schon von weitem sieht. Manche sagen etwas respektlos Hasenfutter zur Karotte. Aber die Karotte ist geduldig.
Eine Sängerin von Schlagern wurde einst Karottenkopf genannt. Zu recht. Sie hatte künstlich verrottete Haare und konnte das A sehr gut singen.
Karotten enthalten viel Vitamin A.
Es ranken sich viele Legenden um die Karotte. Aber, bei welcher Wurzel ist das nicht so ...

Manchmal war auch eine Überraschung bei den grünen Blättern. Einmal war es ein Stück Zeitungspapier, daran las er tagelang. Schnecken lesen sehr langsam.

Es war ein Schneckenrezept. Der Schneck konnte nicht glauben, daß er eine Delikatesse war. Das Rezept ging ihm nicht aus dem Kopf. Gern hätte er es ausprobiert. Er dachte lange nach. Schnecken denken sehr langsam.

. . . Einmal zu schmecken, wie man selber schmeckt. Einmal anderes als Salat . . .

eh

Wirtshaus zum Ruhetag

Nach der Saison wird unser Familienbetrieb bis zur nächsten Saison zugesperrt. Der Wirt entläßt unsere ganze Familie. Er war der Chef, wir seine Angestellten. So bleibt uns nichts anderes übrig, als stempeln zu gehen. Bis zur nächsten Saison müssen wir mit dem Arbeitslosengeld auskommen. Dann stellt uns die Wirtin, die inzwischen das Wirtshaus übernommen hat, wieder ein.
Der Wirt kann sich nicht selbst entlassen. Er sucht sich eine Saisonarbeit und läßt sich nach der Saison entlassen. Dann bleibt ihm nichts anderes übrig, als stempeln zu gehen und der Wirtin, wo er nur kann, unter die Arme zu greifen . . .

Eberhard Haidegger

Gedankenkreislauf   Wer nicht lachen kann, ist nicht ernst zu nehmen!   ### *Zeitsprung*

Weinpanscher: „Wenn das herauskommt, was da hineinkommt, kommt alles heraus und ich komm hinein."
Weinpanscher drinnen (wo man bekanntlich viel Zeit hat, auch zum Umdenken): „Wenn ich das herausgeb, was da hereingekommen ist, und dem Richter hineingeb, komm ich heraus."
Richter: „Wenn das herauskommt, daß da was hereinkommt, ist meine Karriere aus und ich komm hinein."
Richter drinnen: „Kollegen wollen das sein . . ."

Eberhard Haidegger

☆

Fünf vor zwölf
für den Wald,
für die Luft,
das Wasser,
den Boden,
natürlich auch
für den Frieden.
Ergibt zusammen
fünfundzwanzig Minuten.
Nur keine Panik . . .
. . . ist eh erst halbzwölf.

Grönland ist auch Eis

Fastenzeit

Ich faste, also bin ich,
sagte das Budgetloch zum Schuldenberg.

Hoffentlich, sagte dieser,
kommt niemand auf die Idee,
Dich mit mir zu stopfen.

Das wäre eine Existenzbedrohung
für alle Steuerzahler.

E. H.

Saugen und saugen lassen

Wenn alle Treppen
Saugtreppen wären,
müßte niemand mehr
Treppensaugen

Aus den Fingern gesogen von E. H.

Stau

Der Stau entsteht deswegen,
weil die Hinteren schneller
als die Vorderen fahren.

Fahrrad mit Hilfsmotor   knallert

Geografie

km		
7 50	0	Am
8 23	39	Utre
9 03	97	Arn
9 33	127	Em
10 10	196	Duis
10 24	219	Düs
10 49	259	Köl
11 08	293	Bor
11 41	352	Kob
12 34	443	Mai
13 15	513	Mar

Personenzug
Schnellzug
Blitzzug

persontog
hurtigtog
lyntog

Neueste Landkarten
haben oft den Fehler
daß Eisenbahnlinien
eingezeichnet sind
auf denen
kein Zug mehr fährt
dafür aber
die neuesten Straßen
fehlen

Einführung des Lächelns in Salzburg

Über jenes aggressive Lächeln von Frau Sigune Neureiter, welches mir zu sagen schien: „Trau dich, nimm mich, wähle mich!", möchte ich nichts mehr sagen, weil es ja anscheinend der Vergangenheit, dem Vorvorwahlkampf angehört. Und auch, weil ihr das Lächeln vergangen zu sein scheint, zumindest auf den neuen Plakaten. Hat sie also den Ernst der Lage erfaßt und ist sie vielleicht auf neuen Wegen bereits an einem der Ziele angekommen?
Jetzt lächelt ein anderer. Josef Reschen, flankiert von zwei Junglächlern. Übt das ..., ja was? Übt er das An-, das Aus- oder das Nur-Mut-Lächeln. Nach dem Motto: In Salzburg gibt es nichts zu lachen, außer man lacht darüber.
Das fesche Lächeln geht, vom Plakat aus gesehen, nach rechts. Da seine Partei aber links steht, muß ich mich schon wieder fragen, warum er links nicht mehr lächelt. Sie könnte doch nach links zurücklächeln.
Jetzt ist immer noch nicht geklärt, warum nur einer von beiden abwechselnd lächelt ... Schiebung? Oder einfach nur: Wenn zwei lächeln, freut sich der Dritte! Mehr fällt mir dazu wirklich nicht ein. Dafür etwas ganz anderes: Wäre es nicht möglich, diese Plakataktionen von Zahnpastafirmen sponsern zu lassen? Damit das Lächeln nicht ganz umsonst ist. Ein Vorwahlgeschenk für den Steuerzahler...?

Zwei Zwerge

Zwei Zwerge gingen zwitschernd und sich gegenseitig zuzwinkernd in ein Schwimmbad. Zwinkernd sagte der eine Zwerg zum noch zwitschernden Zwerg: »Ich habe meine Badehose vergessen.«

(Die Geschichte ist schon zu Ende; wo kämen wir denn hin, wenn unsere Schwimmbäder voller Zwerge ohne Badehosen wären, ein Gezwitscher und Gezwinker wäre das!)

eh

Nahverkehr

Besetzt

Was Nahverkehr ist, wissen wir. Oder glauben, es zu wissen. Ein Beispiel:
Von Langwied bis Freilassing dauert die Fahrt bei sofortigem Anschluß an den R-Wagen am Lieferinger Spitz, für ungefähr zwölf Kilometer, eine Stunde. Bei ungünstigem Anschluß dauert die Fahrt eineinhalb Stunden. Nur ein Fußgänger ist noch langsamer.
Was bitte ist dann Fernverkehr, wenn man in einer Stunde und vierzig Minuten mit dem Zug von Salzburg bis München fahren kann?
Moral: Obus-Schmuggel ist Zeitverschwendung!

Eberhard Haidegger

Ist der Platz besetzt? 'gger

Er pladsen optaget?

Für den sauren Regen gibt es noch keinen Ersatz!

eh

optaget

Satile in China

Satile ist in China sehl schwel. Kein Chinese kann das l lichtig splechen. Dalum muß jedel Satilikel aus jedem l ein l machen, weil jedel Chinese das l nul wie ein l auslechen kann.
Auch das Schleiben von Litelatul ist schwel, ob Lylik odel Plosa, sehl schwel.

Ebelhald Haideggel

88
92
100
110
112

Rätsel

Er spielt kein Instrument, singt nicht und komponiert er auch nicht. Und trotzdem ist er der berühmteste Musiker der Welt ... oder glaubt es zu sein???

eh

Eberhard Haidegger

Eberhard Haidegger wurde 1940 in Deutenham/OÖ. geboren, erlernte das Glaserhandwerk und ist seit 1958 Eisenbahner. Lebt in Salzburg und schreibt seit 1972 Geschichten für Kinder und Erwachsene, die in Zeitschriften, Zeitungen, Rundfunk und wenigen Anthologien veröffentlicht sind (5.–7. Jahrbuch der Kinderliteratur bei Beltz & Gelberg, das „Neue Narrenschiff" und „Männerleben" bei Fischer Taschenbachverlag sind einige). Eigenes Buch noch nicht erschienen. Haidegger veröffentlicht seine Geschichten am liebsten bei Lesungen. Zu erwähnen sind noch die wöchentlichen Satiren und Glossen in den „Salzburger Nachrichten".

Eberhard Haidegger stellt sich auf diesen beiden Seiten selbst vor: allerhand Bilder und Texte (meist eigene) aufgeklebt, das schafft Vorstellungen ...

Foto Roland Bauer

Frieder Stöckle
Hufeisen bringen Glück – Schmied Pfitzenmeier erzählt

Um fünf morgens bin ich aufgestanden. Im Sommer sogar schon um vier Uhr. Drunten vor der Werkstatt standen immer schon vier, fünf Pferde und warteten. Sie stießen mit den Hufen gegen die Werkstattür. Von diesem dumpfen Poltern bin ich immer aufgewacht. Zum Frühstück gab es Milchsuppe. Altes Brot in heißer Milch.
Man muß sich seitlich an das Pferd stellen und das Bein kräftig anpacken. Ich hab immer »hopp – he!« gerufen. Dann hat das Pferd das Bein hochgehoben und angewinkelt. Störrische gab es auch – da konnten die dann was erleben!

Nur selten machte ich neue Hufeisen drauf. In aller Regel wurden nur die abgelaufenen Stollen neu aufgeschmiedet. Das war billiger. Ich hab auch immer die alten Nägel wieder verwendet. Der Huf mußte etwas nachgeformt werden, indem man das Horn zurechtraspelte. Aufpassen mußte man beim Einschlagen der Nägel. Sie müssen nämlich so eingeschlagen werden, daß sie seitlich am Huf wieder heraustreten. Sie werden dann abgezwickt und glatt verfeilt. Anfänger machen da manchmal Fehler. Sie schlagen die Nägel senkrecht ein. Der Nagel dringt dann »ins Leben« ein, wie wir sagen. Das entzündet sich dann. Und nach ein paar Tagen »lahmt« das Pferd. Es kann nicht mehr richtig auftreten, mit dem Arbeiten ist's vorbei. So ein Eisen muß natürlich wieder runter. Das ist klar. Wenn man mir früher so ein Pferd gebracht hat, dann habe ich immer ein Stück Filz unter das Eisen gemacht. Der Huf hat sich dann schneller erholt. Für solche Zwecke verwendete ich alte Filzhüte. Ja, vielleicht haben mir die vielen Hufeisen tatsächlich Glück gebracht. Ich bin jetzt 85 Jahre alt und arbeite immer noch jeden Tag in der Werkstatt. Das ist doch Glück – oder?

| Susanne Koppe |
| **Die Armee der** |
| **schwarzen** |
| **Soldaten** |
| *Seite 317–319* |

Ich sitze in der letzten Reihe im Klassenzimmer. Am Schuljahresanfang konnten wir uns aussuchen, wo wir gerne sitzen wollten. Während alle anderen wie die Hühner durch die Gegend rannten, um neben ihrem besten Freund oder ihrer besten Freundin sitzen zu können, ging ich schnell ganz nach hinten. Es war mir ganz egal, neben wem ich sitzen würde.

Ich hab mir gedacht, daß das eine schlaue Idee ist. Denn wenn man hinten im Klassenzimmer sitzt, dann kann es ja passieren, daß einen der Lehrer von Zeit zu Zeit vergißt. Wenn man Glück hat, dann wird man nicht so oft aufgerufen wie die anderen. Und wenn man noch viel mehr Glück hat, dann wird man überhaupt ganz vergessen.

Am besten ist dieser Platz, wenn die Lehrerin einen nach dem anderen im Klassenzimmer vorlesen läßt. Die in der ersten Reihe fangen immer an, und dann geht es weiter nach hinten. Wenn man einen guten Tag erwischt, dann fängt sie ein bißchen zu spät an, und die Glocke läutet, bevor die in der letzten Reihe lesen müssen.

Heute ist so ein Einer-nach-dem-anderen-liest-vor-Tag.

Ich beiße an meinen Fingernägeln. Von einem zum anderen geht das Buch, das die Lehrerin mitgebracht hat. Ich höre der Geschichte nicht zu. Sie muß lustig sein, denn die anderen lachen immer wieder. Aber ich lache nicht. Ich beiße an meinen Fingernägeln und versuche herauszufinden, ob die Stunde zu Ende sein wird, bevor das Buch nach hier hinten gewandert ist. Ich will nicht laut vorlesen müssen!

Im Augenblick liest Colette vor. Vorlesen ist nicht das richtige Wort. Sie lacht und singt und flüstert und schreit. Sie führt sich wie eine Schauspielerin auf und scheint ganz von der Geschichte verschlungen zu sein. Oder die Geschichte zu verschlingen. Als gebe es da keine Buchstaben zwischen ihr und dem, was im Buch passiert.

Für mich sind diese Buchstaben wie fremde, böse Soldaten, die sich zwischen mir und der Geschichte aufbauen. Sie haben eine Grenze aus schwarzem Stacheldraht aufgebaut und lassen mich nicht in diese Welt, in der es soviel Spaß und Freude zu geben scheint. Ich hasse sie, weil sie mir nichts erzählen, sondern mich stumm und feindselig anglotzen. Sie erzählen mir nicht, was abends im Fernsehen kommt, sie erzählen mir nicht, was unter den Witzbildern in der Zeitung steht. Und wenn meine Mutter nicht zu Hause ist und mir einen Zettel mit großen, schwarzen Soldatenbuchstaben auf den Tisch gelegt hat, dann ist es, als seien sie jetzt auch in unserer Küche aufmarschiert. Sie schweigen mich böse an und wollen...

»Mick!«

Ich schaue hoch.

»Mick, träumst du denn schon wieder? Wir lesen gerade eine Geschichte vor, und du solltest zuhören. Um was ging es denn, bevor Colette aufgehört hat zu lesen?«

Colette hat aufgehört? Das hab ich gar nicht gemerkt. Ich hab an die Armee der schwarzen Soldaten gedacht und wie sehr ich sie hasse. Auf das Zeug, das Colette vorgetragen hat, hab ich gar nicht geachtet. Colette kann ich eh nicht leiden. Sie ist der Liebling der Lehrerin, und sie reißt sich ums Vorlesen.

»Ich weiß nicht, worum es in der Geschichte geht. Ich mach mir nichts aus Geschichten und überhaupt aus Lesen.«

So, jetzt weiß die Lehrerinnenziege endlich, wie es wirklich steht. Die dumme Gans denkt doch tatsächlich, daß ich zu blöd zum Lesen bin. Aber das stimmt nicht. Ich mach mir nur nichts draus. Ich will nicht!

Ich werd ihr natürlich nicht erzählen, wie gerne ich es früher mochte, wenn mein Vater mir Gutenachtgeschichten erzählte. Damals gab es in den Geschichten noch keine schwarzen Soldaten, sondern kleine Hexen, die nicht böse waren, Bären und Tiger, die nicht bissen, und Kinder, die nicht vorlesen mußten. Nichts davon würde ich der Lehrerin erzählen. Von den schwarzen Soldaten erst recht nichts. Ich spreche einfach nicht mehr mit ihr. Ich hasse diese Lehrerin!

Jetzt steht sie genau vor mir. Sie soll wieder fortgehen! Ich setze mich doch nicht in die letzte Reihe des Klassenzimmers, nur damit sie sich genau vor meine Nase stellt!

Ich muß hochschauen, während sie mit mir spricht.

»Mick, meinst du nicht, daß du zumindest zuhören und versuchen solltest, dem Text im Buch zu folgen? Ich weiß, daß du eine Behinderung hast, aber das ist keine Entschuldigung dafür, überhaupt nicht aufzupassen. Du bringst soviel Widerwillen in diese Klasse, machst alles mies. Ich bin nicht bereit, das zu dulden. Zeig doch zumindest einen guten Willen!«

Behindert! Sie hat behindert gesagt! Vor allen anderen! Es hört sich so an, als müßte ich dankbar sein, daß ich in diesem Klassenzimmer sitzen dürfte, »trotzdem«! Bloß, weil ich ein bißchen mit den B's und den D's durcheinanderkomme und den N's und den M's und den J's und den I's und in all den feindlichen schwarzen Soldaten keinen Sinn finde . . . Sie ist so gemein! Sie ist der gemeinste Mensch, den ich überhaupt kenne, und wahrscheinlich ist sie der General der schwarzen Soldaten.

Irgendwann einmal wird sie selbst eine Behinderung haben, aber eine echte! Sie wird völlig gelähmt sein oder ein Bein verlieren oder blind sein. Irgendwas wird ihr schon passieren, am besten alles zusammen. Dann tanze ich um sie herum und singe ganz laut: »Behinderung, Behinderung, Sie haben eine Behinderung!«

Blind allein wäre auch nicht schlecht. Dann könnte sie nicht mehr lesen und würde vor mir auf die Knie fallen. »Mick«, würde sie mich anflehen, »o Mick, bitte! Lies mir doch diese Geschichte vor! Es macht auch gar nichts, wenn du ein bißchen mit den B's und den D's durcheinanderkommst, nur bitte, lies mir vor. Ohne dich bin ich doch verloren!«

Aber ich wäre ganz, ganz kalt... oder, nein, besser, ich wäre voller Mitleid. Ich lese ihr die Geschichte vor. Und sie wird sich so darüber freuen, sie ist völlig begeistert. Sie wird sich denken: »Mick ist so ein guter Vorleser. Wie konnte ich nur jemals sagen, daß er behindert ist?«

Natürlich wird sie das nicht laut sagen, denn sie schämt sich. Aber ich weiß, daß sie es denkt, und das ist genausogut.

»Also gut, Mick, du antwortest mal wieder nicht. Das sind wir hier ja schon gewohnt. Wenn man mit dir nicht sprechen kann, dann vielleicht doch mit deinem Vater oder deiner Mutter. Colette, lies bitte weiter, das geht schon sehr schön.«

Zumindest muß ich nicht lesen. Bald ist die Schule vorbei. Wenn die Glocke läutet, packe ich schnell meine Tasche und laufe hinaus. Draußen passe ich dann Colette ab und ziehe sie an ihren häßlichen Zöpfen mit den ekligen Schleifen!

Renate Peter
Fragen über Fragen

Die Augen äugen.
Die Ohren ohren? Nein, die Ohren hören.
Die Nasen nasen? Nein, die Nasen niesen.
Die Zunge züngelt.
Die Haare haaren?
Die Zähne zahnen?
Der Mund küßt.
Der Atem atmet? Nein, der Atmende.

Brigitte Schär

Der Hund

Das Kind kam auf die Welt. Alles war gut, alle waren glücklich, alle waren zufrieden, auch der Hund. Er saß neben der Wiege und bewachte das Kind. Das Kind gedieh prächtig und war gesund. Der Hund saß Tag und Nacht neben ihm und leckte seine Hand.

Schon bald bellte das Kind mit dem Hund um die Wette. Die menschliche Sprache aber lernte es nicht. Da nützte kein Schimpfen, kein Drohen und kein Flehen – bellen konnte das Kind wunderschön.

Auf allen vieren lief es so schnell wie der Hund. Es streunte mit ihm durch Wälder und an den Flüssen entlang. Der Hund lehrte es, Fährten am Boden zu deuten, er lehrte es, fürchterlich die Zähne zu fletschen, und er lehrte es, Tiere zu jagen im Wald.

Bald bist du einer von uns, sagte der Hund zu seinem kleinen Freund. Dann verlassen wir dieses Haus und kehren nie mehr zurück.

Doch bevor es soweit war, wurde das Kind eingesperrt. Der Hund saß neben seinem Käfig. Er bewachte das Kind Tag und Nacht und leckte seine Hand.

Eines Tages, als das Kind am Morgen erwachte, war der Hund nicht mehr da. Das Kind winselte in seinem Käfig, lange konnte es sich nicht beruhigen. Nach vielen Tagen erst war es endlich still.

Die Eltern näherten sich dem Käfig auf Zehenspitzen.

Sag Vater, sagte der Vater.

Sag Mutter, sagte die Mutter, wie schon so viele Male zuvor.

Und jetzt plötzlich sprach das Kind. Es sagte Vater, es sagte Mutter. Es formte kleine Sätzchen. Die Eltern waren begeistert und seufzten tief vor Erleichterung.

Als das Kind schön sprechen konnte und sich auch in der Nacht ruhig verhielt, holten es die Eltern aus dem Käfig heraus. Es lernte auf zwei Beinen gehen, es lernte am Tisch essen, mit Messer und Gabel, es lernte danke sagen und bitte schön. Es war nun ein richtiges Kind. Die Eltern freuten sich. Sie setzten das Kind hinten ins Auto und führten es überall hin. Sie zeigten ihm die Straßen, sie zeigten ihm die Häuser, sie zeigten ihm die ganze Stadt, die Wiesen, die Wälder und den Fluß.

Das Kind wurde zur Schule geschickt. Es sollte lesen lernen, es sollte schreiben lernen und lernen, artig zu sein. Es malte voll Eifer das A und das B, das C und das D in sein liniertes Heft hinein.

A wie Anker, sagte die Lehrerin.

Anker, sagten die Schüler im Chor.

B wie Berg, sagte die Lehrerin.

Berg, sagten die Schüler im Chor.

C wie Clara, sagte die Lehrerin.

Clara, sagten die Schüler im Chor.

D wie Dackel, sagte die Lehrerin.

Dackel, sagten die Schüler im Chor.

Dackel? Was, bitte schön, ist ein Dackel, fragte das Kind.

Die Schüler lachten.

Ein Dackel ist ein Hund, sagte die Lehrerin.

Hund, wiederholte das Kind.

Hund, flüsterte das Kind, es erwachte aus seinem Traum. Hund, schrie das Kind, es warf seine Schulbank um. Hund, rief es, Hund, Hund und immer wieder Hund. Es sah ihn wieder, den schwarzen Hund. Es hatte ihn endlich wiedergefunden.

Jürg Schubiger
Finger

Wenn ich zähle, brauche ich einen Finger für etwas, einen zweiten für etwas anderes, einen dritten für etwas weiteres. Zum Beispiel den Daumen für mich, den Zeigefinger für die Mutter, den Mittelfinger für den Vater, den Ringfinger für die Schwester, den kleinen Finger für den Hund.
Wir sind zu fünft. Daran ändert sich nichts, auch wenn der Hund der Daumen ist und ich der kleine Finger bin.
So oder so, wir brauchen eine ganze Hand.
Die andere Hand bleibt übrig. Es wird ja noch viel zu zählen sein.

Foto Ernst Steingässer

Hannelies Taschau
Stell deine Fragen

Seite 320–323

Der Krieg ist zu Ende. In der Schule des Dorfes, in das wir evakuiert worden sind, hausen die französichen Sieger, und der Unterricht fällt aus, wie lange, weiß keiner. Das Alphabet habe ich eben gelernt. Aber das eigentümliche Verhalten, das zum Lesen gehört, das Stillhalten, das Sitzenkönnen, das Wartenkönnen und vieles andere habe ich noch nicht gelernt.

Jetzt fahren wir nach Hause, sagt meine Großmutter eines Tages und nagelt Kisten zu. Wir fahren nach Essen, gegen meinen erklärten Willen. Hier bist du zu Hause, sagt Großmutter. Wir stehen auf einem Trümmerhaufen, links und rechts von uns sind Trümmerhaufen, die genauso aussehen. Hier soll ich geboren sein, hier soll mein Zimmer gewesen sein, mein Spielzeug, mein Bett. Und unter dem Lehmberg begraben ein Garten mit Laube, eine Teppichstange mit »meiner« Schaukel, Birnbäume. Es ist gelogen. Alle lügen. Ich darf das aber nicht sagen. Ich soll sagen: Ich kann mich nicht erinnern.

Wir kommen unter beim Bruder meiner Großmutter. Sein Haus steht unzerstört im Süden von Essen, in einer Straße, in der kein einziges Haus zerstört ist. Aus der Ferne, aus südlicher Richtung, sieht das Haus mit seinem runden, großartigen Bug aus wie ein gestrandeter Passagierdampfer.

Es ist ein Wunder, sagt Großmutter zu ihrem Bruder, und es ist unverdient. Ihr Bruder ist mein Onkel und heißt Teddor. Er ist Kruppianer. Er war in keinem Krieg. Er hat zwei linke Füße, sagt Großmutter. Ich sehe mir seine Füße an, und sie sind normal. Großmutter lügt. Ich kenne ihn nicht, obwohl Großmutter das behauptet. Ich habe ihn noch nie gesehen. Großmutter lügt. Aber ich sage nichts mehr dazu, nicht einmal, ich könne mich nicht erinnern.

Onkel Teddor ist gründlich verstimmt. Sein Haus ist voll Menschen, die alle behaupten, sie gehören zur Familie, und er könne sie nicht auf die Straße setzen. Sie haben alle Räume besetzt, vom Dachboden bis zum Keller. Es gibt noch ein paar gleichaltrige Vettern und Kusinen im Haus. Ich soll mit ihnen spielen. Ich soll lachen. Ich soll aufhören zu trauern. Ich soll aufhören, schwäbisch zu sprechen, ich soll hochdeutsch sprechen, wie ich es gelernt habe. Ich werde nie wieder spielen oder lachen. Ich werde nicht aufhören zu trauern und nicht aufhören schwäbisch zu sprechen. Alles hat man mir genommen: Meine Freunde, meine Pferde. Meine Stelzen habe ich zurücklassen müssen, die Küken, die Peitsche. Es gibt keinen Speck mehr, keine Dampfnudeln und keinen Most. Es gibt nichts mehr, was ich kenne. Steine soll ich klopfen. Bei Wichterich Schlange stehen für Heringe. Aber ich kann die Füße nicht heben, nicht essen und nicht trinken. Ich will allein sein. Wenn man lange genug allein ist, stirbt man. Man muß nur einen Platz finden, wo man lange genug allein sein kann. Ich finde aber keinen Platz. Immer ist schon jemand vor mir da, entweder eine Elfriede mit ihrem Abbruchunternehmer oder, unterm Dach, die rauchenden Vettern.

Hierher gehörst du, sagt Großmutter, wir waren Evakuierte, und im Dorf ist man froh, daß wir endlich weg sind. Das ist gelogen. Ich gehöre dorthin. Alles gelingt mir dort. Alle lieben mich. Auf jedem Hof habe ich Freunde. Überall kriege ich was zu essen. Ich bin immer dabei, bei Prozessionen und Wallfahrten, beim Kartoffelnausmachen und beim Heuen und Altarschmücken. Ich gehe zur Beichte. Ich singe allein, vor mir die Muttergottes auf der Mondsichel, rechts von mir der heilige Mauritius, links von mir der heilige Vitus, »Meerstern, ich dich grüße...« Ich will katholisch werden, sage ich. Großmutter ringt nur die Hände. Ich werde warten. Entweder fährt die Eisenbahn wieder, und ich gehe zurück in das Dorf an der Donau, oder ich werde sterben.

Onkel Teddor ist vor der Familie zurückgewichen, mit seinen Büchern, seinem Flügel und seinem Globus in das verschließbare Speisezimmer mit Glasveranda. Die Treppe, die vom Garten heraufführte, hat er mit einer Axt zerschlagen, damit niemand mehr heraufsteigen kann. Er schließt sich immer ein. Er ist gleichbleibend traurig, er ist nicht launisch, wie die anderen. Man kann sich auf ihn verlassen.

Er paßt überhaupt nicht in diese große unverwüstliche, meist fröhliche Familie, der es genügt, daß man noch am Leben ist. Großmutter ist Königin. Wo sie ist, gibt es zu essen und zu trinken. Sie bohrt in der Nase und stößt auf Öl, sagt Onkel Teddor mit seiner traurigen Stimme. Gelegentlich wird gefeiert. Auf Scherben. Wo sie ist, ist Hoffnung. Es geht aufwärts. Von hier aus geht jeder zu seinem Trümmerhaus. Der Wiederaufbau beginnt.

Eines Tages, wieder hat man mich eingefangen und zu Boden geworfen, um mich zum Lachen zu bringen, höre ich einfach auf zu atmen. Onkel Teddor kommt vorbei, sagt: Ihr merkt es nicht, ihr bringt sie um, lieber stirbt sie, als zu lachen. So rettet er mir das Leben. Von nun an halte ich mich an ihn. Seine Traurigkeit kommt mir gelegen. Sie bestätigt meine eigene. Traurigkeit darf es geben. In seiner Nähe bin ich sicher vor Übergriffen.

Ich wage mich immer näher an ihn heran. Eines Tages schlüpfe ich, unter der Hand, die auf der Klinke liegt, ihm voraus in sein Zimmer. Er schließt wie immer ab, und ich weiß nicht, ob er mich bemerkt hat. Ich sitze unter dem Flügel und warte ab. Vielleicht habe ich endlich den Platz gefunden, wo ich allein sein kann. Ich sehe mich um. Überall Bücher. Auch auf dem Fußboden, auf dem Flügel, auf den Fensterbänken, auf den Stühlen, dem Tisch und der Heizung. Schmale Pfade führen in alle Richtungen, auch auf die Veranda. Ich sehe zu, wie Onkel Teddor, mit Seiltänzerschritten, die Pfade begeht und alles findet, was er sucht. Ziel aller Wege, die er macht, ist das breite, zersessene Sofa, auf dem er auch schläft. Er läßt sich nicht einfach fallen, sondern sinkt hinunter, in den Knien federnd, und die Kissen schlagen über ihm zusammen. Dann liest er. Und ich, unter dem Flügel sitzend, gegen das entfernteste der drei Flügelbeine gelehnt, sehe zu, wie er liest. Noch nie habe ich einen Menschen so ausschließlich und hauptsächlich lesen gesehen. Manchmal liest er in mehreren Büchern gleichzeitig. Sie hängen aufgeschlagen, die Seiten nach unten, über seinen Schenkeln; Sofalehnen und Kissengipfel sind belegt. Er selbst ist spürbar ruhig, er scheint nie die Übersicht zu verlieren. Manchmal schreibt er etwas auf. Und genau so gelassen, so abgrundtief sicher, wie er die Bücher geholt hat, bringt er sie wieder zurück an dieselbe Stelle. Ich habe sie mir genau gemerkt. Es geschieht nach Regeln, die ich nicht begreife und die ein Geheimnis sind.

Hätte er mich gefragt, ich hätte ihm erzählt von dem Dorf im Schwäbischen, von dem Kloster, der Reiterallee, der roten Johannisbeermarmelade, dem Klostergarten mit Wachsblumen, meinen Küken und Pferden, meinen Freunden Mariele und Edwin, Adolar, Erna und Hansl, und von der Orgel. Daß ich dabeigewesen bin, als einige schreiende und unnütze Zungenregister zugunsten von fünf neuen Füllstimmen ausgewechselt wurden. Beim Aufstellen und Stimmen der Orgel, das ist genau vor hundert Jahren gewesen, hat ein Calcant Johann zweihundertzwanzig Tage lang die Bälge treten müssen.

Aber Onkel Teddor fragt mich nicht, er denkt nicht daran, mich zu trösten. Er läßt nur zu, daß ich in seinem Zimmer unter dem Flügel sitze. Großmutter hört auf, mich zu suchen, denn immer bin ich bei ihm, wenn sie mich sucht. Ich sitze unter dem Flügel und warte. Ich bin nicht mehr so sicher, auf was. Damit das Warten erträglicher wird, esse ich wieder, zusammen mit Onkel Teddor, er ist schweigsam und mürrisch wie eh und je, aber das gefällt mir, das macht ihn verläßlich. Und ich ziehe mir auch mal ein Buch unter den Flügel. Zum Beispiel gerate ich an »Brehms Thierleben«, die Leipziger Ausgabe von 1882.

Erst sehe ich mir nur die kolorierten Bildtafeln an. Unvergeßlich ist mir die halbmatte körnige Struktur der Oberflächen und zum Beispiel die Tafel mit den Rabenvögeln unter einem roten Himmel, im Schnee, auf einem Hasen, oder die mit den Ammern, der Weiden-, Grau-, Gold-, Zwerg- und Schneeammer. Wir sitzen miteinander und jeder für sich in den Büchern, unangefochten von dem dröhnenden Leben, den Festen und Kämpfen im Haus.

Dann lerne ich lesen, mühelos, langsam, freiwillig, zur rechten Zeit; ich lerne lesend, was eine Nachtigall ist, wie sie aussieht, wie sie lebt, sie kann zwanzig bis vierundzwanzig verschiedene Strophen singen, und jede Strophe ist beschrieben. Als ich zum ersten Mal eine Nachtigall höre, erkenne ich sie. Ich sage: »Das ist eine Nachtigall« und bin sehr glücklich.

Schmetterling, gezeichnet (1758)
von Maria Sibylla Merian
(einfarbige Wiedergabe)

Dorothee Bachem

Rätsellösungen:
S. 6: Buch / S. 41: Fell, Fels, Feld, Geld / S. 48: Paar Schuhe / S. 57: Das A / S. 192: Büroklammer / Brief / Schere / Nagelschere / S. 228: Rot.

| Martin Auer |
| **Der Erfinder** |
| |
| *Seite 327–328* |

Gebhard wollte unbedingt Erfinder werden. Tag und Nacht saß er in seinem Zimmer und erfand. Das heißt, wenn er nicht gerade in die Schule mußte oder zum orthopädischen Turnen. Aber eines Tages kam er heraus aus seinem Zimmer und brachte drei Erfindungen mit. Seine Eltern riefen die Zeitungen an, daß ihr Sohn ein Erfinder sei, und weil die Zeitungen gern etwas über Wunderkinder schreiben, schickten fast alle jemand hin. Die Journalisten saßen im Wohnzimmer, und Gebhards Mutter ging mit belegten Brötchen herum.

Dann kam Gebhard aus dem Kinderzimmer und brachte seine Erfindungen mit:

»Meine sehr geehrten Damen und Herren, ich werde ihnen nun meine Erfindungen vorführen, die ich selber erfunden habe, und niemand hat mir dabei geholfen. Als erstes mein Fernticker: Hier habe ich einen Draht, sehen Sie, und hier eine Batterie und einen Schalter auf der einen Seite, und auf der anderen Seite einen Motor, der einen Papierstreifen abwickelt, und eine Magnetspule und einen Bleistift. Wenn ich jetzt hier auf dieser Seite den Schalter drücke, zieht dort auf der anderen Seite die Magnetspule den Bleistift herunter, und der Bleistift zeichnet einen Strich auf den Papierstreifen. Wenn ich kurz drücke, zeichnet er nur einen Punkt. Ich habe eine eigene Schrift erfunden, die nur aus Strichen und Punkten besteht. Mit diesem einfachen Apparat kann man sich über jede Entfernung hin verständigen, und man kann sich die teuren und komplizierten Telefone ersparen.

Dann habe ich noch erfunden eine eiserne Stange, die man aufs Hausdach stellen kann, mit einem Draht, der in die Erde geht. Wenn der Blitz einschlägt, trifft er nicht das Haus, sondern er geht in die Erde.

Und dann habe ich noch, meine Damen und Herren, einen Computer erfunden, ganz aus Holz und ohne elektrischen Strom. Er besteht aus Zahnrädern und einer Kurbel, und er kann addieren und multiplizieren, und wenn man in die andere Richtung dreht, auch subtrahieren und dividieren.«

Die Journalisten fingen an zu lachen und sagten: »Aber das gibt es doch alles schon! Dieser Fernticker, das ist einfach ein Telegraf, und den hat es schon lange vor dem Telefon gegeben. Und das Punkt-Strich-Alphabet, das hat der Herr Morse erfunden. Du meine Güte, als wir kleine Buben waren, haben wir im Park mit Taschenspiegeln Morsen gespielt.

Und wenn du spazieren gehst, kannst du auf jedem Hausdach eine Blitzableiter sehen. Und dein hölzerner Computer, das ist eine Rechenmaschine. In jedem kleinen Trödlerladen, wo sie noch keinen Computer haben, haben sie eine Registrierkasse, die genauso funktioniert.«

Und die Journalisten packten ihre Kugelschreiber wieder ein und drängten, teils lachend, teils verärgert, zur Tür hinaus.

Gebhards Mutter begann zu weinen.

Gebhards Vater schrie den Journalisten ganz erbost nach: »Unser Junge befaßt sich eben nur mit Physik und Mathematik! Er hatte keine Zeit, sich in Trödlerläden herumzutreiben oder mit irgendwelchen Taschenspiegeln herumzuspielen. Er ist ein Erfinder und kann seine Zeit nicht verplempern!«

Gebhard aber ging wieder in sein Zimmer und erfand den Straßenbahnfahrschein, den Druckkochtopf und das Dampfbügeleisen.

Schmetterling, gezeichnet (1758) von Maria Sibylla Merian (einfarbige Wiedergabe)

Jürgen Spohn

Text- und Bildautoren und ihre Beiträge

Alle Beiträge sind (falls nicht ausdrücklich anders vermerkt) Originalbeiträge

Alexander, Elisabeth geb. 1932 im Rheinland; lebt als freie Schriftstellerin in Heidelberg; veröffentlichte Romane, Texte für Kinder, Lyrik, Erzählungen; verschiedene Förderpreise.

127 Der Junge und sein Vorurteil

Anger-Schmidt, Gerda geb. 1943 in Wels (Österreich); Übersetzer- und Dolmetschstudium; lebt in Wien; veröffentlichte Gedichte, Texte für Kinder, u. a. das Buch »Wünsche wie Wolken«.

50 Alphabetisches Mißver-
    ständnis
59 Drei gefährliche Piraten

Auer, Martin geb. 1951 in Wien; nach abgebrochenem Studium verschiedene Berufe, u. a. Schauspieler, Dramaturg, Werbetexter; danach Zauberkünstler und Entertainer; veröffentlichte Gedichte, Erzählungen für Erwachsene und Kinder; bisher zwei Kinderbücher, »Was niemand wissen kann« und »Der Sommer des Zauberers«.

23 Das Kind, das nicht an
    Gespenster glaubte
139 Der Arzt von Korinth
327 Der Erfinder
64 Die kurze Geschichte vom
    Bleistift und vom Mond
156 Frühlingswässer
117 In der wirklichen Welt
305 Pygmalion
76 Schlaraffia

Bachem, Dorothee geb. 1945 in Konstanz; Studium an der Hochschule für Bildende Künste, Berlin; lebt in Dollerupholz / Schleswig-Holstein als Malerin, Grafikerin; zahlreiche Ausstellungen; veröffentlichte Illustrationen.

Bild 326

Ballhaus, Verena geb.1951 in Unterfranken; wuchs in München auf und studierte dort an der Kunstakademie Malerei und Grafik; lebt mit Mann und vier Kindern in Karsee; veröffentlichte Illustrationen, Schallplattencover.
Bilder 59, 92, 156, 205, 296

Becke, Julius geb. 1927 in Leipzig; nach Krieg und Gefangenschaft bis 1949 Rundfunksprecher in Leipzig; Studium der Pädagogik und Soziologie in Frankfurt a. M.; bis zur Pensionierung Grundschullehrer; lebt in Frankfurt a. M.; veröffentlichte den Lyrikband «Grundschule Innenstadt«, Ausstellungen mit »Bildkästen«.

172 Demonstration
36 Der rote Ballon
131 Enzo
52 Kleine Tiere
309 Mirjam

Behncke, Waldrun geb. 1941 in Hamburg; studierte Germanistik und Philosophie; arbeitete als freie Journalistin, dann in der Behindertenarbeit tätig; freie MA beim Rundfunk; lebt in Frankfurt a. M.; veröffentlichte ein erstes Kinderbuch, »Gottfried, das fliegende Schwein«.

9 Die Hexe

Bentgens, Bernhard geb. 1956 in Duisburg; Ausbildung als A-Kantor; lebt als freischaffender Komponist in Heidelberg; vorher Komponist und Musiker am Stadttheater und Kinder- und Jugendtheater in Heidelberg; erhielt Kleinkunstpreise.

75 »Micky Macker«, Lied

Bernhof, Reinhard geb. 1940 in Breslau; Studium der Literatur; lebt als freier Schriftsteller in Leipzig; veröffentlichte zahlreiche Kinderbücher, u. a. »Ben sucht die Quelle«, sowie Lyrikbände, zuletzt »Leipzig, Hauptbahnhof« und »Tägliches Utopia«.

146 Das Kirschglas
219 Das kleine braune Huhn
268 Die Februarnacht

Bleakley, Ruth geb. 1958 in Belfast (Nord Irland); Ausbildung als Grafik-Designerin; arbeitet als freischaffende Grafikdesignerin und Illustratorin; lebt in Kiel; veröffentlichte Zeichnungen.
Rahmenzeichnungen 2, 3, 5

Blum, Lisa-Marie geb. 1911 in Bremerhaven; Studium der Malerei und Grafik; freie Autorin; lebt in Hamburg; veröffentlichte Illustrationen und Texte für Kinder, Lyrik und Erzählungen; Literaturpreis des Südd. Rundfunks.

45 Der seltsame Zweig

Borchers, Elisabeth geb. 1926 in Homburg (Niederrhein); Verlagslektorin und freie Schriftstellerin; lebt in Frankfurt a. M.; veröffentlichte Lyrik, Erzählungen, Kinderbücher und Anthologien; erhielt den Deutschen Jugendbuchpreis (1977, zusammen mit Wilhelm Schlote).
Das Gedicht wurde mit Erlaubnis des Suhrkamp Verlages nachgedruckt aus: »Wer lebt, Gedichte«, Frankfurt a. M., 1986.

134 Was alles braucht's zum
     Paradies

Born, Nicolas – Übersetzer S. 265

Braem, Harald geb. 1944 in Berlin; Designer, Kunstprofessor und Schriftsteller; lebt in Wiesbaden; veröffentlichte Erzählungen, Romane.

300 Computer-Lied

Brandes, Sophie geb. 1943 in Breslau; studierte Grafik in München; lebt als freischaffende Künstlerin in Neckargemünd; veröffentlichte Texte für Kinder, Erzählungen, Romane, Illustrationen und Bilderbücher; zahlreiche Ausstellungen.
›Kenianische Landesmusikanten‹ (Bild) 6

97 Mein Hund stirbt

Brecht, Bertolt geb. 10 Februar 1898 in Augsburg, gestorben 14. August 1956 in Berlin.
»Von den großen Männern« (Gedichte 1913-1926), »Kinderkreuzzug« (Gedichte 1941-1947) – mit Erlaubnis entnommen aus: »Die Gedichte von Bertolt Brecht in einem Band«, Suhrkamp Verlag, Frankfurt a. M., 1981.

128 Kinderkreuzzug
166 Von den großen Männern

Brembs, Dieter geb. 1939 in Würzburg; studierte Kunsterziehung, Biologie; Professor für Zeichnen und Grafik in Mainz; zahlreiche Ausstellungen; veröffentlichte u. a. »Brembs Tierleben«.
Die Zeichnungen wurden angeregt durch den SPIEGEL-Artikel »Saurier und Mensch – Irrwege der Evolution?« (53/87), den auch Schüler (lt. SPIEGEL) kommentierten: »Petra fand, ›daß man uns nicht mit den Dinosauriern vergleichen kann‹; Vera stimmte ›mit dem Artikel überein, daß sich die Menschheit idiotisch gegenüber der Umwelt verhält‹....«

170 Millionen Jahre war es gutge-
     gangen ...

Burger, Antje geb. 1940 in Hamburg; Studium der Anglistik und Romanistik; arbeitete als Studienrätin, dann als freie Malerin und Grafikerin; lebt in Neustadt in Holstein; veröffentlichte das Bilderbuch »Freddy Ferkel und Wanda Waschbär« (1986).
Bild 218

119 Bruder Jan
207 Feuer, Wasser, Luft und Erde

Bydlinski, Georg geb. 1956 in Graz; studierte Anglistik und Religionspädagogik; seit 1982 freier Schriftsteller; lebt mit Familie bei Wien; veröffentlichte Lyrik, Prosa, Übersetzungen und Texte für Kinder in zahlreichen Büchern; erhielt verschiedene Literaturpreise.

42 Das duschende Gespenst

Carow, Ulf geb. 1962 in Stade; Praktikum im Bereich Bühnenausstattung; Studium Kommunikationsdesign; lebt in Kiel.
Bild 308

187 Neulich räumte meine Mutter
    mein Zimmer auf
289 Siegbald's Reise

Claudius, Matthias geb. 15. August 1740 in Rheinfeld/Holst., gestorben 21. Januar 1815 in Hamburg.
Die zitierten Gedichte finden sich in: »Sämtliche Werke des Wandsbecker Boten«, Stuttgart, 1962.

242 Das Abendlied
245 Ein Lied in der Haushaltung
243 Ein Lied um Regen
245 Fritze
247 Kuckuck

Clormann, Susanne geb. 1959 in Wiesbaden; lebt jetzt in Freiburg i. Brsg.; Studium Chemie, Biologie für Lehramt an Gymnasien; ein Jahr USA-Aufenthalt; arbeitet jetzt im Bereich Umweltschutz.

234 Das Datum meines Geburtstags

Clormann, Udo geb. 1965; z. Zt. Grafik-Studium; lebt in Wiesbaden.
Schriftbilder 183

Clormann-Lietz, Nora geb. 1934 in Elbing/Ostpr.; Schulzeit in Solingen; Grafikstudium in Wiesbaden; lebt in Wiesbaden.
Bild 9

223 Es war einmal eine Mücke
45 Regenwurm
124 Uhr

Deppert, Fritz geb. 1932 in Darmstadt; Leiter der Bertolt-Brecht-Schule; Lektor des Literarischen März; lebt in Darmstadt; veröffentlichte Lyrik, Prosa und Hörspiele, zuletzt »Mit Haut und Haar« (Liebesgedichte).

161 Was ich sein möchte
227 Winterwunschnacht

Dirx, Ruth geb. 1913 in Siegen; lebt als freie Schriftstellerin in Wuppertal; veröffentlichte zahlreiche Bücher, u. a. »Das Kind, das unbekannte Wesen«, »Kinder brauchen gute Eltern« und das Kinderbuch »Eines Tages, als die Schule abgeschafft wurde« sowie (als Herausgeberin) »Kinderreime«.

205 Voraussagen

Doormann, Lottemi geb. 1943 in Berlin; studierte Germanistik, Theaterwissenschaft und Soziologie; lebt als freie Journalistin in Hamburg; ab 1972 aktiv in der Kinderladenbewegung und Elterninitiative, danach in der Frauenbewegung; veröffentlichte Filme, Artikel und Bücher zu frauenpolitischen Themen.
Die vorliegende Geschichte erschien zuerst im Magazin Der Bunte Hund (Nr. 2).

278 Schwarzer Freitag im April

Duderstadt, Matthias geb. 1950 in Hannover; Studium der Germanistik, Philosophie und Kunstpädagogik; seit 1976 Lehrbeauftragter für Ästhetik an der Uni Bremen; veröffentlichte Geschichten, Fotos, Übersetzungen, Bücher, zuletzt: »Das Schiff-Buch«.
Fotonotizen 103-110

103 Spuren

Eberhard, Irmgard (-Sedlmeier) geb. 1952 in Günzburg an der Donau; Werkkunstschule in Augsburg, Hochschule für bildende Künste, Berlin (Prof. Spohn); Redakteurin bei »Spielen und Lernen«; seit 1978 freie Illustratorin für verschiedene Verlage (»stark eingeschränkt nach Geburt von Matthias und Johanna«); veröffentlichte Bilderbücher, u. a. »Hier bin ich zuhause«; das Buch »Auf dem Markt« wurde in Bologna ausgezeichnet (1981).
ABC (Bild) 8, Tigerbild 262

Eberle, Theodor geb. 1943 in Dinkelsbühl (Bayern); Ausbildung an der Fachschule für Grafik und Werbung in Nürnberg und an der Hochschule für Künste in Berlin; arbeitet als

freier Grafiker in Berlin; veröffentlichte Illustrationen im Bereich der Kinder- und Erwachsenenliteratur.
Bild 41, 44, 45, 117

Eich, Günter geb. 1. Februar 1907 in Lebus an der Oder, gestorben 20. Dezember 1972 in Salzburg.
Das Gedicht wurde im Sommer 1945 geschrieben und später in die Sammlung »Abgelegene Gehöfte« (1948) aufgenommen; nachgedruckt mit Erlaubnis des Suhrkamp Verlags aus: »Gedichte«, ausgewählt von Ilse Aichinger, Bibliothek Suhrkamp, Frankfurt a. M., 1973.

288 Inventur

Eisenbarth, Pia geb. 1960; Ausbildung als Grafik-Designerin; lebt in Wiesbaden; veröffentlichte Illustrationen.

125 »Radioaktivität«

Ellermann, Heike (Bürger-) geb. 1945 in Kolmar/Warthe; Realschullehrerin und Diplompädagogin; Schuldienst und in der Erwachsenenbildung tätig, Lehrauftrag im Fach Bildende Kunst; seit 1982 freie Künstlerin; lebt in Oldenburg; veröffentlichte u. a. das Bilderbuch »Ein Brief in der Kapuzinerkresse«, ausgezeichnet mit dem Kinder- und Jugendbuchpreis der Stadt Oldenburg (1986).

19 Regenbogen

Eschweiler, Christoph geb. 1955 in Köln; studierte Grafik-Design; Tätigkeit in einer Werbeagentur; lebt in Aachen; veröffentlichte Illustrationen und das Bilderbuch »Max Schibronski ist überall«, wofür er den Troisdorfer Bilderbuchpreis (1985) erhielt.
Bilder 148-149

203 Dieses abenteuerliche
    Maschinchen
297 Eine schöne Gutenachtgeschichte

Etschmann, Ina geb. 1951; Grafikstudium; lebt in München und Landsberg; veröffentlichte (zusammen mit Walter Etschmann) mehrere Bilderbücher, u. a. »Morgens in der Stadt« (1986).

222 Endlosgeschichte

Fetscher, Iring geb. 1922 in Marbach am Neckar; seit 1963 Professor für Politikwissenschaft und Sozialphilosophie; lebt in Frankfurt a. M.; veröffentlichte u. a. Arbeiten zur Geschichte der politischen Philosophie

331

und zwei satirische Bücher, »Wer hat Dorn-röschen wachgeküßt?« (1972), »Der Nullta-rif der Wichtelmänner« (1982).

128 Zum Gedicht »Kinderkreuz-
    zug«
167 Zum Gedicht »Von den
    großen Männern«

Fienhold, Ludwig geb. 1954; gelernter Feuil-leton-Redakteur; lebt als freier Autor in Frankfurt a. M.; veröffentlichte Satirisches und Aphorismen.

44 Morgen

Fischbach, Wolfgang geb. 1949 in Bielstein; Grafik-Designer und Illustrator; lebt in Wup-pertal; veröffentlichte u. a. das Bilderbuch »Vorgestern hat unser Hahn gewalzert« (Text von Bernd Jentzsch), ausgezeichnet mit dem Kinder- u. Jugendbuchpreis der Stadt Oldenburg (1978).

293 Ein Mann
117 Sternguckerfragen

Fischer-Reinhardt, Thea geb. in Schweid-nitz/Schlesien; Ausbildung als Chemotech-nikerin; ab 1982 Galeristin und freischaf-fende Künstlerin; lebt in Berlin.

Bild 128

Frank, Karlhans geb. 1937 in Düsseldorf; seit 1961 freischaffender Autor; lebt in Vell-mar; veröffentlichte Lyrik, Romane, Erzäh-lungen, Kinderbücher (auch als Herausge-ber), u. a. »Auf der Flucht vor dem Tod leben wir eine Weile« (Lyrik), »Till will eine Katze«, »Mit Ketchup und Senf« (Tonkassette).

56 Busselreime
202 Uschelreime

Frick-Gerke, Christine geb. 1946 in Westfa-len; Anglistin u. Journalistin; lebt in Berlin; schreibt für Kinder u. Erwachsene.

149 Bücher kann man lesen

Fröhlich, Roswitha geb. 1924 in Berlin; Stu-dium an der Kunstakademie; Funkredakteu-rin; lebt in Mannheim; veröffentlichte Lyrik, Hörspiele, Texte, Romane, Kinderbücher, u. a. »Probezeit«, »Ich und meine Mutter – Mädchen erzählen«.

102 Als wir die Erde räumen
    mußten
294 Dort, wo die Welt aufhört
126 Nur kein Neid

Fühmann, Franz geb. 15. Januar 1922 in Rokytnice (Rochlitz)/Böhmen, gestorben 8. Juli 1984 in Berlin (DDR).
Das vorliegende Märchen »auf Bestellung« erschien erstmals 1981. Fühmann bemerkt dazu: »Ein Märchen von einer Anna Humpel-bein wünschte sich nach Lesungen vor Pa-tienten der Fürstenwalder Samariteranstalt für psychisch Geschädigte eine dort statio-när behandelte junge Frau . . .«. – Hier nach-gedruckt mit Erlaubnis des Hinstorff Verlags aus dem Sammelband »Reineke Fuchs . . .«. Rostock, 1985.

65 Anna, genannt die Humpel-
    hexe

Gelberg, Hans-Joachim geb. 1930 in Dort-mund; Buchhändler, Fachlehrer, Lektor und seit 1971 Leiter des Programms Beltz & Gel-berg in Weinheim a. d. Bergstr.; veröffent-lichte (als Herausgeber) bisher zwölf Antho-logien, u. a. die »Jahrbücher der Kinderlitera-tur«, und seit 1981 das Magazin »Der Bunte Hund«; erhielt für sein erstes Jahrbuch »Geh und spiel mit dem Riesen« den Deutschen Jugendbuchpreis (1972).
Vorsatz-Collage, Kritzelbilder 154, 191, 202, 239, Zufallsbild 270

5 Vorwort

Glasauer, Willi geb. 1938 in Stribro / CSSR; veröffentlichte Illustrationen, Buchausstat-tungen; stattet die Reihe ›Biographie‹ bei Beltz & Gelberg aus *(die Zeichnung wurde dieser Reihe entnommen).*
Bild 165

Glatz, Helmut geb. 1939 in Eger; lebt als Lehrer in Landsberg; veröffentlichte Kinder-bücher, u. a. »Die gestohlene Zahnlücke«.

6,41 Rätsel

Glehn, Silke geb. 1963 in Kiel; studiert Kommunikationsdesign; lebt in Kiel.
Bild 12, 191

Göbel, Dorothea geb. 1958; Kunsterziehe-rin; als freischaffende Künstlerin tätig; lebt in Bischofsheim.
Radierung 3, Foto 61, 135

Grasso, Mario geb. 1941 in Mailand; Grafik-Design-Studium, Bühnenbildner; lebt als freier Künstler in Basel; veröffentlichte Car-toons, Illustrationen, Spiel- und Bilderbücher (meist mit eigenen Texten), Kinderbücher, zuletzt das Mitmachbuch »Heute tanzt der Tangobär«; verschiedene Auszeichnungen, u. a. im Rahmen des Troisdorfer Bilderbuch-preises.
Bilder 43, 48, 159, 169, 186

Grauel, Günther geb. 1947 in Fulda; Grafik-Design-Studium und Kunsterziehung; lebt in Gudensberg; veröffentlichte Illustrationen und Schulbücher.
Bilder 116, 120-121

Grill, Harald geb. 1951 in Niederbayern; Pädagogischer Assistent; lebt als freier Schriftsteller in Wald (Landkreis Cham); ver-öffentlichte Lyrik, Theaterstücke und Kinder-bücher, zuletzt »Gute Luft, auch wenn's stinkt«; Kulturförderpreis der Stadt Regens-burg (1983).

157 Geschichte

Grosche, Erwin geb. 1955 in Berge / Kr. Lippstadt; Schauspieler, Schriftsteller, Kabarettist; lebt in Paderborn; veröffent-lichte Schallplatten und Kinderbücher, zu-letzt »Marmelade Rübenkraut«; erhielt den deutschen Kleinkunstförderpreis (1985).

80 Der Abschiedsbrief der Frau
   Schmidt
157 Die kleinen Krebse
296 Die Suppengeschichte oder
    Schmalhans wird Küchen-
    meister
124 Hauchgedicht

Große, Manfred geb. 1930 in Dresden-Neu-stadt; seit 1932 Berliner; Grundschullehrer, 1972 Prof. für Grundschulpädagogik an der PH, 1980 an der Hochschule der Künste Berlin. Dort Veröffentlichungen von illustrier-ten Leseheften für Kinder, Herausgeber von Studentenarbeiten, z. B. »Anti-Atom-Fibel«, »Berlinische Gespräche« und Herausgeber (mit Lore Kraft) von fantastischen Kinderge-schichten.

192 Ähm
126 Die Jacke
47 Tante Almas Geburtstag
249 Todesanzeige
239 Was rappelt da im Schrank?

Grote, Wilfrid geb. 1940 in Hannover; frei-schaffender Autor; lebt in München; veröf-fentlichte Theaterstücke für Kinder (»König in der Pfütze«, »Hektors Hose«), Bücher, Schallplatten und Lieder (»Mupf, Lieder für aufmüpfige Kinder«); Preis der Autorenstif-tung, Frankfurt (1984).

142 Nicht mit den Wölfen heulen
156 Schuh und Eier
312 Schwarze Blüten

Guggenmos, Josef geb. 1922 in Irsee (Allgäu); Studium der Kunstgeschichte und Germanistik; Verlagslektor, seit 1957 freier Schriftsteller; lebt in Irsee; veröffentlichte Lyrik, Übersetzungen, Erzählungen und zahlreiche Kinderbücher, u. a. »Was denkt die Maus am Donnerstag?«, »Sonne, Mond und Luftballon«; erhielt die »Prämie zum Deutschen Jugendbuchpreis« (1968), den Friedrich-Bödecker-Preis (1984) und andere Auszeichnungen.

233 Da sitze ich und suche
116 Der Kater Kurfürst Wenzeslaus
157 Der Rhein
161 Glück
287 Krähen
276 Nun aber ist zu berichten
295 Ohne uns
288 Rätsel
57 Suche!
166 Was ist der Löwe von Beruf?

Gullatz, Ingrid geb. 1935 in Schanghai; studierte Germanistik und Kunstgeschichte; verschiedene Jobs; Heirat, drei Kinder; lebt in Weinheim a. d. Bergstr.

226 Das Farbenspiel
188 Das Poesiealbum

Gündisch, Karin geb. 1948 in Cisnădie (Siebenbürgen), Rumänien; studierte Deutsch und Rumänisch in Bukarest; lebt seit 1984 mit Familie in Bad Krozingen; veröffentlichte zuerst Geschichten in einem Schulbuch; erhielt für ihr erstes Kinderbuch (»Geschichten über Astrid«) den Peter-Härtling-Preis (1984).

79 Kerstin
182 Lisa
300 Stefan
218 Thomas

Haidegger, Christine geb. 1942; Aufenthalt in England, Frankreich, Italien; lebt in Salzburg; veröffentlichte Lyrik, Romane; erhielt verschiedene Literaturpreise.

287 Seit Papa weg ist

Haidegger, Eberhard geb. 1940 in Deutenham / Österreich; Eisenbahner; lebt in Salzburg; veröffentlichte Texte in verschiedenen Anthologien, Satire und anderes.
Text-Bild-Collage »Autor Eberhard Haidegger stellt sich vor« 314- 315

260 Ochs & Esel an der Krippe

Hanisch, Hanna geb. 1920 in Thüringen; Spielpädagogin; lebt in Goslar; veröffentlichte Texte für Schultheater, Erzählungen und Märchen, u. a. »Das große Tam-Tam« (Märchen).

144 Kindervers

Hannover, Heinrich geb. 1925 in Anklam / Pommern; seit 1954 Rechtsanwalt in Bremen; veröffentlichte gesellschaftskritische Sachbücher und Kinderbücher.

263 Der vorbestrafte Clown

Harranth, Wolf geb. 1941 in Wien; Autor und Übersetzer, MA beim Rundfunk; lebt in Wien; veröffentlichte Übersetzungen, Lyrik, Texte für Kinder; erhielt mehrfach den Österreichischen Staatspreis und als Übersetzer den Deutschen Jugendliteraturpreis (1982).

313 Am Anfang, am Ende
301 Aus Dr. Sprücheklopfers
   Raritätensammlung
    44 Geburtstagsgedicht (1)
218 Geburtstagsgedicht (2)
93 Rechnen für Anfänger
41 Zoologie

Härtling, Peter geb. 1933 in Chemnitz (heute Karl-Marx-Stadt); arbeitete als Journalist, Lektor und Verlagsleiter; seit 15 Jahren freier Schriftsteller; veröffentlichte Gedichte, Aufsätze, Romane, Lyrik, Kinderbücher, zuletzt »Waiblingers Augen« (Roman) und »Krücke«; ausgezeichnet mit zahlreichen Literaturpreisen, u. a. mit dem Deutschen Jugendbuchpreis (1976), dem Zürcher Kinderbuchpreis (1980), dem Friedrich-Hölderlin-Preis der Stadt Bad Homburg (1987).
Zuerst veröffentlicht in der Zeitschrift »Mücke« (1981).

150 Das wandernde Bäumlein

Heidelbach, Nikolaus geb. 1955 in Köln; studierte Germanistik; lebt als freischaffender Künstler in Köln; veröffentlichte Illustrationen, Cartoons, Bilderbücher für Erwachsene und Kinder, u. a. »Das Elefantentreffen«, »Der Ball«, »Vorsicht Kinder«; erhielt den Kinder- und Jugendbuchpreis der Stadt Oldenburg (1982).
Bilder 93, 207, 303

Hein, Manfred Peter geb. 1931 in Darkehmen / Ostpreußen; Studium; lebt als freier Schriftsteller in Karakallio / Finnland; veröffentlichte Lyrik, Erzählungen, Essays, Übersetzungen, zuletzt »Zwischen Winter und Winter« (Gedichte); erhielt den Peter-Huchel-Preis (1984).

154, 155 Schneemannchen, Schneemannchen

Herfurth, Egbert geb. 1944 in Wiese (Schlesien); Lehre als Offsetretuscheur; Studium an der Hochschule für Grafik und Buchkunst in Leipzig; seit 1977 freischaffend tätig; lebt in Leipzig; zahlreiche Einzelausstellungen; veröffentlichte Illustrationen, Cartoons, Buchausstattungen, Bilderbücher, Plakate und so weiter; Kunstpreis der Stadt Leipzig.
»Zum Zuständekriegen« ist der 11. Leipziger Bilderbogen (1981), Holzstich (z. T. koloriert).
›Das Spiel der Liebe‹ (Bild) 62,
›Trost‹ (Bild) 293

236 Zum Zuständekriegen

Heyduck-Huth, Hilde geb. 1929 in Niederweise / Ts., aufgewachsen in Frankfurt / M; Studium an der Akademie in Kassel; Kunsterzieherin; seit 1958 freiberuflich; lebt in Süddeutschland; diverse Ausstellungen; veröffentlichte Kinderbücher, u. a. »Kommt ein Mann mit Katz und Huhn«; ausgezeichnet mit dem Premio Grafico (1967).

265 Streit bei Tisch

Höchtlen, Norbert geb. 1945 in München; Grafik-Studium; lebt in München und arbeitet in einer Werbeagentur; veröffentlichte Texte, Bilder, Bilderbücher.

204 Also, ich sehe da . . .

Hohler, Franz geb. 1943 in Biel (Schweiz); lebt als Kabarettist und Schriftsteller in Zürich, tritt mit Soloprogrammen auf und schreibt Bücher, auch für Kinder; erhielt für »Tschipo« den Kinder- u. Jugendbuchpreis der Stadt Oldenburg (1978).

113 Der Mann auf der Insel
186 Ein starkes Erlebnis

Hohmann, Rainer geb. 1944 in Borken bei Kassel; Lehrer; veröffentlichte Lyrik, Prosa für Kinder und Erwachsene.

293 Großmutter

Hoorn, Britta van geb. 1961 in Hamburg; Studium von Illustration und Buchkunst in Hamburg; lebt dortselbst als freie Illustratorin und Buchkünstlerin.
Bilder 32, 40, 57, 134, 144, 161, 276

228 Wolkenbilder

Höpner, Karin geb. 1965 in Versmold; studierte Lehramt Sonderpädagogik; lebt in Dortmund.

49 JETZT

Huster, Marie-Luise geb. 1947 in Herten i. Westf.; Studium der Psychologie, Soziologie und Philosophie; lebt nach Auslandsaufenthalt in Hamburg; veröffentlichte Lyrik, Prosa, Hörspiele in Anthologien und Zeitschriften.

227 Robinson Kruse

Hütter, Mathias geb. 1960; studierte Grafik-Design und Illustration in Kiel und Buffalo (USA); arbeitet als selbständiger Grafik-Designer und Illustrator in Kiel; veröffentlichte Zeichnungen in der ›New York Times‹, in ›TransAtlantik‹ und in Tageszeitungen (TAZ).

225 Traumtänzer

Jahnke, Marion geb. 1962 in Kiel; Studentin des Kommunikations-Designs; lebt in Kiel.
Bild 253

Janisch, Heinz geb. 1960 im Burgenland (Österreich); Studium und Arbeit für verschiede Zeitschriften; freier MA des ORF; lebt in Niederösterreich; veröffentlichte in Zeitschriften und Anthologien; erhielt verschiedene Literaturpreise.

249 Beim Geschirrabtrocknen
62 Liebesgedicht
227 Mitteilung!

Jaschke, Gerhard geb. 1949 in Wien; lebt dortselbst als freier Schriftsteller; Herausgeber der Literatur- und Kunstzeitschrift »Freibord«; Lehrbeauftragter für Literaturgeschichte an der Akademie; veröffentlichte Lyrik, Prosa in Zeitschriften und Buchpublikationen; verschiedene Literaturpreise.

277 es kann schon sein

Jatzek, Gerald geb. 1956 in Wien; lebt dortselbst »sowie zeitweise in Panik«; schreibt Lieder, Gedichte, Geschichten, Hörspiele für Kinder und andere Menschen; veröffentlichte u. a. »Mira und der Schnüffelbold«; Literaturstipendium der Stadt Wien.

61 Die Kinder mit dem Plus-Effekt
62 Schlaugummi

Johansen, Hanna (-Muschg) geb. 1939 in Bremen; lebt in Kilchberg bei Zürich; veröffentlichte Übersetzungen aus dem Amerikanischen, Romane, Erzählungen, Verse und Geschichten für Kinder, Kinderbücher (auch unter dem Namen H. Muschg), zuletzt »Felis, Felis«; erhielt verschiedene Literaturpreise, u. a. den Marie-Luise-Kaschnitz-Preis (1986).

12 Zehn Hasengedichte

Junge, Norman geb. 1938 in Kiel; gelernter Schriftsetzer, Werkakademie in Kassel; lebt als freischaffender Künstler in Köln; Ausstellungen; veröffentlichte Cartoons, Filme und bisher zwei Bilderbücher; zweimal ausgezeichnet mit dem Troisdorfer Bilderbuchpreis (1986, 1987) für einen Videofilm.
Bild 301

Kahlau, Heinz geb. 1931 in Drewitz b. Potsdam; Gelegenheitsarbeiter, Traktorist, Funktionär, freier Schriftsteller; veröffentlichte zahlreiche Gedichte, u. a. »Der Fluß der Dinge« (1964).
Die hier vorgelegten Texte wurden mit Erlaubnis dem Sammelband »Bögen« (ausgewählte Gedichte 1950-1980), Aufbau Verlag, Berlin 1981, entnommen.

62 Das Vorbild
270 Störendes Lied
293 Valentina

Karl, Günter geb. 1947 in Heidelberg; Grafik-Studium; arbeitete in einer Werbeagentur, jetzt freischaffender Künstler und Illustrator für Verlage und Zeitschriften; lebt in Mannheim; veröffentlichte mehrere Bilderbücher für Kinder.
Collage 162

Kerner, Charlotte geb. 1950 in Speyer; studierte Volkswirtschaft und Soziologie; längere Studienaufenthalte in Kanada und China; jetzt freie Journalistin und Autorin in Lübeck; veröffentlichte u. a. Biographien (Lise Meitner, M. S. Merian); erhielt den Deutschen Jugendliteraturpreis (1987).

164 Vom Seidenwurm und Schmetterling

Kersten, Detlef geb. 1948 in Berlin; studierte Grafik Design an der Hochschule der Künste in Berlin (Prof. Spohn); lebt seit 1975 in der Nähe von Hannover; Art-Director »Spielen + Lernen«; veröffentlichte zahlreiche Illustrationen in Zeitschriften und Büchern, sowie Cartoon-Bücher für Kinder oder Erwachsene.
Bilder 1, 4, 11

Klages, Simone geb. 1956 in Hamburg; Ausbildung zur Diplom-Designerin; lebt als freischaffende Künstlerin in Hamburg; veröffentlichte Illustrationen, ein erstes Bilderbuch und einen Roman für Kinder zur Fortsetzung im Magazin Der Bunte Hund, »Mein Freund Emil«.
Der vorliegende Text (mit Holzschnitten) wurde aufgrund von Interviews als Privatdruck (1984) in kleiner Auflage veröffentlicht; hier (seitenverkleinert und neu umbrochen)

im Auszug; die Originalausgabe umfaßt 28 Seiten.
Gunstpostkarte (Bild) 25

209 Ich bin doch nicht die Hildegard Knef

Kleberger, Ilse geb. 1921 in Potsdam; dreißig Jahre lang praktizierende Ärztin, schrieb nebenbei; seit 10 Jahren freie Autorin; lebt in Berlin; veröffentlichte Lyrik, Biographien, Kinder- und Jugendbücher, u. a. »Unsere Oma«, sowie Biographien (Menzel, Kollwitz, Barlach, Suttner).
Foto 231

229 Operation im Zoo

Klessmann, Eckart geb. 1933 in Lemgo/Lippe; nach dem Studium Volontär, dann MA verschiedener Zeitungen; seit 1977 freier Schriftsteller in Hamburg; veröffentlichte Lyrik, Dokumentationen, Erzählungen, Biographien, zuletzt über E. T. A. Hoffmann.
Die vorliegende Arbeit wurde zuerst im Magazin Der Bunte Hund (Nr. 2) veröffentlicht.

241 Matthias Claudius, der Wandsbecker Bote

Klusemann, Georg S. 343

Knorr, Peter geb. 1956 in München; studierte Kunsterziehung; lebt als freischaffender Künstler und Illustrator in Bischofsheim; veröffentlichte Buchillustrationen.
Bilder mit Kommentar 258, 259

Könner, Alfred geb. 1921 in Schlakendorf/Schlesien; studierte Germanistik, Kunstgeschichte, Pädagogik; lebt als Verlagslektor und Schriftsteller in Berlin (DDR); veröffentlichte Gedichte, Geschichten und zahlreiche Kinderbücher.

276 Wohnen im Baum

Koppe, Susanne geb. 1963 in München; Studium Germanistik, Pädagogik u. Psychologie; Studienaufenthalt in Boston (USA); lebt in München; veröffentlichte eine Kurzgeschichte in einer Anthologie.

317 Die Armee der schwarzen Soldaten

Kötter, Ingrid geb. 1934 in Hagen; Berufsausbildung zur Großhandelskauffrau; lebt als freie Autorin in Tübingen; veröffentlichte Hörspiele, Drehbücher, Lyrik, Kurzgeschichten, Kinderbücher, u. a. »Von Supereltern kannst du träumen«, »Manchmal bin ich nachts ein Riese«.

168 Alles in Gottes Hand
220 Regen bringt Segen

Krechel, Ursula geb. 1947 in Trier; war Theaterdramaturgin; lebt als freie Schriftstellerin in Frankfurt a. M.; veröffentlichte Gedichte, Theaterstücke, Prosa.

221 Der Tankwart
96 Mahlzeit

Krüger, Sara geb. 1953 in Schwaben; Studium der Germanistik und Pädagogik; lebt und arbeitet als Bibliothekarin in Frankfurt a. M.

101 Angst
41 Banane, Zitrone . . .
248 Bauchschmerzen
49 Der Aufsatz
191 Der Gutenachtkuß
233 Die Rechenaufgabe
174 Ein Märchen
234 Mißverständnis
181 Neuigkeiten
155 Religion

Kruse, Max geb. 1921 in Bad Kösen; Kurzstudium, Kaufmann, Werbetexter; lebt jetzt als freier Schriftsteller im Süden von München; veröffentlichte Romane, Reisebücher, Hörspiele, Theaterstücke, Kindergedichte und viele Kinder- und Jugendbücher, darunter die »Urmel«-Serie, »Die versunkene Zeit« (Biographie), »Der Schattenbruder« (Roman), und Reisebücher (China, Ägypten).

34 Vom Mann und der Gans

Kruse, Sigrid geb. 1941 in Berlin; aufgewachsen in Dortmund; Studium an der Fachhochschule für Bibliothekswesen in Köln; Bibliothekarin und Schriftstellerin in Duisburg; veröffentlichte Lyrik u. Erzählungen, u. a. »Tahiti ist irgendwo«; Lyrikpreis »Kultur in NRW« (1984), Förderstipendium des Landes NRW (1985).

140 Hinter der Tür

Künzler-Behncke, Rosemarie geb. 1926 in Dessau; studierte Philologie; lebt in München; veröffentlichte Texte in Zeitschriften, Anthologien, Kinderbücher, u. a. »Markus möchte alles wissen«, »Jakob und der Strichmann«.

150 Damals und heute
11 Erde
40 Was mein Vater sagt

Lefebvre, Gabriel geb. 1959 in Paris; studierte Grafik; lebt in Mons (Belgien); veröffentlichte Zeichnungen, Plakate; verschie-

dene Ausstellungen; erhielt mehrere Kunstpreise.
Bild 155, 206

Lenzen, Hans Georg geb. 1921 in Moers/ Niederrhein; Studium der Kunst und Kunstpädagogik; Professor im Fachbereich Design; Übersetzer, Maler; lebt in Grevenbroich; veröffentlichte u. a. Texte für Kinder, Märchenparodien, Bilderbücher; erhielt als Übersetzer den Deutschen Jugendbuchpreis (1982).

79 Knopf-Parade

Lodahl, Karin geb. 1951 in Halberstadt; studierte Geschichte und Deutsch für das Höhere Lehramt; seit 1988 Kaufm. Angestellte; lebt in Hannover; veröffentlichte Kurzgeschichten in Zeitungen.

303 Gehen

Loeser-Helmer, Gisela geb. 1950 in Fulda; Meisterschülerin im Fachbereich visuelle Kommunikation; lebt in einem kleinen Dorf namens Papenrode (Niedersachsen); veröffentlichte Illustrationen; Preisträgerin im Illustrationswettbewerb »Sprechende Bilder«, Berlin.

27 Achtung

Loschütz, Gert geb. 1946 in Genthin/Mark Brandenburg; lebt als freier Schriftsteller in Frankfurt a. M.; veröffentlichte Gedichte, Erzählungen, Hörspiele, Theaterstücke, zuletzt die Erzählung »Das Pfennig-Mal«; erhielt verschiedene Literaturpreise und den Kinder- u. Jugendbuchpreis der Stadt Oldenburg (1987).
Das vorliegende Gedicht wurde 1980 in »Diese schöne Anstrengung« erstveröffentlicht.

277 Besuch

Lüneburg, Wiebke geb. 1952; Diplom-Sozialpädagogin, Grafikstudium; tätig als Illustratorin und freie Grafikerin; lebt in Brügge; veröffentlichte Illustrationen u. a. in Zeitschriften.
Bild 127

Lustig, Georg geb. 1969 in Freiburg i. Brsg.; seit 1986 Musikstudium in Würzburg (Oboe); verschiedene Bildausstellungen.
Die Geschichte vom Jockel entstand 1986 und wurde im Kindermagazin Der Bunte Hund Nr. 17 erstveröffentlicht.

81 Die Geschichte vom Jockel
   aus der Suppenschüssel

Lypp, Maria geb. 1935 in Erfurt; lebt als Dozentin für Literaturwissenschaft in Dortmund; veröffentlichte wissenschaftliche Texte (u. a. über Kinderliteratur).

93 Anfangen

Maar, Paul geb. 1937 in Schweinfurt; Studium der Malerei und Kunstgeschichte; Bühnenbildner, Kunsterzieher und anschließend freier Schriftsteller; lebt in Bamberg; veröffentlichte Bühnenstücke, Bilderbücher und zahlreiche Kinderbücher (die er selbst illustriert hat), darunter u. a. »Eine Woche voller Samstage«, »Lippels Traum«, »Türme«; erhielt verschiedene Auszeichnungen, u. a. den Österreichischen Staatspreis (1987).

277 Mitten in der Nacht

Mai, Alfred geb. 1949 in Winterlingen (Schwäbische Alb); nach Volksschule und Malerlehre drei Jahre Fabrikarbeiter; Studium für das Lehramt, acht Jahre Realschullehrer; seit 1985 freier Schriftsteller; lebt in Winterlingen; veröffentlichte Gedichte, Erzählungen, Romane, Hörspiele, zuletzt »Mutmach-Geschichten«, »Monis Freund«, »Nur für einen Tag«.

111 Eine neue Freundin

Manz, Hans geb. 1931 in Wila (Zürcher Oberland); Lehrer; lebt in Zürich; veröffentlichte Erzählungen, einen Roman, Übersetzungen, Gedichte und Kinderbücher, u. a. die Sprachbücher für Kinder, zuletzt »Lieber heute als morgen«; erhielt den Schweizer Schillerpreis (1977).

134 Der Krug
57 Der Stuhl (1)
63 Der Stuhl (2)
175 Frage und Antwort

Marsalek, Milan Max geb. 1948 in der CSSR; Studium in Prag; lebt in Hamburg; veröffentlichte Illustrationen und Cartoons.
Bilder 294, 295

Maschat, Ulrike geb. 1942 in Corny (Frankreich); Grafikstudium; lebt als freischaffende Grafikerin und Malerin in Mainz.
Türklingel (Bild) 304

Matticchio, Franco geb. 1957 in Varese/ Norditalien; lebt dort als freier Illustrator verschiedener italienischer Zeitschriften.
Bild 240, 302

Merian, Maria Sibylla – Zeichnungen
S. 166, 257, 300, 325, 328

335

Moser, Erwin geb. 1954 in Wien; Schriftsetzerlehre; danach freischaffend als Illustrator und Autor; lebt in Wien und im Burgenland; veröffentlichte zahlreiche Texte, Geschichten, Romane, Fabeln und Bilderbücher für Kinder, u. a. »Großvaters Geschichten«, »Der Rabe im Schnee«; erhielt verschiedene Auszeichnungen, u. a. in Japan den »Owl-Price« (1987).
Bild 54-55

54 Der Gott der Ameisen

Mühringer, Doris geb 1920 in Graz; lebt als freie Schriftstellerin in Wien; veröffentlichte Lyrik und Kurzprosa, zuletzt »Vögel, die ohne Schlaf sind«; erhielt u. a. den Georg-Trakl-Preis (1954).

57 Ach!

Müller, Ferdinand geb. 1926 im Harz; Lehrer und Kunsthistoriker; lebt in Weinheim a. d. Bergstr.; veröffentlichte u. a. kunsthistorische Essays.

288 Zum Gedicht »Inventur«

Müller, Günther geb. 1944 in Bad Gandersheim; Schriftsteller und Berufspädagoge; lebt in Hannover; veröffentlichte Lyrik, Prosa, Hörspiele; erhielt das niedersächs. Nachwuchsstipendium für Literatur (1980).

235 Frank ist traurig

Nöstlinger, Christine geb. 1936 in Wien; Studium an der Kunstakademie; lebt in Wien oder im Waldviertel; veröffentlichte Romane, Erzählungen, Drehbücher, Bilderbücher, Gedichte (auch in Mundart) sowie zahlreiche Kinder- und Jugendbücher, zuletzt die Neufassung des klassischen »Pinocchio«; ausgezeichnet mit zahlreichen Literaturpreisen, erhielt u. a. den Deutschen Jugendbuchpreis (1973) und den Österreichischen Staatspreis (1988), wurde für ihr Gesamtwerk mit der Hans-Christian-Andersen-Medaille (1984) ausgezeichnet.

13 Sepp und Seppi

Nöstlinger, Christine jun. geb. 1961 in Wien; studierte Psychologie in Wien; hat während des Studiums angefangen, Kinderbücher zu illustrieren.
Bilder 14, 15

Nahrgang, Frauke geb. 1951 in 3570 Stadtallendorf; lebt dort als Grundschullehrerin.

41 Es war einmal eine Ziege

Opgenoorth, Winfried geb. 1939 in Düsseldorf; Werkkunstschule; seit 1972 in Wien; seit 1979 Illustrator; veröffentlichte Illustrationen, Texte, Bilderbücher, u. a. »Das Bett ist gemacht«; verschiedene Illustrationspreise.
Handschrift und Bilder 50-51

46 »Auf, auf!« sprach da der Fuchs

Pausewang, Gudrun geb. 1928 in Wichstadt/Ostböhmen; Lehrerin und Schriftstellerin; unterrichtete 12 Jahre an deutschen Schulen in Chile, Venezuela und Kolumbien; lebt in Schlitz/Osthessen; veröffentlichte Romane, Jugendbücher, Kinderbücher, u. a. »Die letzten Kinder von Schewenborn«, »Die Wolke«; erhielt zweimal den Jugendbuchpreis »Buxtehuder Bulle« (1978, 1984) und den Gustav-Heinemann-Friedenspreis« (1984).

122 Ein Denkmal im Hafer
295 Werbung
168 Zwiegespräche

Pelz, Monika geb. 1944 in Wien; diverse Berufe; Studium der Philosophie und der Wirtschafts- und Sozialgeschichte; arbeitete an sozialempirischen Forschungsprojekten; lebt als freie Schriftstellerin in Wien; veröffentlichte Kinder- und Jugendbücher, u. a. »Anna im anderen Land«, »Diebe der Zeit« und »Reif für die Insel«; erhielt den Kinder- und Jugendbuchpreis der Stadt Oldenburg (1979).

201 Draußen

Peter, Renate geb. 1951 in Klein-Escherde; med. Assistentin und Yoga-Gymn.-Leiterin; lebt in Freiburg i. Br.

32, 145, 262, 319 Fragen über Fragen

Pörsel, Ortfried geb. 1932 in Breslau; Lehrer; Nebentätigkeit in der Lehrerfortbildung; lebt in Langen bei Bremerhaven; veröffentlichte Kindergedichte, Lieder.

192 Das Einmalquatsch
192 Klein, aber fein
48 Leicht zu verwechseln
192 Mit lieben Grüßen
192 So oder so
192 Wer ist das nur?

Rathenow, Lutz geb. 1952 in Jena (DDR); lebt als Schriftsteller in Berlin (DDR); veröffentlichte zahlreiche Bücher, zuletzt »Ostberlin – die andere Seite einer Stadt«, sowie

Texte für Kinder in verschiedenen Anthologien.

206 Erste Geschichte vom Kartoffelkäfer aus Thüringen
115 Was sonst noch passierte

Regner, Uwe geb. 1960 in Leipzig; Ausbildung zum Bibliotheksassistenten; lebt in Königsbrunn b. Augsburg.

148 Hell und dunkel

Richter, Jutta geb. 1955; studierte Theologie und Publizistik; lebt in der Nähe von Münster; schrieb als 17jährige das Tagebuch eines Amerika-Aufenthalts; veröffentlichte anschließend Romane, Erzählungen, Kinderbücher, u. a. »Himmel, Hölle, Fegefeuer« und »Prinz Neumann . . .«; wurde u. a. mit dem Förderpreis von NRW ausgezeichnet.

7 Der Riese

Rieper-Bastian, Marlies geb. in Bielefeld; Grafik-Design-Studium; lebt als freischaffende Künstlerin und Illustratorin in Braunschweig; zweijähriger Aufenthalt in Kamerun im Rahmen der Entwicklungshilfe; veröffentlichte Illustrationen.
Bilder 63, 160, 232, 233

161 Afrikanisches Abendessen
63 Wasser

Röckener, Andreas geb. 1956 in Münster; nach Grafik- u. Illustrationsstudium freischaffender Künstler; lebt in Hamburg; veröffentlichte Illustrationen und Bilderbücher, mit eigenen Texten, u. a. »Die Insel Marcu«, »Die Duschblume am Amazonas«, »Schnüffelratz & Feuerkäse«, »Zirkus Zabione«; im Rahmen des Troisdorfer Bilderbuchpreises ausgezeichnet.

94 Riesenschaf gezüchtet!
193 Samanthas Buch

Roure, Roland – Bild S. 33, 129

Ruck-Pauquèt, Gina geb. 1931 in Köln; alle möglichen Berufe; lebt als freie Schriftstellerin in Bad Tölz; veröffentlichte Lyrik, Hörspiele, Romane, Bilderbücher und zahlreiche Kinder- u. Jugendbücher.

60 Ein Fisch sein

Rudelius, Wolfgang geb. 1947 in Frankfurt a. M.; hat neun verschiedene Schulen besucht, zwei Lehren begonnen, dann Grafik und Pädagogik studiert; Schriftsetzer, Kaufmann, Straßenbahnschaffner, Fließbandarbeiter; dann Grafiker, Werkstättenleiter in

der Volkshochschulfortbildung, Illustrator und Gestalter von Kinderbüchern (u. a. bei Beltz & Gelberg); veröffentlichte bisher einen Roman (»Der Bosskopp«), Gedichte und Bilder.
Foto entnommen aus: Roland Roûre, Ein Bilderbuch, Draier Verlag, Friedberg 1988.
Fotocollage 33, Zeichnungen 167, 247, 265

143 Auch eine Liebesgeschichte

Samson, Horst geb. 1954 im Weiler Salcimi (während der Deportation in der rumänischen Baragansteppe); Lehrer und Journalist; lebt seit 1987 in Heidelberg; veröffentlichte Texte in verschiedenen Zeitschriften und Anthologien sowie Lyrik.
Die vorliegenden Texte gehören zu einem umfangreicheren Ms. mit Gedichten (»Texte für kleine Leute«), das ursprünglich 1985 in Bukarest erscheinen sollte, dann aber von der Zensur verboten wurde.

57 Banatschwäbische Kuckucksuhr
232 Bevor es losgeht

Schär, Brigitte geb. 1958 in Meilen bei Zürich; seit dem 14. Lebensjahr Gesangsausbildung; studierte Germanistik und Europäische Volksliteratur (Schwerpunkt Frauen- u. Kinderliteratur), unterrichtet an der italienischen Schule in Zürich Deutsch; veröffentlichte bisher ein Kinderbuch (»Das Schubladenkind«).

320 Der Hund

Schedler, Melchior geb. 1936 in Oberammergau; Kunststudium, Kinderfernsehmacher, Dramatug, Ausstellungsgestalter; lebt als freier Schriftsteller in München; veröffentlichte Theoretisches, Stücke, Hörspiele, Kinderbücher.
Bild 267

266 Vor unseren Augen

Scheffler, Axel geb. 1957 in Hamburg; Studium der Kunstgeschichte und Grafik; lebt als Illustrator in London; veröffentlichte Buchillustrationen.
Bilder 145, 152, 153

Schmid, Eleonore geb. 1939 in Luzern; Grafik-Studium; lebt als freischaffende Künstlerin in Zürich; veröffentlichte zahlreiche Bilderbücher; erhielt Auszeichnungen in Bologna und Bratislava.
Traumhaus (Bild) 188

Schneider, Rolf geb. 1932 in Chemnitz, heute Karl-Marx-Stadt; studierte Philologie; lebt als freier Schriftsteller bei Berlin (DDR);

veröffentlichte Prosa und Romane für Erwachsene, Geschichten für Kinder, u. a. »Die Abenteuer des Herakles«.

177 Das Märchen vom Bärwolf und der guten Prinzessin

Scholz, Dietmar geb. 1933 in Kunitz Krs. Liegnitz/Schlesien; Lehrberuf; lebt in Reutlingen; veröffentlichte u. a. Kinder- und Jugendbücher, Lyrik, Erzählungen; erhielt den Eichendorff-Literaturpreis.

250 Der Burgberg

Schreiber, Bernd geb. 1952 in der Pfalz; arbeitet halbtags mit Kindern und Jugendlichen im sozialen Bereich; lebt in Worpswede.

114 Blindekuh

Schreier, Helmut geb. 1941 in Stuttgart; Hochschullehrer an der Uni Hamburg; lebt in Hamburg; veröffentlichte Bücher zum Sachunterricht für Kinder (»Unsere Sache«) und zur Erziehungswissenschaft.

158 Die Sprache der Bäume

Schroeder, Joachim geb. 1961 in Stuttgart; Lehrer; lebte und arbeitete längere Zeit in Chile; lebt jetzt in Reutlingen.

271 Gefängnisbesuch

Schubiger, Jürg geb. 1936 in Zürich; Studium der Literaturwissenschaft und Psychologie; lebt als freier Schriftsteller und Psychotherapeut in Zürich; veröffentlichte Bücher für Erwachsene und für Kinder, zuletzt die Märchensammlung »Das Löwengebrüll«.

56 Die Einladung
321 Finger
300 Herbstgedicht

Schultze-Kraft, Peter – Übersetzer S. 265

Schütz, Hans geb. 1948 in Gochsen am Kocher; lebt als freier Autor in Tübingen; veröffentlichte Geschichten, Gedichte, Essays in Zeitungen, Rundfunk.

216 Der geheimnisvolle Fleck

Schwarz, Regina geb. 1951 in Beuel b. Bonn; Studium für das Lehramt an Volksschulen, Sozialpädagogik; lebt in Langenfeld/Rh.; veröffentlichte Gedichte in Anthologien; Preis beim Autorentreffen in NRW (1986).

294 Zettel von Max

Schweiggert, Alfons geb. 1947 in Altomünster; Sonderschullehrer, Buchkritiker, Autor und Illustrator; veröffentlichte Texte in Zeitschriften, Anthologien und zahlreiche eigene Buchpublikationen, darunter etwa 300 Kindergedichte.

77 Das Erdhaus

Siege, Nasrin geb. 1950 in Teheran; kam mit neun Jahren nach Deutschland; besuchte deutsche Schulen und studierte anschließend Psychologie in Kiel; arbeitete als Therapeutin an einer Suchtklinik; 1983-86 im Rahmen der Entwicklungshilfe (mit Mann und Tochter) in Tansania; lebt z. Zt. mit Familie in Kenia.

215 Das Bauchweh
144 Deine Hand in meiner Hand

Sigel, Kurt geb. 1931 in Frankfurt a. M.; lebt dortselbst als freier Autor; veröffentlichte bisher 14 Bücher mit Lyrik und Prosa sowie hess. Mundarttexte, zuletzt »Verse gegen taube Ohren«; erhielt mehrere Literaturpreise.

169 Doppelt
186 Wollen

Spohn, Jürgen geb. 1934 in Leipzig; Professor an der Hochschule der Künste, Berlin; Ausstellungen; veröffentlichte Gedichte, Illustrationen, Bilderbücher (stets mit eigenen Texten), Kinderbücher, Koch- und Fotobücher; erhielt viele internationale Auszeichnungen, u. a. den »Goldenen Apfel« auf der BiB (1969) und den Deutschen Jugendbuchpreis (1981).
Bilder 166, 329

40 Windei

Steffens, Klaus geb. 1946 Krs. Herford; Grafik-Design-Studium; lebt als freier Grafiker und Buchkünstler in Waghäusel; veröffentlichte Illustrationen und Buchausstattungen.
Bild 174

Stein-Fischer, Evelyne geb. in Paris; Studium der Zeitungswissenschaften und Gebrauchsgrafik; lebt in Wien; veröffentlichte Texte, Bilder für Erwachsene, Kinderbücher.
Bilder 58

Stöckle, Frieder geb. 1939 in Schorndorf; Studium der Bildhauerei und Kunstgeschichte; Lehrer und Schriftsteller; veröffentlichte Kinder-, Jugend- und Sachbücher, u. a. »Fahrende Gesellen«, »Feld-Wald- und Wiesenspiele«.

136 Der Grausulch in der Hecke
316 Hufeisen bringen Glück
257 Korbmacher sind arme Leute
252 Unsagbar

Suescún, Nicolás geb. 1937 in Bogotá (Kolumbien); Lyriker und Erzähler; lebt in Bogotá, wo er heute Direktor der Bibliothek der Nationaluniversität ist. Das hier abgedruckte Gedicht schrieb er 1971 in Berlin, als Stipendiat des Deutschen Akademischen Austauschdienstes.
265 Gedicht über das Schweigen

Taschau, Hannelies geb. 1937 in Hamburg; lebt als freie Schriftstellerin in Hameln; veröffentlichte Romane, Gedichte, Hörspiele, Erzählungen.
116 Oder: Das Wunder
313 Oder: Liebe
322 Stell deine Fragen

Teuffenbach, Ingeborg geb. 1914 in Wolfsburg / Kärnten; lebt in Innsbruck; veröffentlichte Lyrik, Hörspiele und eine Biographie (Lavant); erhielt verschiedene Literaturpreise.
238 Ein Sätzchen zum Nachdenken

Tollmien, Cordula geb. 1951 in Göttingen; Studium der Mathematik und Physik, anschließend Tätigkeit in der Erwachsenenbildung; seit 1980 literarische Arbeiten; seit 1986 Studium mittlerer und neuerer Geschichte; lebt in Hann. Münden; veröffentlichte das Kinderbuch »La gatta heißt Katze«, ausgezeichnet mit dem Peter-Härtling-Preis für Kinderliteratur (1986).
74 Der Adler
80 Der Bär
224 Die Doofe
118 Zwerg und Riese

Tzscheuschner, Irmtraud geb. 1940 in Eichstätt (Bayern); Steuerassistentin, seit Geburt des ersten Kindes Hausfrau; lebt in Ansbach (Mittelfranken); veröffentlichte Texte für Erwachsene.
59 Junge – dein Haus brennt ab!

Ullrich, Ingeborg S. 344

Voigt, Karin lebt in Mannheim; veröffentlichte Lyrik, Fotos; erhielt verschiedene Literaturpreise.
277 greenpeace – grüner frieden

Wendt, Irmela geb. 1916 im Fürstentum Lippe; Volksschullehrerin und Grundschulrektorin, frei seit 1979; lebt in Dörentrup / Lippe; veröffentlichte Texte, Erzählungen, Lyrik, Kinderbücher.
31 Aussteiger
254 Die Geschichte von Chris

Wickert, Utta geb. 1941 in Magdeburg; Grafikerin und Herstellerin; lebt als Medien-Consultant, Journalistin in Rom; veröffentlichte Bücher für Kinder, Jugendliche, Erwachsene, zuletzt »Die eigene Haut«; erhielt den Deutschen Jugendbuchpreis (1978).
94 Ein Zauberhund

Wiemer, Rudolf Otto geb. 1905 in Friedrichroda / Thüringen; Lehrer in Böhmen, Thüringen, Niedersachsen bis 1967; lebt in Göttingen; veröffentlichte Lyrik, Romane, Erzählungen, Kinderbücher; verschiedene Literaturpreise.
276 Die Wolke
39 Drei Wörter
261 Fragen an den Mann, der den Himmel durchstieß

Wilharm, Sabine geb. 1954 in Hamburg; Ausbildung an der Fachhochschule f. Gestaltung; seit 1976 freischaffend und Lehrauftrag Illustration; Illustratorin; lebt in Hamburg; veröffentlichte zahlreiche Illustrationen und das Bilderbuch »Zehn Mäuse auf der Rutsche«.
Bild 113

Wittkamp, Frantz geb. 1943 in Wittenberg; studierte Kunsterziehung und Biologie; unterrichtete bis 1970; seither freischaffender Grafiker in Lüdinghausen; unterhält dort (zusammen mit seiner Frau) eine Galerie für eigene Werke; veröffentlichte Illustrationen, Gedichte, Kinderbücher, u. a. »Ich glaube, daß du ein Vogel bist« (Gedichte) und »Oben in der Rumpelkammer«.
Bild 26, 79
152 Auf der Erde neben mir (Dreizehn Vierzeiler)
124 Der Dichter macht mir ein Gedicht
149 Du bist da, und ich bin hier
64 Erzähl doch bitte weiter
26 Gute Nacht
313 Wie lange mag ich hier schon liegen?

Wittmann, Josef geb. 1950 in München; Kabarettist; lebt in Tittmoning / Obb.; veröf-

fentlichte Lyrik, Texte (auch in Mundart), Szenen, Erzählungen.
173 Hänsel und Gretel

Zeevaert, Huberta geb. 1931 in Aachen; kaufmännische Ausbildung; Verwaltungsarbeit in einem Museum; Mutter und Hausfrau; Arbeit für Hilfsprojekte für Kinder in Slums; lebt in Aachen; veröffentlichte in verschiedenen Zeitschriften.
159 Das Ausruf- und das Fragezeichen
182 Der Freitag und der Donnerstag
43 Der Nußknacker
269 Stilleben

Zehner, Waltraud geb. 1947 in Eltville; studierte Germanistik und Romanistik; journalistisch tätig für Rundfunk und Presse; lebt in Königstein; veröffentlichte Lyrik.
248 Elternstreit
232 Fremder Mann

Zeitungsausschnitte – S. 163, 184 / 5

Zurbrügg, Christina geb. 1961 in Kiental (Berner Oberland); Schauspielerin; Studium klass. Gesang; lebt in Wien.
223 Vom Mädchen, das alles haben wollte

Nachweis der Foto-Beiträge:
Roland Bauer (257, 316); Dorothea Göbel (61, 135); Günter Holm (157); Sabine Jörg (249, 312); Ilse Kleberger (231); Helmut Seitz (78); Ernst Steingässer (322); Ernst Volland (56).

Der Nachdruck des alten Bilderbogens aus Neu-Ruppin auf Seite 208 wurde durch freundliche Hilfe des Archivs Dietrich Hecht, Aschaffenburg, ermöglicht.

Alle Texte zum Wiederfinden

ABC (Bild) 8
Abendlied 242
Ach! 57
Achtung 27
Afrikanisches Abendessen 161
Ähm 192
Alles in Gottes Hand 168
Alphabetisches Mißverständnis
50
Als wir die Erde räumen mußten
102
Also, ich sehe da . . . 204
Am Anfang, am Ende 313
Anfangen 93
Angst 101
Anna, genannt die Humpelhexe
65
Art und Herkunft unbekannt 153
Auch eine Liebesgeschichte 143
»Auf, auf!« sprach da der Fuchs
46
Auf der Erde neben mir 152
Aus Dr. Sprücheklopfers Raritä-
tensammlung 301
Aussteiger 31

Banane, Zitrone . . . 41
Banatschwäbische Kuckucksuhr
57
Bauchschmerzen 248
Beim Geschirrabtrocknen 249
Besuch 277
Bevor es losgeht 232
Blindekuh 114
Bruder Jan 119
Bücher kann man lesen 149
Busselreime 56

Computer-Lied 300

Da sitze ich und suche 233
Damals kannten wir uns noch
nicht 152
Damals und heute 150
Das Ausruf- und das Fragezei-
chen 159
Das Bauchweh 215
Das Datum meines Geburtstags
234
Das duschende Gespenst 42
Das Einmalquatsch 192
Das Erdhaus 77

Das Farbenspiel 226
Das Kind, das nicht an Gespen-
ster glaubte 23
Das Kirschglas 146
Das kleine braune Huhn 219
Das Märchen vom Bärwolf und
der guten Prinzessin 177
Das Poesiealbum 188
Das Vorbild 62
Das wanderde Bäumlein 150
Deine Hand in meiner Hand 144
Demonstration 172
Den Denker darfst du alles fragen
153
Derr Abschiedsbrief der Frau
Schmidt 80
Der Adler 74
Der Arzt von Korinth 139
Der Aufsatz 49
Der Bär 80
Der Burgberg 250
Der Dichter macht mir ein Ge-
dicht 124
Der Erfinder 327
Der Freitag und der Donnerstag
182
Der geheimnisvolle Fleck 216
Der Gott der Ameisen 54
Der Grausulch in der Hecke 136
Der Gutenachtkuß 191
Der Hund 320
Der Junge und sein Vorurteil 127
Der Kater Kurfürst Wenzeslau 116
Der Krug 134
Der Mann auf der Insel 113
Der Nußknacker 43
Der Rhein 157
Der Riese 7
Der rote Ballon 36
Der seltsame Zweig 45
Der Stuhl 57, 63
Der Tankwart 221
Der vorbestrafte Clown 263
Die Armee der schwarzen Solda-
ten 317
Die Doofe 224
Die Einladung 56
Die Februarnacht 268
Die Geschichte vom Jockel aus
der Suppenschüssel 81
Die Geschichte von Chris 254
Die Jacke 126
Die Kinder mit dem Plus-Effekt 61
Die kleinen Krebse 157

Die kurze Geschichte vom Blei-
stift und vom Mond 64
Die Rabeneltern hatten ein Kind
152
Die Rechenaufgabe 233
Die Sprache der Bäume 158
Die Suppengeschichte oder
Schmalhans wird Küchenmei-
ster 296
Die Wolke 276
Dieses abenteuerliche Maschin-
chen 203
Doppel 169
Dort, wo die Welt aufhört 294
Draußen 201
Drei gefährliche Piraten 59
Drei Wörter 39
Du bist da, und ich bin hier 149

Eben hat er angefangen 153
Ein Denkmal im Hafer 122
Ein Fisch sein 60
Ein Lied in der Haushaltung 245
Ein Lied um Regen 243
Ein Mann 293
Ein Märchen 174
Ein Sätzchen zum Nachdenken
238
Ein starkes Erlebnis 186
Ein Zauberhund 94
Eine neue Freundin 111
Eine schöne Gutenachtge-
schichte 297
Eins, zwei, drei, fünf 152
Elternstreit 248
Endlosgeschichte 222
Enzo 131
Erde 11
Erste Geschichte vom Kartoffel-
käfer aus Thüringen 206
Erzähl doch bitte weiter 64
es kann schon sein 277
Es mußte kommen 153
Es war einmal eine Mücke 223
Es war einmal eine Ziege 41
Etwas Großes zu vollbringen 152

Feuer, Wasser, Luft und Erde 207
Finger 321
Frage und Antwort 175
Fragen an den Mann, der den
Himmel durchstieß 261
Fragen über Fragen 32, 145, 262,
319

339

Frank ist traurig 235
Fremder Mann 232
Fritze 245
Frühlingswasser 156

Geburtstagsgedicht 44, 218
Gedicht über das Schweigen 265
Gefängnisbesuch 271
Gehen 303
Geschichte 157
Glück 161
greenpeace – grüner frieden 277
Großmutter 293
Gute Nacht 26

Hänsel und Gretel 173
Hauchgedicht 124
Hell und dunkel 148
Herbstgedicht 300
Hinter der Tür 140
Hufeisen bringen Glück 316

Ich bin doch nicht die Hildegard
    Knef 209
In der wirklichen Welt 117
Inventur 288

JETZT 49
Junge – dein Haus brennt ab! 59

Kerstin 79
Kinderkreuzzug 128
Kindervers 144
Klein, aber fein 192
Kleine Tiere 52
Knopf-Parade 79
Korbmacher sind arme Leute 257
Krähen 287
Kuckuck 247

Leicht zu verwechseln 48
Liebesgedicht 62
Lisa 182

Mahlzeit 96
Matthias Claudius, der Wands-
    becker Bote 241
Mein Hund stirbt 97
»Micky Macker«, Lied 75
Millionen Jahre war es gutgegan-
    gen... 170
Mirjam 309
Mißverständnis 234
Mit lieben Grüßen 192

Mitteilung! 277
Mitten in der Nacht 277
Morgen 44

Neuigkeiten 181
Neulich räumte meine Mutter
    mein Zimmer auf 187
Nicht mit den Wölfen heulen 142
Nun aber ist zu berichten 276
Nur kein Neid 126

Ochs & Esel an der Krippe 260
Oder: Das Wunder 116
Oder: Liebe 313
Ohne uns 295
Operation im Zoo 229

Pygmalion 305

»Radioaktivität« 125
Rätsel 6, 41, 48, 57, 192, 228
Rechnen für Anfänger 93
Regen bringt Segen 220
Regenbogen 19
Regenwurm 45
Religion 155
Riesenschaf gezüchtet! 94
Robinson Kruse 227

Samanthas Buch 193
Schlaraffia 76
Schlaugummi 62
Schneemannchen, Schnee-
    mannchen 154, 155
Schriftbilder 183
Schuh und Eier 156
Schwarze Blüten 312
Schwarzer Freitag im April 278
Seit Papa weg ist 287
Sepp und Seppi 13
Sie sang so laut 153
Siegbald's Reise 289
So oder so 192
Spuren 103
Stefan 300
Stell deine Fragen 322
Stell dir vor, wir beide wären 152
Sternguckerfragen 117
Stilleben 269
Störendes Lied 270
Streit bei Tisch 265
Suche! 57

Tante Almas Geburtstag 47
Thomas 218

Todesanzeige 249
Traumhaus (Bild) 188
Traumtänzer 225

Uhr 124
Unsagbar 252
Uschelreime 202

Valentina 293
Vom Mädchen, das alles haben
    wollte 223
Vom Mann und der Gans 34
Von den großen Männern 166
Von Seidenwurm und Schmetter-
    ling 164
Vor unseren Augen 266
Voraussagen 205
Vorwort 5

Was alles braucht's zum Para-
    dies 134
Was ich sein möchte 161
Was ist der Löwe von Beruf? 166
Was mein Vater sagt 40
Was rappelt da im Schrank? 239
Was sonst noch passierte 115
Wasser 63
Wer ist das nur? 192
Werbung 295
Wie lange mag ich hier schon lie-
    gen? 313
Windei 40
Winterwunschnacht 227
Wohnen im Baum 276
Wolkenbilder 228
Wollen 186
Wörter können Wunder sein 152

Zehn Hasengedichte 12
Zettel von Max 294
Zoologie 41
Zum Gedicht »Inventur« 288
Zum Gedicht »Kinderkreuzzug«
    128
Zum Gedicht »Von den großen
    Männern« 167
Zum Zuständekriegen 236
Zwerg und Riese 118
Zwiegespräche 168

»Jahrbücher der Kinderliteratur«

Autoren, Illustratoren und Fotografen, Band 1-8

Alexander, Elisabeth 8
Aloni, Jenny 1, 2, 4
Anders, Renate 6
Anger-Schmidt, Gerda 8
Audretsch, Elmar 5
Auer, Martin 8
Axt, Renate 7

Bachem, Dorothee 3, 4, 5, 6, 7, 8
Bachem, Heribert 7
Bachér, Ingrid 1, 2, 3, 5
Ballhaus, Verena 8
Ballot, Helmut 1, 2, 3
Barthel, Max 1, 4
Barthelmeß-Weller, Usch 3
Barto, Agnija Lwowna 2
Bartos-Höppner, Barbara 2
Bauer, Gerd 7
Bauer, Roland 8
Baumann, Hans 1, 2, 3, 5, 6
Beck, Hermann R. 3, 4
Becke, Julius 5, 6, 8
Behncke, Waldrun 8
Bentgens, Bernhard 8
Bergmann, Ingrid 3
Berlinicke, Hartmut 3, 4, 5, 6
Bernhard-von Luttiz, Marieluise 5
Bernhof, Reinhard 8
Betke, Lotte 2, 4
Bhavabhuthanonda, Britta 7
Bittner, Wolfgang 5
Bleakley, Ruth 8
Blecher, Wilfried 1
Bletschacher, Richard 1, 2, 3
Blum, Günter 5
Blum, Lisa-Marie 1, 3, 8
Bockelmann, Manfred 5
Bohdal, Susanne 2
Bolliger, Max 1, 2, 4, 5, 6, 7
Bolte, Karin 2, 3
Bongs, Rolf 1, 2, 3
Borchers, Elisabeth 6, 8
Born, Nicolas 8
Borowsky, Kay 6
Bosch, Manfred 3
Bottländer, Jennifer 6
Bous, Anne 1, 2, 3, 4, 5, 6
Braem, Harald 7, 8
Braesecke, Vera 7
Brandes, Sophie 2, 3, 4, 5, 8
Braun, Otto K. 7
Brecht, Bertolt 8
Brembs, Dieter 2, 3, 4, 5, 6, 8
Brender, Irmela 2, 3, 4
Bröger, Achim 2, 5, 6, 7
Bubenheim, Frank 2, 3, 4
Bucherer, Anita 3
Bulla, Hans-Georg 5
Burger, Antje 8
Bydlinski, Georg 7, 8

Carow, Ulf 8
Chidolue, Dagmar 3, 5, 6, 7
Cirkel, Ursula 3

Claudius, Matthias 8
Clormann, Susanne 8
Clormann, Udo 8
Clormann-Lietz, Nora 8
Cronshagen, Veronika 5

Degener, Volker W. 3
Denneborg, Heinr. Maria 1, 2, 3, 6, 7
Deppert, Fritz 6, 8
Desmarowitz (-Bräger), Dorothea 3
Dietrich, Susanne 1
Dietz, Christiane 4
Dietze, Matthias 6
Dinger, Ulli 5
Dirx, Ruth 3, 4, 8
Doormann, Lottemi 8
Dreyer, Michael 4
Duderstadt, Matthias 7, 8
Dürrson, Werner 5, 7

Eberhard (-Sedlmeier), Irmgard 8
Eberle, Theodor 5, 6, 8
Eberlein, Klaus 1, 2
Edinger, Edith 6
Eggimann, Ernst 3
Ehmann, Johannes 2
Eich, Günter 8
Eichhorn, Manfred 2, 3
Eichinger, Georg 5
Eisenbarth, Pia 8
Ekker, Ernst A. 1, 2, 3, 4
Elbe, Beate 3
Ellermann, Heike 1
Ende, Michael 1, 2
Enderlin, Jan 5
Engbarth, Gerhard 4
Ensikat, Klaus 2, 4, 5
Eschweiler, Christoph 8
Etschmann, Ina 8

Fechner, Amrei 2, 3, 4
Feldhoff, Heiner 6
Ferra-Mikura, Vera 1, 2, 5
Fetscher, Iring 1, 2, 4, 5, 8
Fienhold, Ludwig 8
Fischbach, Wolfgang 4, 5, 8
Fischer-Reinhardt, Thea 8
Frank, Karlhans 1, 2, 3, 4, 5, 6, 7, 8
Frei, Frederike 5
Frey, W. 5
Frick-Gerke, Christina 8
Friedrichs, Werner 4, 5, 6
Friedrichson, Sabine 4
Frischmuth, Barbara 4
Fröhlich, Roswitha 2, 3, 4, 5, 6, 7, 8
Fuchs, Grünter Bruno 2, 3, 4, 5
Fuchs, Ursula 3
Fühmann, Franz 8

Gebauer, Karl 7
Geber, Eva 5
Gebert, Helga 2, 3, 4, 5, 6
Gelberg, Alexa 5
Gelberg, Barbara 7
Gelberg, Hans-Joachim 1, 2, 3, 4, 5, 6, 7, 8
Gerke, Heinz Jürgen 6
Gewessler, Peter 2
Glasauer, Willi 4, 5, 8

Glatz, Helmut 4, 5, 8
Glehn, Silke 8
Göbel, Dorothea 8
Göbel, Gabriele M. 3
Görtler, Dirk 6
Graßhoff, Fritz 3
Grasso, Mario 7, 8
Grauel, Günter 7, 8
Greiwe, Ulrich 2
Grill, Harald 5, 8
Grimm-Brüder 4
Gröhler, Harald 2
Grosche, Erwin 6, 8
Große, Manfred 8
Grote, Wilfrid 8
Gündisch, Karin 7, 8
Guggenmos, Josef 1, 2, 3, 4, 5, 6, 7, 8
Gullatz, Ingrid 8
Gumm, Detlef 3

Haacken, Frans 1
Habinger, Renate 6
Hahn, Siegmund 5
Haidegger, Christina 5, 8
Haidegger, Eberhard 5, 6, 7, 8
Halbey, Hans Adolf 1, 2, 3, 4
Halbritter, Kurt 4
Hanck (-Fehse), Sigrid 1
Hanisch, Hanna 1, 2, 4, 7, 8
Hannover, Heinrich 3, 4, 8
Hardey, Charles 3
Hardey, Evelyn B. 3
Harnisch, Günter 3, 4
Harranth, Wolf 7, 8
Härtling, Peter 1, 2, 3, 8
Hasler, Eveline 2
Hasse, Will 2
Hauer, Cordes 3
Hauser, Erika 5
Havekoß, Regine 5
Hegeler, Liselotte 1, 2
Heidelbach, Nikolaus 6, 7, 8
Heidinger, Hertha 5
Hein, Manfred Peter 1, 2, 3, 8
Heinemann, Thomas 2
Heiseler, Till von 3
Heller, André 3
Hennig, Bernd 7
Herfurth, Egbert 8
Herfurtner, Rudolf 3
Hertenstein, Axel 3
Heseler, Anne 2, 3, 4
Hess, Lila 1
Hetmann, Frederik 1, 4, 5
Heuck, Sigrid 7
Heyst van, Ilse 2
Höchtlen, Norbert 2, 3, 4, 6, 7, 8
Hofbauer, Friedl 1, 2
Höfling, Helmut 2, 3
Hoffmann, Friedrich 1, 2
Hoffmann, Gerd E. 1
Hohler, Franz 4, 8
Hohmann, Rainer 7, 8
Holm, Günter 7, 8
Hoorn, Britta van 8
Höpner, Karin 8
Huber, Jürg 5
Hühner, Hans-Peter 5

Hundertwasser, Friedensreich 7
Huster, Marie-Luise 8
Hütter, Mathias 8
Hyry, Antti 2

Iskander, Fasil 6
Italiaander, Rolf 3

Jägersberg, Otto 5, 6
Jahn, Janheinz 1
Jahncke, Marion 8
Jandl, Ernst 2, 3, 4, 5, 6
Janisch, Heinz 8
Janosch 1, 2, 3, 4, 5, 6
Jansen, Bernd 3, 4, 5
Janssen, Petra 5
Jaschke, Gerhard 8
Jatzek, Gerald 8
Jentzsch, Bernd 2, 3, 4, 5
Johansen (-Muschg), Hanna 8
Jörg, Sabine 8
Junge, Norman 7, 8
Juritz, Hanne F. 5

Kaden, Reinhard 5
Kahlau, Heinz 8
Karl, Günter 4, 5, 6, 7, 8
Karsunke, Yaak 2
Kaufmann, Angelika 3, 4, 5, 6
Keller (-Eggimann), Agathe 2, 3
Kerner, Charlotte 8
Kersten, Detlef 8
Kilian, Susanne 1, 2, 3, 4, 5, 6, 7
Kilian, Werner A. 1, 2, 3, 4, 5
Kirsch-Korn, Jutta 1
Klages, Simone 8
Kleberger, Ilse 1, 2, 8
Klee, Rudolf 3
Klemme, Erika 1
Klessmann, Eckart 3, 5, 8
Kliesch, Dieter 5, 6
Klusemann, Georg 1, 2, 3, 5, 8
Knorr, Peter 8
Koller, Christine 2
Könner, Alfred 1, 2, 3, 4, 5, 8
Kopetzky, Friedrich 4, 7
Koppe, Susanne 8
Kordon, Klaus 5, 6, 7
Korinetz, Juri 1, 2, 3, 4
Korschunow, Irina 2, 3
Kötter, Ingrid 3, 5, 7, 8
Krause-Gebauer, Erika 5
Krausnick, Michail 3, 7
Krechel, Ursula 8
Kreft, Marianne 3, 4, 7
Krenzer, Ingo 3
Krenzer, Rolf 3, 4, 5, 7
Kreuzhage, Veronika 3
Krüger, Sara 8
Kruse, Max 1, 2, 3, 4, 5, 8
Kruse, Sigrid 6, 8
Krüss, James 1, 2, 6, 7
Künnemann, Horst 2, 4
Künzler(-Behncke), Rosemarie 3, 4, 5, 6, 7, 8
Kumpe, Michael 3, 4
Kunert, Günter 1, 3, 7
Kunze, Reiner 1, 2, 3
Kurzweg, Bernd 1

Kusenberg, Kurt 2

Landin, Walter 7
Lang, Candid 3
Lange, Christine 6
Lange, Michael 4
Lange, Niki 5
Lauterbach, Benjamin 3
Lefebvre, Gabriel 8
Lehna, Claudia 6
Leip, Hans 1
Leiter, Hilde 3
Lenzen, Hans-Georg 1, 2, 4, 7, 8
Leonhard, Leo 2, 3
Lerche, Doris 3, 6
Liebetanz, Werner 6
Lillegg, Erica 1
Lipfert, Ilse 2, 3, 4
Lobe, Mira 2
Lodahl, Karin 8
Loeser-Helmer, Gisela 8
Loewe, Daniel 5
Lornsen, Boy 2
Loschütz, Gert 1, 8
Loviscach, Lisa 1, 2
Lüdicke, Tai M. 3, 4, 5, 7
Lülsdorf, Angelika 1
Lüneburg, Wiebke 8
Lustig, Georg 8
Lütgen, Kurt 2
Lypp, Maria 8

Maar, Paul 4, 6, 7, 8
Mai, Manfred 5, 6, 8
Manz, Hans 1, 2, 3, 4, 5, 6, 7, 8
Marcks, Marie 3, 5, 7
Marsalek, Milan 7, 8
Martinell, Ingegerd (Mio) 1
Maschat, Ulrike 3, 4, 5, 6, 8
Matthes, Sonja 1, 2
Matticchio, Franco 8
Maurer, Werner 1, 2, 3
Meckel, Christoph 2
Meiselmann, Peter 1
Melach, Anna 7
Mende, Hans W. 3, 4
Merian, M. S. 8
Michaelis, Wilma 6
Michels, Tilde 2, 4
Mizior, Hildegard 5
Mizsenko, Ingrid 3, 4, 5, 6
Morweiser, Fanny 7
Mose, Wilfried 3
Moser, Christine 5
Moser, Erwin 4, 5, 6, 7, 8
Moser, Petra 5
Mühringer, Doris 1, 2, 3, 4, 8
Müller, Ferdinand 8
Müller, Günter 4, 8
Mürner, Christian 3, 4
Muschg (-Johansen), Hanna 4, 5, 6, 7

Nahrgang, Frauke 8
Neddermann, Rolf 3
Neie, Rosemarie 1
Neumann, Rudolf 1, 2, 4
Nierenstein, Katinka 3
Nossow, Nikolai N. 4

Nöstlinger, Christine 1, 2, 3, 4, 5, 7, 8
Nöstlinger, Christine jun. 8
Noth, Volker 2, 3, 6

Ochs, Gerhard 1, 4
Ohms, Hans Herbert 2, 4, 6
Oker, Eugen 4
Okopenko, Andreas 4
Omoniyi, Rashid A. 4
Opgenoorth, Winfried 8
Ossowski, Leonie 4
Ozmec-Richter, Brigitte 2

Pantel, Johannes 5
Pausewang, Gudrun 8
Pelz, Monika 7, 8
Pesek, Ludek 1, 2, 7
Peter, Brigitte 1, 2, 3
Peter, Renate 8
Petrides, Heidrun 1
Peukert, Kurt Werner 2, 3, 5
Pfaffe, Wolfgang 4
Pfeiffer, Gerd 4, 5
Pflanz, Dieter 1, 2
Pichler, Werner 6
Pieper, Thomas 3
Pinckernelle, Anneke 2, 3
Piper, Klaus 1, 2
Pludra, Benno 1, 5, 7
Pörsel, Ortfried 2, 3, 5, 8
Prelicz-Klein, Gerlinde 6
Pressler, Mirjam 7
Preußler, Ottfried 1
Procházková, Iva 7

Raddatz, Hilke 5, 6
Ranke, Waltraut 3
Rathenow, Lutz 5, 6, 7, 8
Recheis, Käthe 1, 2, 7
Rechlin, Eva 1
Regner, Uwe 8
Rehmann, Ruth 1
Rehn, Jens 3, 4, 5
Reichert, Rosemarie 3, 4
Reinig, Christa 1, 2, 3
Rempen, Heidi 1
Reuschel, Reinhart R. 3, 4
Richartz, Walter E. 5
Richter, Jutta 8
Richter, Peter Cornell 2
Richter, Viola 5
Riff, Gisela 4, 5
Rieper-Bastian, Marlies 8
Ripkens, Martin 1, 2
Ritters, Volker 1
Ritzkowsky, Joachim 5
Röckener, Andreas 7, 8
Röder, Regine 7
Rosei, Peter 3, 4, 5
Rosendorfer, Herbert 4
Roth, Eugen 4
Rothfuss, Kristine 1
Roure, Roland 8
Ruck-Pauquèt, Gina 1, 3, 4, 6, 8
Rudelius, Wolfgang 8
Ruge, Simon & Desi 6, 7
Rümenapf, Herbert 1
Ruprecht, Frank 5, 6

Samson, Horst 8
Sarg, Christel 5
Sastre, Marcelo 5
Sauter, Linda 5

Schäffer, Peter 5
Schälicke, Christian 2, 3, 4, 6
Schär, Brigitte 8
Schäuffelen, Barbara 2
Schedler, Melchior 6, 8
Scheffler, Axel 8
Scheffler, Ursel 5
Schellak, Jessica 7
Schindler, Edith 1, 2, 4
Schlegel, Gisela 6
Schlote, Wilhelm 1, 2, 3, 4
Schlunk (-Biadi), Catherine 1
Schmid, Eleonore 4, 8
Schmidt, Eberhard 6
Schmidt, Friedel 3, 5, 6
Schmidt, Thomas 5
Schmidt, Uve 2, 5
Schmidt, Waltraut 4
Schmitz, Monika 5
Schneider, Rolf 5, 8
Schneider, Simone 6
Schnorr, Dieter 4
Schnurre, Marina 2
Schnurre, Wolfdietrich 1, 2, 3
Schofer, Stephanie 5
Scholz, Dietmar 8
Schössow, Peter 3
Schrader, Werner 4, 6
Schramm, Godehard 5
Schreiber, Bernd 8
Schreier, Helmut 8
Schroeder, Binette 6
Schroeder, Joachim 8
Schuberg, Angelika 7
Schubiger, Jürg 4, 5, 6, 7, 8
Schultze-Kraft, Peter 8
Schulz, Marlene 7
Schutting, Jutta 4
Schütz, Hans 8

Schwabe, Annette 5
Schwarz, Regina 7, 8
Schwarze, Micheline 4
Schweiggert, Alfons 2, 3, 4, 5, 6, 7, 8
Seck-Aghte, Monika 7
Sedlmeier, Irmgard 3
Seitz, Helmut 8
Senft, Fritz 2
Siege, Nasrin 8
Sigel, Kurt 2, 5, 8
Sjöstrand, Ingrid 1
Sodemann, Peter 3
Sommer, Angelika 2
Spang, Günter 1, 2
Spohn, Jürgen 1, 2, 3, 4, 5, 6, 7, 8

Stadtmüller, Klaus 5, 6
Steenfatt (-Wendt), Margret 2, 4, 5, 6, 7
Steffens, Klaus 5, 8
Steingässer, Ernst 8
Steiner, Jörg 2, 3
Stein-Fischer, Evelyne 8
Stelling, Jürgen 3, 5
Stempel, Hans 1, 2
Stiller, Günther 1, 2, 3, 6
Stöckle, Frieder 3, 4, 5, 6, 7, 8
Stössinger, Verena 6
Stoye, Rüdiger 1
Straube, Eckart 4
Suescún, Nicolás 8

Tabbert, Reinbert O. P. 2, 4
Tamchina, Jürgen 1
Tanaka, Beatrice 3
Taschau, Hannelies 5, 8
Teuffenbach, Ingeborg 6, 7, 8
Tollmien, Cordula 8
Tomin, Juri 1
Tsiakalos, Georgios 7
Tutuola, Amos 1
Tzscheuschner, Irmtraud 8

Ujvary, Liesl 7
Ullrich, Ingeborg 3, 4, 5, 8

Ullrich-Schrank, Ingeborg 1, 3

Vita, Anna 3
Vogler, Hartmut 7
Vogt, Ellen 2
Voigt, Karin 8
Volland, Ernst 8
Vollmann, Rolf 5
Vries, Erna de 1

Waechter, F. K. 2, 3, 4
Wagner, Bernd 4, 5
Walther, Karin-Lisa 2
Wäschle, Karin 5
Welsh, Renate 2, 3, 5
Welskopf-Henrich, Liselotte 1
Wendt, Irmela 1, 2, 3, 5, 6, 7, 8
Wenner, Tom 4, 5
Weyrauch, Wolfgang 1, 2, 3, 5, 6
Wickert, Utta 5, 6, 8
Widerberg, Siv 1
Wiemer, Rudolf Otto 3, 4, 7, 8
Wiesmann, Karin 2, 3
Wietig, Annemarie 1, 2, 3, 5
Wilharm, Sabine 5, 8
Wilkie, Colin 2
Wippermann, Charlotte Helene Elsa 1
Witte, Marlene Ingrid 5
Wittkamp, Frantz 2, 4, 8
Wittmann, Josef 3, 7, 8
Wohlgemuth, Hildegard 1, 2, 5, 7
Wondratschek, Wolf 2
Wünsche, Konrad 2

Zacharias, Alfred 1, 2, 3
Zacharias, Thomas 1, 2
Zacharias, Wanda 1
Zacharias, Wolfgang 2
Zeevaert, Huberta 8
Zehner, Waltraud 8
Ziegler, Reinhold 7
Zimnik, Reiner 2
Zitelmann, Arnulf 6
Zurbrügg, Christina 8